L 23
α.9.

Marguerite de Valois Fille de Henri II., Soeur de Henri III. & Femme de Henri IV., Rois de France.

MEMOIRES
DE
MARGUERITE DE VALOIS,
REINE
DE FRANCE ET DE NAVARRE,

Auxquels on a ajoûté son Eloge, celuy de Monsieur de BUSSY & la FORTUNE DE LA COUR.

A LIEGE,
Chez JEAN FRANÇOIS BRONCART.

M. DCC. XIII.

AVERTISSEMENT

MR. de *Mauleon*, à qui le public est redevable des Memoires de la *Reyne Marguerite*, a cru qu'ils étoient adressez à Messire *Charles de Vivonne, Baron de la Chastaigneraye, Sr. de Hardelay & Chambellan du Duc d'Alençon*; il fonde son sentiment sur ce que *Madame de Rets* & sa mere, dont il est parlé dans ces Memoires, estoient l'une, Tante, & l'autre, Cousine de Mr. de *Vivonne* & il rejette l'opinion de ceux qui croyoient que l'adresse en estoit faite à M. de *Rendan*.

M. *Colomiez* soustient, au contraire, que ces Memoires sont adressez à M. de *Brantome* & qu'ils servent de reponse à l'Eloge qu'il a fait de cette Princesse. Ce qu'il dit à ce sujet est si judicieux, que l'on a cru devoir le rap-

AVERTISSEMENT.

rapporter icy tel qu'il est dans le *Colomesiana*, imprimé avec les mélanges curieux qui sont à la suitte des Memoires de M. de *Saint Evremond*.

Celuy, à qui la Reyne Marguerite adresse ses Memoires n'est pas *Messire* Charles de Vivonne *Baron de la Chastaigneraye comme prétend* Auger de Mauleon *Sieur de* Granier *qui les a donnez au public, mais Messire* Pierre de Bourdeille *Seigneur de* Brantome*, l'un des plus dignes hommes de son tems qui a fait un discours sur la Vie de la Reyne Marguerite inserd dans ses Femmes Illustres, où il parle assez au long de Pau, du voyage de la Reyne en* France, *du Marechal de* Biron*, d'*Agen*, & de la sortie du Marquis de* Canillac *du Chasteau d'*Usson *en* Auvergne. Si l'on se donne la peine de comparer tous ces endroits avec ce que dit la Reyne Marguerite dés le commencement & dans la suite de ses Memoires, j'ose me persuader qu'il y aura peu de personnes qui n'approuvent ma conjecture. Il

paroist

AVERTISSEMENT.

paroist en effet par les Memoires de cette Princesse qu'elle y refute indirectement quelques endroits du discours de Mr. de Brantome. Et plût à Dieu que nous eussions ces Memoires un peu plus entiers qu'on ne les a publiés, Nous y verrions, suivant la promesse de cette Reyne, de quelle façon elle détruit ce que dit si galamment Mr. de Brantome, de la sortie du Marquis de Canillac du Chasteau d'Usson en Auvergne. Mais pour autoriser davantage ma conjecture, le Lecteur remarquera que cette Princesse appelle dans ses Memoires Madame de Dampierre, Tante de celuy à qui elle parle, Madame de Retz sa Cousine, & Monsieur d'Ardelay son brave Frere, ce qui convient precisement à Mr. de Brantome qui nomme souvent dans ses Memoires Madame de Dampierre *, sa Tante, Madame de Retz, dans la vie du Marechal de Biron, sa Cousine & Mr. d'Ardelay † au discours des Colonels, son Frere, qui fut tué, comme il dit, dans Chartres en le defendant tres-vaillamment

* Diane de Vivonne Mere de Madame de Retz, qui se nommoit Claude Catherine de Clermont, & qui épousa en secondes Nopces Albert de Gondy Marechal de Retz.
† Jean de Bourdeille.

AVERTISSEMENT.

ment. Aprés cela je ne diray point que Mr. de Brantome estoit particulierement connu de cette Princesse, qu'il recevoit de tems en tems de ses lettres & qu'il luy a dedié par reconnoissance ses Hommes Illustres estrangers. J'ajousteray seulement que je ne sçaurois m'empescher de croire que c'est de ce même Seigneur dont veut parler cette grande Reyne dans ces belles & magnifiques paroles. Mon Histoire seroit digne d'estre écritte par un Cavalier d'honneur, vray François, né d'illustre Maison, nourri des Roys mes Pere & Mere, Parent & familier amy des plus galantes & honnestes Femmes de nostre tems, de la compagnie desquelles j'ay eu ce bonheur d'estre. *Produisons icy avant que de finir un fragment des Memoires de cette Princesse qui ne se trouve point dans les Imprimés, tiré des Commentaires de* Theveneau *sur les preceptes de* S. Louis *à* Philippe III. *son Fils:* La Reyne Marguerite, *dit-il*, a laissé par Histoire de la Cour écritte à la main & qui est tombée entre les miennes,

que

AVERTISSEMENT.

que sur toutes choses la Reyne *Catherine* sa Mere, avoit pris garde que ses enfans ne fussent abreuvez des dogmes de *Calvin*, & qu'un jour elle tira des pochettes de *Henry* III. les *Pseaumes* de la version de *Marot*, & chassa ceux qui estoient pres de luy, & qui s'efforçoient de luy faire gouster le breuvage d'une nouvelle doctrine.

Pour estre persuadé du sentiment de Mr. *Colomiez* il ne faut que conferer les Memoires de cette Princesse avec l'Eloge de Mr. de *Brantome* & c'est ce qui a fait former le dessein de les mettre ensemble, afin qu'on puisse faire cette comparaison & s'éclaircir en mesme tems par cet Eloge de ce qui manque dans ces Memoires.

On a adjousté à cet ouvrage l'Eloge de *Mr. de Bussy* qui sert d'introduction au Traitté de la *Fortune de la Cour*, qui est un entretien entre Mrs. de *Bussy* & de la *Neuville* sur le bonheur & le malheur des favoris.

Cet excellent Traitté a esté autrefois donné au public par Mr. de *Dampmartin* Procureur General du Duc

AVERTISSEMENT.

Duc d'*Alençon*, sous le titre de *Bonheur de la Cour*, mais comme le stile en estoit assés mauvais Mr. *Sorel* * l'a remis en meilleur langage & la redonné au public sous le titre de *la Fortune de la Cour*.

* *Voyez sa Bibliotheque Françoise. pag. 414.*

Il n'est pas necessaire de faire l'Eloge de ces quatre pieces, qui composent le present recueil, ceux qui ne les connoissent pas pourront en juger par eux-mesmes, s'ils ne veulent pas s'en rapporter au temoignage avantageux que Mr. *Colomiez* en rend, dans sa Bibliotheque choisie, & ceux qui en connoissent la beauté & le merite, ne seront pas, comme on croit, fachez de les trouver icy avec des Notes Historiques, qui, quoy que courtes, ne laissent pas de faire connoistre la pluspart des personnes illustres dont il est parlé dans cet Ouvrage.

ELOGE

De *Marguerite de Valois Reyne de France & de Navarre* Fille unique maintenant restée de la noble Maison de *France*: Par Messire *Pierre de Bourdeille* Seigneur de *Brantome*.

Uand bien je considere les miseres & mal-advantures de cette belle *Reyne d'Escosse*, de laquelle j'ay parlé cy-devant, & d'autres Princesses & Dames, que je ne nommeray, de peur de par telle digression gaster mon discours, avec celuy de la *Reyne de Navarre*, de quoy je parle maintenant, n'estant pour lors encor *Reyne de France*: je ne puis croire autrement que la fortune, Deesse absoluë de l'heur & malheur des personnes, ne soit du tout ennemie contraire des beautez humaines; car s'il y en eut jamais une au monde parfaite en beauté, c'est la *Reyne de Navarre*, & toutesfois pourtant peu favorisée de la bonne fortune jusques icy; si bien que l'on disoit qu'elle a esté envieuse de la nature d'avoir fait cette Princesse si belle, par despit elle luy a voulu courir à sus, mais soit que sa beauté est telle que les coups de ladite fortune n'ont nulle puissance sur elle, d'autant que le courage genereux qu'elle a extrait par sa naissance de

A tant

tant de braves & valeureux Roys ſes Pere, grands Peres, Ayeuls, Biſayeuls & Anceſtres, luy a fait toûjours juſques icy une audacieuſe reſiſtance.

Pour parler donc de la beauté de cette rare Princeſſe, je croy que toutes celles qui ſont, qui ſeront, & jamais ont eſté, prés de la ſienne ſont laides, & ne ſont point beautez; car la clarté de la ſienne bruſle tellement les aiſles de toutes celles du monde, qu'elles n'oſent ny ne peuvent voler, ny comparoiſtre à l'entour de la ſienne: Que s'il ſe trouve quelque meſ-creant, qui par une foy eſcharſe ne veüille donner creance aux miracles de Dieu & de nature, qu'il la contemple ſeulement, ſon beau viſage ſi bien formé en fait la foy, & diroit-on que la mere nature ouvriere tres-parfaite mit tous ſes plus rares ſens & ſubtils eſprits pour la façonner; car ſoit qu'elle veüille monſtrer ſa douceur ou ſa gravité, il ſert d'embraſer tout un monde, tant ſes traits ſont beaux, ſes lineamens tant bien tirez, & ſes yeux ſi tranſ-parens & agreables; qu'il ne s'y peut rien trou-ver à redire, & qui plus eſt, ce beau viſage eſt fondé ſur un beau corps de la plus belle, ſuper-be & riche taille qui ſe puiſſe voir, accompa-gnée d'un port, & d'une ſi grave majeſté, qu'on la prendra touſiours pluſtoſt pour une Deeſſe du ciel, que pour une Princeſſe de la terre; encore croit-on, que par l'advis de pluſieurs, ja-mais Deeſſe ne fut veuë plus belle, ſi bien que pour publier ſes beautez, ſes merites & vertus, il faudroit que Dieu allongeaſt le monde, & hauſſaſt le ciel plus qu'il n'eſt, d'autant que l'eſpace du monde & de l'air n'eſt aſſez capa-ble pour le vol de ſa perfection & renommée.

Davantage ſi la grandeur du Ciel eſtoit plus petite le moins du monde, ne faut point dou-ter qu'elle l'égaleroit. Voilà

REYNE MARGUERITE.

Voilà les beautez du visage & du corps de cette belle Princesse, que pour à cette heure je puis representer (comme un bon peintre) au naïf, je dis, celles que l'on peut voir par l'exterieur; car celles qui sont secrettes & cachées sous un linge blanc, & riches parures & accoustremens, on ne les peut depeindre, ny juger, si non que tres-belles, & singulieres aussi, mais c'est par foy, creance & presomption, car la veüe en est interdite; grande rigueur pourtant que de ne voir une belle Peinture faite par un divin ouvrier qu'à la moitie de sa perfection, mais la modestie est loüable, Verecondie l'ordonne ainsi, qui se loge plus volontiers parmy les grandes Princesses & Dames que parmy le vulgaire.

Pour apporter quelques exemples à manifester combien la beauté de cette Reyne a esté admirée & tenuë pour rare, je me souviens encore lors que les Ambassadeurs *Polonnois* vindrent en *France*, pour annoncer à nostre Roy *Henry, son election du Royaume de *Pologne*,   * en 1573. & luy en rendre l'hommage & obeïssance, apres qu'ils eurent fait la reverence au Roy *Charles*, à la Reyne Mere, & à leur Roy, ils la firent aussi particulierement, & à divers jours, à Monsieur, au Roy & à la Reyne de *Navarre*; mais le jour venu qu'ils la firent à ladite Reyne de *Navarre*, elle leur parut si belle & si superbement & richement parée & accoustrée, avec si grande majesté & grace, que tous demeurerent perdus d'une telle beauté; & entre autres il y eut le *Lasqui*, l'un des principaux de l'Ambassade, à qui je vis dire en se retirant, perdu d'une telle beauté, non je ne veux rien plus voir apres telle beauté, volontiers je ferois comme font aucuns Turcs Pelerins de la *Mesque*, ou est la Sepulture de leur

Prophete *Mahomet*, qui demeurent si aises, si esperdus, si ravis, & transis, d'avoir veu une si belle & si superbe Mosquée, qu'ils ne veulent rien plus voir après, & se font brusler les yeux par des bassins d'airin ardants, qu'ils en perdent la veüe, tant subtillement le sçavent ils faire, disans qu'après celà rien ne se peut voir de plus beau, ny ne veulent plus rien voir après : ainsi disoit ce *Polonnois* de la beauté admirable de cette Princesse, & certes si les *Polonnois* ont esté ravis de telle admiration, il y en a bien eu d'autres : j'allegue *Don Jean d'Austriche*, (lequel comme j'ay dit cy-devant parlant de luy) passant par *France*,* ainsi subtillement comme il fit, estant arrivé à *Paris*, sçachant que ce soir se faisoit un Bal solemnel au *Louvre*, le vint voir desguisé plus pour le sujet de la *Reyne de Navarre*, que pour tout autre, il eut moyen & loisir de la voir à son aise danser, menée par le Roy son frere, comme d'ordinaire il le faisoit, & la contempla fort, l'admira, & puis l'exalta par dessus les beautés d'*Espagne* & d'*Italie* (deux Regions pourtant qui en sont tres-fertiles) & dit ces mots en Espagnol, *Aunque la hermosura desta Reyna sea mas divina que humana, es mas para perder y dañar los hombres que salvarlos*. Combien que la beauté de cette Reyne soit plus divine que humaine, elle est plus pour perdre & damner les hommes que pour les sauver.

* en 1576.

Peu de temps aussi après, il la vit ainsi qu'elle alla aux Bains du *Liege*, * & passant à *Namur*, ce qui fut le comble des souhaits de *Don Jean*, pour joüir d'une si belle veüe, & alla au devant d'elle en fort grande & superbe magnificence *Espagnole*, & la receut comme si c'eust esté la *Reyne Elizabeth* sa Sœur, *du temps qu'elle vivoit sa Reyne, & *Reyne d'Espagne*, & d'autant

* en 1577.

* Voyez le Livre II. des memoires de cette Reyne Marguerite.

REYNE MARGUERITE.

tant qu'il avoit esté fort ravy & satisfait de la beauté de son corps, il en fut de mesme de celle de son ame, laquelle j'espere descrire en son lieu. Ce ne fut pas seulement *Don Jean* qui la loüa & se pleût en ses loüanges ; mais tous ces grands & braves Capitaines *Espagnols*, jusques aux soldats renommez de ces vieilles Bandes, qui tous alloient disans parmy eux en leurs refrains soldatesques. *Que la conquista de tal hermosura valia mas que la d'un Reame, y que bien aventurados serian los soldados, que por servirla podrian morir sobre su Bandera* : Que la Conqueste d'une telle beauté valoit plus que celle d'un Royaume, & que bienheureux seroient les Soldats qui pour la servir pouroient mourir soubs sa Banniere.

Il ne se faut esbahir si telles manieres de gens, bien creés & gentils, trouvoient cette Princesse si belle, car j'ay veu aucuns Turcs qui sont venus en Ambassade devers nos Roys ses freres, tous Barbares qu'ils estoient se perdre en la contemplant, & dire que la pompe de leur grand Seigneur, quand il alloit à sa Mosquée, ou marchoit en son Armée, n'estoit si belle à voir, comme la beauté de cette Reyne.

Bref j'ay veu une infinité d'autres estrangers que je sçay estre venus en *France* & à la Cour exprez pour voir cette beauté, dont la renommée avoit passé par toute l'Europe ce disoient-ils.

Je vis une fois un galant Cavalier *Napolitain* qui estoit venu à *Paris*, & à la Cour, & n'y trouvant point ladite Reyne, pour ce qu'elle estoit en son voyage des *Bains*, retarda son retour de deux mois pour l'attendre, & la voir, & l'ayant veüe il dit ces mots.

D'autres fois la Princesse de *Salerne* a remporté une telle reputation de sa beauté dans nostre ville de Naples, que l'estranger qui abordoit & s'en retournoit sans voir ladite Princesse, en racontant de son voyage, si on luy demandoit s'il avoit veu cette Princesse, & respondoit que non, on luy repliquoit qu'il n'avoit donc veu Naples. Mais semblablement si à mon retour sans voir cette belle Princesse, on m'eut demandé si j'avois veu la France & sa Cour, encores que je l'eusse veüe, j'eusse peu bien dire que non, puisque je n'avois point veu cette Reyne, que je peux dire en estre tout l'ornement & l'enrichissure; mais à cette heure l'ayant si bien veüe & contemplée, je peux bien dire que j'ay veu toute la beauté du monde, & que nostre Princesse de Salerne n'estoit rien au prix de cette Reyne, maintenant je m'en vais tres-content pour avoir joüy d'un si bel aspect.

Je vous laisse donc à penser combien vous autres François pouvez estre heureux de voir tous les jours à vos aises ce beau visage, & de vous approcher de ce doux feu, qui de loing peut plus eschauffer & embraser des poictrines froides, que toutes les autres de nos belles Dames ne sçauroient faire de pres, voilà les propos que m'en tint un jour ce gentil Cavalier Napolitain.

Un honneste Gentil-homme François que je nommerois bien, voyant un jour cette belle Reyne en son plus beau lustre, & plus haute & pompeuse majesté dans une Salle de Bal, ainsi que nous en devisions ensemble, me tint tels mots; Ah! si le Sieur des Essars, qui en ses livres d'Amadis s'est tant efforcé & peiné, à bien descrire & richement representer au monde la belle Nicquée, & sa gloire, eut veu de son temps cette belle Reyne, il ne luy eut fallu emprunter tant de belles & riches paroles pour la dé-

dépeindre & la monstrer si belle; mais il luy eut suffi à dire seulement que c'estoit la semblance & l'image de la Reyne de *Navarre*, l'unique du monde; & par ainsi cette belle *Nicquée* sans grande superfluité de paroles estoit mieux peinte qu'elle n'a esté. A quoy Monsieur de *Ronsard* eut grande raison de composer cette riche *Elegie* qu'on voit parmy ses œuvres à l'honneur de *Marguerite de France* non encores mariée, où il a introduit, & fait la Deesse *Venus* demander à son fils, après s'estre bien pourmené icy bas, & veu les Dames de la Cour de *France*, s'il n'y avoit point apperceu quelque beauté surpassant la sienne, oüy dit-il, ma mere, j'en ay veu une en qui tout le bonheur du plus beau Ciel se versa dés qu'elle vint en enfance; *Venus* en rougit, & ne l'en voulut croire, ains despécha l'une des Charités pour descendre en terre la reconnoistre, & luy en faire après le rapport: sur ce vous voyez dans cette *Elegie* une tres-belle, & tres-riche description des beautez de cette accomplie Princesse soubs le nom & le corps de la belle Charité *Pasithée*. La lecture n'en peut que fort plaire à tout le monde; mais Monsieur de *Ronsard*, ainsi que me dit un jour une fort honneste & habille Dame, demeura là un peu manque & trop court, en ce qu'il devoit feindre *Pasithée* remonter au Ciel, là se descharger de sa commission, & dire à *Venus* que son fils n'en avoit tant dit, qu'il y en avoit, & puis la faire attrister, dépiter de jalousie, & se plaindre à *Jupiter* du tort qu'il avoit d'être allé former en terre une beauté qui faisoit honte à celles de son Ciel, & principalement à la sienne, qu'elle pensoit estre de toutes les autres la plus belle, & que pour tel dépit elle s'habilla de dueïl, & pour un temps elle fit abstinence de ses plaisirs & gentillesses; car il n'y a rien qui dépite plustost une belle Dame en perfection, quand on luy dit qu'elle a sa pareille, ou qui la surpasse.

Or notez que si nostre Reyne estoit toute belle de soy & de sa nature, elle se sçavoit si bien habiller, & si curieusement & richement accommoder, tant pour le corps que de la teste, que rien n'y restoit pour la rendre en sa pleine perfection.

On donne le los à la Reyne *Isabelle de Baviere* femme du Roy *Charles* sixiesme, d'avoir apporté en *France* les pompes & les gorgiasetez pour bien habiller superbement & gorgiasement les Dames: mais à voir dans les vieilles tapisseries de ce temps des maisons de nos Roys où sont pourtraittes les Dames ainsi habillées qu'elles estoient pour lors, ce ne sont que toutes droleries, bisseries & grosseries au prix des belles & superbes façons, coiffures, gentilles inventions & ornemens de nostre Reyne, en laquelle toutes les Dames de la Cour & de *France* se sont si bien moulées, que depuis paroissans à sa mode parées, sentent mieux leurs grandes Dames, qu'auparavant leurs simples Damoiselles, & avec cela cent fois plus agreables & desirables, aussi toutes en doivent cette obligation à nostre Reyne *Marguerite*. Je me souviens (car j'y estois) que lors que la Reyne Mere du Roy mena la Reyne sa fille au Roy de *Navarre* son mary, elle passa à *Coignac*, * où elle fit quelque sejour, & là plusieurs grandes, belles & honnestes Dames du pays les vindrent voir, & leur faire la reverence, qui toutes furent ravies de voir la beauté de cette Reyne de *Navarre*, & ne se pouvoient saouler de la loüer à la Reyne sa Mere, qui estoit perduë de joye; pourquoy elle pria un jour

* en 1579.

REYNE MARGUERITE.

jour sa fille de s'habiller le plus pompeusement, & à son plus beau & superbe appareil qu'elle portoit à la Cour en ses plus grandes & magnifiques festes & pompes, pour en donner le plaisir à ces honnestes Dames; ce qu'elle fit pour obeïr à une si bonne mere, & parut vestuë fort superbement, d'une robe de toile d'argent ou colombin à la *Boulonnoise*, manches pendantes, coiffée si richement, & avec un voile blanc ny trop grand ny trop petit, & accompagnée avec cela d'une majesté si belle & si bonne grace, qu'on l'eut plustost dite Déesse du Ciel que Reyne en terre: si les Dames auparavant en avoient esté esperduës, le furent cent fois davantage. La Reyne luy dit alors, ma fille vous estes tres-bien, elle luy respondit Madame je commence de bonne heure à porter & user mes robes, & les façons que j'emporte avec moy de la Cour; car quand j'y retourneray, je ne les emporteray point, mais je m'y retourneray avec des cizeaux & des estoffes seulement pour me faire habiller selon la mode qui courra. La Reyne luy respondit pourquoy dites vous cela ma fille, car c'est vous qui inventez & produisez les belles façons de s'habiller, & en quelque part que vous alliez, la Cour les prendra de vous, & non vous de la Cour: comme de vray par aprés qu'elle y retourna on ne trouva rien à dire en elle, qui ne fut encor plus que de la Cour, tant elle sçavoit bien inventer en son gentil esprit toutes belles choses.

Cette belle Reyne en quelque façon qu'elle s'habillast fust à la Françoise avec son chaperon, fust en simple escoffion, fust avec son grand voile, fut avec un bonnet, on ne pouvoit dire que luy seoit le mieux, ny quelle façon la rendoit plus belle, plus admirable, &
plus

plus agreable; tant en toutes ces façons se sçavoit elle bien accommoder, tousiours y adjoustant quelque invention nouvelle, non commune & nullement imitable, ou si d'autres Dames à son patron s'y vouloient former n'en approchoient nullement, ainsi que je l'ay remarqué mille fois. Je l'ay veuë quelquesfois & d'autres avec moy vestuë d'un robe de satin blanc avec force clinquans, & un peu d'incarnadin meslé avec un voile de crespe tanné, ou gaze à la Romaine jetté sur sa teste comme negligemment: mais jamais rien ne fut si beau, & quoy qu'on die des Deesses du temps passé & des Emperieres, comme nous les voyons par leurs medailles antiques pompeusement accoustrées ne paroissoient que chambrieres au prix d'elle.

J'ay veu souvent contention entre plusieurs de nous autres courtisans quel habillement luy étoit plus propre & mieux seant, & qui l'embellissoit le plus: enfin chacun en disoit son advis, quant à moy pour la parure la mieux seante que je luy ay jamais veu selon mon advis, & selon d'autres aussi, ce fut un jour que la Reyne Mere fit un festin aux *Thuilleries* aux *Polonnois*, elle s'estoit vestuë d'une robe de velours incarnat d'*Espagne* fort chargée de clinquant, & d'un bonnet de mesme velours tant bien dressé de plumes & pierreries que rien plus, elle parut si belle ainsi, comme luy fut dit aussi, que depuis elle le reporta souvent, & s'y fit peindre, de sorte qu'entre toutes ses diverses peintures celle-là l'emporte sur toutes les autres, ainsi que l'on en peut voir encore la peinture; car il s'en trouve assez de belles, & sur icelles en juger.

Lors qu'elle parut ainsi parée dans les *Thuilleries*, je dis à Monsieur de *Ronsard* qui estoit
prés

prés de moy, dites le vray Monsieur, ne vous semble-il pas voir cette belle Reyne en tel appareil paroistre comme la belle aurore quand elle vient à naistre avant le jour avec sa belle face, & leur accoustrement ont beaucoup de simpathie & ressemblance ? Monsieur de *Ronsard* me l'advoüa, & sur cette comparaison (qu'il trouva fort belle) il en fit un tres-beau Sonnet, qu'il me donna, que je voudrois avoir donné beaucoup, & l'avoir pour l'inserer ici.

Je vis aussi cette belle grande Reyne aux premiers Estats à *Blois*, * le jour que le Roy son frere fit son harangue,* vestuë d'une robe d'orangé & noir, mais le champ estoit noir avec force clinquant, & son grand voile de majesté, qu'estant assise en son rang elle se monstra si belle & si agreable, que j'oüis dire à plus de trois cens personnes de l'assemblée, qu'ils s'estoient plus advisez & ravis à la contemplation d'une si divine beauté, qu'à l'oüie des graces & beaux propos du Roy son frere, encor qu'il eut dit & harangué des mieux. Je l'ay veu aussi s'habiller quelquesfois avec ses cheveux naturels, sans y adjouter aucun artifice de perruque, & encores qu'ils fussent fort noirs, les ayant empruntez du Roy *Henry* son pere, elles les sçavoit si bien tortiller, friser & accommoder, en imitation de la Reyne *d'Espagne* sa Sœur, qui ne s'accommodoit gueres mieux que des siens, & noirs à l'Espagnolle ; que telle coiffure & parure luy seoit aussi bien ou mieux que toute autre que ce fust. Voilà que c'est d'un naturel beau qui surpasse tout artifice tel soit-il, & pourtant elle ne s'y plaisoit gueres, & peu souvent s'en accommodoit, si non de perruques bien gentiment façonnées.

* en 1576.
* Cette Harangue se trouve dans l'Histoire de ce Roy par Mathieu. pag. 438.

Bref je n'aurois jamais fait, si je voulois descrire ses parures & ses formes de s'habiller

ausquel-

ausquelles elle se monstroit plus belle, car elle en changeoit de si diverses, que toutes luy estoient bien-seantes, belles & propres, si que la nature, & l'art faisoient à l'envy à qui la rendroit plus belle. Ce n'est pas tout, car ses beaux accoustremens & belles parures n'oserent jamais entreprendre de couvrir sa belle gorge, ny son beau sein, craignant de faire tort à la veüe du monde qui se paissoit sur un si bel objet, car jamais n'en fut veüe une si belle, ny si blanche, si pleine, ny si charnuë qu'elle monstroit, & si descouverte que la pluspart des courtisans en mouroient, voire les Dames que j'ay veües aucunes de ses plus confidentes & privées avec sa licence la baiser par un grand ravissement.

Il me souvient qu'un honneste gentil-homme nouveau venu à la Cour qui ne l'avoit jamais veüe, lors qu'il l'apperceut, me dit ces mots : je ne m'estonne pas si vous autres Messieurs vous aimez tant à la Cour, car quand vous n'y auriez autre plaisir tous les jours que de voir cette belle Princesse, vous en avez autant que si vous estiez en un Paradis terrestre.

Les *Empereurs Romains* de jadis pour plaire au peuple, & leur donner plaisir, leur exhiboient des jeux & des combats parmy leurs theatres : mais pour donner plaisir au peuple de *France*, & gaigner son amitié, il ne faudroit que leur representer & faire voir souvent cette *Reyne Marguerite* pour se plaire & resioüir en la contemplation d'un si divin visage, qu'elle ne cachoit gueres d'un masque comme toutes les autres Dames de nostre Cour, car la pluspart du temps elle alloit le visage descouvert; & un jour de Pasques fleuries à *Blois*, estant encor Madame & Sœur du Roy, (mais lors se traittoit

toit son mariage) je la vis paroistre à la procession si belle que rien au monde de si beau n'eut sçeu se faire voir: car outre la beauté de son visage & de sa belle grandeur de corps, elle estoit tres-superbement & richement parée & vestuë, son beau visage blanc, qui ressembloit un Ciel en sa plus grande & blanche serenité, estoit orné par la teste de si grande quantité de grosses perles & riches pierreries, & sur tout de diamans brillans, mis en forme d'estoilles, qu'on eut dit que le naturel du visage, & l'artifice des estoilles & pierreries contendoient avec le Ciel quand il est bien estoillé, pour en tirer la forme; son beau corps avec sa riche & haute taille, estoit vestu de drap d'or frisé, le plus beau & le plus riche qui fut jamais veu en *France*, & c'estoit un present qu'avoit fait le grand Seigneur à Monsr. de *Grand-Champ* * à son départ de *Constantinople*, vers lequel il estoit Ambassadeur, ainsi qu'est sa coustume envers ceux qui luy sont envoyez des plus grands, d'une piece qui montoit quinze aulnes, lequel *Grand-Champ* me dit qu'elle avoit cousté cent Escus l'aulne, car c'estoit un chef d'œuvre: Luy venu en *France* ne sçachant à qui employer plus dignement ce don d'une riche estoffe, pour le mieux faire valoir & estimer à la porter, la redonna à Madame la Sœur du Roy, qui en fit faire une robe, qui pour la premiere fois s'en para ce jour-là, & luy seoit tres-bien, car aussi de grandeur à grandeur il n'y a que la main, & la porta tout ce jour, bien qu'elle pesa extremement, mais sa belle, riche & forte taille la supporta tres-bien, & luy servit de beaucoup, car si elle fut esté une petite *Nabotte* de Princesse ou Dame d'une coudée de hauteur comme j'en ay veu, elle eut crevé soubs le faix, ou bien eut fallu changer de robe,

*Guillaume de Grant-Rye dit de Grand-Champ Sr. de la Montagne duquel il est parlé dans les memoires de Castelnau. Tom. 2. pag. 461.

be, & en prendre une autre. Ce n'est pas tout, car estant en Procession, marchant à son grand rang le visage tout descouvert pour ne priver le monde en une si bonne feste de sa belle lumiere, parut encore plus belle en tenant & portant en la main sa palme (comme font nos Reynes de tout temps) d'une Royale Majesté, d'une grace moitié altiere & moitié douce, & d'une façon peu commune, mais differente de toutes les autres, que qui ne l'eut jamais veuë ny cognuë, eut bien dit, voilà une Princesse qui en tout va par dessus le commun de toutes les autres du monde; & tous nous autres courtisans allions disans d'une commune voix hardiment, que cette belle Princesse doit & peut bien porter la palme en la main, puis qu'elle l'emporte par dessus toutes celles du monde, & les surpasse toutes en beauté, en bonne grace, en toute perfection: & vous jure qu'à cette Procession nous y perdismes nos devotions, car nous y vaquasmes pour contempler & admirer cette divine Princesse, & nous y ravir plus qu'au service divin, & si ne pensions pourtant faire faute ny peché, car qui contemple & admire une divinité en terre, celle du Ciel ne s'en tient offensée, puis qu'elle l'a faite telle.

Lors que la Reyne sa mere l'emmena de la Cour pour aller trouver son mary en *Gascogne*, je vis quasi tous les courtisans regretter son despart comme si une grande calamité leur fut tout à coup tombée sur la teste. Les uns disoient la Cour estre veufve de sa beauté; les autres la Cour est fort obscure, elle a perdu son Soleil; d'autres qu'il fait noir à la Cour, il n'y a plus de flambeau; d'autres repartoient nous avions bien à faire que la *Gascogne* nous vint gasconner & ravir nostre beauté destinée

pour

REYNE MARGUERITE. 15

pour embellir la *France*, & la Cour, & l'hostel du *Louvre*, *Fontainebleau*, *saint Germain* & autres belles places de nos Roys, pour la loger à *Pau*, ou à *Nerac*, demeures bien dissemblables les unes des autres; d'autres disoient cela est fait, la Cour & la *France* ont perdu la plus belle fleur de leur guirlande.

Bref on n'oyoit de toutes parts resonner que tels & autres pareils petits mots sur ce despart, moitié de dépit, de colere, & moitié de tristesse, & encore que la Reyne *Loüise de Lorraine* y fut restée, qui estoit une tres-belle & sage Princesse & vertueuse, de laquelle j'espere en parler dignement en son lieu, mais parce que de longue main la Cour avoit accoustumé une si belle veuë, ne se pouvoit engarder de la regretter, & proferer de telles paroles, & plusieurs y eut il qui cuiderent tuer Monsieur de *Duras* de dépit, qui l'estoit venuë querir de par le Roy de *Navarre* son Maistre, comme je le sçay. Un de ces ans vindrent nouvelles de la Cour qu'elle estoit morte en *Auvergne* n'y avoit pas huit jours. Il y eut quelqu'un qui rencontra là dessus & dit, il n'en est rien, car depuis ce temps il a fait trop beau & clair au Ciel, que si elle fut morte nous eussions veu esclipse de Soleil pour la grande simpathie que ces deux Soleils ont ensemble, & n'eussions rien veu qu'obscurités & nuages.

C'est assez, ce me semble, parlé de la beauté de son corps, encor que le sujet en soit si ample qu'il meriteroit une decade, toutesfois j'espere d'en parler encor ailleurs, mais il faut dire quelque chose de sa belle ame, qui est si bien logée en si beau corps, & si l'a portée belle dez sa naissance, elle l'a sçeu bien garder & entretenir; car elle se plaist fort aux lettres, & à la lecture, & ayant esté jeune & en son âge

par-

parfait : aussi peut-on dire d'elle que c'est la Princesse, voire la Dame qui soit au monde la plus eloquente & la mieux disante, qui a le plus bel air de parler, & le plus agreable qu'on sçauroit voir. Lors que les *Polonnois*, (comme j'ay dit cy-devant) luy vindrent faire la reverence, il y eut l'Evesque de *Cracovie* le principal, ou le premier de l'ambassade qui fit la harangue pour tous, & en Latin, car il estoit un sçavant & suffisant Prelat; la Reyne luy respondit si pertinemment & eloquemment, sans s'aider d'aucun truchement, ayant fort bien entendu & compris son harangue, que tous en entrerent en si grande admiration, que d'une voix ils l'appellerent une seconde *Minerve* ou Deesse d'eloquence.

Lors que la Reyne sa mere la mena vers le Roy son mary, comme j'ay dé-jà dit, elle fit son entrée à *Bourdeaux* comme de raison, estant fille & Sœur du Roy, & femme du Roy de *Navarre* premier Prince du sang, & gouverneur de *Guyenne*, la Reyne sa mere le voulut ainsi, car elle l'aimoit & l'estimoit fort : son entrée fut belle, non tant pour les magnificences & somptuositez qu'on luy fit, & dressa, mais pour voir entrer en triomphe la plus belle & accomplie Reyne du monde, montée sur une belle hacquenée blanche harnachée fort superbement, & elle vestuë toute d'orangé & de clinquant si somptueusement que rien plus, laquelle le monde ne se pouvoit assez saouler de voir, la regarder, l'admirer & l'exalter jusques au Ciel.

Avant qu'entrer, les Estats de la ville luy vindrent faire la reverence, & luy offrir leurs moyens & puissances, & la haranguer aux Chartreux, comme est la coustume. Monsieur de *Bordeaux* porta la parole pour le Clergé,

Mon-

REYNE MARGUERITE. 17

Monsieur le Mareschal de *Biron*, comme Maire, & avec la robe de Maire, pour le corps de la ville, & comme Lieutenant General fit la sienne aprés, & Monsieur *Largebaston* premier President, pour la Cour : elle leur respondit à tous les uns aprés les autres, car je le vis estant prez d'elle sur l'*Eschafaut* par son commandement, si éloquemment, si sagement & si promptement, & avec telle grace & Majesté, mesme à un chacun, par un tel changement de paroles sans reïterer les premieres ny les secondes, sur un mesme sujet pourtant, qui est chose à remarquer, que je vis le soir ledit Sieur President qui me vint dire, & à d'autres en la chambre de la Reyne, qu'il n'avoit jamais oüy mieux dire en sa vie quiconque fust ; car il s'entendoit en telles merceries, & que bien souvent il avoit eu cet honneur d'avoir oüy parler les Reynes *Marguerite* & *Jeanne*,* qui l'avoient precedée en telles ceremonies que celles-là, & que pour avoir esté de leur temps deux bouches d'or des plus disertes de la *France* (ainsi m'usa-il de ces mots) mais n'approchoient elles rien de l'eloquence de cette derniere *Reyne Marguerite*, & qu'elles n'estoient que novices & apprentives auprez d'elle, & que vrayement elle estoit fille de mere.

*Marguerite de Valois Sœur du Roy François I. de laquelle Brantome a fait l'éloge & Jeanne d'Albret.

Je le dis à la Reyne sa mere par aprés ce que m'avoit dit ledit President, qui en fut si aise que rien plus, & elle me dit qu'il avoit raison de le croire & le dire, car encores qu'elle fut sa fille elle pouvoit dire sans mentir, que c'estoit la plus accomplie Princesse du monde, & qui disoit ce qu'elle vouloit & des mieux. De mesme je l'ay veu dire à force Ambassadeurs, & à grands Seigneurs estrangers, quand ils avoient parlé à elle, ils s'en partoient d'avec

B

vec elle tous confondus d'un si beau dire.

Je luy ay veu souvent faire de si beaux discours, si graves & si sententieux, que si je les pouvois bien mettre au net & au vray icy par escrit, j'en ferois ravir & esmerveiller le monde, mais il ne me seroit possible, ny à quiconque soit de pouvoir les redire, tant ils sont inimitables.

Or si elle est grave & pleine de majesté & eloquente en ses hauts discours & serieux, elle a bien autant de gentille grace à rencontrer de bons & plaisants mots, & brocarder si gentiment, & donner les traits & la venuë, que sa compagnie est plus agreable que toute autre du monde; car encore qu'elle pique & brocarde quelqu'un, cela est si à propos & si bien dit, qu'il n'est possible de s'en fascher, mais encore bien aise.

De plus si elle sçait bien parler, elle sçait autant bien escrire, ses belles lettres que l'on peut voir d'elle le manifestent assez, car ce sont les plus belles, les mieux couchées, soit pour estre graves, que pour estre familieres, qu'il faut que tous les grands escrivains du passé & de nostre temps se cachent, & ne produisent les leurs quand les siennes comparoistront, qui ne sont que chansons auprés des siennes, il n'y a nul qui les voyant ne se mocque du pauvre *Ciceron* avec les siennes familieres, & qui en pourroit faire un recueil & d'elle & de ses discours, ce seroient autant d'escoles & d'apprentissages pour tout le monde, dont ne s'en faut esbahir, car de soy elle a l'esprit bon & prompt, un grand entendement sage & solide; bref elle est vraye Reyne en tout, qui meriteroit de regir un grand Royaume, voire un Empire : sur quoy je feray cette digression ; dautant qu'elle fait à nostre sujet.

Lors

REYNE MARGUERITE.

Lors que le mariage d'elle fut accordé à *Blois*, & du *Roy de Navarre*, où il y eut assez de difficultez que la *Reyne Jeanne* faisoit, bien differente d'alors, qu'elle escrit à ma mere*, qui estoit sa Dame d'honneur, malade en sa maison, j'ay veu ladite lettre escrite de sa main, au thresor de nostre maison, & dit ainsi:

* Anne de Vivonne.

MA GRANDE AMIE,

Pour vous resiouïr & prendre santé des bonnes nouvelles que le Roy mon mary m'a mandé, qu'est comme ayant pris la hardiesse de demander au Roy Madame sa jeune fille pour mon fils, la luy accorde, dont je ne vous en veux celé l'aise que j'en ay.

* Antoine de Bourbon Roy de Navarre mary de Jeanne d'Albret qui écrit cette lettre, est mort en 1562. & le mariage du Roy leur fils ne s'étant fait qu'en 1572. il faut que cette lettre s'entende d'une demande anterieure à la conclusion qui s'en fit à Blois.

Il y a bien à discourir là dessus, il y eut donc lors de cet accord une Dame de la Cour que je ne nommeray point, aussi sotte qu'il en fut de sa portée; estant la Reyne Mere le soir retirée à son coucher, elle s'enquit à ses Dames si elles avoient veu sa fille, & qu'elle joye elle montroit de l'accord de ce mariage: cette Dame sotte, & qui n'avoit encore gueres veu sa Cour, s'advança la premiere, & dit, comment Madame ne seroit-elle joyeuse d'un tel mariage, puis qu'elle en vient à la Couronne, & est en terme d'estre possible *Reyne de France*, si elle escheoit au Roy son mary pretendu comme il se peut faire un jour. La Reyne oyant un si sot mot, luy dit mamie vous estes une grande sotte, j'aimerois mieux que vous fussiez crevée de cent mille morts, que si vostre sotte Prophetie estoit jamais accomplie, pour la longue vie & la longue prosperité que je souhaitte au Roy & à tout le reste de mes enfans. Sur quoy il y eut une grande Dame assez familiere avec elle qui luy repliqua, mais

Madame si ce mal-heur arrivoit, que Dieu nous en garde, ne seriez vous pas bien aise de voir vostre fille *Reyne de France*, puis que la Couronne luy escherroit de bon droit par celuy de son mary.

La Reyne fit responſe, encore que j'aime bien cette fille, je pense que quand cela arriveroit, nous verrions la *France* bien troublée de maux & de mal-heurs, & aimerois cent fois mieux mourir, (comme elle a fait) que de la voir en cet estat ; car je crois qu'on ne voudroit pas obeïr absolument au *Roy de Navarre* comme à mes enfans pour beaucoup de raisons que je ne dis point. Voilà deux propheties accomplies, l'une d'une sotte Dame, & l'autre d'une habille Princesse, & pour quelques années : mais la prophetie a failly aujourd'huy par la grace que Dieu luy a donnée, & par la force de sa bonne espée & valeur de son brave cœur, qui l'ont rendu si grand, si victorieux, si redouté & si absolu Roy, comme il est aujourd'huy, aprés tant de traverses & travaux. Dieu le maintienne par sa sainte grace en cette grande prosperité, ainsi qu'il nous est de besoing à tous nous autres ses pauvres subjets.

Or si par abolition de la Loy *Salique* dit encores la Reyne, le Royaume venoit à ma fille par son juste droit, comme aussi d'autres Royaumes tombent en quenoüille, certes ma fille est bien aussi capable de regner, ou plus que beaucoup d'hommes & Roys que je sçay, & qui ont esté, & crois-je que son regne seroit beau, & le rendroit pareil à celuy du Roy son grand Pere, car elle a un grand esprit & des grandes vertus pour ce faire ; là dessus elle alla dire que c'estoit un grand abus que cette Loy *Salique*, & qu'elle avoit oüy dire à Monsieur

REYNE MARGUERITE. 21

sieur le Cardinal de *Lorraine* qu'alors qu'il arresta avec les autres deputez à l'Abbaye de *Cercamp*, la paix entre les deux Roys, venant à soudre quelque point de la Loy *Salique* qui touchoit la succession des femmes au Royaume de *France*, il y eut Monsieur le Cardinal de *Granvelle*, autrement dit d'*Arras* qui en rabroüa fort Monsieur le Cardinal de *Lorraine*, lui disant que c'étoit des vrais abus que nostre Loy *Salique*, * & qu'il luy en creva l'œil, & que c'estoient de vieux resveurs & croniqueurs qui l'avoient ainsi escrit, sans sçavoir pourquoy, & l'ont fait ainsi accroire, & qu'elle ne fut jamais faite ny portée en *France*: mais que c'estoit une coustume que les François de main en main s'estoient entredonnez, & avoient introduite, qui n'est nullement juste, & par consequent violable; voilà ce qu'en dit la Reyne Mere, & quand tout est dit, ce fut *Pharamond* comme la pluspart tiennent, qui l'apporta de son pays & l'introduisit; ce que nous ne devrions observer, puis que c'estoit un Payen, & d'aller si estroitement garder parmy nous autres Chrestiens les Loix d'un Payen, c'est offenser grandement Dieu. Il est vray que la pluspart de celles que nous avons, nous les tenons des Empereurs Payens, mais aussi celles qui sont saintes, justes & equitables, comme de vray il y en a force, & la pluspart sont telles, mais cette-cy *Salique* de *Pharamond* elle est injuste, & contre la Loy de Dieu; car il est dit au vieux Testament, & au 25. Chapitre des Nombres, Les enfans masles succederont premierement, puis en leur defaut les filles. Cette sainte Loy veut les filles heriter aprés les masles, encor quand on prendroit bien au pied de l'Escriture cette Loy *Salique* il n'y auroit pas si grand mal

* Elle est semblable à celle d'Allemagne qui rend les fiefs masculins. Brantôme auroit bien fait de ne pas agiter cette question qui estoit fort au dessus de ses lumieres.

comme

comme on le prend, ainsi que j'ay oüy discourir à des grands personnages, car elle parle ainsi, que tant qu'il y aura des masles, les filles n'heritent, ny ne regnent point, consequemment en defaut des masles les filles y viendront : & puis qu'il est juste qu'en *Espagne*, *Navarre*, *Angleterre*, *Escosse*, *Hongrie*, *Naples*, & *Sicile* les filles regnent, pourquoy ne l'est-il juste tout de mesme en *France*, car ce qui est juste, est juste par tout & en tous lieux, & le lieu ne fait point que la Loy soit juste.

Tant de Fiefs que nous avons en *France*, *Duchez*, *Comtez*, *Baronnies*, & autres Royales Seigneuries qui sont quasi, mais beaucoup Royales en leurs droits & privileges, viennent bien aux femmes & aux filles, comme nous avons *Bourbon*, *Vendosme*, *Montpensier*, *Nevers*, *Rhetel*, *d'Eu*, *Flandres*, *Bourgongne*, *Artois*, *Zelande*, *Bretagne*, & mesme comme *Matilde*, qui fut Duchesse de *Normandie*, *Eleonor* Duchesse de *Guyenne*, qui enrichirent *Henry II*. Roy *d'Angleterre* : *Beatrix* Comtesse de *Provence* qui l'apporta au *Roy Loüis* son mary : la fille unique de *Raimond* Comte de *Thoulouze* qui l'apporta à *Alphonse* frere de *saint Loüis*. Puis *Anne* Duchesse de *Bretagne* de frais, & autres, pourquoy le Royaume de *France* n'appelle-t'il à soy aussi les filles de *France*.

La belle *Galathée* lors qu'*Hercule* l'espousa aprés sa conqueste d'*Espagne* ne dominoit-elle pas en la *Gaule*, du mariage desquels deux sont issus nos braves, vaillans & genereux *Gaulois*, qui d'autresfois se sont tant fait vanter.

Et pourquoy sont les filles des Ducs en ce Royaume plus capables de gouverner un Duché

ché ou un Comté, & y faire justice, qui approchent de l'authorité du Roy, plustost que les filles des Rois de gouverner le Royaume de *France*, & comme si les filles de *France* ne fussent aussi capables & propres à commander & regner, comme aux autres Royaumes & grandes Seigneuries que j'ay nommées.

Pour plus grande preuve de l'abus de la *Loy Salique* il n'en faut d'autres que de tant de *Croniqueurs, Escrivains & Bavards* qui en ont escrit, qui ne se peuvent accorder entre eux de son *Etymologie*.

Les uns comme *Postel*, estiment qu'elle prit son ancienne origine des *Gaules*, & qu'elle fut appellée *Sallique* au lieu de *Gallique* pour la proximité & voisinage que la lettre G en viel moule avoit avec la lettre S, mais c'est un resveur en cela (comme je tiens d'un grand personnage) ainsi qu'en autres choses.

Jean Ceval Evesque d'Avranches grand rechercheur des antiquitez de la *Gaule de France* la voulu rapporter à ce mot salle, parce que cette Loy estoit seulement ordonnée pour Salles & Palais Royaux.

Claude Seissel, assez mal à propos a pensé qu'elle vint du mot *sal* en Latin, comme une Loy pleine de sel, c'est à dire pleine de sapience par une *Metaphore* tirée du sel.

Un Docteur és Droits nommé *Ferrarius Montanus*, a voulu dire que *Pharamond* fut appellé *Salicq*.

Les autres la tirent de *Salogast* l'un des principaux Conseillers de *Pharamond*.

Les autres pensants subtiliser davantage disent que par la frequence des articles qui se trouvent dans icelle Loy, commençant par ces mots, *si aliquis, si aliqua*, elle prit sa derivaison qu'elle est venuë des *François Saliens*,
comme

comme est fait mention dans *Marcelin*.

Enfin voilà de grands rebus & resveries, & ne se faut esbahir si Monsieur l'Evesque *d'Arras* en faisoit la guerre à Monsieur le Cardinal de *Lorraine*, ainsi que ceux de sa nation en leurs farces & joingleries, croyant que cette Loy fut de nouvelle impression, appelloient *Philippes de Valois* le Roy trouvé, comme si par un nouveau droit, & non jamais reconneu par la *France*, il se fut fait Roy: surquoy depuis se sont fondez en ce que le Comté de *Flandres* estant tombé en quenoüille, le Roy *Charles-Quint* n'en pretendit lors aucun droit ny nom, mais au contraire il appannagea *Philippes* son frere de la *Bourgongne* pour en faire le mariage avec la Comtesse de *Flandres*, ne la voulant prendre pour luy, ne la trouvant si belle, mais bien plus riche que celle de *Bourbon*: qui est encor une grande asseurance que l'article de cette Loy *Salique* n'a pas tousiours esté observé au membre comme au chef: & ne faut douter que les filles venants à la Couronne, mesmes quand elles sont belles, honnestes & vertueuses, comme cette-cy, n'attirassent plus le cœur de leurs sujets par leurs beautez & douceurs, que toutes les forces des hommes.

Monsieur du *Tillet* dit que la Reyne *Clotilde* fit recevoir en *France* la Religion Chrestienne; & depuis ne s'est trouvée aucune Reyne qui s'en soit desvoyée, qui est un grand honneur pour les Reynes, ce qui n'est advenu aux Roys depuis *Clovis*: car *Chilperic* premier fut entaché de l'erreur *Arrienne*, & deux seuls Prelats de l'Eglise *Gallicane* par leur resistance l'en osterent, comme dit *Gregoire de Tours*.

Davantage *Catherine* Fille de *Charles* ne fut-

REYNE MARGUERITE.

fut-elle pas ordonnée Reyne de *France* par le Roy son pere & son conseil.

Du *Tillet* dit encore de plus, que les filles de *France* estoient en telle reverence, qu'encores qu'elles fussent mariées à moindres que Rois, neantmoins prenoient le titre Royal, & estoient appellées Reynes avec le nom propre, & cet honneur leur estoit donné pour leur vie, par demonstration qu'elles estoient filles de Roy de *France* : cette coustume ancienne montroit sourdement que les filles de *France* pouvoient bien estre Reynes aussi-bien que les fils. Il se trouve que du temps du Roy *saint Loüis* tenant la Cour des *Pairs*, la Comtesse de *Flandres* est renommée presente, & tenant lieu avec les *Pairs*.

Voyez ce que dit encores Monsieur du *Tillet* pour la Loy *Salique*, escrite pour les seuls sujets, quand il n'y avoit fils, les filles heritoient en l'ancien patrimoine : qui voudroit regler la Couronne, Mesdames filles de *France* au defaut des fils la prendroient, & neantmoins elles en sont perpetuellement excluses par coustume & Loy particuliere de la maison de *France* fondée sur la magnanimité des *François* qui ne peuvent souffrir d'estre dominez par les femmes. *

Et ailleurs dit, & se faut esbahir de la longue ignorance qui a attribué cette coustume à la Loy *Salique* qui est contraire.

Le Roy *Charles le Quint* traittant le mariage de Madame *Marie de France* sa fille avec *Guillaume* Comte de *Hainaut* en l'an 1374. stipula la renonciation dudit Comte au droit de Royaume & de *Dauphiné*, ce qui est un grand point, & par là voyez les contrarietez.

* On peut voir dans le 5. tome des Memoires de la ligue un discours pour montrer que la domination des femmes a esté calamiteuse aux François.

Certes si les femmes sçavoient manier les armes aussi-bien que les hommes, elles s'en
feroient

feroient accroire, mais en recompense elles ont leur beau visage qu'on ne recognoit pas comme on devroit ; car certes il vaut mieux d'estre commandé des belles, gentilles & honnestes femmes, que des hommes fascheux, fats, laids, & maussades, comme jadis il y en a eu en cette *France*.

Je voudrois bien sçavoir si ce Royaume s'est mieux trouvé d'une infinité de Roys fats, sots, tyrans, faineants, idiots, fols, qui ont esté, ne voulant pourtant taxer nos braves *Pharamonds*, nos *Clodions*, nos *Clovis*, nos *Pepins*, nos *Martels*, nos *Charles*, nos *Loüis*, nos *Philippes*, nos *Jeans*, nos *François*, nos *Henris*, car ils ont esté trop braves & magnanimes ceux-là ; & bien-heureux estoit le peuple qui estoit sous eux, * qu'ils eussent fait une infinité de filles de *France*, qui ont esté tres-habilles, fort prudentes, & bien dignes pour commander. Je m'en rapporte aux regences des Meres des Roys comment on s'en est bien trouvé.

*Il manque Icy quelque chose.

Fredegonde comment administra-elle les affaires de *France* pendant les bas âge du Roy *Clotaire* son fils, les administrant si sagement & dextrement, qu'il se vit avant mourir Monarque de la *Gaule*, & de beaucoup de l'*Allemagne*.

Le semblable fit *Matilde* femme de *Dagobert* à l'endroit du Roy *Clovis* deuxiesme son fils, & long-temps aprés *Blanche*, Mere de *saint Loüis*, laquelle se comporta si sagement, ainsi que j'ay leu ; que tout ainsi que les Empereurs Romains se faisoient appeler *Augustes* en commemoration de l'heur & prosperité qui s'estoit trouvée au grand Empereur *Auguste* ; aussi toutes les Reynes Meres anciennement aprés le decez des Roys leurs maris

maris vouloient estre nommées Reynes *Blanches*, par une honorable memoire tirée du gouvernement de cette sage Princesse, encor que Monsieur du *Tillet* y contredit encor un peu en cela, toutesfois je le tiens d'un grand *Senateur*.

Et pour passer plus bas, * *Ysabeau de Bavieres* eut la regence de son mary *Charles* sixiesme, estant alteré de son bon sens, par l'advis de son conseil, comme aussi fut Madame de *Bourbon* du petit Roy *Charles* huictiesme son frere en son bas âge.

* Cet exemple n'est pas des meilleurs.

Madame *Louïse de Savoye* Mere du Roy *François* premier, & la Reyne Mere du Roy *Charles* neufiesme son fils.

Si donc les Dames estrangeres, (hors Madame de *Bourbon*, car elle estoit fille de *France*) ont esté si capables de gouverner si bien la *France*, pourquoy ne le seroient les nostres telles, & ne la gouverneroient aussi bien, & d'aussi bon zele & affection, puis qu'elles y sont nées, & y ont pris leur lait, & que le fait leur touche.

Je voudrois bien sçavoir en quoy nos derniers Rois ont surpassé nos trois filles de *France* dernieres, *Elizabeth*, *Claude* & *Marguerite*, que si elles fussent venuës à estre Reynes de *France*. qu'elles ne l'eussent aussi-bien gouvernée, sans que je veüille pourtant taxer leur suffisance & regence, car elle a esté tres-grande & tres-sage, aussi-bien que leurs freres. J'ay oüy dire à beaucoup de grands personnages bien entendus & bien prevoyans, que n'eussions eu les mal-heurs que nous avons eu, que nous avons, & que nous aurons encore, & en alleguoient des raisons qui seroient trop longues à mettre icy; mais voilà ce dit le commun & sot vulgaire, il faut observer

server la Loy *Salique*, pauvre fat qu'il est, ne sçait-il pas bien encore que les *Germains*, de l'estre desquels nous sommes sortis, avoient accoustumé d'appeller les femmes à leurs affaires d'Estat tout aussi bien que les hommes, comme nous apprenons de Tacite : Par là nous apprenons que cette Loy *Salique* a esté depuis corrompuë, puis qu'ils les ont senty dignes de commander ; mais ce n'est qu'une vraye coustume, & que les pauvres filles qui estoient foibles pour debatre leur droit par la pointe de l'espée, comme il se debatoit anciennement, les hommes les en excluoient & chassoient du tout. Ah ! que ne vivent maintenant nos braves & vaillants *Palladins de France*, un *Roland*, un *Renaud*, un *Ogier*, un *Olivier*, un *Deudon*, un *Graffon*, un *Yvon**, & une infinité d'autres braves, desquels la profession estoit & la gloire de secourir les Dames, & les maintenir en leurs afflictions & traverses de leurs vies, de l'honneur & biens, pour maintenant combatre le droit de nostre Reyne *Marguerite*, laquelle tant s'en faut qu'elle joüisse d'un seul poulce de terre du Royaume de *France*, duquel elle est si noblement sortie, & qui possible luy appartient de tout droit divin & humain, qu'elle ne joüist pas de sa Comté d'*Auvergne*, qui luy appartient par toute justice & equité, pour estre restée seule & heritiere de la Reyne sa Mere, & est retirée dans un Chasteau d'*Usson* parmy les deserts, rochers, & montagnes d'*Auvergne*, habitation certes par trop dissemblable à une grande ville de *Paris*, où elle devroit maintenant tenir son trosne & son siege de justice, qui luy appartient & de son droit, & de celuy du Roy son mary, mais le mal-heur est tel, qu'on ne veut recevoir ny l'un ny l'autre, que

*Et un Don Quixote.

si tous deux estoient bien unis ensemble & de corps & d'amitié, comme ils ont esté, possible que tout en iroit mieux pour tous, & se feroient craindre, respecter & recognoistre pour tels qu'ils sont; Dieu a voulu depuis qu'ils se sont bien reconciliez, qui est un tres-grand heur.

J'ay oüy dire à Monsieur de *Pibrac* une fois que cette alliance de *Navarre* a esté fatale en cela, pour avoir veu en discordance le mary & la femme comme autresfois a esté de *Loüis Hutin Roy de France* & de *Navarre* avec *Marguerite de Bourgongne* fille du Duc *Robert* troisiesme.

Plus *Philippes* le long Roy de *France* & de *Navarre*, avec *Jeanne* fille du Comte *Othelin de Bourgongne*, laquelle se trouvant innocente se purgea fort bien.

Puis *Charles le Bel Roy de France* & de *Navarre* avec *Blanche* fille d'*Othelin* encores Comte de *Bourgongne* qui fut sa premiere femme. Et de frais le Roy *Henry d'Albret* avec *Marguerite de Valois* comme je tiens de bon lieu, qui la traittoit tres-mal, & eut encor fait pis sans le Roy *François* son frere qui parla bien à luy, le rudoya fort, & le menaça pour honorer sa femme & sa Sœur, veu le rang qu'elle tenoit.

Le Roy *Antoine* dernier mourut aussi estant en mauvais mesnage avec la Reyne *Jeanne* sa femme.

Nostre Reyne *Marguerite* est ainsi un peu en division & divorce avec le Roy son mary: mais Dieu les mettra un jour en bonne union en dépit du temps miserable.

J'ay oüy dire à une Princesse qu'elle luy sauva la * vie au massacre de la *saint Barthelemy*; car indubitablement il estoit proscrit, & couché

* Elle n'en dit rien dans ses Memoires.

couché sur le papier rouge, (comme on dit) parce qu'on disoit qu'il falloit oster les racines, comme le Roy de *Navarre*, le Prince de *Condé*, l'Admiral, & autres grands, mais ladite Reyne se jetta à genoux devant le Roy *Charles* son frere, pour luy demander la vie de son mary & Seigneur : le Roy *Charles* la luy accorda assez difficilement, encore qu'elle fust sa bonne Sœur ; je m'en rapporte à ce qui en est, car je n'en sçay que par oüy dire, & si porta fort impatiemment ce massacre, & en sauva plusieurs jusques à un Gentil-homme *Gascon*, il me semble qu'il s'appelloit *Lerac**, qui tout blessé qu'il estoit vint à se jetter sous son lit, elle estant couchée, & les meurtriers l'ayant poursuivy jusques à la porte, dont les en chassa ; car elle ne fut jamais cruelle, mais toute bonne, à la mode des filles de *France*.

* Elle le nomme Tejan, & dit qu'il se jetta sur son lict & qu'il la prit au travers du corps.

On dit que la pique d'elle & du Roy son mary a procedé plus de la diversité de la Religion que d'autre chose, car chacun ayme & soustient fort la sienne, si que la Reyne estant allée à *Pau*, ville principale de *Bearn*, ainsi qu'elle y eut fait dire la messe, il y eut un Secretaire du Roy son mary nommé le *Pin*, qui avoit esté autresfois à Monsieur *l'Amiral*, qui s'en estomacha, si bien qu'il fit mettre en prison quelques-uns de la ville qui y avoient esté. La Reyne en fut tres-mal contente, & le luy pensant remonstrer, il luy parla plus haut qu'il ne devoit, & indiscretement, mesmes devant le Roy, qui luy en fit une bonne reprimande, & le chassa *, car il sçait bien aimer & respecter ce qu'il doit, tant il est brave & genereux, ainsi que ses belles & nobles actions l'ont manifesté tel toûjours, dont j'en parleray plus au long dans sa belle vie.

* Aprés avoir bien resisté comme elle le dit dans ses memoires.

Ledit du *Pin* se fondoit sur l'Edict qui est

là fait & observé sur la vie, ny dire ny oüyr messe, la Reyne s'en sentant piquée, Dieu sçait comment jura & protesta qu'elle ne mettroit jamais le pied en ce pays-là, dautant qu'elle vouloit estre libre en l'exercice de sa Religion, & par ainsi elle en partit, & depuis elle garda fort bien son serment.

J'ay oüy dire qu'elle n'eut chose tant sur le cœur que telle indignité d'estre privée de l'exercice de sa Religion, laquelle pour la passer de sa fantaisie, elle pria la Reyne sa bonne mere de la venir querir pour la voir, & aller jusques en *France* voir le Roy & Monsieur son frere qu'elle honoroit & aimoit beaucoup, où estant allée, ne fut veüe ny receüe du Roy son frere comme il devoit, & voyant un grand changement depuis qu'elle estoit partie, & plusieurs personnes eslevées en des grandeurs qu'elle n'avoit veu ny pensé, cela luy faschoit fort de les rechercher & leur faire la Cour comme les autres, nullement ses pareilles, faisoient; tant s'en faut qu'elle les mesprisoit grandement comme j'ay veu, tant avoit-elle le courage grand, helas trop grand certes s'il en fut oncques, mais pourtant cause de tout son mal-heur, car si elle l'eut voulu un peu contraindre & rabaisser le moins du monde, elle n'eust esté traversée comme elle a esté.

Sur quoy je feray ce conté, que lors que le Roy son frere alla en *Pologne*, & y estant, elle sçeut que Monsieur de *Gua* fort favorisé du Roy son dit frere avoit tenu quelques propos assez desadvantageux d'elle, & assez bastans pour mettre le frere & la Sœur en inimitié ou quelque pique: au bout de quelques temps ledit Monsieur de *Gua* retourné de *Pologne*, retourne à la Cour, & portant des lettres dudit

dit Roy à sa Sœur, les luy alla porter & baiser les mains en sa chambre, (ce que je vis) quand elle le vit entrer, elle fut en grande colere, & ainsi qu'il se vint presenter à elle pour luy donner sa lettre; elle luy dit d'un visage courroucé, bien vous sert de *Gua* de vous presenter devant moy avec cette lettre de mon frere qui vous sert de sauvegarde, l'aimant si fort que tout ce qui vient de luy est en toute franchise avec moy; que sans cela je vous apprendrois à parler d'une telle Princesse que moy, Sœur de vos Roys vos maistres & souverains.

Monsieur de *Gua* luy respondit fort humblement, je ne me fusse aussi Madame jamais presenté devant vous, sçachant bien que vous me voulez mal, sans quelque bonne enseigne du Roy mon maistre qui vous aime, & que vous aimez fort aussi, m'asseurant Madame que pour l'amour de luy, & que vous estes toute bonne & genereuse, vous m'oyrez parler, & luy ayant fait ses excuses, & dit ses raisons, comme il sçavoit bien dire, & nia tresbien de n'avoir jamais parlé de la Sœur de ses Roys que tres-reveremment.

Elle le renvoya avec protestation de luy estre cruelle ennemie, comme elle luy a tenu jusques à sa mort.

Au bout de quelque temps le Roy escrit à Madame de *Dampierre**, & la prie sur tous les plaisirs qu'elle luy sçavoit faire, de faire avec la Reyne de *Navarre*, qu'elle pardonnast à Monsieur de *Gua*, & le prit en amitié pour l'amour de luy; ce que Madame de *Dampierre* entreprit à son tres-grand regret, car elle cognoissoit le naturel de ladite Reyne, mais parce que le Roy l'aimoit, & se fioit fort en elle, à tout hazard elle entreprit cette charge, & vint un jour trouver ladite Reyne en sa Cham-

* Jeanne de Vivone tante de Mr. de Brantome.

Chambre, & où la trouvant en assez bonne trempe, elle en entama le propos, & luy fit une remonstrance, que pour avoir la bonne grace, l'amitié & la faveur du Roy son frere, qui estoit dé-ja Roy de *France*, elle devoit pardonner à Monsieur de *Gua*, & luy remettre tout le passé, & le prendre en grace ; car le Roy l'aimoit fort, & le favorisoit plus qu'aucun des siens, & par ce moyen elle le prenant en amitié recevroit beaucoup de bons services, offices & plaisirs de luy, puis qu'il gouvernoit si paisiblement le Roy son maistre, & qu'il valoit bien mieux qu'elle s'en aydast & prevalust que de le desesperer & le bander contre elle, & qu'il luy pourroit beaucoup nuire, & qu'elle avoit bien veu de son temps au Regne du Roy *François* premier, Mesdames *Magdelaine* & *Marguerite*, depuis l'une Reyne d'*Ecosse*, & l'autre Duchesse de *Savoye*, ses tantes, encore qu'elles eussent le cœur bien grand & haut, s'abaisser si bas que de faire la Cour à Monsieur de *Sourdis*, qui n'estoit que maistre de la garderobe du Roy leur Pere, & le rechercher, afin que par son moyen elles se ressentissent de la grace & faveur du Roy leur pere, & qu'à l'exemple de leurs tantes elle en devoit faire de mesme à l'endroit de Monsieur de *Gua*.

La Reyne de *Navarre* aprés avoir oüy fort attentivement Madame de *Dampierre*, luy respondit assez froidement avec un visage un peu riant pourtant selon sa mode, & luy dit, Madame de *Dampierre*, ce que me dites seroit bon pour vous, qui avez besoing de faveur, de plaisirs & bienfaits, & si j'estois vous, ces paroles que me dites me seroient fort bien addressées & fort propres, & les recevrois fort volontiers, & mettrois en usage ; mais à moy

C qui

qui suis fille de Roy, & Sœur de Roys de *France*, & femme de Roy, elles ne peuvent servir, dautant qu'avec ces grandes & belles qualitez je ne puis estre mendiante, pour mon honneur, des faveurs & graces, & bien-faits du Roy mon frere; car je le tiens pour de si bon naturel, & cognoissant si bien son devoir, qu'il ne me les desniera jamais sans la faveur de *Gua*, autrement il se feroit un grand tort à son honneur & à sa Royauté, & quand bien il seroit si desnaturé de s'oublier tant que de me tenir autre qu'il doit, j'aime mieux pour mon honneur, & ainsi mon courage me le dit, estre privée de ses bonnes graces par faute de n'avoir recherché de *Gua* & ses faveurs, que si l'on me reprochoit, ou soupçonnoit les avoir par son moyen & intercession; veu qu'il me semble assez les meriter pour estre ce que je luy suis, & s'il se sent digne d'estre Roy, & aimé de moy & de son peuple, je me sens comme sa Sœur estre assez digne d'estre Reyne & aimée non seulement de luy, mais de tout le monde; & si mes tantes que vous m'alleguez se sont si abbaissées comme vous dites, faire l'ont pû, si elles l'ont voulu, ou telle a esté leur humeur: mais leur exemple ne me peut donner Loy ny aucune sorte d'imitation, ne me voulant nullement former sur ce modelle, sinon sur le mien propre; par ainsi elle se teut, & Madame de *Dampierre* se retira, non pourtant que la Reyne luy en voulut mal autrement, car elle l'aimoit fort.

Une autre fois lors que Monsieur d'*Espernon* alla en *Gascongne*, aprés la mort de Monsieur (voyage fondé sur divers sujets à ce que l'on disoit) alors il vit le Roy de *Navarre* à *Pamiers*, & s'entrefirent de grandes cheres & caresses, je parle ainsi, car lors Monsieur d'*Esper-*

d'Espernon estoit demy Roy en *France* pour la debordée faveur qu'il avoit avec le Roy son maistre, aprés donc s'estre bien caressez & fait bonne chere ensemble, le Roy de *Navarre* le pria de le venir voir à *Nerac* aprés qu'il auroit esté à *Toulouse*, & s'en voudroit retourner, ce qu'il luy promit, & s'estant acheminé pour faire ses preparatifs à le bien festiner, la Reyne de *Navarre* qui estoit-là, & qui vouloit mal mortel à Monsieur d'*Espernon* pour beaucoup de grands sujets, dit au Roy son mary qu'elle se vouloit oster de là pour ne pas troubler & empescher la feste, ne pouvant nullement supporter la veüe de Monsieur d'*Espernon* sans quelque scandale & venin de colere qu'elle pourroit vomir, qui pourroit donner fascherie aucunement au Roy son mary, parquoy estant sur son partement le Roy la pria sur tous les plaisirs qu'elle luy sçauroit faire de ne bouger, & luy aider à recevoir mondit Sieur d'*Espernon*, & mettre toute sa rancune qu'elle luy portoit sous les pieds pour l'amour de luy, dautant que cela leur importoit grandement à tous deux, & à leur grandeur.

Et bien Monsieur (luy dit la Reyne) puis qu'il vous plaist me le commander, je demeureray, & luy feray bonne chere pour vostre respect & l'obedience que je vous dois (& puis dit à aucunes de ses Dames) mais je vous responds bien que lors qu'il arrivera, & tant qu'il demeurera, ces jours-là je m'habilleray d'un habillement dont je ne m'habillay jamais, qui est de dissimulation & hypocrisie, car je masqueray si bien mon visage de feintise qu'il n'y verra que tout bon & honneste recueil, & toute douceur, & pareillement je poseray à ma bouche toute discretion, si bien que je me rendray

rendray par l'exterieur telle que l'on pensera l'interieur de mon cœur bon, duquel autrement je n'en puis respondre, n'estant nullement à mon pouvoir, estant du tout à luy, tant il est haut plein de franchise, & ne sçauroit porter d'eau punaise, ny le venin d'aucune hypocrisie, ny moins le faire abbaisser, puis qu'il n'y a rien que Dieu & le Ciel qui le puisse amollir, & le rendre tendre, en le refaisant ou le refondant. Pour rendre donc content le Roy son mary, car elle l'honoroit fort, aussi luy rendoit-il de mesme, elle se desguisa de telle façon que Monsieur d'*Espernon* venant arriver dans sa chambre, elle le recueillit de la mesme forme que le Roy l'en avoit priée (& elle luy avoit promis) si bien que toute la chambre qui estoit pleine d'une infinité d'assistans qui se pressoient pour voir cette entrée & entreveüe en furent fort esmerveillez, & le Roy & Monsieur d'*Espernon* en demeurerent contents, mais les plus clair-voyans, & qui cognoissoient le naturel de la Reyne se doutoient bien de quelque garde dedans, aussi disoit-elle qu'elle avoit joüé un rolle en cette comedie mal-volontiers. Je tiens de bon lieu tout cecy.

Voilà deux contes par lesquels on peut bien cognoistre la hauteur du courage de cette Reyne, lequel estoit tel, que j'ay oüy dire à la Reyne sa mere sur ce discours & sujet, qu'elle en estoit fort semblable au Roy son Pere, & qu'elle n'avoit aucun de ses enfans qui le semblast mieux qu'elle, tant en façons, humeurs, lineamens & traits de visage, qu'en courage & generosité, dautant qu'elle avoit veu le Roy *Henry* durant le Roy *François* son Pere, qui pour son Royaume n'eut pas recherché ny naqueté le Cardinal de *Tournon*, *ny l'Admiral

* François de Tournon fait Cardinal en 1530, & mort en 1562.

miral d'*Annebaut* * grands favoris du Roy, mesme qui eut eu la paix ou les treves souvent de l'Empereur *Charles*, s'il les eust voulu requerir & rechercher, mais sa generosité ne se pouvoit sousmettre à telles recherches; aussi tel estoit le Pere, tel estoit la fille, mais pourtant tout cela luy a beaucoup nuy: je m'en rapporte à une infinité de traverses & indignitez qu'elle a receu à la Cour, que je ne diray point, car elles sont trop odieuses, jusques à en avoir esté renvoyée, avec certes un grand affront, & pourtant innocente de ce qu'on luy mettoit à sus, ainsi que la preuve en fit foy à plusieurs, car je le sçay, & comme le Roy son mary en fut asseuré, il en demanda raison au Roy, dont il en fut tres-bon en cela, & s'y en cuida soudre entre les deux freres quelque contention sourde, & haine.

* Claude d'Annebaut mort en 1552.

La guerre de la *Ligue* aprés arriva, & dautant que la Reyne de *Navarre* se craignoit de quelques uns, à cause qu'elle estoit fort grande Catholique, elle se retira à *Agen* qui luy avoit esté donné, & le pays par les Roys ses freres, en appanage & en don pour sa vie durant, & puis qu'il y alloit de la Religion Catholique & qu'il la falloit maintenir, & exterminer l'autre, elle voulut fortifier la sienne de son costé de tout ce qu'elle pût, & faire la guerre contre l'autre, mais elle y fut tres-mal servie par le moyen de Madame de *Duras*, qui la gouvernoit fort, & qui sous son nom faisoit de grandes exactions & concussions, le peuple de la ville s'en aigrit, & sous main en couva une liberté, & moyen de chasser & leur Dame & ses garnisons, sur lequel mescontement Monsieur le Mareschal de *Matignon* prit occasion de faire entreprise à la ville, ainsi que le Roy en ayant sçeu les moyens
luy

luy commanda avec une grande joye, pour ag-
graver sa Sœur, (qu'il n'aimoit) de plus en
plus de déplaisirs: pourquoy l'entreprise qui
pour la premiere fois avoit esté faillie fut menée pour la seconde si dextrement par mondit Sieur le Mareschal & les habitans, que la
ville fut prise & forcée en telle sorte & de telle
promptitude, & alarme, que tout ce que pût
faire cette mal-heureuse Reyne, fut de monter en trousse derriere un Gentil-homme, &
Madame de *Duras* derriere un autre, & se
sauver de vitesse, & faire douze grandes lieües
d'une traitte, & le lendemain autant, & se
sauver dans la plus forte forteresse de la *France* qui est *Carlat*, où estant & pensant estre en
seureté, elle fut par les menées du Roy son
frere (qui estoit un tres-habile & tres-subtil
Roy s'il en fut onc) venduë par ceux du pays
& de la place, & en estant sortie s'en deffiant,
ainsi qu'elle se sauvoit, fut prisonniere entre
les mains du Marquis de *Canillac* Gouverneur d'*Auvergne*, & menée dans le Chasteau
d'*Usson* bien forte place aussi, voire imprena-
ble, que le bon & fin *Renard* le Roy *Loüis XI.*
avoit rendu en partie tel pour y loger ses prisonniers, les tenant là plus en seureté cent
fois qu'à *Loches*, *Bois de Vincennes*, & *Lusignan*.

Voilà donc cette pauvre Princesse prisonniere en ce lieu, & traittée non en fille de
France certes, ny en Princesse si grande que
celle-là; toutesfois si son corps estoit captif,
son brave cœur ne l'estoit point, & ne luy
manqua point, & luy assista tres-bien pour ne
se point laisser aller en son affliction. Que
c'est que peut un grand cœur conduit d'une
grande beauté! car celuy qui la tenoit prisonniere en devint prisonnier dans peu de temps,

encore

encore qu'il fut fort brave & vaillant. Pauvre homme que pensoit-il faire ? vouloir tenir prisonniere, sujette & captive en sa prison, celle qui de ses yeux & de son beau visage peut assujettir en ses liens & chaines, tout le reste du monde comme un forçat.

Le voilà donc ce Marquis ravy & pris de cette beauté ; mais elle qui ne songe en aucunes delices d'amour, ains en son honneur & en sa liberté, joüe son jeu si accortement qu'elle se rend la plus forte, & s'empare de la place, & en chasse le Marquis, bien esbahy d'une telle surprise & ruse militaire, elle l'a gardée dé-jà il y a six à sept ans, non pourtant en tous les souhaits ny plaisirs du monde, despoüillée de la Comté d'*Auvergne*, detenuë par le grand Prieur de *France*, que le Roy fit instituer Comte & heritier par la Reyne Mere en son testament, avec son grand regret, de quoy elle ne pouvoit laisser à la Reyne sa bonne fille au moins quelque chose du sien propre, tant estoit la haine grande que le Roy luy portoit. Helas ! quelle mutation au prix de celle que j'ay veu qu'ils s'entr'aimoient tant, & n'estoient qu'un corps, une ame & une mesme volonté. Hà ! que d'autresfois j'ay veu qu'il les faisoit beau voir discourir ensemble, car fut ou serieusement, ou en gayeté de cœur, rien n'estoit plus beau à voir ny oüir, car tous deux disoient ce qu'ils vouloient. Ah ! que le temps est bien changé à celuy que quand on les voyoit danser tous deux en la grande Salle du bal d'une belle accordance, & bonne volonté. Le Roy la menoit ordinairement danser le grand bal, si l'un avoit belle Majesté, l'autre ne l'avoit pas moindre ; j'ay veu assez souvent la mener danser la *Pavanne d'Espagne*, danse où la belle grace & Majesté font une belle representation, mais les yeux de toute la salle ne se pouvoient saouler, ny assez se ravir par une si agreable veüe; car les passages y estoient si bien dansez, les pas si sagement conduits, & les arrests faits de si belle sorte, qu'on ne sçauroit que plus admirer, ou la belle façon de danser, ou la majesté de s'arrester, representer maintenant une gayeté & maintenant un beau & grave desdain; car il n'y a nul qui les ait veu en cette danse qui ne die ne l'avoir veüe danser jamais si bien, & de si belle grace & majesté, qu'à ce Roy Frere, & qu'à cette Reyne Sœur, & quant à moy je suis de telle opinion, & si l'ay veüe danser aux Reynes d'*Espagne* & d'*Escosse* tres-bien.

Je leur ay veu pareillement fort bien danser le *Pazzameno d'Italie*, ores en marchant avec un port & geste grave, & conduisant si bien & si gravement leurs pas, ores les coulant seulement; & ores en y faisant de fort beaux, gentils, & graves passages, que nul autre ou Prince, ou autre y pouvoit approcher, ny Dame; car la majesté n'y estoit point espargnée : aussi cette Reyne prenoit grand plaisir à danser ces danses graves, pour sa belle grace, apparence & grave majesté qu'elle faisoit apparoir mieux qu'aux autres danses, comme bransles, voltes & courantes, elle ne les aimoit gueres, encore qu'elle s'en acquittast tres-bien, parce qu'elles n'estoient pas dignes de sa Majesté, mais oüy bien propres pour les graces communes des autres Dames.

Je luy ay veu aussi aimer quelquefois le bransle de la torche, ou du flambeau, & pour ce mesme sujet, sur quoy je me souviens qu'une fois estant à *Lyon* au retour du Roy de *Pologne* aux nopces de *Besne*, l'une de ses filles, elle dansa ce bransle devant force estrangers,

REYNE MARGUERITE.

gers, de *Savoye*, de *Piedmont*, d'*Italie* & autres, qui dirent n'avoir rien veu de si beau que cette Reyne, ny si belle & grave danse, comme certes elle est, dont il y en eut quelqu'un qui alla rencontrer là dessus, disant que cette Reyne n'avoit point de besoing (comme les autres Dames) du flambeau qu'elle tenoit en la main, car celuy qui sortoit de ses beaux yeux, qui ne mouroit point comme l'autre pouvoit faire, ayant autre vertu que de mener danser les hommes, puis qu'il pouvoit embraser tous ceux de la salle sans se pouvoir jamais esteindre, comme l'autre qu'elle avoit en la main, & qu'il estoit pour esclairer de nuit parmy les tenebres, & de jour parmy le Soleil mesme.

Doncques faut-il dire là dessus que la fortune à esté à tous nous autres aussi-bien ennemie qu'à elle, que nous ne voyons plus ce beau flambeau, voir ce beau Soleil esclairer sur nous autres, & qu'il s'en soit allé cacher en ces sommets de rochers & montagnes de l'*Auvergne*, aussi s'il se fut allé poser sur quelque beau port ou havre de mer, au feu duquel les mariniers & passants se fussent guidez sans danger du naufrage pour leur servir de fanal, sa demeure en seroit plus belle, plus profitable & plus honorable pour elle & pour tous. Ah! peuple de *Provence* vous la devriez supplier d'aller habiter dans vos beaux ports & belles costes de mer, qu'elle rendroit encores plus illustres qu'ils ne sont, & plus habitables & plus riches; car de toutes parts aborderoient gens, galeres, navires & vaisseaux pour voir la merveille du monde, comme celle de *Rhodes* pour son beau *Phare*, & reluisant fanal, au lieu que reserrée dans les barrieres & barricades de ses montagnes d'*Auvergne*, &

ne

ne se pouvans sonsser aisement, elle nous est cachée & inconnüe du tout à nos yeux, sinon dautant que nous en avons sa belle *Idée*. Ah! belle & antique ville de *Marseille* que vous seriez heureuse si vostre port estoit honoré du flambeau & fanal de ses beaux yeux, aussi-bien la Comté de *Provence* luy appartient, ainsi que plusieurs autres Provinces, voire la *France*. Que maudite soit la mal-heureuse obstination que l'on a en ce Royaume de ne la rechercher avec le Roy son mary, recueillir & honorer comme l'on doit. *J'escrivois cecy au plus fort de la guerre de la ligue.* Si c'estoit une Reyne ou Princesse mauvaise ou malicieuse, avare, ou tyranne, comme il y en a eu force le temps passé en *France*, & possible qu'il y en aura encores, je n'en sçaurois que dire : mais elle est toute bonne, toute splendide, & liberale, n'ayant rien à soy, donnant à tout le monde, & gardant peu pour soy : tant charitable, tant aumosniere à l'endroit des pauvres, aux plus grands elle faisoit honte en liberalitez, comme je l'ay veüe au jour des estrenes faire des presens à toute la Cour, que les Roys ses Freres s'en estonnoient & n'en faisoient de pareils.

Elle donna à la Reyne *Loüise de Lorraine* une fois pour les estrenes un éventail fait de nacre de perles, enrichy de pierreries & grosses perles, si beau & si riche qu'on disoit estre un chef d'œuvre, & l'estimoit-on plus de douze cens escus ; l'autre pour retribuer ce present luy envoya de longs fers d'esguillettes que l'Espagnol appelle *Puntas*, enrichies de quelques perles & pierreries qui pouvoient monter à cent escus, & la paya de ses esguillettes pour ses estrenes, fort certes dissemblables.

Bref

Bref cette Reyne est toute Royale, & liberale, & honorable, & magnifique, & n'en desplaise aux Imperatrices du temps passé, leurs magnificences descrites par *Suetone*, *Pline*, & autres n'en ont rien approché, tant pour estre à sa Cour & aux Villes, que pour aller aux Champs & par Pays, fut en ses litieres, tant dorées, tant superbement couvertes & peintes de tant de belles devises, ses coches & carosses de mesme, & ses hacquenées si richement enharnachées.

Ceux qui ont veu tels superbes appareils comme moy sçavent qu'en dire, & qu'il faille maintenant qu'elle soit frustrée de tout cela, que depuis sept ans elle n'a bougé recluse de ce Chasteau austere & mal plaisant, où pourtant elle prend sa patience, tant elle a de vertu de sçavoir se commander, qui est une des grandes à ce qu'ont dit plusieurs Philosophes.

Pour parler encore de sa bonté elle est telle, & si noble, & si franche, que je crois qu'elle luy a fort nuy, car encores qu'elle eut de grands sujets & moyens pour se venger de ses ennemis & leur nuire, elle s'est retenuë bien souvent les mains, lesquelles si elle eut voulu employer ou faire employer, & commander à d'autres qui estoient assez prompts, possible par exemple d'aucuns chastiez bien à bon escient, les autres se fussent faits sages & discrets, mais elle remettoit les vengeances à Dieu.

Ce fut aussi ce que luy dit une fois Monsieur de *Gua*, ainsi qu'elle le menaçoit, Madame vous estes si bonne & si genereuse que je n'ay point oüy dire que vous ayez jamais offensé aucun, je croy que vous ne voudriez commencer en moy, qui vous suis tres-humble serviteur, aussi, bien qu'il luy eut beaucoup nuy,

nuy, elle ne luy rendit la pareille, ny vengeance. Il est vray que lors qu'on l'eut tué*, & qu'on luy vint annoncer elle estant malade, elle dit seulement je suis bien marrie que je ne sois bien guerie, pour de joye solemniser sa mort; mais aussi elle avoit cela de bon, que quand on se fut humilié à elle pour rechercher pardon & sa grace, elle remettoit & pardonnoit tout à la mode de la generosité du *Lion*, qui jamais ne fait mal à celuy qui s'humilie.

* Brantome a fait l'Eloge de Mr. du Gua lequel on peut voir dans le 4. Tome de ses hommes Illustres François.

Je me souviens que lors que Monsieur le Mareschal de *Biron* fut Lieutenant du Roy en *Guyenne*, la guerre s'estant esmeuë, son chemin s'addressa un jour (ou qu'il le fit à escient) prés de *Nerac*, où estoit pour lors le Roy & la Reyne de *Navarre*, il débanda son arquebuserie pour l'attaquer, venant à une escarmouche, le Roy de *Navarre* luy-mesme en personne sortit à la teste des siens, & tout en pour-point comme un simple Capitaine la soustint, & si bien, qu'ayant de meilleurs arquebusiers, il n'y alla rien du sien, & pour plus de bravade Monsieur le Mareschal fit lascher quelques volées de canon contre la ville, de sorte que la Reyne qui y estoit accouruë & mise sur les murailles pour en avoir le passe-temps, faillit à en avoir là sa part, car une balle vint donner tout auprés d'elle, ce qui l'irrita beaucoup, tant pour le peu de respect que Monsieur le Mareschal luy avoit porté de la venir braver en sa place*, que parce qu'il avoit eu commandement du Roy de ne s'approcher pour faire la guerre de plus prez de cinq lieües à la ronde du lieu où seroit la Reyne de *Navarre*, ce qu'il n'observa pour ce coup, dont elle en conceut une telle colere & inimitié contre le Mareschal, qu'elle songea

* Elle s'en plaint dans ses Memoires.

REYNE MARGUERITE.

gea fort de s'en ressentir & s'en venger.

Au bout d'un an & demy aprés, elle s'en vint à la Cour où estoit le Mareschal que le Roy avoit appelé à soy de la *Guyenne*, de peur de nouveau remuement, car le Roy de *Navarre* menaçoit de remuer s'il ne l'ostoit de là.

La Reyne de *Navarre* se ressentant dudit Mareschal, n'en fit cas en façon du monde, mais le desdaigna fort, parlant par tout mal de luy, & de l'injure qu'il luy avoit faite.

Enfin Monsieur le Mareschal redoutant la fureur & la haine de la fille & Sœur des Roys ses maistres, & cognoissant le naturel de cette Princesse, songea de la faire rechercher, & sa grace, & y faire ses excuses, & s'humilier, à quoy comme genereuse elle ne contredit aucunement, & le prit en grace & amitié, & oublia le passé : sur quoy je sçay un Gentil-homme de par le monde, qui venant arriver à la Cour, & voyant la chere que faisoit ladite Reyne à mondit Sieur le Mareschal, en fut fort estonné, & dautant qu'il avoit cet honneur d'estre oüy quelquesfois de la Reyne en ses paroles, il luy dit qu'il s'estonnoit fort de ce changement, & de cette bonne chere, & qu'il ne l'eut jamais creu, veu l'offense & injure receüe, mais elle fit responce, que dautant qu'il avoit recognu sa faute, & fait ses excuses, & recherché sa grace par humilité, qu'elle luy avoit octroyée de cette façon, non pas s'il se fut mis & continué sur sa bravade de *Nerac*. Voilà comme cette bonne Princesse est peu vindicative n'ayant pas en cela imité son ayeule la Reyne *Anne* envers le Mareschal de *Gié* comme j'ay dit cy-devant. *

*Dans l'eloge d'Anne de Bretagne.

J'alleguerois force autres pareils exemples de sa bonté en ses reconciliations & pardonnances.

Rebours une de ses filles qui mourut à *Chenonceaux*, luy avoit fait quelque grand desplaisir*, elle ne luy en fit plus cruel traittement, & venant à estre fort malade la visita, & ainsi qu'elle voulut rendre l'ame l'admonesta, & puis dit cette pauvre fille endure beaucoup, mais aussi elle a bien fait du mal, Dieu luy pardonne comme je luy pardonne: voilà la vengeance & le cruel mal qu'elle luy fit, voilà aussi comme cette grande Reyne a esté par sa generosité fort lente en ses vengeances, & a esté toute bonne.

* Elle en parle dans ses Memoires.

Aussi ce grand Roy de *Naples*, *Alphonse* qui estoit subtil à aimer les beautez des Dames, disoit que la beauté est la signifiance de la bonté, & des douces & bonnes mœurs, comme la belle fleur l'est d'un beau fruit, & pour ce ne faut douter que si nostre Reyne ne fut esté composée de sa grande beauté, ains de toute laideur, qu'elle ne fut esté tres-mauvaise, veu les grands sujets qu'on luy en a donné, aussi comme disoit la feüe Reyne *Isabelle de Castille*, sage, vertueuse & Catholique Princesse. *Que el fruto de la clemencia en una Reyna de gran beldad, y de animo grande, y codiciosa de verdadera honra, sin duda es mas dulce que qualquiera vengança, aunque sea emprendida con justo titulo.* Le fruit de la *Clemence* en une Reyne de grande beauté, de grand cœur, & convoiteuse d'honneur, est plus doux que quelque vengeance que ce soit, entreprise par juste raison & tiltre.

Cette Reyne a bien observé saintement cette regle pour se vouloir conformer aux commandemens de son Dieu, qu'elle a tousiours aimé, craint & servy devotement: ores que le monde l'a abandonnée, & luy fait la guerre, elle a pris son recours seul à Dieu, qu'elle sert

sert ordinairement tous les jours, & fort devotement, ainsi que j'ay oüy dire à ceux qui l'ont veuë en ses afflictions ; car jamais elle ne perd ses Messes, & fort souvent fait ses Pasques, & lit fort en l'Escriture sainte, y trouvant son repos & sa consolation.

Elle est fort curieuse de recouvrer tous les beaux livres nouveaux qui se composent, tant en lettres saintes, qu'humaines, & quand elle a entrepris à lire un livre, tant grand & long soit-il, elle ne laisse, & ne s'arreste jamais jusques à ce qu'elle en ait veu la fin, & bien souvent en perd le manger & le dormir; elle-mesme compose tant en prose qu'en vers, sur quoy ne faut penser autrement que ses compositions ne soient tres-belles, doctes & plaisantes; car elle en sçait bien l'art, & si on les pouvoit voir en lumiere, le monde en tireroit un grand plaisir & profit.

Elle fait souvent quelques Vers & Stances tres-belles qu'elle fait chanter, & mesme qu'elle chante, car elle a la voix belle & agreable, l'entremeslant avec le luth, qu'elle touche bien gentiment, à de petits enfans chantres qu'elle a, & par ainsi elle passe son temps, & coule ses infortunées journées sans offenser personne, vivant en la vie tranquille qu'elle a choisi pour la meilleure.

Elle m'a fait cét honneur de m'escrire en son adversité assez souvent, ayant esté presomptueux d'avoir envoyé sçavoir de ses nouvelles, mais quoy elle estoit Fille & Sœur de mes Roys, & pour ce je voulois sçavoir de sa santé, dont j'en estois bien ayse & heureux, quand je la sçavois bonne, en la premiere elle m'escrit ainsi.

Par la souvenance que vous avez de moy (qui m'a esté bien moins nouvelle qu'agreable) je
con-

convois que vous avez bien conservé l'affection qu'avez tousiours esté à nostre maison, a ce peu qui reste d'un miserable naufrage, qui en quelque estat qu'il puisse estre sera tousiours disposé de vous servir, me sentant bien-heureuse que la fortune n'ait pû effacer mon nom de la memoire de mes plus anciens amis, comme vous estes. J'ay sçeu que comme moy vous avez choisi la vie tranquille, en laquelle j'estime heureux qui s'y peut maintenir, comme Dieu m'en a fait la grace depuis cinq ans, m'ayant logée en une arche de salut, où les orages de ces troubles ne peuvent Dieu mercy, me nuire, à laquelle s'il me reste quelque moyen de pouvoir servir à mes amis, & à vous particulierement, vous m'y trouverez entierement disposée & accompagnée d'une bonne volonté.

Voilà de beaux mots, & voilà aussi l'estat & la belle resolution de cette belle Princesse. Que c'est que d'estre extraitte d'une si noble maison, & de la plus grande du monde, d'où elle a tiré ce grand courage par succession & heritage de tant de braves & vaillants Roys ses Pere, grand Pere, ayeuls & ancestres; & qu'il faille comme elle dit, que d'un si grand naufrage, elle soit seule restée & non pourtant recognüe & reverée comme elle devroit de son peuple, dont je croy que le peuple de *France* en patit beaucoup en ses miseres pour ce seul sujet, & en patira de cette guerre de la Ligue, mais cecy manque aujourd'huy: car par la valeur & sagesse, & beau reglement de nostre Roy, jamais la *France* ne fut plus florissante, ny pacifique, ny mieux reglée: qui est le plus grand miracle qu'on vit jamais, estant sortie d'un si grand abisme de maux & corruptions, en quoy paroist bien que Dieu aime nostre Roy; aussi est-il tout bon & tout misericordieux. O qu'il est mal conseillé qui se fie en l'amour du peuple d'aujourd'huy, ô que les Romains recognurent bien autrement la posterité d'*Auguste Cesar*, de qui ils avoient receu tant de biens & de grandeurs : & le peuple *François* qui en a tant receu de ces derniers Roys depuis cent ans, & mesme du Roy *François* premier, & *Henry II.* que sans eux il y a long-temps que la *France* seroit bouleversée sans dessus dessous par ses ennemis qui la guettoient pour lors, & mesme l'Empereur *Charles*, cet affamé & ambitieux ; & qu'il faille qu'ils en soient si ingrats ces peuples à l'endroit de leur fille *Marguerite* seule & unique Princesse de *France*, il est aisé d'en prevoir une ire de Dieu sur eux, puis que rien n'est tant à luy odieux que l'ingratitude, & mesmes à l'endroit des Roys & Reynes, qui tiennent icy-bas la place & representation de Dieu : & toy desloyable fortune que tu monstres bien qu'il n'y a personne tant aimée du Ciel & favorisée de nature, qui se puisse promettre asseurance de toy, & de ton estat pour un seul jour : si n'as tu pas grand honneur d'offenser ainsi cruellement celle qui est en tout parfaite de beauté, douceur, vertu, magnanimité, & de bonté en ce monde.

Tout cecy j'écrivois aux plus fortes guerres de la *Ligue*, qu'avons eu depuis dix ans. Pour faire fin, si je n'avois à parler de cette nostre grande Reyne ailleurs, & en d'autres discours, j'allongerois celuy-cy le plus que je pourrois, car d'un si excellent sujet, les longues paroles n'en sont jamais ennuieuses, mais je les remettray pour ce coup en autre part.

Cependant vivez Princesse, vivez en dépit de la fortune, vous ne serez jamais autre qu'immortelle & en la terre & au Ciel, où vos belles vertus vous porteront sur leurs testes.

Si la voix ou renommée publique n'eut fait un bandon public de vos loüanges, & grands merites, ou que je fusse de ces bien disans, je me mettrois à en dire davantage, car si jamais fut veu au monde personne en figure celeste, certes vous l'estes.

Celle qui nous devoit à bon droit ordonner
Ses loix, & ses edits, & par sur nous regner.
Qu'on verroit dessous elle un Regne de plaisance,
Tel qu'il fut sous son frere, astre heureux de la France.
Fortune l'en empesche. He ! faut-il qu'un bon droit,
Injustement perdu par la fortune soit.

Jamais rien de si beau nature n'a pû faire,
Que cette grand' Princesse unique de la France,
Et fortune la veut totalement défaire,
Voilà comme le mal avec le bien balance.

ME-

MEMOIRES DE LA REYNE MARGUERITE.

*Ces Memoires servent de réponse à l'Eloge precedent.

LIVRE PREMIER.

JE loüerois davantage voſtre œuvre ſi elle ne me loüoit tant; ne voulant qu'on attribuë la loüange que j'en ferois pluſtoſt à *la *Philaſtie* qu'à la raiſon, & ainſi que l'on penſe que comme *Themiſtocle*, j'eſtime celuy dire le mieux qui me loüe le plus. C'eſt un commun vice aux femmes de ſe plaire aux loüanges, bien que non meritées. Je blaſme mon ſexe en cela, & n'en voudrois tenir cette condition. Je tiens neantmoins à beaucoup de gloire qu'un ſi honneſte homme que vous m'aye voulu peindre d'un ſi riche pinceau. En ce portrait l'ornement du tableau ſurpaſſe de beaucoup l'excellence de la figure que vous en avez voulu rendre le ſujet. Si j'ay eu quelques parties de celles que vous m'attri-

*L'amour de ſoy-meme.

m'attribuez, les ennuis les effaçans de l'exterieur, en ont aussi effacé la souvenance de ma memoire. De sorte que me remirant en vostre discours, je ferois volontiers comme la vieille Madame de *Rendan*, qui ayant demeuré depuis la mort de son mary sans voir son miroir, rencontrant par fortune son visage dans le miroir d'un autre, demanda qui estoit celle-là. Et bien que mes amis qui me voyent me veulent persuader le contraire, je tiens leur jugement pour suspect, comme ayans les yeux fascinez de trop d'affection. Je crois que quand vous viendrez à l'épreuve, vous serez en cela de mon costé, & direz, comme souvent je l'escris, par ces vers de *du Bellay*; *C'est chercher Rome en Rome, & rien de Rome en Rome ne trouver*. Mais comme l'on se plaist à lire la destruction de *Troye*, la grandeur d'*Athenes*, & de telles puissantes Villes lors qu'elles florissoient, bien que les vestiges en soient si petits qu'à peine peut-on remarquer où elles on esté; ainsi vous plaisez-vous à décrire l'excellence d'une beauté, bien qu'il n'en reste aucun vestige ny témoignage que vos escrits. Si vous l'aviez fait pour representer le contraste de la nature & de la fortune, plus beau sujet ne pouviez-vous choisir, les deux y ayants à l'envy fait essay de l'effort de leur puissance. En celuy de la nature, en ayant esté témoin oculaire, vous n'y avez besoin d'instruction. Mais en celuy de la fortune, ne le pouvant décrire que par rapport (qui est sujet d'estre fait par des personnes ou mal informées ou mal affectionnées, qui ne peuvent representer le vray ou par ignorance ou par malice) j'estime que vous recevrez plaisir d'en avoir les memoires de qui le peut mieux sçavoir, & de qui a plus d'interest à la verité de la description de ce sujet. J'y ay aussi esté conviée par cinq ou six remarques que j'ay faites en vostre discours, où il y a de l'erreur, qui sont, lors que vous parlez de *Pau* & de mon voyage de *France*; quand vous parlez de feu Monsieur le Mareschal de *Biron*;* quand vous parlez d'*Agen*, & aussi de la sortie de ce lieu du Marquis de *Canillac*. Je traceray mes Memoires, à qui je ne donneray un plus glorieux nom, bien qu'ils meritassent celuy d'Histoire, pour la verité qui y est contenuë nuëment & sans ornement aucun, ne m'en estimant pas capable, & n'en ayant aussi maintenant le loisir. Cet œuvre donc d'une aprés disnée ira vers vous comme les petits ours, en masse lourde & difforme, pour y recevoir sa formation. C'est un chaos, duquel vous avez déja tiré la lumiere. Il reste l'œuvre de cinq ou six autres journées. C'est une Histoire, certes, digne d'être écrite par un Cavalier d'honneur, vray *François*, n'ay d'illustre maison, nourry des Roys mes pere & freres; parent & familier amy des plus galantes & honnestes femmes de nostre temps, de la compagnie desquelles j'ay eu ce bon-heur d'estre la liaison. Les choses precedentes avec celles des derniers temps me contraignent de commencer du temps du Roy *Charles*, & au premier point où je me puisse ressouvenir y avoir eu quelque chose remarquable à ma vie. Partant comme les *Geographes* qui décrivent la terre, quand ils sont arrivez au dernier terme de leur connoissance, disent; Au delà ce ne sont que des deserts sablonneux, terres inhabitées, & mers non naviguées; de mesme je diray n'y avoir au delà que le vague d'une premiere enfance, où nous vivions pluftost guidez par la nature à la façon des plantes & des animaux, que com-

* Le Mareschal de Biron le Pere mort en 1592.

me hommes regis & gouvernez par la raison ; & laisseray à ceux qui m'ont gouvernée en cét âge-là cette superfluë recherche, où peut-estre en ces enfantines actions s'en trouveroit-il d'aussi dignes d'estre écrites que celles de l'enfance de *Themistocles* & *d'Alexandre* ; l'un s'exposant au milieu de la ruë devant les pieds des chevaux d'un charretier qui ne s'estoit à sa priere voulu arrester ; l'autre méprisant l'honneur du prix de la course s'il ne le disputoit avec des Roys. Desquelles pourroit estre la repartie que je feis au Roy mon pere peu de jours avant le miserable coup * qui priva la *France* de repos, & nostre maison de bon-heur. N'ayant lors qu'environ quatre ou cinq ans, * & me tenant sur ses genoux pour me faire causer, il me dit que je choisisse celuy que je voulois pour mon Serviteur de Monsieur le Prince de *Joinville*, qui a depuis esté ce grand & infortuné Duc de *Guise*, ou du Marquis de *Beaupreau* * fils du Prince de la *Roche-sur-Yon* (en l'esprit duquel la fortune pour avoir fait trop d'effort de son excellence, excita l'envie de la fortune jusques à luy estre mortelle ennemie, le privant par la mort en son an quatorziesme des honneurs & Couronnes qui estoient justement promises à la vertu & magnanimité qui reluisoient en son esprit) tous deux se joüants auprés du Roy mon pere moy les regardant. Je luy dis que je voulois le Marquis. Il me dist ; Pourquoy ? il n'est pas si beau, (car le Prince de *Joinville* estoit blond & blanc, & le Marquis de *Beaupreau* avoit le teint & les cheveux bruns) je luy dis pource qu'il estoit plus sage , & que l'autre ne peut durer en patience qu'il ne fasse tous les jours mal à quelqu'un, & veut toûjours estre le maistre. Augure certain de ce que nous avons

veu

* C'est le coup dont le Roy Henry II. est mort en 1559. le 10. Juillet.
* Elle avoit lors sept ans étant née le 14. May 1552.
* Henry de Bourbon mort en 1560. il étoit fils unique de Charles de Bourbon Prince de la Roche-sur-Yon.

veu depuis. Et la resistance aussi que je feis pour conserver ma religion du temps du *Colloque de Poissi*,* où toute la Cour estoit infectée d'heresie, aux persuasions imperieuses de plusieurs Dames & Seigneurs de la Cour, & mesmes de mon frere *d'Anjou*, depuis Roy de *France*, de qui l'enfance n'avoit peu éviter l'impression de la malheureuse *Huguenoterie*, qui sans cesse me crioit de changer de religion, jettant souvent mes heures dans le feu, & au lieu me donnant des Psalmes & prieres *Huguenotes*, me contraignant les porter; lesquelles soudain que je les avois je les baillois à Madame de *Curton* ma Gouvernante, que Dieu m'avoit fait la grace de conserver Catholique, laquelle me menoit souvent chez le bon-homme, Monsieur le Cardinal de *Tournon**, qui me conseilloit & fortifioit à souffrir toutes choses pour maintenir ma religion, & me redonnoit des heures & des chappelets au lieu de ceux que m'avoit bruslez mon frere *d'Anjou*. Et ses autres particuliers amis qui avoient entrepris de me perdre, me les retrouvant, animez de couroux m'injurioient, disants que c'estoit enfance & sottise qui me le faisoit faire; Qu'il paroissoit bien que je n'avois point d'entendement; Que tous ceux qui avoient de l'esprit, de quelque âge & sexe qu'ils fussent, oyants prescher la charité s'estoient retirez de l'abus de cette bigoterie. Mais que je serois aussi sotte que ma gouvernante. Et mon frere *d'Anjou* y adjoustant les menaces, disoit que la Reyne ma Mere me feroit fouetter. Ce qu'il disoit de luy-mesme, car la Reyne ma Mere ne sçavoit point l'erreur où il estoit tombé. Et soudain qu'elle le sceut, le tansa fort luy & ses Gouverneurs, & les faisant instruire les contraignist de reprendre

* Tenu au mois de Septembre 1561.

* Mort en 1562.

prendre la vraye, sainte, & ancienne Religion de nos peres, de laquelle elle ne s'estoit jamais départie. Je luy respondis à telles menaces, fondante en larmes, comme l'âge de sept à huit ans où j'estois lors y est assez tendre, qu'il me fist foüetter, & qu'il me fist tuer s'il vouloit; que je souffrirois tout ce que l'on me sçauroit faire plustost que de me damner. Assez d'autres responses, assez d'autres telles marques de jugement & de resolution s'y pourroient-elles trouver: à la recherche desquelles je ne veux peiner, voulant commencer mes Memoires seulement du temps que je fus à la suite de la Reyne ma Mere pour n'en bouger plus. Car incontinent après le *Colloque de Poissi* que les guerres commencerent, nous fusmes mon petit frere *d'Alençon* & moy, à cause de nostre petitesse, envoyez à *Amboise*, où toutes les Dames de ce païs-là se retirerent avec nous; mesme vostre tante Madame de *Dampierre**, qui me prist lors en amitié, qu'elle m'a continuée jusques à sa mort; & vostre cousine Madame la Duchesse de *Rais*,* qui sçeut en ce lieu la grace que la fortune luy avoit faite de la delivrer à la bataille de *Dreux* d'un fascheux, son premier mary Monsieur *d'Annebaut*, qui estoit indigne de posseder un sujet si divin & si parfait. Je parle icy du principe de l'amitié de vostre tante envers moy, non de vostre cousine, bien que depuis nous en ayons eu de si parfaite, qu'elle dure encore & durera tousjours. Mais lors l'âge ancien de vostre tante & mon enfantine jeunesse avoient plus de convenance, estant le naturel des vieilles gens d'aimer les petits enfans, & de ceux qui sont en âge parfait, comme estoit lors vostre cousine, de mespriser & haïr leur importune simplicité.

J'y

* Jeanne de Vivonne Veuve de Claude de Clermont Sr. de Damplere.
* Claude Catherine de Clermont premiere femme de Jean Sr. Dannebaut. On peut voir leurs éloges dans les Memoires de Castelnau to. 2. pa. 109. & dans ceux de Brantome to. 1. des Hommes Illustres François.

J'y demeuray jusques au commencement du grand voyage, que la Reyne ma Mere me feit revenir à la Cour pour ne bouger plus d'auprés d'elle. Duquel toutefois je ne parleray point estant lors si jeune, que je n'en ay pû conserver la souvenance qu'en gros, les particularitez s'estant évanoüies de ma memoire comme un songe. Je laisse à en discourir à ceux qui estans en âge plus meur, comme vous, se peuvent souvenir des magnificences qui furent faites par tout; mesmes à *Bar le Duc* au Baptesme de mon nepveu le Prince de *Lorraine*; à *Lyon* à la venuë de Monsieur & de Madame de *Savoye*; à *Bayonne* à l'entreveuë de la Reyne *d'Espagne* ma Sœur, & de la Reyne ma Mere, & du Roy *Charles* mon frere; là où je m'asseure que vous n'oublierez de representer le festin superbe de la Reyne ma Mere en l'Isle, avec le ballet, & la forme de la salle qu'il sembloit que la nature eust appropriée à cet effet; ayant cerné dans le milieu de l'Isle un grand pré en ovale de bois de haute fustaye, où la Reyne ma Mere disposa tout à l'entour de grandes niches, & dans chacune une table ronde à douze personnes; la table de leurs Majestez seulement s'eslevoit au bout de la salle sur un haut dais de quatre degrez de gazons. Toutes ces tables servies par trouppes de diverses *Bergeres* habillées de toile d'or & de satin, diversement selon les habits divers de toutes les Provinces de *France*. Lesquelles *Bergeres* à la descente des magnifiques batteaux (sur lesquels venant de *Bayonne* à cette Isle l'on fust toûjours accompagné de la musique de plusieurs Dieux marins, chantants & recitans des vers autour du batteau de leurs Majestez) s'estoient trouvé chaque trouppe en un pré à part aux deux costez

stez d'une grande allée de pelouse, dressée pour aller à la susdite salle, chaque trouppe dansant à la façon de son païs; les *Poitevines* avec la cornemuse, les *Provençales* la volte avec les timballes; les *Bourguignones & Champenoises* avec le petit haut-bois, le dessus de violon, & tabourins de village; les *Bretonnes* dansans les passepieds & branles-gais; & ainsi toutes les autres Provinces. Aprés le service desquelles & le festin finy l'on veit avec une grande trouppe de *Satyres* musiciens entrer ce grand rocher lumineux, mais plus esclairé des beautez & pierreries des *Nymphes* qui se faisoit dessus leur entrée que des artificielles lumieres; lesquelles descendantes vindrent danser ce beau ballet, duquel la fortune envieuse ne pouvant supporter la gloire, feit orager une si estrange pluye & tempeste, que la confusion de la retraitte qu'il falloit faire la nuit par batteaux apporta le lendemain autant de bons contes pour rire, que ce magnifique appareil de festin avoit apporté de contentement, & en toutes les superbes entrées qui leur furent faites aux villes principales de ce Royaume, duquel ils visiterent toutes les Provinces.

Au regne du magnanime Roy *Charles* mon frere, quelques années aprés le retour du grand voyage, les *Huguenots* ayants recommencé la guerre, le Roy & la Reyne ma Mere estans à *Paris*, un Gentil homme de mon frere *d'Anjou*, qui depuis a esté Roy de *France*, arriva de sa part pour les advertir qu'il avoit reduit l'armée des *Huguenots* à telle extremité, qu'il esperoit qu'ils seroient contraints de venir dans peu de jours à la bataille, & qu'il les supplioit avant cela qu'il eust cet honneur de les voir, afin que si la fortune, envieuse

de

de la gloire qu'en si jeune âge il avoit acquise, vouloit en cette desirée journée, après avoir fait un bon service à son Roy, à sa religion, & à cet Estat, joindre le triomphe de sa Victoire à celuy de ses funerailles, il partist de ce monde avec moins de regret, les ayant laissez tous deux satisfaits en la charge qu'ils luy avoient fait l'honneur de luy commettre; dequoy il s'estimeroit plus glorieux, que des deux trophées qu'il s'estoit acquis par ses deux premieres Victoires. Si ces paroles toucherent au cœur d'une si bonne Mere qui ne vivoit que pour ses enfans, abandonnant à toute heure sa vie pour conserver la leur & leur Estat, & qui sur tout cherissoit celuy-là, vous le pouvez juger. Soudain elle se resolust de partir avec le Roy, le menant avec elle, & des femmes la petite trouppe accoustumée, Madame de *Rais*, Madame de *Sauve*, & moy. Estant portée des aisles du desir & de l'affection maternelle, elle feit le chemin de *Paris à Tours* en trois jours & demy; qui ne fust sans incommodité, & beaucoup d'accidents dignes de risée, pour y estre le pauvre Monsieur le Cardinal de *Bourbon* qui ne l'abandonnoit jamais, qui toutefois n'estoit de telle humeur, ny de complexion pour telles courvées. Arrivant au *Plessis* lez *Tours*, mon frere d'*Anjou* s'y trouva avec les principaux chefs de ses armées, qui estoient la fleur des Princes & Seigneurs de *France*, en la presence desquels il feit une harangue au Roy, pour luy rendre raison de tout le maniement de sa charge depuis qu'il estoit party de la Cour, faite avec tant d'art & d'eloquence, & redite avec tant de grace, qu'il se feit admirer de tous les assistans; & d'autant plus que sa grande jeunesse relevoit & faisoit davantage paroistre la prudence

dence de ses paroles, plus convenable à une barbe grise & à un vieux Capitaine, qu'à une adolescence de seize ans, en laquelle les lauriers de deux batailles gaignées luy ceignoient déja le front ; & la beauté, qui rend toute action agreable, florissoit tellement en luy, qu'il sembloit qu'elle feit à l'envy avec sa bonne fortune laquelle des deux le rendoit plus glorieux. Ce qu'en ressentoit ma Mere, qui l'aimoit uniquement, ne se peut representer par paroles, non plus que le deüil du pere d'*Iphigenie* ; & à toute autre qu'à elle, de l'ame de laquelle la prudence ne desempara jamais, l'on eust aisément connu le transport qu'une si excessive joye luy causoit. Mais elle moderant ses actions comme elle vouloit, monstrant en apparence que le discret ne fait rien qu'il ne vueille faire, sans s'amuser à publier sa joye, & pousser les loüanges dehors qu'une action si belle d'un fils si parfait & si chery meritoit, prinst seulement les points de sa harangue qui concernoient les faits de la guerre, pour en faire deliberer aux Princes & Seigneurs là presens, & y prendre une bonne resolution, & pourvoir aux choses necessaires pour la continuation de cette guerre. A la disposition dequoy il fust necessaire de passer quelques jours en ce lieu, un desquels la Reyne ma Mere se promenant dans le parc avec quelques Princes, mon frere d'*Anjou* me pria que nous nous promenassions en une allée à part, où estant il me parla ainsi ; Ma sœur, la nourriture que nous avons prise ensemble ne nous oblige moins à nous aimer que la proximité. Aussi avez-vous pû connoistre qu'entre tous ceux que nous sommes de freres, j'ay tousiours eu plus d'inclination de vous vouloir du bien qu'à tout autre ; & j'ay reconnu

aussi

aussi que vostre naturel vous portoit à me rendre mesme amitié. Nous avons esté jusques icy naturellement guidez à cela sans aucun dessein, & sans que telle union nous apportast aucune utilité que le seul plaisir que nous avions de converser ensemble. Cela a esté bon pour nostre enfance : mais à cette heure il n'est plus temps de vivre en enfans. Vous voyez les belles & grandes charges où Dieu m'a appellé, & où la Reyne nostre bonne Mere m'a eslevé. Vous devez croire que vous estant la chose du monde que j'aime & cheris le plus, je n'auray jamais grandeurs ny biens à quoy vous ne participiez. Je vous connois assez d'esprit & de jugement pour me pouvoir servir auprés de la Reyne ma Mere, pour me maintenir en la fortune où je suis. Or mon principal appuy est d'estre conservé en sa bonne grace. Je crains que l'absence m'y nuise ; & toutesfois la guerre & la charge que j'ay me contraignent d'estre presque toûjours esloigné. Cependant le Roy mon frere est toûjours auprés d'elle, la flatte, & luy complaist en tout. Je crains qu'à la longue cela ne m'apporte préjudice, & que le Roy mon frere devenant grand, estant courageux comme il est, ne s'amuse toûjours à la chasse, mais devenant ambitieux vueille changer celle des bestes à celle des hommes, m'ostant la charge de Lieutenant de Roy qu'il m'a donnée pour aller luy-mesme aux armées. Ce qui me seroit une ruine & déplaisir si grand, qu'avant que recevoir une telle cheute j'eslirois plustost une cruelle mort. En cette apprehension songeant les moyens pour y remedier, je trouve qu'il m'est necessaire d'avoir quelques personnes tres-fidelles qui tiennent mon party auprés de la Reyne ma Mere. Je n'en connois
point

point de si propre comme vous, que je tiens comme un second moy-mesme. Vous avez toutes les parties qui s'y peuvent desirer, l'esprit, le jugement, & la fidelité. Pourveu que vous me vouliez tant obliger que d'y apporter de la subjettion (vous priant d'estre toûjours à son lever, à son cabinet, & à son coucher, & bref tout le jour) cela l'obligera de se communiquer à vous; avec ce que je luy témoigneray vostre capacité, & la consolation & service qu'elle en recevra, & la supplieray de ne plus vivre avec vous comme avec un enfant, mais de s'en servir en mon absence comme de moy. Ce que je m'asseure qu'elle fera. Parlez-luy avec asseurance comme vous faites à moy, & croyez qu'elle vous aura agreable. Ce vous sera un grand heur & bon-heur d'estre aimée d'elle. Vous ferez beaucoup pour vous & pour moy; & moy je vous tiendray, aprés Dieu, pour la conservation de ma bonne fortune.

Ce langage me fust fort nouveau, pour avoir jusques alors vescu sans dessein, ne pensant qu'à danser ou aller à la chasse, n'ayant mesme la curiosité de m'habiller ny paroistre belle, pour n'estre en l'âge de telle ambition, & avoir esté nourrie avec telle contrainte auprés de la Reyne ma Mere, que non seulement je ne luy osois parler, mais quand elle me regardoit je transsissois, de peur d'avoir fait quelque chose qui luy depleust. Peu s'en fallut que je ne luy respondisse comme *Moise* à Dieu en la vision du buisson; Que suis-je moy? Envoye celuy que tu dois envoyer. Toutesfois trouvant en moy ce que je ne pensois pas qui y fust, des puissances excitées par l'objet de ses paroles, qui auparavant m'estoient inconnuës, bien que née avec assez de

cou-

courage, revenant en moy de ce premier estonnement, ces paroles me pleurent, & me sembla à l'instant que j'estois transformée, & que j'estois devenuë quelque chose de plus que je n'avois esté jusques alors. Tellement que je commençay à prendre confiance de moy-mesme, & luy dis; Mon frere, si Dieu me donne la capacité & la hardiesse de parler à la Reyne ma Mere, comme j'ay la volonté de vous servir en ce que vous desirez de moy, ne doutez point que vous n'en retiriez l'utilité & le contentement que vous vous en estes proposé. Pour la subjection, je la luy rendray telle, que vous connoistrez que je préfere vostre bien à tous les plaisirs du monde. Vous avez raison de vous asseurer de moy ; car rien au monde ne vous honore & aime tant que moy. Faites estat que moy estant auprés de la Reyne ma Mere vous y serez vous-mesmes, & que je n'y seray que pour vous. Je proferay ces paroles trop mieux du cœur que de la bouche, ainsi que les effets le témoignerent. Car estant partis de là, la Reyne m'appella à son cabinet, & me dit ; Vostre frere m'a dit les discours que vous avez eu ensemble, & ne vous tient pour un enfant. Aussi ne le veux-je plus faire. Ce me sera un grand plaisir de vous parler comme à vostre frere. Rendez-vous subjette auprés de moy, & ne craignez point de me parler librement ; car je le veux ainsi. Ces paroles firent ressentir à mon ame ce qu'elle n'avoit jamais ressentie, un contentement si démesuré, qu'il me sembloit que tous les contentemens que j'avois eus jusques alors n'estoient que l'ombre de ce bien, regardant au passé d'un œil dédaigneux, les exercices de mon enfance, la danse, la chasse, & les compagnies de mon âge, & les méprisant

comme

comme des choses trop folles & trop vaines. J'obeïs à cet agreable commandement, ne manquant un seul jour d'estre des premieres à son lever, & des dernieres à son coucher. Elle me faisoit cet honneur de me parler quelquefois deux ou trois heures, & Dieu me faisoit cette grace qu'elle restoit si satisfaite de moy, qu'elle ne s'en pouvoit assez loüer à ses femmes. Je luy parlois toûjours de mon frere, & luy estoit adverty de tout ce qui se passoit avec tant de fidelité, & que je ne respirois autre chose que sa volonté.

Je fus en cette heureuse condition quelque temps auprez de la Reyne ma Mere, durant lequel la bataille de *Moncontour* se bailla* ; avec la nouvelle de laquelle mon frere *d'Anjou*, qui ne tendoit qu'à estre toûjours auprés de la Reyne ma Mere, luy mandoit qu'il s'en alloit assieger *saint Jean d'Angely**, & que la presence du Roy & d'elle seroit necessaire en ce siege. Elle plus desireuse que luy de le voir, se resolust soudain de partir, ne menant avec elle que la trouppe ordinaire, de laquelle j'estois, & j'allois d'une joye extrémement grande sans prévoir le malheur que la fortune m'y avoit preparé. Trop jeune que j'estois & sans experience je n'avois à suspecte cette prosperité ; & pensant le bien duquel je joüissois, permanent, sans me douter d'aucun changement, j'en faisois estat asseuré. Mais l'envieuse fortune qui ne pust supporter la durée d'une si heureuse condition, me preparoit autant d'ennuy à cette arrivée, que je me promettois de plaisir par la fidelité de laquelle je pensois avoir obligé mon frere. Mais depuis qu'il estoit party il avoit proche de luy le *Guast*, duquel il estoit tellement possedé, qu'il ne voyoit que par ses yeux, & ne parloit que

*Le 3. Octobre 1569.

* Il se rendit le 2. Decembre 1569.

que par sa bouche. Ce mauvais homme né pour mal faire soudain fascina son esprit, & le remplit de mille tyranniques maximes; Qu'il ne falloit aimer ny se fier qu'à soy-mesme; Qu'il ne falloit joindre personne à sa fortune, non pas mesmes ny frere ny sœur, & autres tels beaux preceptes *Machiavelistes*. Lesquels imprimant en son esprit & les resolvant en pratique, soudain que nous fusmes arrivez, aprés les premieres salutations, ma Mere se mit à se loüer de moy, & luy dire combien fidellement je l'avois servy auprés d'elle. Il luy respondit froidement qu'il estoit bien aise qu'il luy eust bien reüssi, l'en ayant suppliée: mais que la prudence ne permettoit pas que l'on se pust servir des mesmes expedients en tout temps, & que ce qui estoit necessaire à une certaine heure, pourroit estre nuisible à une autre. Elle luy demanda pourquoy il disoit cela. Sur ce luy, voyant le temps de l'invention qu'il avoit fabriquée pour me ruïner, luy dit que je devenois belle, & que Monsieur de *Guise* me vouloit rechercher, & que ses oncles aspiroient à me le faire espouser; Que si je venois à y avoir de l'affection, il seroit à craindre que je luy descouvrisse tout ce qu'elle me diroit; Qu'elle sçavoit l'ambition de cette maison là, & combien elle avoit toûjours traversé la nostre. Pour cette occasion il seroit bon qu'elle ne me parlast plus d'affaires, & que peu à peu elle se retirast de se familiariser avec moy. Dés le soir mesme je reconnus le changement que ce pernicieux conseil avoit fait en elle; & voyant qu'elle craignoit de me parler devant mon frere, m'ayant commandé trois ou quatre fois cependant qu'elle parloit à luy de m'aller coucher, j'attendis qu'il fust sorty de sa chambre, puis m'apm'approchant d'elle je la suppliay de me dire si par ignorance j'avois esté si malheureuse d'avoir fait chose qui luy eust despleu. Elle me le voulust du commencement dissimuler; enfin elle me dist; Ma fille, vostre frere est sage, il ne faut pas que vous luy sçachiez mauvais gré; ce que je vous diray ne tend qu'à bien. Et me fist tout ce discours, me commandant que je ne luy parlasse plus devant mon frere. Ces paroles me furent autant de pointes dans le cœur, que les premieres lors qu'elle me receut en sa bonne grace m'avoient esté de joye. Je n'obmis rien à luy representer de mon innocence; Que c'estoit chose dequoy je n'avois jamais oüy parler; & quand il auroit ce dessein, il ne m'en parleroit jamais que soudain je ne l'advertisse. Mais je n'advançay rien, car l'impression des paroles de mon frere luy avoient tellement occupé l'esprit, qu'il n'y avoit plus lieu pour aucune raison ny verité. Voyant cela, je luy dis que je ressentois moins le mal de la perte de mon bonheur, que je n'avois senty le bien de son acquisition; Que mon frere me l'ostoit comme il me l'avoit donné. Car il me l'avoit fait avoir sans merite, me loüant lors que je n'en estois pas digne; & qu'il m'en privoit aussi sans l'avoir démerité, sur un sujet imaginaire qui n'avoit nul estre qu'en sa fantasie; Que je la suppliois de croire que je conserverois immortelle la souvenance de tout ce que mon frere me faisoit. Elle s'en courrouça me commandant de ne luy en montrer nulle apparence. Depuis ce jour-là elle alla toûjours me diminuant sa faveur; faisant de son fils son idole, le voulant contenter en cela & en tout ce qu'il desiroit d'elle. Cet ennuy me pressant le cœur, & possedant toutes les facultez de mon ame, &

rendant

rendant mon corps plus propre à recevoir la contagion du mauvais air qui eſtoit lors en l'armée, je tombay à quelques jours de là extrémement malade d'une grande fiévre continuë & du pourpre, maladie qui couroit lors, & qui avoit en meſme temps emporté les deux premiers Medecins du Roy & de la Reyne, *Chappellain* & *Caſtelan*, comme ſe voulant prendre aux Bergers pour avoir meilleur marché du troupeau. Auſſi en eſchappa-t'il, fort peu de ceux qui en furent atteints. Moy eſtant en cette extremité, la Reyne ma Mere qui ſçavoit une partie de la cauſe, n'obmettoit rien pour me faire ſecourir, prenant la peine ſans craindre le danger d'y venir à toute heure, Ce qui ſoulageoit bien mon mal: mais la diſſimulation de mon frere me l'augmentoit bien autant, qui aprés m'avoit fait une ſi grande trahiſon, & rendu une ſi grande ingratitude, ne bougeoit jour & nuict du chevet de mon lit, me ſervant auſſi officieuſement que ſi nous euſſions eſté au temps de noſtre plus grande amitié. Moy qui avois par commandement la bouche fermée, ne répondois que par ſouſpirs à ſon hypocriſie, comme *Burrus* fit à *Neron*, lequel mouruſt par le poiſon que ce tyran luy avoit fait donner, luy témoignant aſſez que la cauſe de mon mal eſtoit la contagion des mauvais offices, & non celle de l'air infecté. Dieu eut pitié de moy & me garantit de ce danger; & aprés quinze jours paſſez, l'armée partant, l'on m'emporta dans des brancars, où tous les ſoirs arrivant à la couchée, je trouvois le Roy *Charles*, qui prenoit la peine avec tous les honneſtes gens de la Cour de porter ma litiere juſques au chevet de mon lit. En cet eſtat je vins de *ſaint Jean d'Angely* à *Angers*, malade du corps, mais beaucoup
plus

plus malade de l'ame, où pour mon malheur je trouvay Monsieur de *Guise* & ses oncles arrivez. Ce qui réjoüit autant mon frere, pour donner couleur à son artifice, qu'il me donna d'apprehension d'accroistre ma peine. Lors mon frere pour mieux conduire sa trame venoit tous les jours à ma chambre, y menant Monsieur de *Guise* qu'il feignoit d'aimer fort. Et pour l'y faire penser, souvent en l'embrassant il luy disoit; Pleust à Dieu que tu fusse mon frere. A quoy Monsieur de *Guise* monstroit ne point entendre. Mais moy qui sçavois la malice, perdois patience de n'oser luy reprocher sa dissimulation. Sur ce temps il se parla pour moy du mariage du Roy de *Portugal*, qui envoya des Ambassadeurs pour me demander. La Reyne ma Mere me commanda de me parer pour les recevoir, ce que je fis. Mais mon frere luy ayant fait accroire que je ne voulois point de ce mariage, elle m'en parla le soir m'en demandant ma volonté, pensant bien en cela trouver un sujet pour se courroucer à moy. Je luy dis que ma volonté n'avoit jamais dépendu que de la sienne, & que tout ce qui luy seroit agreable me le seroit aussi. Elle me dit en colere, comme l'on l'y avoit disposée, que ce que je disois je ne l'avois point dans le cœur, & qu'elle sçavoit bien que le Cardinal de *Lorraine* m'avoit persuadée de vouloir plustost son neveu. Je la suppliay de venir à l'effet du mariage du Roy de *Portugal*, & lors elle verroit mon obeïssance. Tous les jours on luy disoit quelque chose de nouveau sur ce sujet, pour l'aigrir contre moy & me tourmenter; inventions de la boutique de du *Guast*. De sorte que je n'avois un jour de repos; car d'un costé le Roy d'*Espagne* empeschoit que mon mariage ne se
fit

fit, & de l'autre Monsieur de *Guise* estant à la Cour servoit toûjours de pretexte pour fournir de sujet à me faire persecuter, bien que luy ny nul de ses parens ne m'eust jamais parlé, & qu'il y eust plus d'un an qu'il avoit commencé la recherche de la Princesse de *Porcian**. Mais parce que ce mariage-là traisnoit, on en rejettoit toûjours la cause sur ce qu'il aspiroit au mien. Ce que voyant, je m'advisay d'escrire à ma sœur Madame de *Lorraine*, qui pouvoit tout en cette maison-là, pour la prier de faire que Monsieur de *Guise* s'en allast de la Cour, & qu'il épousast promptement la Princesse de *Porcian* sa Maistresse; luy representant que cette invention avoit esté faite autant pour la ruïne de Monsieur de *Guise* & de toute sa maison, que pour la mienne. Ce qu'elle reconnust tres-bien, & vint bien-tost à la Cour, où elle fit faire ledit mariage, me delivrant par ce moyen de cette calomnie, & faisant connoistre à la Reyne ma Mere la verité de ce que je luy avois toûjours dit. Ce qui ferma la bouche à tous mes ennemis, & me donna repos. Cependant le Roy *d'Espagne*, qui ne veut que les siens s'allient hors de sa maison, rompit tout le mariage du Roy de *Portugal*, & ne s'en parla plus. Quelques jours après il se parla du mariage du Prince de *Navarre*, qui maintenant est nostre brave & magnanime Roy, & de moy. La Reyne ma Mere estant un jour à table en parla fort long-temps avec Monsieur de *Meru**, parce que la maison de *Montmorency* estoient ceux qui en avoient porté les premieres paroles. Sortant de table il me dit qu'elle luy avoit dit de m'en parler. Je luy dis que c'estoit chose superfluë, n'ayant volonté que la sienne. Qu'à la verité je la supplierois d'avoir égard combien j'estois

* *Catherine de Cleves Veuve d'Antoine de Croy Prince de Porcian laquelle ce Duc de Guise a épousée Castelnau T. 1. p. 359.*

* *Charles de Montmorency depuis Duc d'Amville & Amiral de France troisiesme fils du Connestable.*

stois Catholique, & qu'il me fascheroit fort d'épouser personne qui ne fust de ma religion. Aprés la Reyne allant à son cabinet m'appella, & me dist que Messieurs de *Montmorency* luy avoient proposé ce mariage, & qu'elle en vouloit bien sçavoir ma volonté. Je luy repondis n'avoir ny volonté ny esle&ion que la sienne, & que je la suppliois se souvenir que j'estois fort Catholique. Au bout de quelque temps les propos s'en continuans toûjours, la Reyne de *Navarre* sa Mere vint à la Cour, où le mariage fust du tout accordé avant sa mort ; à laquelle il se passa un trait si plaisant, qui ne merite d'estre mis en l'Histoire ; mais de le passer sous silence entre vous & moy, Madame de *Nevers**, de qui vous connoissez l'humeur, estant venuë avec Monsieur le Cardinal de *Bourbon*, Madame de *Guise*, Madame la Princesse de *Condé**, ses sœurs & moy au logis de la feuë Reyne de *Navarre* à *Paris*, pour nous acquiter du dernier devoir deu à sa dignité & à la proximité que nous luy avions, non avec les pompes & ceremonies de nostre religion, mais avec le petit appareil que permettoit la *Huguenoterie* ; à sçavoir elle dans son lit ordinaire les rideaux ouverts, sans lumiere, sans Prestres, sans Croix & sans Eau Beniste, & nous nous tenans à cinq ou six pas de son lit avec le reste de la compagnie, Madame de *Nevers* qui en son vivant elle avoit haïe plus que toutes les personnes du monde, & elle le luy ayant bien rendu & de volonté & de parole, comme vous sçavez qu'elle en sçavoit bien user à ceux qu'elle haïssoit, part de nostre troupe, & avec plusieurs belles, humbles, & grandes reverences s'approche de son lit, & luy prenant la main la luy baise ; puis avec une grande reverence pleine de respect

* Henriete de Cleves.

* Marie de Cleves.

se mit auprés de nous. Nous qui sçavions leur haine, estimans cela.......

Quelques mois aprés ledit Prince de *Navarre*, qui lors s'appelloit Roy de *Navarre*, portant le dûeil de la Reyne sa Mere, y vint accompagné de huict cens Gentilshommes tous en dûeil, qui fust receu du Roy & de toute la Cour avec beaucoup d'honneur ; & nos nopces se firent peu de jours aprés avec autant de triomphe & de magnificence que de nul autre de ma qualité ; le Roy de *Navarre* & sa troupe y ayans laissé & changé le dûeil en habits tres-riches & beaux, & toute la Cour parée comme vous sçavez, & le sçaurez trop mieux representer ; moy habillée à la Royalle avec la Couronne & Couët d'hermine mouchetée qui se met au devant du corps, toute brillante des pierreries de la Couronne, & le grand manteau bleu à quatre aulnes de queuë portée par trois Princesses ; les échaffaux dressez à la coustume des nopces des filles de *France*, depuis l'Evesché jusques à nostre Dame, & parez de drap d'or ; le peuple s'étouffant en bas à regarder passer sur cet échaffaut les nopces & toute la Cour, nous vinsmes à la porte de l'Eglise, où Monsieur le Cardinal de *Bourbon* qui faisoit l'office ce jour-là, nous ayant receu pour dire les paroles accoustumées en tel cas, nous passasmes sur le mesme échaffaut jusques à la tribune qui sepаrе la nef d'avec le chœur, où il se trouva deux degrez, l'un pour descendre audit chœur, & l'autre pour sortir de la nef hors de l'Eglise. Le Roy de *Navarre* s'en allant par celuy de la nef hors de l'Eglise......

Nous estans ainsi, la fortune qui ne laisse jamais une felicité entiere aux humains, changea bien-tost cet heureux estat de triomphe &

de nopces en un tout contraire, par cette blesseure de l'Admiral, qui offença tellement tous ceux de la Religion, que cela les mît comme en un desespoir. De sorte que l'aisné *Pardaillan** & quelques autres des Chefs des *Huguenots* en parlerent si haut à la Reyne ma Mere, qu'ils luy firent penser qu'ils avoient quelque mauvaise intention. Par l'advis de Monsieur de *Guise* & de mon frere le Roy de *Pologne*, qui depuis a esté Roy de *France*, il fust pris resolution de les prevenir. Conseil dequoy le Roy *Charles* ne fust nullement, lequel affectionnoit Monsieur de la *Roche-foucault*, *Teligny*, & la *Noüe*, & quelques autres des chefs de la religion. desquels il se pensoit servir en *Flandre*. Et, à ce que je luy ay depuis oüy dire à luy-mesme, il y eust beaucoup de peine à l'y faire consentir; & sans ce qu'on luy fit entendre qu'il y alloit de sa vie & de son Estat, il ne l'eust jamais fait. Et ayant sceu l'attentat que *Maurevel** avoit fait à Monsr. l'*Admiral* du coup de pistolet qu'il luy avoit tiré par une fenestre, dont le pensant tuër il resta seulement blessé à l'épaule, le Roy *Charles* se doutant bien que ledit *Maurevel* avoit fait ce coup à la suasion de Monsieur de *Guise*, pour la vengeance de la mort de feu Monsieur de *Guise* son Pere que ledit *Admiral* avoit fait tuër de mesme façon par *Poltrot*, il en fust en si grande colere contre Monsieur de *Guise*, qu'il jura qu'il en feroit justice. Et si Monsieur de *Guise* ne se fust tenu caché tout ce jour-là, le Roy l'eust fait prendre. Et la Reyne ma Mere ne se vît jamais plus empechée qu'à faire entendre audit Roy *Charles* que cela avoit esté fait pour le bien de son Estat, à cause de ce que j'ay dit cy-dessus de l'affection qu'il avoit à Monsieur l'*Admiral*, à la *Noüe*,

&

---

* Hector de Pardaillan Gondrin *Mem. de Castelnau T. 1. p. 374.*

* François de Louviers de Maurevel depuis tué par le Sr. de Mouy en 1583. *Journal de Henry III. Confession de Saucy. L. 2. Chap. 8.*

& à *Teligny*, desquels il goustoit l'esprit & valeur, estant Prince si genereux qu'il ne s'affectionnoit qu'à ceux en qu'il reconnoissoit telles qualitez. Et bien qu'ils eussent esté tres-pernicieux à son Estat, les renards avoient sçeu si bien feindre qu'ils avoient gagné le cœur de ce brave Prince, pour l'esperance de se rendre utiles à l'accroissement de son Estat, & en luy proposant de belles & glorieuses entreprises en *Flandre*; seul attrait en cette ame grande & Royalle. De sorte que combien que la Reyne ma Mere luy representast en cet accident que l'assassinat que *l'Admiral* avoit fait faire à Monsieur de *Guise** rendoit excusable son fils, si n'ayant peu avoir justice il en avoit voulu prendre luy-mesme vengeance; qu'aussi l'assassinat qu'avoit fait ledit *Admiral de Charry* Maistre de Camp de la garde du Roy, personne si valeureuse, & qui l'avoit si fidellement assistée pendant sa Regence & la puerilité dudit Roy *Charles*, le rendoit digne de tel traittement; bien que telles parolles peussent faire juger au Roy *Charles* que la vengeance de la mort dudit *Charry* n'estoit pas sortie du cœur de la Reyne ma Mere, son ame passionnée de douleur de la perte des personnes qu'il pensoit, comme j'ay dit, luy estre un jour utiles offusqua tellement son jugement, qu'il ne pust moderer ny changer ce passionné desir d'en faire justice; commandant toûjours qu'on cherchast Monsieur de *Guise*, qu'on le prist, & qu'il ne vouloit point qu'un tel acte demeurast impuny. Enfin comme *Pardaillan* découvrist par ses menaces au souper de la Reyne ma Mere la mauvaise intention des *Huguenots*, & que la Reyne vist que cet accident avoit mis les affaires en tels termes; que si l'on ne prevenoit leur dessein

* Il est incertain si l'Admiral a fait tuer le Duc de Guise; pour Charry il avoit eté tué par Chatelier-Portault duquel il avoit tué le frere. *Castelnau* T. 1. p. 398. & T. 2. p. 307.

la

la nuit mesme ils attenteroient contre le Roy & elle ; elle prist resolution de faire ouvertement entendre audit Roy Charles la verité de tout, & le danger où il estoit par Monsieur le Mareschal de *Rais*, de qui elle sçavoit qu'il le prendroit mieux que de tout autre, comme celuy qui luy estoit plus confident & plus favorisé de luy ; lequel le vint trouver en son cabinet le soir sur les neuf ou dix heures, & luy dit que comme son serviteur tres-fidelle il ne luy pouvoit celer le danger où il estoit s'il continuoit en la resolution qu'il avoit de faire Justice de Monsr. de *Guise*, & qu'il falloit qu'il sçeust que le coup qui avoit esté fait de *l'Admiral*, n'avoit esté par Monsieur de *Guise* seul, mais que mon frere le Roy de *Pologne*, depuis Roy de *France*, & la Reyne ma Mere avoient esté de la partie ; Qu'il sçavoit l'extréme déplaisir que la Reyne ma Mere receust à l'assassinat de *Charry*, comme elle en avoit tres-grande raison, ayant lors peu de tels serviteurs qui ne dépendissent que d'elle, estant, comme il sçavoit, du temps de sa puerilité toute la *France* partie, les Catholiques pour Monsieur de *Guise*, & les *Huguenots* pour le Prince de *Condé*, tendans les uns & les autres à luy oster sa Couronne, qui ne luy avoit esté conservée, aprés Dieu, que par la prudence & vigilance de la Reyne sa Mere, qui en cette extrémité ne s'estoit trouvée plus fidellement assistée que dudit *Charry* ; Que dés lors il sçavoit qu'elle avoit juré de se venger dudit assassinat ; Qu'aussi voyoit-elle que ledit *Admiral* ne seroit jamais que tres-pernicieux en cet Estat, & quelque apparence qu'il fist de luy avoir de l'affection & de vouloir servir sa Majesté en *Flandre*, qu'il n'avoit autre dessein que de troubler la *France* ; Que son dessein
d'elle

d'elle n'avoit esté en cet affaire que d'oster cette peste de ce Royaume, l'*Admiral* seul; mais que le malheur avoit voulu que *Maurevel* avoit failly son coup, & que les *Huguenots* en estoient entrez en tel desespoir, que ne s'en prenant pas seulement à Monsieur de *Guise*, mais à la Reyne sa Mere & au Roy de *Pologne* son frere, ils croyoient aussi que luy-mesme en fust consentant, & avoient resolu de recourir aux armes la nuict mesme. De sorte qu'il voyoit sa Majesté en un tres-grand danger, fust ou des Catholiques à cause de Monsieur de *Guise*, ou des *Huguenots* pour les raisons susdites. Le Roy *Charles*, qui estoit tres-prudent, & qui avoit esté toûjours tres-obeïssant à la Reyne ma Mere, & Prince tres-Catholique, voyant aussi dequoy il y alloit, prist soudain resolution de se joindre à la Reyne sa Mere, & se conformer à sa volonté, & garantir sa personne des *Huguenots* par les Catholiques; non sans toutefois extréme regret de ne pouvoir sauver *Teligny*, la *Nouë*, & Monsieur de la *Roche-foucault*. Et lors allant trouver la Reyne sa Mere, envoya querir Monsieur de *Guise* & tous les autres Princes & Capitaines Catholiques, où fust pris resolution * de faire la nuict mesme le massacre de la *saint Barthelemy*. Et mettant soudain la main à l'œuvre, toutes les chaisnes tenduës & le tocsin sonnant, chacun courut sus en son quartier, selon l'ordre donné, tant à l'*Admiral* qu'à tous les *Huguenots*, Monsieur de *Guise* donna au logis de l'*Admiral*, à la chambre duquel *Besme* Gentil-homme *Allemand* estant monté, aprés l'avoir dagué le jetta par les fenestres à son maistre Monsieur de *Guise*. Pour moy, l'on ne me disoit rien de tout cecy. Je voyois tout le monde en action; les

Huguc-

* Cette resolution avoit esté prise auparavant & les ordres envoyez dans les Provinces pour l'execution.

Huguenots desesperez de cette blessure; Messieurs de *Guise* craignans qu'on n'en voulust faire justice se suchetans tous à l'oreille. Les *Huguenots* me tenoient suspecte parce que j'estois Catholique, & les Catholiques parce que j'avois épousé le Roy de *Navarre*, qui estoit *Huguenot*. De sorte que personne ne m'en disoit rien, jusques au soir qu'estant au coucher de la Reyne ma Mere assise sur un coffre auprés de ma Sœur de *Lorraine* que je voyois fort triste, la Reyne ma Mere parlant à quelques-uns m'apperceust, & me dit que je m'en allasse coucher. Comme je faisois la reverence, ma Sœur me prend par le bras, & m'arreste, & se prenant fort à pleurer me dit; mon Dieu ma Sœur n'y allez pas. Ce qui m'effraya extrémement. La Reyne ma Mere s'en apperceut, & appellant ma sœur se courouça fort à elle & luy deffendit de me rien dire*. Ma sœur luy dit qu'il n'y avoit point d'apparence de m'envoyer sacrifier comme cela, & que sans doute s'ils découvroient quelque chose, ils se vengeroient de moy. La Reyne ma Mere répond, que s'il plaisoit à Dieu, je n'aurois point de mal; mais quoy que ce fut, il falloit que j'allasse, de peur de leur faire soupçonner quelque chose........

Je voyois bien qu'ils se contestoient & n'entendois pas leurs parolles. Elle me commanda encore rudement que je m'en allasse coucher. Ma Sœur fondant en larmes me dit bon soir, sans m'oser dire autre chose; & moy je m'en allay toute transie & éperduë, sans me pouvoir imaginer ce que j'avois à craindre. Soudain que je fus en mon cabinet, je me mis à prier Dieu qu'il luy plust me prendre en sa protection, & qu'il me gardast, sans sçavoir de quoy ny de qui. Sur cela le Roy mon mary qui

* Ainsi elle n'a pû faire aucune demarche pour sauver la vie du Roy son mary comme Brantome l'a dit cy-devant pag. 29. & 30.

qui s'estoit mis au lit, me manda que je m'en allasse coucher. Ce que je fis, & trouvay son lit entourré de trente ou quarante *Huguenots* que je ne connoissois point encore; car il y avoit fort peu de temps que j'estois mariée. Toute la nuict ils ne firent que parler de l'accident qui estoit advenu à Monsieur l'*Admiral*, se resolvants dés qu'il seroit jour de demander justice au Roy de Monsieur de *Guise*, & que si on ne la leur faisoit, ils se la feroient eux-mesmes. Moy j'avois toûjours dans le cœur les larmes de ma sœur, & ne pouvois dormir pour l'apprehension en laquelle elle m'avoit mise sans sçavoir de quoy. La nuict se passa de cette façon sans fermer l'œil. Au point du jour le Roy mon mary dit qu'il vouloit aller joüer à la paume attendant que le Roy *Charles* fust éveillé, se resolvant soudain de luy demander justice. Il sort de ma chambre, & tous ses Gentils-hommes aussi. Moy voyant qu'il estoit jour, estimant que le danger que ma sœur m'avoit dit fust passé, vaincuë du sommeil je dis à ma nourrice qu'elle fermast la porte pour pouvoir dormir à mon aise. Une heure aprés, comme j'estois le plus endormie, voicy un homme frappant des pieds & des mains à la porte, & criant; *Navarre Navarre*. Ma nourrice pensant que ce fust le Roy mon mary, court vistement à la porte. Ce fust un Gentil-homme nommé Monsieur de *Tejan** qui avoit un coup d'épée dans le coude & un coup de hallebarde dans le bras, & estoit encores poursuivy de quatre *Archers* qui entrerent tous aprés luy en ma chambre. Luy se voulant garantir se jetta dessus mon lit. Moy sentant ces hommes qui me tenoient, je me jette à la ruelle, & luy aprés moy, me tenant toûjours à travers du corps. Je ne connoissois

* Brantome le nomme Lerac voyes pa. 30. cy-devant.

noissois point cet homme, & ne sçavois s'il venoit là pour m'offenser, ou si les Archers en vouloient à luy ou à moy. Nous crions tous deux, & estions aussi effrayez l'un que l'autre. Enfin Dieu voulut que Monsieur de Nançay * Capitaine des gardes y vinst, qui me trouvant en cet estat là, encor qu'il y eust de la compassion, ne se pût tenir de rire; & se courrouça fort aux archers de cette indiscretion, les fit sortir, & me donna la vie de ce pauvre homme qui me tenoit, lequel je fis coucher & penser dans mon cabinet jusques à tant qu'il fust du tout guery. Et changeant de chemise, parce qu'il m'avoit toute couverte de sang, Monsieur de Nançay me conta ce qui se passoit, & m'asseura que le Roy mon mary estoit dans la chambre du Roy, & qu'il n'auroit nul mal. Et me faisant jetter un manteau de nuit sur moy il m'emmena dans la chambre de ma sœur Madame de Lorraine,* où j'arrivay plus morte que vive, & entrant dans l'antichambre, de laquelle les portes estoient toutes ouvertes, un Gentil-homme nommé Bourse se sauvant des archers qui le poursuivoient, fust percé d'un coup de hallebarde à trois pas de moy. Je tombay de l'autre costé presque évanoüie entre les bras de Monsieur de Nançay, & pensois que ce coup nous eust percez tous deux. Et estant quelque peu remise, j'entray en la petite chambre où couchoit ma sœur. Comme j'étois-là, Monsieur de Miossans premier Gentil-homme du Roy mon mary, & Armagnac son premier vallet de chambre m'y vindrent trouver pour me prier de leur sauver la vie. Je m'allay jetter à genoux devant le Roy * & la Reyne ma Mere pour les leur demander; ce qu'enfin ils m'accorderent. Cinq ou six jours aprés ceux qui avoient

* Gaspart de la Chartre Mem. de Castelnau T. 2. p. 650.

* Madame Claude de France femme de Charles Duc de Lorraine.

* C'est peut estre de cette demarche dont Brantome a entendu parler cy-devant p. 30. mais elle n'estoit pas faite pour le Roy de Navarre.

avoient commencé cette partie connoissans qu'ils avoient failly à leur principal dessein, n'en voulant point tant aux *Huguenots* qu'aux Princes du sang, portoient impatiemment que le Roy mon mary & le Prince de *Condé* fussent demeurez. Et connoissant qu'estant mon mary nul ne voudroit attenter contre luy, ils ourdirent une autre trame. Ils vont persuader à la Reyne ma Mere qu'il me falloit demarier. En cette resolution estant allée un jour de feste à son lever que nous devions faire nos Pasques, elle me prend à serment de luy dire verité, & me demanda si le Roy mon mary estoit homme, me disant que si cela n'estoit elle avoit moyen de me démarier. Je la suppliay de croire que je ne me connoissois pas en ce qu'elle me demandoit * (aussi pouvois-je dire alors comme cette *Romaine*, à qui son mary se courrouçant de ce qu'elle ne l'avoit adverty qu'il avoit l'haleine mauvaise, luy répondit qu'elle croyoit que tous les hommes l'eussent semblable, ne s'estant jamais approchée d'autre homme que de luy) mais quoy que ce fust, puis qu'elle m'y avoit mise j'y voulois demeurer ; me doutant bien que ce qu'on vouloit m'en separer estoit pour luy faire un mauvais tour.

* Cette reponse estoit un peu innocente & il auroit mieux valu avouer le fait.

Nous accompagnasmes le Roy de *Pologne* jusques à *Beaumont*, lequel quelques mois avant que de partir de *France* s'essaya par tous moyens de me faire oublier les mauvais offices de son ingratitude, & de remettre nostre amitié en la mesme perfection qu'elle avoit esté en nos premiers ans, m'y voulant obliger par serment & promesses en me disant adieu. Sa sortie de *France*, & la maladie du Roy *Charles*, qui commença presque en mesme temps, éveilla l'esprit des deux partis de ce
Royau-

Royaume, faisans divers projets sur cet Estat. Les *Huguenots* ayans à la mort de *l'Admiral* fait obliger, par écrit signé, le Roy mon mary & mon frere d'*Alençon* à la vengeance de cette mort (ayans gagné avant la *saint Barthelemy* mondit frere sous l'esperance de l'establir en *Flandre*) leur persuadent, comme le Roy & la Reyne ma Mere reviendroient en *France*, de se dérober passant en Champagne, pour se joindre à certaines trouppes qui les devoient venir prendre là. Monsieur de *Miossans* Gentilhomme Catholique ayant advis de cette entreprise, qui estoit pernicieuse au Roy son maistre, m'en advertit pour empescher le mauvais effet qui eust apporté tant de maux à eux & à cet Estat. Soudain j'allay trouver le Roy & la Reyne ma Mere, & leur dis que j'avois chose à leur communiquer qui leur importoit fort, & que je ne la leur dirois jamais qu'il ne leur pleust me promettre que cela ne porteroit aucun prejudice à ceux que je leur nommerois, & qu'ils y remedieroient sans faire semblant de rien sçavoir. Lors je leur dis que mon frere & le Roy mon mary s'en devoient le lendemain aller à des trouppes de *Huguenots* qui les venoient chercher à cause de l'obligation qu'ils avoient fait à la mort de *l'Admiral*, qui estoit bien excusable par leurs enfans; & que je les suppliois leur pardonner, & sans leur en montrer nulle apparence leur empescher de s'en aller. Ce qu'ils m'accorderent; & fust l'affaire conduite par telle prudence, que sans qu'ils pussent sçavoir d'où leur venoit cet empeschement, ils n'eurent jamais moyen d'échapper. Cela estant passé nous arrivasmes à *saint Germain*, où nous fismes un grand séjour à cause de la maladie du Roy. Durant lequel temps mon frere d'*Alençon*

em-

employoit toutes sortes de recherches & moyens pour se rendre agreable à moy, afin que je luy voüasse amitié, comme j'avois fait au Roy *Charles*. Car jusques alors, pource qu'il avoit esté toûjours nourry hors de la Cour, nous ne nous estions pas gueres veus, & n'avions pas grande familiarité. Enfin m'y voyant conviée par tant de submissions & de sujections & d'affection qu'il me témoignoit, je me resolus de l'aimer, & embrasser ce qui le concerneroit; mais toutefois avec telle condition, que ce seroit sans préjudice de ce que je devois au Roy *Charles* mon bon frere, que j'honorois sur toutes choses. Il me continua cette bien-veillance, me l'ayant témoignée jusques à sa fin.

Durant ce temps la maladie du Roy *Charles* augmentant toûjours, les *Huguenots* ne cessoient jamais de rechercher des nouvelletez, pretendans encor de retirer mon frere le Duc d'*Alençon* & le Roy mon mary de la Cour. Ce qui ne vint à ma connoissance comme la premiere fois. Mais toutefois Dieu permit que la mesche se découvrit à la Reyne ma Mere, si prés de l'effet, que les trouppes des *Huguenots* devoient arriver ce jour-là auprés de *saint Germain*. Nous fusmes contraints de partir deux heures aprés minuit, & mettre le *Roy Charles* dans une littiere pour gagner *Paris*; la Reyne ma Mere mettant dans son chariot mon frere & le Roy mon mary, qui cette fois ne furent traitez si doucement que l'autre. Car le Roy s'en alla au bois de *Vincennes*, d'où il ne leur permit plus de sortir. Et le temps augmentant toûjours l'aigreur de ce mal, produisoit toûjours des nouveaux advis au Roy pour accroistre la mesfiance & mécontentement qu'il avoit d'eux; en quoy les

F   artifices

artifices de ceux qui avoient toûjours desiré la ruïne de nostre maison luy aidoient, comme je croy, beaucoup. Ces messiances passerent si avant que Messieurs les Mareschaux de *Montmorancy* & de *Cossé* en furent retenus prisonniers au bois de *Vincennes*, & la *Mole* & le Comte de *Coconas* en patirent de leur vie *. Les choses en vindrent à tels termes que l'on deputa des Commissaires de la Cour de Parlement pour ouïr mon frere & le Roy mon mary, lequel n'ayant lors personne de conseil auprés de luy, me commanda de dresser par écrit ce qu'il avoit à respondre, afin que par ce qu'il diroit il ne mist ny luy ny personne en peine. Dieu me fist la grace de le dresser si bien qu'il en demeura satisfait, & les Commissaires estonnez de le voir si bien preparé. Et voyant que par la mort de la *Mole* & du Comte de *Coronas* ils se trouvoient chargez en sorte que l'on craignoit de leur vie, je me resolus (encor que je fusse si bien auprés du Roy qu'il n'aimoit rien tant que moy) pour leur sauver la vie de perdre ma fortune; ayant deliberé, comme je sortois & entrois librement en coche sans que les gardes regardassent dedans, ny que l'on fit oster le masque à mes femmes, d'en déguiser l'un d'eux en femme, & le sortir dans ma coche. Et pource qu'ils estoient trop éclairez des gardes, & qu'il suffisoit qu'il y en eut un d'eux dehors pour asseurer la vie de l'autre, jamais ils ne se pûrent accorder lequel c'est qui sortiroit, chacun voulant estre celuy-là, & ne voulant demeurer. De sorte que ce dessein ne se pûst executer. Mais Dieu y remedia par un moyen bien miserable pour moy. Car il me priva du *Roy Charles*, tout l'appuy & support de ma vie, un frere duquel je n'avois receu que bien,

&

* L'histoire de leur conjuration se trouve dans les Memoires de Castelnau T. 2. p. 376.

& qui en toutes les persecutions que mon frere d'*Anjou* m'avoit faites à *Angers* m'avoit toûjours assistée, & advertie, & conseillée. Bref je perdis en luy tout ce que je pouvois perdre. Aprés ce desastre, malheureux pour la *France* & pour moy, nous allasmes à *Lyon* au devant du Roy de *Pologne*, lequel possedé encore par le *Guast*, rendist de mesmes causes mesmes effets, & croyant aux advis de ce pernicieux esprit, qu'il avoit laissé en *France* pour maintenir son party, conceut une extréme jalousie contre mon frere d'*Alençon*, ayant pour suspecte & portant impatiemment l'union de luy & du Roy mon mary, estimant que j'en fusse le lien & le seul moyen qui maintenoit leur amitié, & que les plus propres expedients pour les diviser estoient d'un costé de me broüiller & mettre en mauvais ménage avec le Roy mon mary, & d'autre de faire que Madame de *Sauve**, qu'ils servoient tous deux, les ménageast tous deux de telle façon qu'ils entrassent en extréme jalousie l'un de l'autre. Cet abominable dessein, source & origine de tant d'ennuis, de traverses, & de maux que mon frere & moy avons depuis soufferts, fust poursuivy avec autant d'animosité, de ruses & d'artifice qu'il avoit esté pernicieusement inventé. Quelques-uns tiennent que Dieu a en particuliere protection les grands, & qu'aux esprits où il reluit quelque excellence non commune, il leur donne par des bons genies quelques secrets advertissemens des accidens qui leur sont preparez ou en bien ou en mal; comme à la Reyne ma Mere, que justement l'on peut mettre de ce nombre, il s'en est veu plusieurs exemples. Mesme la nuit devant la miserable course elle songea qu'elle voyoit le feu Roy mon Pere

* *Charlotte de Beaune femme de Simon de Fizes Sr. de Sauve Secretaire d'Estat, & depuis de François de la Trimouille Marquis de Noirmoustir. Castelnau T. I. p. 322.*

blessé

blessé en l'œil, comme il fust; & estant éveillée elle le supplia plusieurs fois de ne vouloir point courir ce jour-là, & vouloir se contenter de voir le plaisir du tournois sans en vouloir estre. Mais l'inévitable destinée ne permist tant de bien à ce Royaume qu'il pust recevoir cet utile conseil. Elle n'a aussi jamais perdu aucun de ses enfans qu'elle n'aye veu une fort grande flamme, à laquelle soudain elle s'écrioit; Dieu garde mes enfans: & incontinent aprés elle entendoit la triste nouvelle qui par ce feu luy avoit esté augurée. En sa maladie de *Metz*, où par une fiévre pestilentielle & le charbon elle fust à l'extremité, qu'elle avoit prise allant visiter les religions des femmes, comme il y en a beaucoup en cette ville-là, lesquelles avoient esté depuis peu infectées de cette contagion; dequoy elle fust garantie miraculeusement, Dieu la redonnant à cet Estat qui en avoit encor tant de besoin, par la diligence de Monsieur *Castelan* son Medecin, qui nouveau *Esculape* fit lors une signalée preuve de l'excellence de son art. Elle resvant, & estant assistée autour de son lict du *Roy Charles* mon frere, & de ma sœur & mon frere de *Lorraine*, de plusieurs Messieurs du Conseil, & de force Dames & Princesses, qui la tenans comme hors d'esperance ne l'abandonnoient point, s'écrie continuant ses resveries, comme si elle eut veu donner la bataille de *Jarnac**. Voyez comme ils fuyent; Mon fils à la victoire; Hé mon Dieu relevez mon fils, il est par terre; Voyez-vous dans cette haye le Prince de *Condé* mort. Tous ceux qui estoient-là croyoient qu'elle resvoit, & que sçachant que mon frere *d'Anjou* estoit en terme de donner la Bataille elle n'eust que cela en teste. Mais la nuit aprés

* Donnée le 13. Mars 1569.

Mon-

Monsieur de *Losses* luy en apportant la nouvelle, comme chose tres-desirée, en quoy il pensoit beaucoup meriter; Vous estes fascheux, luy dit-elle, de m'avoir éveillée pour cela; je le sçavois bien; Ne l'avois-je pas veu devant hyer; Lors on reconnust que ce n'estoit point resverie de la fiévre, mais un advertissement particulier que Dieu donne aux personnes illustres & rares. L'histoire nous en fournit tant d'exemples aux anciens Payens, comme le fantosme de *Brutus*, & plusieurs autres, que je ne décriray, n'estant mon intention d'orner ces Memoires, ains seulement narrer la verité, & les advancer promptement, afin que plustost vous le receviez. De ces divins advertissemens je ne me veux estimer digne; toutefois pour ne me taire comme ingrate des graces que j'ay receuës de Dieu, que je dois & veux confesser toute ma vie, pour luy en rendre graces, & que chacun le loüe aux merveilles des effets de sa puissance, bonté, & misericorde qu'il luy a plû faire en moy, j'advoüeray n'avoir jamais esté proche de quelques signalez accidens, ou sinistres, ou heureux, que je n'en aye eu quelque advertissement, ou en songe ou autrement: & puis bien dire ce vers,

De mon bien ou mon mal mon esprit m'est oracle.

Ce que j'éprouvay lors de l'arrivée du Roy de *Pologne*, la Reyne ma Mere estant allée au devant de luy. Cependant qu'ils s'embrassoient & faisoient les reciproques bien-venuës, bien que ce fust en un temps si chaud qu'en la presse où nous estions on s'étouffoit, il me prit un frisson si grand avec un tremblement si universel, que celuy qui m'aidoit s'en apperceut. J'eus beaucoup de peine à le cacher.

cher, quand aprés avoir laissé la Reyne ma Mere, le Roy vint à me saluër. Cet augure me toucha au cœur; toutefois il se passa quelques jours sans que le Roy découvrist la haine & le mauvais dessein que le malicieux *Guast* luy avoit fait concevoir contre moy, par le rapport qu'il luy avoit fait que depuis la mort du Roy j'avois tenu le party de mon frere d'*Alençon* en son absence, & l'avois fait affectionner au Roy mon mary. Pourquoy espiant toûjours une occasion pour parvenir à l'intention prédite de rompre l'amitié de mon frere d'*Alençon* & du Roy mon mary, en nous mettant en mauvais ménage le Roy mon mary & moy, & les broüillant tous deux sur le sujet de la jalousie de leur commun amour de Madame de *Sauve*, une apresdinée la Reyne ma Mere estant entrée en son cabinet pour faire quelques longues dépesches, Madame de *Nevers* vostre cousine, Madame de *Rais* aussi vostre cousine, *Bourdeille*, * & *Surgeres*, * me demanderent si je me voulois aller promener à la Ville. Sur cela Madamoiselle de *Montigny*, * niepce de Madame d'*Usez*, nous dit que l'Abbaye de *saint Pierre* estoit une fort belle religion. Nous nous resolusmes d'y aller. Elle nous pria qu'elle vinst avec nous, parce qu'elle y avoit une tante, & que l'entrée n'y est pas libre sinon qu'avec les grandes. Elle y vinst; & comme nous montions en chariot, encor qu'il fust tout plein de nous six, & de Madame de *Curton*, Dame d'honneur qui alloit toûjours avec moy, *Liancourt* premier Escuyer du Roy & *Camille* s'y trouverent, qui se jetterent sur les portieres du chariot de *Torigny*, où se tenans comme ils peurent, & gaussans, comme ils estoient d'humeur bouffonne, dirent qu'ils vouloient venir voir ces belles Religieuses.

* Jeanne de Bourdeille fille d'honneur de la Reyne, depuis mariée. 1. a Charles d'Ardres Vicomte de Riberac. 2. a Charles d'Espinay Vicomte de Durestal.
* Helene de Fonseque fille du Baron de Surgeres aussi fille d'honneur de la Reyne.
* Elle la nomme Madame cy-aprés elle estoit fille de Claude d'Amoncourt Sr. de Montigny sur Aube & de Charlotte de Clermont elle a été depuis mariée a N. Barillon Conseiller d'Estat *Castelnau* T. 1. p. 321.

ligieuses. La Compagnie de Madamoiselle de *Montigny*, qui ne nous estoit aucunement familiere, & d'eux deux, qui estoient confidens du Roy, fust, que je croy, une providence de Dieu pour me garantir de la calomnie que l'on me vouloit imputer. Nous allasmes à cette religion, & mon chariot, qui estoit assez reconnoissable pour estre doré, & de velours jaune garny d'argent, nous attendit à la place, autour de laquelle y avoit plusieurs Gentilshommes logez. Pendant que nous estions dans *saint Pierre*, le Roy ayant seulement avec luy le Roy mon mary, d'O, & le gros *Ruffé*, s'en allant voir *Quelus* qui estoit malade, passant par cette place & voyant mon chariot vuide, se retourna vers le Roy mon mary & luy dit; Voyez, voila le chariot de vostre femme, & voila le logis de *Bidé*, qui estoit lors malade. (Ainsi se nommoit aussi celuy qui a depuis servy vostre cousine) Je gage, dit-il, qu'elle y est ; & commanda au gros *Ruffé*, instrument propre de telle malice pour estre amy de du *Guast*, d'y aller voir. Lequel n'y ayant rien trouvé, & ne voulant toutefois que cette verité empeschast le dessein du Roy, luy dit tout haut devant le Roy mon mary ; Les oiseaux y ont esté, mais ils n'y sont plus. Cela suffit assez pour donner sujet de s'entretenir jusques au logis. Le Roy mon mary témoignant en cela la bonté & l'entendement de quoy il s'est toûjours montré accompagné, & détestant en son cœur cette malice, jugea aisément à quelle fin il le faisoit. Et le Roy se hastant de retourner avant moy pour persuader à la Reyne ma Mere cette invention, & m'en faire recevoir un affront, j'arrivay qu'il avoit eu tout loisir de faire ce mauvais effet, & que mesme la Reyne ma Mere en avoit parlé

fort

fort estrangement devant des Dames, partie par creance, & partie pour plaire à ce fils qu'elle idolastroit. Moy revenant après, sans sçavoir rien de tout cecy, j'allay descendre en ma chambre avec toute la trouppe susdite qui m'avoit accompagnée à *saint Pierre*, & y trouvay le Roy mon mary, qui soudain qu'il me vit se prist à rire, & me dit; Allez chez la Reyne vostre Mere, & je m'asseure que vous en reviendrez bien en colere. Je luy demanday pourquoy, & ce qu'il y avoit. Il me dit; Je ne le vous diray pas, mais suffise à vous que je n'en crois rien, & que ce sont inventions pour nous broüiller vous & moy, pensant par ce moyen me separer de l'amitié de Monsieur vostre frere. Voyant que je n'en pouvois tirer autre chose, je m'en vais chez la Reyne ma Mere. Entrant en la salle je trouvay Monsieur de *Guise*, qui prevoyant, n'estoit pas marry de la division qu'il voyoit arriver en nostre maison, esperant bien que du vaisseau brisé il en recueilleroit les pieces. Il me dit; Je vous attendois icy pour vous advertir que la Reyne vous a presté une dangereuse charité; & me fit tout le discours susdit qu'il avoit appris de d'*O*, qui estant lors fort amy de vostre cousine, l'avoit dit à Monsieur de *Guise* pour nous en advertir. J'entray en la chambre de la Reyne ma Mere, où elle n'estoit pas. Je trouvay Madame de *Nemours*, & toutes les autres Princesses & Dames, qui me dirent; Mon Dieu, Madame, la Reyne vostre Mere est en si grande colere contre vous. Je ne vous conseille pas de vous presenter devant elle. Non, ce dis-je, si j'avois fait ce que le Roy luy a dit. Mais en estant du tout innocente, il faut que je luy parle pour l'en éclaircir. J'entray dans son Cabinet, qui n'estoit fait que d'une cloison

son de bois, de sorte que l'on pouvoit aisément entendre tout ce qui se disoit. Soudain qu'elle me vît elle commença à jetter feu, & dire tout ce qu'une colere outrée & démesurée peut jetter dehors. Je luy representay la verité, & que nous estions dix ou douze; & la suppliay de s'en enquerir, & ne croire pas celles qui m'estoient amies & familieres, mais Madame de *Montigny* qui ne me hantoit point, & *Liancourt* & *Camille* qui ne dépendoient que du Roy. Elle n'a point d'oreille pour la verité ny pour la raison, elle n'en veut point recevoir, fust ou pour estre préoccupée du faux, ou bien pour complaire à ce fils, que d'affection, de devoir, d'esperance, & de crainte elle idolastroit, & ne cesse de tanser, crier, & menacer. Et luy disant que cette charité m'avoit esté prestée par le Roy, elle se mes encor plus en colere, me voulant faire croire que c'estoit un sien valet de chambre qui passant par là m'y avoit veuë. Et voyant que cette couverture estoit grossiere, que je la recevois pour telle, & restois infiniment offensée du Roy, cela la tourmentoit & éguillonnoit davantage. Ce qui estoit oüy de sa chambre toute pleine de gens. Sortant de là avec le despit que l'on peut penser, je trouvé en ma chambre le Roy mon mary qui me dit; Et bien, n'avez-vous pas trouvé ce que je vous avois dit? Et me voyant si affligée; Ne vous tourmentez pas de cela, dit-il, *Liancourt* & *Camille* se trouveront au coucher du Roy, qui luy diront le tort qu'il vous a fait, & m'asseure que demain la Reyne vostre Mere sera bien empeschée à faire les accords. Je luy dis; Monsieur, j'ay receu un affront trop public de cette calomnie pour pardonner à ceux qui me l'ont causé; mais toutes les injures ne me

font

sont rien au prix du tort qu'on m'a voulu faire me voulant procurer un si grand malheur que de me mettre mal avec vous. Il me répondit; Il s'y est Dieu mercy failly. Je luy dis; Oüy Dieu mercy & vostre bon naturel. Mais de ce mal si faut-il que nous en tirions un bien, que cecy nous serve d'advertissement à l'un & à l'autre pour avoir l'œil ouvert à tous les artifices que le Roy pourra faire pour nous mettre mal ensemble. Car il faut croire puis qu'il a ce dessein qu'il ne s'arrestera pas à cestuy-cy, & ne cessera qu'il n'ait rompu l'amitié de mon frere & de vous. Sur cela mon frere arriva, & les fis par nouveau serment obliger à la continuation de leur amitié. Mais quel serment peut valoir en amour? Le lendemain matin un *Banquier Italien* qui estoit serviteur de mon frere, pria mondit frere, le Roy mon mary, & moy, & plusieurs autres Princesses & Dames d'aller disner en un beau jardin qu'il avoit à la ville. Mais ayant toûjours gardé ce respect à la Reyne ma Mere, tant que j'ay esté auprés d'elle fille & mariée, de n'aller en aucun lieu sans luy en demander congé, je l'allay trouver en la salle revenant de la Messe pour avoir sa permission d'aller à ce festin. Elle me faisant un refus public, dit que j'allasse où je voudrois, qu'elle ne s'en soucioit pas. Si cet affront fust ressenty d'un courage comme le mien, je le laisse à juger à ceux qui comme vous ont connu mon humeur. Pendant que nous estions en ce festin, le Roy, qui avoit parlé à *Liancourt*, à *Camille*, & à Madamoiselle de *Montigny*, connust l'erreur où la malice de *Ruffé* l'avoit fait tomber, & ne se trouvant moins en peine à la rabiller qu'il avoit esté prompt à la recevoir & à la publier, venant trouver la Reyne ma Mere luy confessa sa le vray, & le pria de rabiller cela en quelque façon que je ne luy demeurasse pas ennemie ; craignant fort, parce qu'il me voyoit avoir de l'entendement, que je ne me sceusse plus à propos revancher qu'il ne m'avoit sceu offenser. Revenus que nous fusmes du festin, la prophetie du Roy mon mary fust veritable. La Reyne ma Mere m'envoya querir en son Cabinet de derriere, qui estoit proche de celuy du Roy, où elle me dit qu'elle avoit sceu la verité de tout, & que je luy avois dit vray : Qu'il n'estoit rien de tout ce que le valet de chambre qui luy avoit fait ce rapport luy avoit dit ; Que c'estoit un mauvais homme, & qu'elle le chasseroit. Et connoissant à ma mine que je ne recevois pas cette couverture, elle s'efforça par tout moyen de m'oster l'opinion que ce fust le Roy qui me prestoit cette charité. Et voyant qu'elle n'y avançoit rien, le Roy entrant dans le Cabinet m'en fit force excuses, disant qu'on le luy avoit fait accroire. Et me faisant toutes les satisfactions & demonstrations d'amitié qui se pouvoient faire. Cela passé, après avoir demeuré quelque temps à *Lyon* nous allasmes en *Avignon*. * Le *Guast* n'osant plus inventer de telles impostures, & voyant que je ne luy donnois aucune prise en mes actions pour par la jalousie me mettre mal avec le Roy mon mary, & ébranler l'amitié de mon frere & de luy, se servist d'une autre voye, qui estoit de Madame de *Sauve*, la gaignant tellement qu'elle se gouvernoit du tout par luy, & usant de ses instructions non moins pernicieuses que celles de la *Celestine*, * elle rendit l'amour de mon frere & du Roy mon mary (auparavant tiede & lente comme de personnes si jeunes) à une telle extrémité, qu'oublians toute ambition, tout

* en Decembre 1574.

* Tragicomedie contenant de fort mauvaises instructions. Confession de Sancy p. 194.

devoir, & tout dessein, ils n'avoient plus autre chose en l'esprit que la recherche de cette femme. Et en vindrent à une si grande & vehemente jalousie l'un de l'autre, qu'encor qu'elle fust recherchée de Monsieur de *Guise*, de du *Guast*, de *Souvray* & plusieurs autres, qui estoient tous plus aimez d'elle qu'eux, ils ne s'en soucioient pas, & ne craignoient ces deux beaux freres que la recherche de l'un & de l'autre. Et cette femme, pour mieux joüer son jeu, persuada au Roy mon mary que j'en estois jalouse, & pour cette cause je tenois le party de mon frere. Nous croyons aisément ce qui nous est dit par des personnes que nous aymons. Il prend cette creance, il s'esloigne de moy, & s'en cache plus que de tout autre; ce que jusques alors il n'avoit fait. Car quoy qu'il en eust eu la fantaisie, il m'en avoit toujours parlé aussi librement qu'à une sœur, connoissant bien que je n'en estois aucunement jalouse, ne desirant que son contentement. Moy voyant ce que j'avois le plus craint estre advenu, qui estoit l'esloignement de sa bonne grace, pour la privation de sa franchise de quoy il avoit jusques alors usé avec moy, & que la mesfiance qui prive de la familiarité est le principe de la haine, soit entre parens ou amis, & connoissant d'ailleurs que si je pouvois divertir mon frere de l'affection de Madame de *Sauve* j'osterois le fondement de l'artifice que le *Guast* avoit fabriqué à nostre division & ruine......susdite à l'endroit de mon frere, usant de tous moyens que je pûs pour l'en tirer. Ce qui eust servy à tout autre qui n'eust eu l'ame fascinée par l'amour & les ruses de ces fines personnes. Mon frere, qui en toute autre chose ne croyoit rien que moy, ne pust jamais se regaigner soy-
mesme

mesme pour son salut & le mien, tant forts estoient les charmes de cette *Circé*, aidez de ce diabolique esprit de du *Guast*. De façon qu'au lieu de tirer profit de mes parolles, il les redisoit toutes à cette femme. Que peut-on celer à celuy que l'on aime ? Elle s'en animoit contre moy, & servoit avec plus d'affection au dessein de du *Guast*, & pour s'en venger disposoit toûjours davantage le Roy mon mary à me haïr & s'estranger de moy ; de sorte qu'il ne me parloit plus. Il revenoit de chez elle fort tard, & pour l'empescher de me voir elle luy commandoit de se trouver au lever de la Reyne, où elle estoit subjette d'aller, & aprés tout le jour il ne bougeoit plus d'avec elle. Mon frere n'apportoit moins de soin à la rechercher, elle leur faisant acroire à tous deux qu'ils estoient uniquement aimez d'elle. Ce qui n'avançoit moins leur jalousie & leur division que leur ruïne. Nous fismes un long séjour en *Avignon*, & un tour par la *Bourgongne* & la *Champagne* pour aller à *Rheims* aux nopces du Roy, & de la venir à *Paris*, où les choses se comporterent toûjours de cette façon. La trame de du *Guast* alloit par ces moyens toûjours s'advançant à nostre division & ruïne. Estans à *Paris*, mon frere approcha de luy *Bussi*, en faisant autant d'estime que sa valeur le meritoit. Il estoit toûjours auprés de mon frere, & par consequent avec moy, mon frere & moy estans presque toûjours ensemble, & ordonnant à tous ses serviteurs de ne m'honorer & rechercher moins que luy. Tous les hommes & gens de sa suite accomplissoient cet agreable commandement avec tant de subjection, qu'ils ne me rendoient moins de service qu'à luy. Vostre tante voyant cela, m'a souvent dit que cette belle union de mon frere & de moy luy faisoit ressouvenir

souvenir du temps de Monsieur d'*Orleans* mon oncle & de Madame de *Savoye* ma tante. Le *Guast*, qui estoit un potiron de ce temps, y donnant interpretation contraire, pensa que la fortune luy offroit un beau moyen pour se haster à plus viste d'arriver au but de son dessein, & par le moyen de Madame de *Sauve* s'estant introduit en la bonne grace du Roy mon mary, tascha par toute voye de luy persuader que *Bussi* me servoit. Et voyant qu'il n'y advançoit rien, estant assez adverty par les gens, qui estoient toûjours avec moy, de mes deportemens qui ne tendoient à rien de semblable, il s'adressa au Roy, qu'il trouva plus facile à persuader, tant pour le peu de bien qu'il vouloit à mon frere & à moy, nostre amitié luy estant suspecte & odieuse, que pour la haine qu'il avoit à *Bussi*, qui l'ayant autresfois suivy, l'avoit quitté pour se dédier à mon frere. Acquisition qui accroissoit autant la gloire de mon frere que l'envie de nos ennemis, pour n'y avoir rien en ce siecle-là de son sexe & de sa qualité de semblable en valeur, reputation, grace, & esprit. En quoy quelques-uns disoient que s'il falloit croire la transmutation des ames, comme quelques Philosophes ont tenu, que sans doute celle de *Hardelay* vostre brave frere * animoit celle de *Bussi*. Le Roy imbu de cela par le *Guast*, en parla à la Reyne ma Mere, la conviant à en parler au Roy mon mary, & taschant de le mettre aux mesmes aigreurs qu'il l'avoit mis à *Lyon*. Mais elle voyant le peu d'apparence qu'il y avoit l'en rejetta, luy disant ; Je ne sçay qui sont les brouillons qui vous mettent telles opinions en la fantaisie. Ma fille est malheureuse d'estre venuë en un tel siecle. De nostre temps nous parlions librement à tout le monde, & tous les honnestes gens qui suivoient

* Jean de Bourdeille frere de Mr. de Brantome qui en parle dans ses éloges des hommes illustres François T. 4. p. 158. edition de 1666.

voient le Roy voſtre Pere, Monſieur le *Dauphin*, & Monſieur d'*Orleans* vos oncles, eſtoient d'ordinaire à la chambre de Madame *Marguerite* voſtre tante & de moy, & perſonne ne le trouvoit eſtrange, comme auſſi n'y avoit-il pas dequoy. *Buſſi* voit ma fille devant vous, devant ſon mary en ſa chambre, devant tous les gens de ſon mary, & devant tout le monde. Ce n'eſt pas en cachette, ny à porte fermée. *Buſſi* eſt perſonne de qualité, & le premier auprés de voſtre frere. Qu'y a-t'il à penſer? En ſçavez vous autre choſe que par une calomnie? A *Lyon* vous me luy avez fait faire un affront tres-grand, duquel je crains bien qu'elle ne ſe reſſente toute ſa vie. Le Roy demeurant tout eſtonné, Madame, dit-il, je n'en parle qu'aprés les autres. Elle reſpondit; Qui ſont ces autres ? Mon fils, ce ſont gens qui vous veulent mettre mal avec tous les voſtres. Le Roy s'en eſtant allé elle me raconta le tout, & me dit; Vous eſtes née d'un miſerable temps. Et appellant voſtre tante Madame de *Dampierre*, elle ſe mit à diſcourir avec elle de l'honneſte liberté des plaiſirs qu'ils avoient de ce temps-là, ſans eſtre ſujets comme nous à la meſdiſance. Le *Guaſt* voyant la mine éventée, & qu'elle n'avoit pris feu de ce coſté-là comme il deſiroit, s'adreſſe à certains Gentils-hommes qui ſuivoient lors le Roy mon mary, qui juſques alors avoient eſté compagnons de *Buſſi*, & depuis devenus ſes ennemis pour la jalouſie que leur apportoit ſon advancement & ſa gloire. Ceux-cy joignants à cette envieuſe haine un zele inconſideré au ſervice de leur maiſtre, ou pour mieux dire couvrans leur envie de ce pretexte, ſe reſolurent un ſoir ſortant tard du coucher de ſon maiſtre pour ſe retirer en ſon logis, de l'aſſaſſiner. Et comme les honneſtes gens qui eſtoient

stoient auprés de mon frere avoient accoustumé de l'accompagner, ils sçavoient qu'il ne le trouveroient avec moins de quinze ou vingt honnestes hommes, & que bien que pour la blessure qu'il avoit au bras droit, depuis peu de jours qu'il s'estoit battu contre *saint Val**, il ne portast point d'épée, sa presence seroit suffisante pour redoubler le courage à ceux qui estoient avec luy. Ce que redoutans, & voulans faire leur entreprise asseurée, ils resolurent de de l'attaquer avec deux ou trois cens hommes, le voile de la nuit couvrant la honte d'un tel assassinat. Le *Guast* qui commandoit au regiment des gardes leur fournit des soldats, & se mettans en cinq ou six trouppes en la plus prochaine ruë de son logis où il falloit qu'il passast, le chargent esteignans les torches & flambeaux. Aprés une salve d'arquebusades & pistoletades qui eut suffi, non à attrapper une trouppe de quinze ou vingt hommes, mais à deffaire un regiment, ils viennent aux mains avec sa troupe, taschans toûjours dans l'obscurité de la nuit à le remarquer pour ne le faillir, & le connoissans à une escharpe colombine où il portoit son bras droit blessé, bien à propos pour eux, qui en eussent senty la force ; qui furent toutesfois bien soustenus de cette petite troupe d'honnestes gens qui estoient avec luy, à qui l'inopinée rencontre ny l'horreur de la nuit n'osta le cœur ny le jugement ; mais faisans autant de preuve de leur valeur que de l'affection qu'ils avoient à leur amy, à force d'armes le passerent jusques à son logis, sans perdre aucun de leur trouppe, „qu'un Gentilhomme qui avoit esté nourry avec luy, qui ayant esté blessé auparavant à un bras, portoit une escharpe colombine comme luy, mais toutesfois bien differente pour n'estre enrichie comme celle de son maistre toutesfois en l'obscu-

* George de Vauldray Sr. de S. Phale *Castelnau*. T. 2. p. 533.

* *Brantome* qui a fait l'éloge de Bussi T. 3. de ses hommes illustres étrangers raconte autrement ce combat.

l'obscurité de la nuict ou le transport ou l'animosité de ces assassins, qui avoient le mot de donner tous à l'escharpe colombine, fit que toute la trouppe se jetta sur ce pauvre Gentilhomme, pensant que ce fust *Bussi*, & le laisserent pour mort en la ruë. Un Gentilhomme *Italien* qui estoit à mon frere y estant, de premier abord l'effroy l'ayant pris, il s'en accourt tout sanglant dans le *Louvre*, & jusques à la chambre de mon frere qui estoit couché, criant que l'on assassinoit *Bussi*. Mon frere soudain y voulust aller. De bonne fortune je n'estois point encore couchée, & estois logée si prés de mon frere, que j'oüis cet homme effrayé crier par les degrez cette espouventable nouvelle aussi-tost que luy. Soudain je cours en sa chambre pour l'empescher de sortir, & envoya y prier la Reyne ma Mere d'y venir pour le retenir, voyant que la juste douleur qu'il sentoit l'emportoit tellement hors de luy-mesme, que sans consideration il se fust precipité à tous dangers pour courrir à la vengeance. Nous le retenons à toute peine, la Reyne ma Mere luy representant qu'il n'y avoit nulle apparence de sortir seul comme il estoit pendant la nuit que l'obscurité couvre toute meschanceté; Que le *Guast* estoit peut-estre assez meschant d'avoir fait cette partie expressement pour le faire sortir mal à propos, afin de le faire tomber en quelque accident. Au desespoir qu'il estoit, ces parolles eussent en peu de force; Mais elle y usant de son authorité l'arresta, & commanda aux portiers que l'on ne le laissast sortir, prenant la peine de demeurer avec luy jusques à ce qu'il sçeust la verité de tout. *Bussi*, que Dieu avoit garanty miraculeusement de ce danger, ne s'estant troublé pour ce hazard, son ame n'estant point susceptible de la peur, estant né pour estre la terreur de ses ennemis, la gloire de son maistre, & l'esperance de ses amis, entré qu'il fust en son logis soudain se souvint de la peine en quoy seroit son maistre si la nouvelle de cette rencontre estoit portée jusques à luy incertainement, & craignant que cela le fit jetter dans les filets de ses ennemis (comme sans doute il eust fait si la Reyne ma Mere ne l'en eust empesché) envoya soudain un des siens qui apporta la nouvelle à mon frere de la verité de tout. Et le jour estant venu, *Bussi*, sans crainte de ses ennemis, revint dans le *Louvre* avec la façon aussi brave & aussi joyeuse quo si cet attentast luy eust esté un tournois pour plaisir. Mon frere aussi aise de le revoir que plein de despit & de vengeance, tesmoigna assez comme il ressentoit l'offense qui luy avoit esté faite de l'avoir voulu priver du plus brave & plus digne serviteur dont Prince de sa qualité eust jamais connoissance, bien que du *Guast* s'attaquoit à *Bussi* pour ne s'oser prendre de premier abord à luy-mesme. La Reyne ma Mere, la plus prudente & advisée qui ait jamais esté, connoissant de quel poids estoient tels effets, & prevoyant qu'ils pourroient enfin mettre ses deux enfans mal ensemble, conseilla mon frere que pour lever tel pretexte il fit que pour un temps *Bussi* s'esloignast de la Cour. A quoy mon frere consentit par la priere que je luy en fis, voyant bien que s'il demeuroit, le *Guast* le mettroit toûjours en jeu, & le feroit servir de couverture à son pernicieux dessein, qui estoit de maintenir mon frere & le Roy mon mary mal ensemble, comme il luy avoit mis par les artifices susdits. *Bussi* qui n'avoit autre volonté que celle de son maistre, partit accompagné de la plus brave noblesse qui fust à la Cour qui suivoit mon frere. Ce sujet estant aisé au

Guast

Guast, & voyant que le Roy mon mary ayant en ce mesme temps une nuit eu une fort grande foiblesse, en laquelle il demeura esvanoüy l'espace d'une heure (qui luy venoit, comme je crois, d'excez qu'il avoit faits avec les femmes; car je ne l'y avois jamais veu sujet) où je l'avois servy & assisté comme le devoir me le commandoit; dequoy il restoit si content de moy qu'il s'en loüoit à tout le monde, disant que sans que je m'en estois apperceuë, & j'avois soudain couru à le secourir, & appeller mes femmes & ses gens, il estoit mort; & qu'à cette cause il m'en faisoit beaucoup meilleure chere, & que depuis l'amitié de luy & de mon frere commençoit à se renoüer, estimant toûjours que j'en estois la cause, & que je leur estois (comme l'on voit en toutes les choses naturelles, mais plus apparemment aux serpens coupez) un certain baûme naturel qui reünit & rejoint les parties separées; poursuivant toûjours la pointe de son premier & pernicieux dessein, & recherchant de fabriquer quelque nouvelle invention pour nous rebroüiller le Roy mon mary & moy, mit à la teste du Roy, qui depuis peu de jours avoit osté par le mesme artifice de du *Guast* à la Reyne sa sacrée Princesse tres-vertueuse & bonne, une fille qu'elle aimoit fort, & qui avoit esté nourrie avec elle, nommée *Changi*, qu'il devoit faire que le Roy mon mary m'en fist de mesme, m'ostant celle que j'aimois le plus, nommée *Torigny* *, sans autre raison, sinon qu'il ne falloit point laisser à des jeunes Princesses des filles en qui elles eussent si particuliere amitié. Le Roy persuadé de ce mauvais homme, en parla plusieurs fois à mon mary; qui luy respondit qu'il sçavoit bien qu'il me feroit un cruel desplaisir; Que si j'aimois *Torigny*, j'en avois occasion; Qu'outre ce qu'el-

*Gillone Govion de Matignou fille de Jáques Mareschal de France depuis mariée a Pierre de Harcourt Sr. de Beuvron *Castelnau* T. I. p. 327. & Genealogie de Matignon.

qu'elle avoit esté nourrie avec la *Reyne d'Espagne* ma sœur, & avec moy depuis mon enfance, elle avoit beaucoup d'entendement, & que mesme elle l'avoit beaucoup servy en sa captivité du bois de *Vincennes*; Qu'il seroit ingrat s'il ne s'en ressouvenoit, & qu'il avoit autresfois veu que sa Majesté en faisoit grand estat plusieurs fois. Il s'en deffendit de cette façon; mais enfin le *Guast* persistant toûjours à pousser le Roy, & jusques à luy faire dire au Roy mon mary qu'il ne l'aimeroit jamais si dans le lendemain il ne m'avoit osté *Torigny*, il fut contraint à son grand regret, comme depuis il me l'a avoüé, de m'en prier & me le commander. Ce qui me fust si aigre, que je ne me pûs empescher de luy tesmoigner par mes larmes combien j'en recevois de desplaisir, luy remonstrant que ce qui m'en affligeoit le plus n'estoit point l'éloignement de la presence d'une personne qui depuis mon enfance s'estoit toûjours renduë subjette & utile auprés de moy, mais que sçachant comme je l'aimois, je n'ignorois pas combien son partement si precipité porteroit de prejudice à ma reputation. Ne pouvant recevoir ces raisons, pour la promesse qu'il avoit faite au Roy de me faire ce desplaisir, elle partist le jour mesme, se retirant chez un sien cousin, nommé Monsieur *Chastelas*. Je restay si offensée de cette indignité à la suite de tant d'autres, que ne pouvant plus resister à la juste douleur que je ressentois, qui bannissant toute prudence de moy m'abandonnoit à l'ennuy, je ne me pûs plus forcer de rechercher le Roy mon mary. De sorte que le *Guast* & Madame de *Sauve* d'un costé l'estrangeant de moy, & moy m'éloignant aussi, nous ne couchions plus & ne parlions plus ensemble.

MEMOIRES DE LA REYNE MARGUERITE.

LIVRE DEUXIEME.

QUELQUES jours aprés quelques bons serviteurs du Roy mon mary luy ayans fait connoistre l'artifice par le moyen duquel on le menoit à sa ruïne, le mettant mal avec mon frere & moy, pour le separer de ceux de qui il devoit esperer le plus d'appuy, pour aprés le laisser là & ne tenir conte de luy, comme le Roy commençoit à n'en faire pas grand estat & à le mépriser, ils le firent parler à mon frere, qui depuis le partement de *Bussi* n'avoit pas amendé sa condition (car le *Guast* tous les jours luy faisoit recevoir quelques nouvelles indignitez) & connoissant qu'ils estoient tous deux en mesme prédicament à la Cour, aussi defavorisez l'un que l'autre; que le *Guast* seul gouvernoit le monde;

monde; qu'il falloit qu'ils mendiaſſent de luy ce qu'ils vouloient obtenir auprés du Roy ; que s'ils demandoient quelque choſe, ils eſtoient refuſez avec mépris; que ſi quelqu'un ſe rendoit leur ſerviteur, il eſtoit auſſi-toſt ruiné, & attaqué de mille querelles que l'on luy ſuſcitoit ; ils ſe reſolurent, voyant que leur deſunion étoit leur ruine, de ſe reünir, & ſe retirer de la Cour, pour, ayant aſſemblé leurs ſerviteurs & amis, demander au Roy une condition & un traittement digne de leur qualité ; mon frere n'ayant eu juſques alors ſon appennage, & s'entretenant ſeulement de certaines penſions mal aſſignées, qui venoient ſeulement quand il plaiſoit au *Guaſt* ; & le Roy mon mary ne joüiſſant nullement de ſon Gouvernement de *Guyenne*, ne luy eſtant permis d'y aller, ny en aucunes de ſes terres. Cette reſolution eſtant priſe entr'eux, mon frere m'en parla, me diſant qu'à cette heure ils eſtoient bien enſemble, & qu'il deſiroit que nous fuſſions bien le Roy mon mary & moy, & qu'il me prioit d'oublier tout ce qui s'eſtoit paſſé ; Que le Roy mon mary luy avoit dit qu'il en avoit un extrême regret, & qu'il connoiſſoit bien que nos ennemis avoient eſté plus fins que nous ; mais qu'il ſe reſolvoit de m'aimer, & de me donner plus de contentement de luy. Il me prioit auſſi de mon coſté de l'aimer, & de l'aſſiſter en ſes affaires en ſon abſence. Ayant pris reſolution tous deux enſemble que mon frere partiroit le premier, ſe dérobant dans un carroſſe comme il pourroit, & qu'à quelques jours de là le Roy mon mary feignant d'aller à la chaſſe le ſuivroit (regrettans beaucoup qu'ils ne me pouvoient emmener avec eux, toutesfois s'aſſeurans qu'on ne me ſçauroit faire du déplaiſir les ſçachans dehors;

hors; aussi qu'ils firent bientost paroistre que leur intention n'estoit point de troubler la *France*, mais seulement d'establir une condition digne de leur qualité, & se mettre en seureté; car parmy ces traverses ils n'estoient pas sans crainte de leur vie, fust ou que véritablement ils fussent en danger, ou que ceux qui desiroient la division & ruine de nostre maison pour s'en prévaloir leur fissent donner des alarmes par les continuels advertissemens qu'ils en recevoient,) le soir venu, peu avant le soupper du Roy, mon frere changeant de manteau & le mettant autour du nez fort, seulement suivy d'un des siens qui n'estoit pas reconnu, & s'en va à pied jusques à la porte *saint Honoré*, où il trouva *Simié** avec le carrosse d'une Dame, qu'il avoit emprunté pour cet effet, dans lequel il se mist, & va jusques à quelques maisons à un quart de lieuë de *Paris*, où il trouva des chevaux qui l'attendoient, sur lesquels montant, à quelque lieuë de là il trouva deux ou trois cens chevaux de ses serviteurs qui l'attendoient au rendévous qu'il leur avoit donné. L'on ne s'apperceust point de son partement que sur les neuf heures du soir. Le Roy & la Reyne ma Mere me demanderent pourquoy il n'avoit point souppé avec eux, & s'il estoit malade. Je leur dis que je ne l'avois point veu depuis l'apresdinée. Ils envoyerent en sa chambre voir ce qu'il faisoit. On leur vinst dire qu'il n'y estoit pas. Ils disent qu'on le cherche par toutes les chambres des Dames où il avoit accoustumé d'aller. On cherché par le Chasteau, on cherche par la Ville, on ne le trouve point. A cette heure-là l'allarme s'échauffe. Le Roy se met en colere, se courrouce, menace, envoye querir tous les Princes & Seigneurs de la Cour, leur com-

* Il estoit Chambellan du Duc. *Mem. de Nevers* T. 1. p. 83. & 577.

mande de monter à cheval & le luy ramener vif ou mort, difant qu'il s'en va troubler fon eftat pour luy faire la guerre, & qu'il luy fera connoiftre la follie qu'il faifoit de s'attaquer à un Roy fi puiffant que luy. Plufieurs de ces Princes & Seigneurs refuferent cette commiffion, remonftrans au Roy de quelle importance elle eftoit; Qu'ils voudroient mettre leur vie en ce qui feroit du fervice du Roy, comme ils fçavoient eftre de leur devoir; mais d'aller contre Monfieur fon frere, ils fçavoient bien que le Roy leur en fçauroit un jour mauvais gré; & qu'il s'affeuraft que mon frere n'entreprendroit rien qui puft déplaire à fa Majefté, ny qui puft nuire à fon eftat; Que peut-eftre c'eftoit un mefcontentement qui l'avoit convié à s'éloigner de la Cour; Qu'il leur fembloit que le Roy devoit envoyer devers luy, pour s'informer de l'occafion qui l'avoit meu à partir, avant que prendre refolution à toute rigueur comme celle-cy. Quelques autres accepterent, & fe preparerent pour monter à cheval. Ils ne pûrent faire telle diligence qu'ils pûffent partir pluftoft que fur le point du jour; qui fuft caufe qu'ils ne trouverent point mon frere, & furent contraints de revenir pour n'eftre pas en equipage de guerre. Le Roy pour ce depart ne monftra pas meilleur vifage au Roy mon mary, mais en faifant auffi peu d'eftat qu'à l'accouftumée le tenoit toûjours de mefme façon. Ce qui le confirmoit en la refolution qu'il avoit prife avec mon frere; de forte que peu de jours aprés il partit feignant d'aller à la chaffe. Moy le lendemain du depart de mon frere, les pleurs qui m'avoient accompagnée toute la nuit, m'efmeurent un fi grand rume fur la moitié du vifage, que j'en fus avec une groffe fiévre

fiévre arrestée dans le lit pour quelques jours, fort malade & avec beaucoup de douleurs. Durant laquelle maladie le Roy mon mary, ou qu'il fust occupé à disposer de son partement, ou qu'ayant à laisser bien-tôt la Cour il voulust donner ce temps qu'il avoit a y estre à la seule volupté de joüir de la presence de sa maistresse Madame de *Sauve*, ne pensant avoir le loisir de me venir voir en ma chambre, & revenant pour se retirer à l'accoustumée à une ou deux heures aprés minuit, couchans en deux lits comme nous couchions toûjours, je ne l'entendois point venir, & se levant avant que je fusse esveillée pour se trouver, comme j'ay dit cy-devant, au lever de Madame ma Mere où Madame de *Sauve* alloit; il ne se souvenoit point de parler à moy comme il avoit promis à mon frere, & partit de cette façon sans me dire à Dieu. Je ne laissay pas de demeurer soupçonnée du Roy que j'estois la seule cause de ce partement ; & jettant feu contre moy, s'il n'eust esté retenu de la Reyne ma Mere, sa colere je crois luy eust fait executer contre ma vie quelque cruauté. Mais estant retenu par elle, & n'osant faire pis, soudain il dit à la Reyne ma Mere que pour le moins il me falloit donner des gardes, pour empescher que je ne suivisse le Roy mon mary, & aussi pour engarder que personne ne communiquast avec moy, afin que je ne les advertisse de ce qui se passoit à la Cour. La Reyne ma Mere voulant faire toutes choses avec douceur, luy dit qu'elle le trouvoit bon ainsi, (bien aise d'avoir pû rabattre jusques au premier mouvement de sa colere) mais qu'elle me viendroit trouver pour me disposer à ne trouver si rude ce traittement-là ; Que ces aigreurs ne demeureroient toûjours en ces termes;

mes ; Que toutes les choses du monde avoient deux faces ; Que cette premiere, qui estoit triste & affreuse, estant tournée, quand nous viendrons à voir la seconde plus agreable & plus tranquille, à nouveaux evenements, on prendroit nouveau conseil ; Que lors peut-estre on auroit besoin de se servir de moy; Que comme la prudence conseilloit de vivre avec ses amis comme devans un jour estre ses ennemis, pour ne leur confier rien de trop, qu'aussi l'amitié venant à se rompre, & pouvant nuire, elle ordonnoit d'user de ses ennemis comme pouvans estre un jour amis. Ces remonstrances empescherent bien le Roy de me faire ennuy, (ce qu'il eust bien voulu) mais le *Guast* luy donnant l'invention de décharger ailleurs sa colere, fit que soudain, pour me faire le plus cruel déplaisir qui se pouvoit imaginer, il envoya des gens à la maison de *Chastelas* cousin de *Torigny*, pour, sous ombre de la prendre pour l'amener au Roy, la noyer en une riviere qui estoit prés de là. Eux arrivez, *Chastelas* les laisse librement entrer dans la maison, ne se doutant de rien. Eux soudain la voyant dedans, les plus forts usans avec autant d'indiscretion que d'imprudence de la ruineuse charge qui leur avoit esté donnée, prennent *Torigny*, la lient, l'enferment dans une chambre, attendans de partir que leurs chevaux eussent repeu. Cependant usans à la *Françoise* sans se garder de rien, se gorgeans jusques au crever de tout ce qui estoit de meilleur en cette maison, *Chastelas*, qui estoit homme advisé, n'estant pas marry qu'aux dépens de son bien on pust gagner ce temps pour retarder le partement de sa cousine, esperant que qui a temps a vie, & que Dieu peut-estre changeroit le cœur du Roy, qui

contre-

contremanderoit ces gens icy pour ne me vouloir si aigrement offenser, & n'osant ledit *Chastelas* entreprendre par autre voye de les empescher, bien qu'il avoit des amis assez pour le faire. Mais Dieu qui a toûjours regardé mon affliction pour me garantir des dangers & des déplaisirs que mes ennemis me pourchassoient, plus à propos que moy-mesme ne l'en eusse pû requerir quand j'eusse sçeu cette entreprise que j'ignorois, prepara un inesperé secours pour delivrer *Torigny* des mains de ces scelerats, qui fut tel. Quelques valets & chambrieres s'en estans fuis pour la crainte de ces satellites qui battoient & frappoient là dedans comme en une maison de pillage, estans à un quart de lieuë de la maison ; Dieu guida par là la *Ferté* & *Avantigny* * avec leurs troupes, qui estoient bien deux cens chevaux, qui s'alloient joindre à l'armée de mon frere, & fit que la *Ferté* reconnust parmy cette trouppe de païsans un homme esploré, qui estoit à *Chastelas*, & luy demanda ce qu'il avoit, & s'il y avoit quelques gens d'armes qui leur eussent fait quelque tort. Le valet luy respond que non, & que la cause qui les rendoit ainsi tourmentez, estoit l'extremité en quoy il avoit laissé son maistre pour la prise de sa cousine. Soudain la *Ferté* & *Avantigny* se resolurent de me faire ce bon office de delivrer *Torigny*, loüans Dieu de leur avoir offert une si belle occasion de me pouvoir témoigner l'affection qu'ils m'avoient toûjours euë ; & hastans le pas eux & toutes leurs troupes arriverent si à propos à la maison dudit *Chastelas*, qu'ils trouverent ces soldats sur le point qu'ils vouloient mettre *Torigny* sur un cheval pour l'emmener noyer. Entrans donc tous à cheval l'espée à la main dans la Court,

&

* Il y avoit deux freres de ce nom tous deux Chambellans du Duc d'Alençon *Mem. de Nevers* T. 1. p. 577. & 578.

& crians; arreſtez-vous, bourreaux, ſi vous luy faites mal vous eſtes morts; ils commencerent à les charger, & eux ſe mettans à fuïr laiſſerent leur priſonniere auſſi tranſportée de joye, que tranſie de frayeur; & aprés avoir rendu graces à Dieu & à eux d'un ſi ſalutaire & ſi neceſſaire ſecours, faiſant appreſter le chariot de ſa couſine de *Chaſtelas*, elle s'en va avec ſondit couſin accompagnée de l'eſcorte de ces honneſtes gens trouver mon frere, qui fuſt tres-aiſe ne me pouvant avoir auprés de luy d'y avoir une perſonne que j'aimaſſe comme elle. Elle y fut tant que le danger dura, traittée & reſpectée comme ſi elle euſt eſté auprés de moy. Pendant que le Roy faiſoit cette belle dépeſche pour ſacrifier *Torigny* à ſon ire, la Reyne ma Mere, qui n'en ſçavoit rien, m'eſtoit venuë trouver en ma chambre que je m'habillois encore, faiſant eſtat, bien que je fuſſe encor mal de mon rume, mais plus malade en l'ame qu'au corps de l'ennuy qui me poſſedoit, de ſortir ce jour-là de ma chambre pour voir un peu le cours du monde ſur ces nouveaux accidens, eſtant toûjours en peine de ce qu'on entreprendroit contre mon frere & le Roy mon mary. Elle me dit; ma fille, vous n'avez que faire de vous haſter de vous habiller. Ne vous faſchez point, je vous prie, de ce que j'ay à vous dire. Vous avez de l'entendement. Je m'aſſeure que vous ne trouverez point eſtrange que le Roy ſe ſente offenſé contre voſtre frere & voſtre mary, & que ſçachant l'amitié qui eſt entre vous; croyant que vous ſçaviez leur partement, il ſoit reſolu de vous tenir pour oſtage de leur depart. Il ſçait combien voſtre mary vous aime, & ne peut avoir un meilleur gage de luy que vous. Pour cette cauſe il a commandé que l'on vous mit

des

des gardes, pour vous empefcher que vous ne fortiez de voftre chambre. Auffi que ceux de fon Confeil luy ont reprefenté que fi vous eftiez libre parmy nous, vous découvririez tout ce qui fe delibereroit contre voftre frere & voftre mary, & les en advertiriez. Je vous prie de ne le trouver mauvais. Cecy, fi Dieu plaift, ne durera gueres. Ne vous fafchez point auffi fi je n'ofe fi fouvent vous venir voir, car je craindrois d'en donner foupçon au Roy. Mais affurez-vous que je ne permettray point qu'il vous foit fait aucun déplaifir, & que je feray tout ce que je pourray pour mettre la paix entre vos freres. Je luy reprefentay combien eftoit grande l'indignité qu'on me faifoit en cela. Je ne voulois pas defavoüer que mon frere m'avoit toûjours communiqué tous fes juftes mefcontentemens; mais pour le Roy mon mary, depuis qu'il m'avoit ofté *Torigny* nous n'avions point parlé enfemble; que mefme il ne m'avoit point veuë en ma maladie, & ne m'avoit point dit à Dieu. Elle me refpond; Ce font petites querelles de mary à femme; mais on fçait bien qu'avec des douces lettres il vous regagnera le cœur, & que s'il vous mande de l'aller trouver vous y irez; ce que le Roy mon fils ne veut pas. Elle s'en retournant, je demeure en cet eftat quelques mois, fans que perfonne, ny mefme mes plus privez amis m'ofaffent venir voir, craignans de fe ruïner. A la Cour, l'adverfité eft toûjours feule; comme la profperité eft accompagnée, & la perfecution affiftée des vrais & entiers amis. Le feul brave *Grillon* fuft celuy qui mefprifant toutes deffenfes & toutes défaveurs vint cinq ou fix fois en ma chambre, eftonnant tellement de crainte les *Cerberes* que l'on avoit mis à ma porte,

qu'ils

qu'ils n'oserent jamais le dire, ny luy refuser le passage. Durant ce temps-là, le Roy mon mary estant arrivé en son Gouvernement, & ayant joint ses serviteurs & amis, chacun luy remonstra le tort qu'il avoit eu d'estre party sans me dire Adieu, luy disant que j'avois de l'entendement pour le pouvoir servir, & qu'il falloit qu'il me regaignast ; Qu'il retireroit beaucoup d'utilité de mon amitié & de ma presence, lors que les choses estans pacifiées il me pourroit avoir auprés de luy. Il fust aisé à persuader en cela, estant esloigné de sa *Circé* Madame de *Sauve*. Ses charmes ayans perdu par l'absence leur force (ce qui le rendoit sans raison pour reconnoistre clairement les artifices de nos ennemis, & que la division qu'ils avoient trouvée entre nous ne luy procuroit moins de ruïne qu'à moy) il m'écrivist une tres-honneste lettre, où il me prioit d'oublier tout ce qui s'estoit passé entre nous, & croire qu'il me vouloit aimer, & me le faire paroistre plus qu'il n'avoit jamais fait ; me commandant aussi de le tenir adverty de l'estat des affaires qui se passoient où j'estois, de mon estat, & de celuy de mon frere. Car ils estoient esloignez, bien qu'amis d'intelligence, mon frere estant vers la Champagne, & le Roy mon mary en *Gascogne*. Je reçeus cette lettre estant encores captive, qui m'apporta beaucoup de consolation & soulagement ; & ne manquay depuis (bien que les gardes eussent charge de ne me laisser escrire) aidée de la necessité mere de l'invention, de luy faire souvent tenir de mes lettres. Quelques jours aprés que je fus arrestée mon frere sceut ma captivité, qui l'aigrit tellement, que s'il n'eust eu l'affection de la patrie dans le cœur autant enracinée comme il avoit de part & d'interest

à cet

à cet estat, il eust fait une si cruelle guerre (comme il en avoit le moyen, ayant lors une belle armée) que le peuple eust porté la peine des effets de leur Prince. Mais retenu par le devoir de cette naturelle affection, il écrivist à la Reyne ma Mere, que si l'on me traittoit ainsi on le mettroit au dernier desespoir. Elle craignant de voir venir les aigreurs de cette guerre à cette extrémité qu'elle n'eust le moyen de la pacifier, remontra au Roy de quelle importance cette guerre luy estoit, & le trouva disposé à recevoir ses raisons; son ire estant moderée par la connoissance du peril où il se trouvoit, estant attaqué en *Gascogne*, *Dauphiné*, *Languedoc*, & *Poictou*, & du Roy mon mary & des *Huguenots*, qui tenoient plusieurs belles places, & de mon frere en *Champagne*, qui avoit une grosse armée composée de la plus brave & gaillarde noblesse qui fust en *France*; & n'ayant pû depuis le depart de mon frere, par prieres, commandemens, ny menaces, faire monter personne à cheval contre mon frere, tous les Princes & Seigneurs de *France* redoutans sagement de mettre le doigt entre deux pierres. Tout consideré, le Roy preste l'oreille aux remonstrances de la Reyne ma Mere, & se rend non moins desireux qu'elle de faire une paix, la priant de s'y employer & d'en trouver le moyen. Elle soudain se dispose d'aller trouver mon frere, representant au Roy qu'il estoit necessaire qu'elle m'y menast. Mais le Roy n'y voulut consentir, estimant que je luy servois d'un grand ostage. Elle donc s'en va sans moy & sans m'en parler; & mon frere voyant que je n'y estois pas, luy representa le juste mescontentement qu'il avoit, & les indignitez & mauvais traitemens qu'il avoit receus à la

Cour,

Cour, y joignant celuy de l'injure qu'on m'avoit faite m'ayant retenuë captive, & la cruauté que pour m'offencer on avoit voulu faire à *Torigny* ; disant qu'il n'escouteroit jamais nulle ouverture de paix, que le tort que l'on m'avoit fait ne fust reparé, & qu'il ne me vist satisfaite & en liberté. La Reyne ma Mere voyant cette responsé, revinst, & representa au Roy ce que luy avoit dit mon frere; Qu'il estoit necessaire, s'il vouloit une paix, qu'elle y retournast, mais que d'y aller sans moy son voyage seroit encor inutile, & croistroit plustost le mal que de le diminuer; Qu'aussi de m'y mener sans m'avoir premier contentée, j'y nuirois plustost que d'y servir, & que mesme il seroit à craindre qu'elle n'eust de la peine à me ramener, & que je ne voulusse aller trouver mon mary; Qu'il falloit m'oster les gardes, & trouver moyen de me faire oublier le traittement qu'on m'avoit fait. Ce que le Roy trouva bon, & s'y affectionna autant qu'elle. Soudain elle m'envoye querir, me disant qu'elle avoit tant fait qu'elle avoit disposé les choses à la voye d'une paix; Que c'estoit le bien de cet estat; qu'elle sçavoit que mon frere & moy avions toûjours desiré ; Qu'il se pouvoit faire une paix si advantageuse pour mon frere, qu'il auroit occasion de rester content, & hors de la tyrannie de du *Guast*, & de tous autres tels malicieux qui pourroient posseder le Roy; Qu'en outre tenant la main à faire un bon accord entre le Roy & mon frere, je la delivrerois d'un mortel ennuy qui la possedoit, se trouvant en tel estat, qu'elle ne pouvoit sans mortelle offense recevoir la nouvelle de la victoire de l'un ou de l'autre de ses fils; Qu'elle me prioit que l'injure que j'avois receuë ne me fit desirer plustost la vengeance que

que la paix; Que le Roy en estoit marry; qu'elle l'en avoit veu pleurer; & qu'il m'en feroit telle satisfaction que j'en resterois contente. Je luy respondis que je ne prefererois jamais mon bien particulier au bien de mes freres & de cet estat, pour le repos & contentement duquel je me voudrois sacrifier; Que je ne souhaittois rien tant qu'une bonne paix, & que j'y voudrois servir de tout mon pouvoir. Le Roy entra sur cela en son cabinet, qui avec une infinité de belles parolles tascha à me satisfaire, & me convia à son amitié, voyant que ny mes façons ny mes paroles ne demonstroient aucun ressentiment de l'injure que j'avois receuë. Ce que je faisois plus pour le mépris de l'offense que pour sa satisfaction; ayant passé le temps de ma captivité au plaisir de la lecture, où je commençay lors à me plaire; n'ayant cette obligation à la fortune; mais plustost à la Providence divine, qui dés lors commença à me produire un si bon remede pour le soulagement des ennuis qui m'étoient preparez à l'advenir. Ce qui m'estoit aussi un acheminement à la devotion, lisant en ce beau livre universel de la nature tant de merveilles de son Createur. Car toute ame bien née faisant de cette connoissance une échelle, de laquelle Dieu est le dernier & le plus haut échellon, ravie se dresse à l'adoration de la merveilleuse lumiere & splendeur de cette incomprehensible Essence; & faisant un cercle parfait ne se plaist plus à autre chose qu'à suivre cette chaisne d'Homere, cette agreable encyclopedie, qui part de Dieu mesme principe & fin de toutes choses. Et la tristesse contraire à la joye, qui emporte hors de nous les pensées de nos actions, réveille nostre ame en soy-mesme, qui rassemblant tou-

H tes

tes ses forces pour rejetter le mal & rechercher le bien, pense & repense sans cesse pour choisir ce souverain bien, auquel avec asseurance elle puisse trouver quelque tranquillité; qui sont de belles dispositions pour venir à la connoissance & amour de Dieu. Je receus ces deux biens de la tristesse & de la solitude à ma premiere captivité, de me plaire à l'estude, & m'adonner à la devotion, bien que je ne les eusse jamais goustées entre les vanitez & magnificences de ma prospere fortune. Le Roy, comme j'ay dit, ne voyant en moy nulle apparence de mescontentement, me dit que la Reyne ma Mere s'en alloit trouver mon frere en *Champagne* pour traitter une paix, qu'il me prioit de l'accompagner, & y apporter tous les bons offices que je pourrois; & qu'il sçavoit que mon frere avoit plus de creance en moy qu'en tout autre; Que de ce qui viendroit de bien en cela il m'en donneroit l'honneur, & m'en resteroit obligé. Je luy promis ce que je voulois faire, car je connoissois que c'étoit le bien de mon frere & celuy de l'estat, qui étoit de m'y employer en sorte qu'il en resteroit content. La Reyne ma Mere part, & moy avec elle, pour aller à *Sens*, la conference se devant faire en la maison d'un Gentilhomme à une lieuë de là. Le lendemain nous allasmes au lieu de la conference. Mon frere s'y trouva, accompagné de quelques-unes de ses troupes, & des principaux Seigneurs & Capitaines Catholiques & *Huguenots* de son armée, entre lesquels étoit le Duc *Casimir*, & le Colonel qui lui avoient amené six mille *Reistres*, par le moyen de ceux de la religion qui s'étoient joints avec mon frere à cause du Roy mon mary. L'on traita-là plusieurs jours de la paix, y ayant plusieurs disputes sur les articles, principalement

ment fut ceux qui concernoient ceux de la religion, aufquels on accorda des conditions plus avantageufes qu'on n'avoit envie de leur tenir, comme il parut bien depuis; le faifant la Reyne ma Mere feulement pour avoir la paix, renvoyer les *Reiſtres*, & retirer mon frere d'avec ceux defquels il n'avoit moins d'envie de fe feparer, pour avoir toûjours efté tres-bon Catholique, & ne s'eſtre fervy des *Huguenots* que par neceſſité. En cette paix il fut donné partage à mon frere felon fa qualité, à quoy il vouloit que je fuffe comprife, me faifant lors eſtablir aſſignat de mon dot en terres; & Monfieur de *Beauvais*, qui eſtoit deputé pour fon party, y inſiſtoit fort auſſi pour moy. Mais la Reyne ma Mere me pria qui je ne le permiffe, & qu'elle m'affeuroit que j'aurois du Roy tout ce que je luy demanderois. Ce qui me fit les prier de ne m'y comprendre, & que j'aimois mieux avoir de gré ce que j'aurois du Roy & de la Reyne ma Mere, eſtimant qu'il me feroit plus affeuré. La paix eſtant concluë, les affeurances prifes d'une part & d'autre, la Reyne ma Mere fe difpofant à s'en retourner, je reçeus lettres du Roy mon mary, par lefquelles il me faifoit paroiſtre qu'il avoit defir de me voir, me priant, foudain que je verrois la paix faite de demander mon congé pour le venir trouver. J'en fuppliay la Reyne ma Mere. Elle me rejette cela & par toutes fortes de perfuafions tafche de m'en divertir, me difant que lors qu'aprés la *faint Barthelemy* je ne voulus recevoir la propofition qu'elle me fit de me feparer de noſtre mariage, elle loüa lors mon intention, parce qu'il s'étoit fait Catholique: Mais qu'à cette heure qu'il s'eſtoit fait *Huguenot*, elle ne me pourroit permettre que j'y allaſſe. Et voyant que j'infiſtois pour avoir mon congé, elle avec la larme à l'œil dit, que si je ne revenois avec elle je la ruinerois : Que le Roy croiroit qu'elle me l'auroit fait faire, & qu'elle luy avoit promis de me ramener, & qu'elle feroit que j'y demeurerois jusqu'à ce que mon frere y fust ; Qu'il y viendroit bien-tost, & qu'elle me feroit donner mon congé. Nous retournasmes à Paris trouver le Roy, qui nous receust avec contentement d'avoir la paix ; mais toutesfois agreant peu les avantageuses conditions des *Huguenots*, & se deliberant sitost qu'il auroit mon frere à la Cour, de trouver une invention pour r'entrer en guerre contr'eux, pour ne les laisser jouïr de ce qu'à regret on leur avoit accordé seulement pour en retirer mon frere, lequel demeura un mois ou deux a venir pour donner ordre à licencier les *Reistres*, & le reste de son armée. Il arriva aprés à la Cour avec toute la noblesse Catholique. Le Roy les receut avec honneur, monstrant avoir contentement de le revoir : & fit bonne chere aussi à *Bussi*, car le *Guast* étoit mort, ayant esté tué par un jugement de Dieu * lors qu'il suoit une diette, comme aussi c'estoit un corps gasté de toutes sortes de vilainies, qui fut donné à la pourriture qui dés long-temps le possedoit, & son ame aux Demons, à qui il avoit fait hommage par magie & toutes sortes de meschancetez. Ce fusil de haine & de division estant osté du monde, & le Roy n'ayant son esprit bandé qu'à la ruine des *Huguenots*, se voulant servir de mon frere contre eux pour rendre mon frere & eux irreconciliables, & craignant qu'à cette raison j'allasse trouver le Roy mon mary, nous faisoit à l'un & à l'autre toutes sortes de caresses & de bonne chere pour nous faire plaire à la Cour. Et voyant qu'en ce mesme temps Monsieur de *Duras* estoit arrivé de la part du Roy mon mary pour me

* Par le Baron de Vitaux. *Brantome* hommes illustres François T. 4. p. 107.

me venir querir, & que je le pressois fort de me laisser aller, qu'il n'y avoit plus lieu de me refuser, il me dit (montrant que c'estoit l'amitié qu'il me portoit, & la connoissance qu'il avoit de l'ornement que je donnois à la Cour, qui faisoit qu'il ne pouvoit permettre que je m'éloignasse que le plus tard qu'il pourroit) qu'il me vouloit conduire jusques à *Poictiers*, & renvoya Mr. de *Duras* avec cette asseurance. Cependant il demeura quelques jours à partir de *Paris*, retardant à me refuser ouvertement mon congé qu'il eut toutes choses prestes pour pouvoir declarer la guerre, comme il l'avoit desseignée, aux *Huguenots*, & par consequent au Roy mon mary. Et pour y trouver un pretexte, on fait courir le bruit que les Catholiques se plaignent des advantageuses conditions que l'on avoit accordées aux *Huguenots* à la paix de *Sens*. Ce murmure & mescontentement des Catholiques passe si avant, qu'ils viennent à se liguer à la Cour, par les Provinces, & par les villes, s'enrollans & signans, & faisans grand bruit, tacitement du sçeu du Roy monstrans vouloir eslire Monsieur de *Guise* pour chef. Il ne se parle d'autre chose à la Cour depuis *Paris* jusques à *Blois*, où le Roy avoit fait convoquer les Estats; pendant l'ouverture desquels le Roy appella mon frere dans son Cabinet, avec la Reyne ma Mere & quelques-uns de Messieurs de son Conseil. Il leur represente de quelle importance estoit pour son estat & pour son authorité la *Ligue* que les Catholiques commençoient, mesmes s'ils venoient à se faire des chefs, & qu'ils esleussent ceux de *Guise*; Qu'il y alloit du leur plus que de tous autres (entendant de mon frere & de luy;) Que les Catholiques avoient raison de se plaindre, &
que

que son devoir & sa conscience l'obligeoient à mescontenter plustost les *Huguenots* que les Catholiques; Qu'il prioit & conjuroit mon frere, comme fils de *France* & bon Catholique qu'il estoit, de le vouloir conseiller & assister en cet affaire, où il y alloit du hazard de sa Couronne & de la Religion Catholique. Adjoustant à cela qu'il luy sembloit que pour couper le chemin à cette dangereuse *Ligue*, luy-mesme s'en devoit faire le chef, & pour monstrer combien il avoit de zele à sa religion, & les empescher d'eslire d'autre chef, la signer le premier comme chef, & la faire signer à mon frere, & à tous les Princes & Seigneurs, Gouverneurs, & autres ayant charge en son Royaume. Mon frere ne pûst que luy offrir le service qu'il devoit à sa Majesté, & à la conservation de la religion Catholique. Le Roy ayant pris l'asseurance de l'assistance de mon frere en cette occasion, qui estoit la principale fin où tendoit l'artifice de cette *Ligue*, soudain fait appeller tous les Princes & Seigneurs de sa Cour, se fait apporter le roolle de ladite *Ligue*, y signe le premier comme chef, & y fait signer mon frere & tous les autres qui n'y avoient encor signé. Le lendemain ils ouvrent les Etats, & ayans pris l'advis de Messieurs les Evesques de *Lyon*, *d'Ambrun*, & de *Vienne*, & des autres Prelats qui estoient à la Cour, qui luy persuaderent qu'aprés le serment qu'il avoit fait à son sacre, nul serment qu'il pust faire aux heretiques ne pouvoit estre valable, ledit serment de son sacre l'affranchissant de toutes les promesses qu'il avoit pû faire aux *Huguenots*. Ce qu'ayant prononcé à l'ouverture des Estats & ayant declaré la guerre aux *Huguenots*, il renvoya *Genissac le Huguenot*, qui depuis peu de jours estoit

estoit là de la part du Roy mon mary pour advancer mon partement, avec paroles rudes & pleines de menaces, luy disant qu'il avoit donné sa sœur à un Catholique, non à un *Huguenot*, & que si le Roy mon mary avoit envie de m'avoir qu'il se fit Catholique. Toutes sortes de preparatifs à la guerre se font, & ne se parle à la Cour que de guerre; & pour rendre mon frere plus irreconciliable avec les *Huguenots*, le Roy le fait Chef d'une de ses armées. *Genissac* m'estant venu dire le rude congé que le Roy luy avoit donné, je m'en vais droit au cabinet de la Reyne ma Mere, où le Roy estoit, pour me plaindre de ce qu'il m'avoit jusques alors abusée, m'ayant toûjours empêchée d'aller trouver le Roy mon mary, & ayant feint de partir de *Paris* pour me conduire à *Poitiers* pour faire un effet si contraire. Je luy representay que je ne m'étois pas mariée pour plaisir ny de ma volonté; Que c'avoit esté de la volonté du Roy *Charles* mon frere, de la Reyne ma Mere, & de luy; Que puis qu'ils me l'avoient donné, ils ne me pouvoient point empescher de courre sa fortune; Que j'y voulois aller; & que s'ils ne me le permettoient, je me déroberois, & y irois de quelque façon que ce fust au hazard de ma vie. Le Roy me répondit; Il n'est plus temps, ma sœur, de m'importuner de ce congé. J'advouë ce que vous dites, que j'ay retardé exprés pour vous le refuser du tout. Car depuis que le Roy de *Navarre* s'est refait *Huguenot*, je n'ay jamais trouvé bon que vous y allassiez. Ce que nous en faisons la Reyne ma Mere & moy c'est pour vostre bien. Je veux faire la guerre aux *Huguenots*, & exterminer cette miserable Religion qui nous fait tant de mal; & que vous, qui estes Catholique, & qui estes ma sœur, fussiez entre

tre leurs mains comme oſtage de moy, il n'y a point d'apparence. Et qui ſçait ſi pour me faire une indignité irreparable ils voudroient ſe venger ſur voſtre vie du mal que je leur feray; Non, non, vous n'y irez point; & ſi vous taſchez à vous dérober, comme vous dites, faites eſtat que vous aurez & moy & la Reyne ma Mere pour cruels ennemis, & que nous vous ferons reſſentir noſtre inimitié autant que nous en aurons de pouvoir, & que vous empirerez la condition de voſtre mary pluſtoſt que de l'amender. Je me retiray avec beaucoup de déplaiſir de cette cruelle ſentence; & prenant advis des principaux de la Cour, de mes amis & amies, ils me repreſentent qu'il me ſeroit mal-ſeant de demeurer en une Cour ſi ennemie du Roy mon mary, & d'où l'on luy feroit ſi ouvertement la guerre; & qu'ils me conſeilloient pendant que cette guerre dureroit de me tenir hors de la Cour; meſmes qu'il me ſeroit plus honorable de trouver, s'il eſtoit poſſible, quelque pretexte pour ſortir du Royaume, ou ſous couleur de pelerinage, ou pour viſiter quelqu'un de mes parens. Madame la Princeſſe de la *Roche-ſur-Yon* * eſtoit de ceux que j'avois aſſemblez pour prendre leur advis, qui eſtoit ſur ſon partement pour aller aux eaux de *Spa*. Mon frere auſſi y eſtoit preſent, qui avoit amené avec luy, *Mondoucet*, qui avoit eſté Agent du Roy en *Flandre*, & en eſtant depuis peu revenu, avoit repreſenté au Roy combien les *Flamans* ſouffroient à regret l'uſurpation que l'*Eſpagnol* faiſoit ſur les loix de *Flandre* de la domination & ſouveraineté de *France*, Que pluſieurs Seigneurs & Communautez de villes l'avoient chargé de luy faire entendre combien ils avoient le cœur *François*, & que tous luy tendoient

* Philippe de Monteſpedon Veuve de Charles de Bourbon Prince de la Roche-ſur-Yon & Mere du Marquis du Beaupreau duquel il eſt parlé cy-devant p. 54.

doient les bras. *Mondoucet* voyant que le Roy méprisoit cet advis, n'ayant rien en teste que les *Huguenots* à qui il vouloit faire ressentir le déplaisir qu'ils luy avoient fait d'avoir assisté mon frere, ne luy en parla plus, & s'adressa à mon frere, qui ayant un vray naturel de Prince n'aimoit qu'à entreprendre choses grandes & hazardeuses, estant plus né à conquerir qu'à conserver, lequel embrasse soudain cette entreprise, qui luy plaist d'autant plus qu'il voit qu'il ne fait rien d'injuste, voulant seulement r'acquerir à la *France* ce qui luy estoit usurpé par l'*Espagnol**. *Mondoucet* pour cette cause s'estoit mis au service de mon frere, qui le renvoyoit en *Flandre* sous couleur d'accompagner Madame la Princesse de la *Roche-sur-Yon* aux eaux de *Spa*; lequel voyant que chacun cherchoit quelque pretexte apparent pour me pouvoir tirer hors de *France* durant cette guerre (qui disoit en *Savoye*, qui disoit en *Lorraine*, qui à *saint Claude*, qui à nostre Dame de *Lorette*) dit tous bas à mon frere; Monsieur, si la Reyne de *Navarre* pouvoit feindre d'avoir quelque mal, à quoy les eaux de *Spa*, où va Madame la Princesse de la *Roche-sur-Yon*, peussent servir, cela viendroit bien à propos pour vostre entreprise de *Flandre*, où elle pourroit faire un beau coup. Mon frere le trouva fort bon, & fut fort aise de cette ouverture, & s'écria soudain : O ! Reyne, ne cherchez plus, il faut que vous alliez aux eaux de *Spa*, où va Madame la Princesse. Je vous ay veu quelquefois une *Eresipele* au bras, il faut que vous disiez que lors les Medecins vous l'avoient ordonné, mais que la saison n'y estoit pas si propre; Qu'à cette heure c'est leur saison, & que vous suppliez le Roy vous permettre d'y aller. Mon frere ne se declara pas

* C'étoit l'ancienne souveraineté de France sur la Flandre & l'Artois à laquelle il avoit esté renoncé par les Traittez de Madrid & de Cambray.

pas davantage devant cette Compagnie pourquoy il le desiroit, à cause que Monsieur le Cardinal de *Bourbon* y estoit, qu'il tenoit pour *Guisart* & *Espagnol*. Mais moy, je l'entendis soudain, me doutant bien que c'estoit pour l'entreprise de *Flandre*, dequoy *Mondoucet* nous avoit parlé à tous deux. Toute la compagnie fust de cet advis, & Madame la Princesse de la *Roche-sur-Yon*, qui y devoit aller, & qui m'aimoit fort, en receut fort grand plaisir, & me promit de m'y accompagner, & de se trouver avec moy quand j'en parlerois à la Reyne ma Mere pour le luy faire trouver bon. Le lendemain je trouvay la Reyne seule, & luy representay le mal & déplaisir que ce m'estoit de voir le Roy mon mary en guerre contre le Roy, & de me voir éloignée de luy; Que pendant que cette guerre dureroit il ne m'estoit ny honorable ny bien seant de demeurer à la Cour; Que si j'y demeurois je ne pouvois éviter de ces deux malheurs l'un, où que le Roy mon mary penseroit que j'y fusse pour mon plaisir, & que je ne le servirois pas comme je devois; ou que le Roy prendroit soupçon de moy, & croiroit que j'avertirois toûjours le Roy mon mary; Que l'un & l'autre me produiroient beaucoup de mal; Que je la suppliois de trouver bon que je m'esloignasse de la Cour pour l'éviter; Qu'il y avoit quelque temps que les Medecins m'avoient ordonné les eaux de *Spa* pour l'Eresipele que j'avois au bras, à quoy depuis si long temps j'estois sujette; & que la saison à cette heure y estant propre, il me sembloit que si elle le trouvoit bon ce voyage estoit bien à propos pour m'esloigner en cette saison, non seulement de la Cour, mais de la *France*, pour faire connoistre au Roy mon mary

mary que ne pouvant estre avec luy, pour la deffiance du Roy, je ne voulois point estre au lieu où on luy faisoit la guerre; Que j'esperois qu'elle par sa prudence disposeroit les choses avec le temps de telle façon, que le Roy mon mary obtiendroit une paix du Roy, & rentreroit en sa bonne grace; Que j'attendrois cette heureuse nouvelle pour lors venir prendre congé d'eux pour m'en aller trouver le Roy mon mary; & qu'en ce voyage de *Spa* Madame la Princesse de la *Roche-sur-Yon*, qui estoit là presente, me faisoit cet honneur de m'accompagner. Elle approuva cette condition, & me dit qu'elle estoit fort aise que j'eusse pris cet advis; Que le mauvais conseil que ces Evesques avoient donné au Roy de ne tenir ses promesses, & rompre tout ce qu'elle avoit promis & contracté pour luy, luy avoit pour plusieurs considerations apporté beaucoup de desplaisir; mesmes voyant que cet impetueux torrent entraisnoit avec soy & ruïnoit les plus capables & meilleurs serviteurs que le Roy eust en son Conseil, (car le Roy en esloigna quatre ou cinq des plus apparens & plus anciens) mais qu'entre tout cela, ce qui luy travailloit le plus l'esprit, estoit de voir ce que je luy representois, que je ne pouvois eviter, demeurant à la Cour, l'un de ces deux malheurs ou que le Roy mon mary ne l'auroit agreable & s'en prendroit à moy; ou que le Roy entreroit en deffiance de moy pensant que j'advertirois le Roy mon mary; Qu'elle persuaderoit au Roy de trouver bon ce voyage. Ce qu'elle fit, & le Roy m'en parla sans monstrer d'en estre en colere, estant assez content de m'avoir pû empescher d'aller trouver le Roy mon mary qu'il haïssoit lors plus qu'aucune chose du monde, & commanda que

que l'on dépeschast un courrier à *Dom Jean d'Austriche* qui commandoit pour le Roy d'*Espagne* en *Flandre*, pour le prier de me bailler les passeports necessaires pour passer librement aux Païs de son authorité, parce qu'il falloit bien avant passer dans la *Flandre* pour aller aux eaux de *Spa* qui sont aux terres de l'Evesché de *Liege*. Cela resolu nous nous separasmes tous à peu de jours de là (lesquels mon frere employa à m'instruire des offices qu'il desiroit de moy pour son entreprise de *Flandre*) le Roy & la Reyne ma Mere s'en allans à *Poitiers* pour estre plus prés de l'armée de Monsieur de *Mayenne* qui assiegeoit *Brouage* *, & qui de là devoit passer en *Gascogne* pour faire la guerre au Roy mon mary; mon frere s'en allant avec l'autre armée, dequoy il estoit chef, assieger, *Issoire* & les autres villes qu'il prit en ce temps-là; & moy en *Flandre*, accompagnée de Madame la Princesse de la *Roche-sur-Yon*, de Madame de *Tournon* ma Dame d'honneur, de Madame de *Mony* de *Picardie*, de Madame la *Castelaine de Millon*, de Mademoiselle *d'Atrie* *, de Madamoiselle de *Tournon*, & de sept ou huict autres filles; & d'hommes, de Monsieur le Cardinal de *Lenoncourt*, de Monsieur l'Evesque de *Langres*, de Monsieur de *Mony*, Seigneur de *Picardie*, maintenant beaupere d'un frere de la Reyne *Louise*, nommé le Comte de *Chaligny**, de mon premier Maistre d'Hostel, de mes premiers *Escuyers*, & autres Gentils-hommes de ma maison. Cette compagnie pleut tant aux Estrangers qui la virent, & la trouverent si leste, & qu'ils en eurent la *France* en beaucoup plus d'admiration. J'allois en une littiere faite à pilliers doublez de velours incarnadin d'*Espagne* en broderie d'or, & de soye nuée à devise.

*Prise le 20. Aoust 1577. apres deux mois de Siege.

*Anne d'Aquaviva fille du Duc d'Atry depuis mariée au Comte de Chateauvilain. *Castelnau*. T. 1. p. 327.

*Charles de Lorraine mary de Claude fille de Charles Marquis de Mouy & de Catherine de Susannes *Satyre Menippée*, T. 2. p. 99. & *Hist. de Cambray* T. 2. p. 823.

devise. Cette littiere estoit toute vitrée, & les vitres toutes faites à devise ; y ayant, où à la doublure ou aux vitres, quarante devises toutes differentes, avec les mots en *Espagnol* & *Italien*, sur le Soleil & ses effets, laquelle estoit suivie de la littiere de Mad. de la *Roche sur-Yon*, & de celle de Mad. de *Tournon* ma Dame d'honneur, & de dix filles à cheval avec leur gouvernante, & de six carrosses ou chariots, où alloit le reste des Dames & femmes d'elle & de moy. Je passay par la *Picardie*, où les villes avoient commandement du Roi de me recevoir selon que j'avois cet honneur de luy estre, & qui en passant me firent tout l'honneur que j'eusse pû desirer. Estant arrivée au *Castelet*, qui est un Fort à trois lieuës de la frontiere de *Cambresis*, l'Evesque de *Cambray*, qui estoit lors terre de l'Eglise & pays souverain, qui ne reconnoissoit le Roy *d'Espagne* que pour protecteur, m'envoya un Gentilhomme pour sçavoir l'heure à laquelle je partirois, pour venir au devant de moy jusques à l'entrée de ses terres, où je le trouvay tres-bien accompagné de gens qui avoient les habits & l'apparence de vrais *Flamands*, comme ils sont fort grossiers en ce quartier-là. L'Evesque estoit de la maison de *Barlemont*, une des principales de *Flandre*, mais qui avoit le cœur *Espagnol*, comme ils ont monstré, ayans esté ceux qui ont le plus assisté *Dom Jean*. Il ne laissa de me recevoir avec beaucoup d'honneur, & non moins de ceremonies *Espagnoles*. Je trouvay cette ville de *Cambray*, bien qu'elle ne soit bastie de si bonne estoffe que les nostres de *France*, beaucoup plus agreable, pour y estre les ruës & places beaucoup mieux proportionnées, & disposées comme elles sont, & les Eglises tres-grandes & belles, ornement

com-

commun à toutes les villes de la *Flandre*. Ce que je reconnus en cette ville d'estime & de marque, fuſt la Citadelle, des plus belles & des mieux achevées de la Chreſtienté. Ce que depuis elle fit bien éprouver aux *Eſpagnols*, eſtant ſous l'obeïſſance de mon frere. Un honneſte homme, nommé Monſieur *d'Ainſi* * en eſtoit lors Gouverneur, lequel en grace, en apparence, & en toutes belles parties requiſes à un parfait Cavalier n'en devoit rien à nos plus parfaits courtiſans, ne participant nullement de cette naturelle ruſticité qui ſemble eſtre propre aux *Flamans*. L'Eveſque nous fit feſtin, & nous donna aprés ſoupper le plaiſir du bal, où il fit venir toutes les Dames de la ville ; auquel ne ſe trouvant, & s'eſtant retiré ſoudain aprés ſoupper, pour eſtre, comme j'ay dit, d'humeur ceremonieuſe & *Eſpagnole*, Monſieur *d'Ainſi* eſtant le plus apparent de la trouppe, il le laiſſa pour m'entretenir durant le bal, & me mener aprés à la collation de confitures, imprudemment, ce me ſemble, veu qu'il avoit la charge de la citadelle. J'en parle comme ſçavante à mes deſpens, pour avoir plus appris que je n'en deſiretois comme il ſe faut comporter à la garde d'une place forte. La ſouvenance de mon frere ne me partant jamais de l'eſprit, pour n'affectionner rien tant que luy, je me reſſouvins lors des inſtructions qu'il m'avoit données, & voyant la belle occaſion qui m'eſtoit offerte pour luy faire un bon ſervice en ſon entrepriſe de *Flandre*, cette ville de *Cambray* & cette citadelle en eſtans comme la clef, je ne la laiſſay perdre, & employay tout ce que Dieu m'avoit donné d'eſprit à rendre Monſieur *d'Ainſi* affectionné à la *France*, & particulierement à mon frere. Dieu permit qu'il me reüſſit ; ſi bien

* Bauduin de Gavre Sr. d'Inchy. *Hiſt. de Cambray* T. 1. p. 181.

bien que se plaisant en mon discours, il delibera de me voir le plus longtemps qu'il pourroit, & de m'accompagner tant que je serois en *Flandre*; & pour cet effet demanda congé à son maistre de venir avec moy jusques à *Namur*, où *Dom Jean d'Austriche* m'attendoit, disant qu'il desiroit de voir les triomphes de cette reception. Ce *Flament Espagnolisé*, fust neantmoins si mal advisé que de le luy permettre. Pendant ce voyage, qui dura dix ou douze jours, il me parla le plus souvent qu'il pouvoit, monstrant ouvertement qu'il avoit le cœur tout *François*, & qu'il ne respiroit que l'heure d'avoir un si brave Prince que mon frere pour maistre & Seigneur, méprisant la subjettion & domination de son Evesque, qui bien qu'il fust son Souverain n'estoit que Gentilhomme comme luy, mais beaucoup son inferieur aux qualitez & graces de l'esprit & du corps.

Partant de *Cambray* j'allay coucher à *Valenciennes*, terre de *Flandre*, où Mr. le Comte de *Lalain*, Mr. de *Montigny* son frere, & plusieurs autres Seigneurs & Gentilshommes au nombre de deux ou trois cens vindrent au devant de moy pour me recevoir au sortir des terres de *Cambresis*, jusques où l'Evesque de *Cambray* m'avoit conduite. Estant arrivée à *Valenciennes*, ville qui cede en force à *Cambray*, & non en l'ornement des belles places & des belles Eglises, où les fontaines & les horloges, avec industrie propre aux *Allemans*, ne donnoient peu de merveille à nos *François*, ne leur estant commun de voir des horloges representer une agreable musique de voix avec autant de sortes de personnes que le petit chasteau que l'on alloit voir au fauxbourg *saint Germain*. Monsieur le Comte de
Lalain,

Lalain, cette Ville estant de son gouvernement, fit festin aux Seigneurs & Gentilshommes de ma trouppe, remettant à *Mons* à traitter les Dames, où sa femme, sa belle sœur Madame *d'Aurec*, & toutes les plus apparentes & galantes Dames m'attendoient pour me recevoir, & où le Comte & toute sa trouppe me conduisit le lendemain. Il se disoit estre parent du Roy mon mary, & estoit personne de grande authorité & de grands moyens, auquel la domination *d'Espagne* avoit tousjours esté odieuse, en estant tres-offensé depuis la mort du Comte *d'Egmont* qui luy estoit proche parent. Et bien qu'il eut maintenu son gouvernement sans estre entré en la ligue du Prince *d'Orange* ny des *Huguenots*, estant Seigneur Tres-Catholique, il n'avoit neantmoins jamais voulu voir *Dom Jean*, ny permettre que luy ny aucun de la part de l'*Espagnol* entrast en son gouvernement; *Dom Jean* ne l'ayant osé forcer de faire au contraire, craignant s'il l'attaquoit de faire joindre la ligue des Catholiques de *Flandre*, que l'on nomme la ligue des Estats, à celle du Prince *d'Orange* & des *Huguenots*, prevoyant bien que cela luy donneroit autant de peine, comme depuis ceux qui ont esté pour le Roy *d'Espagne* l'ont esprouvé. Le Comte de *Lalain* estant tel, ne pouvoit assez faire de demonstration du plaisir qu'il avoit de me voir là; & quand son Prince naturel y eut esté, il ne l'eust pû recevoir avec plus d'honneur & de demonstration de bien veüillance d'affection. Arrivant à *Mons* à la maison du Comte de *Lalain*, où il me fit loger, je trouvay à la Cour la Comtesse de *Lalain* * sa femme avec bien quatre vingt ou cent Dames du païs ou de la ville, de qui je fus receuë, non comme Princesse estran-

* Marie de Ligne femme de Philippe Comte de Lallaing.

estrangere, mais comme si j'eusse esté leur naturelle Dame. Le naturel des *Flamandes*, estant d'estre privées, familieres, & joyeuses, & la Comtesse de *Lalain** tenant de ce naturel, ayant d'avantage un esprit grand & eslevé, dequoy elle ne ressembloit moins à vostre cousine que du visage & de la façon, cela me donna soudain asseurance qu'il me seroit aisé de faire amitié estroite avec elle ce qui pourroit apporter de l'utilité à l'avancement du dessein de mon frere, cette Dame possedant du tout son mary. L'heure du soupper venuë nous allons au festin & au bal, que le Comte de *Lalain* continua tant que je fus à *Mons*; qui fut plus que je ne pensois, estimant de devoir partir le lendemain. Mais cette honneste femme me contraignit de passer une semaine avec eux. Ce que je ne voulois faire, craignant de les incommoder. Mais il ne me fust possible de le persuader à son mary ny à elle, qui encore à toute force me laisserent partir au bout de huict jours. Vivant avec telle privauté avec elle, elle demeura à mon coucher fort tard, & y eust demeuré davantage, mais elle faisoit chose peu commune à personnes de telle qualité; ce qui toutesfois témoigne une nature accompagnée d'une grande bonté. Elle nourrissoit son petit fils de son lait, de sorte qu'estant le lendemain au festin assise tout auprés de moy à la table, qui est le lieu où ceux de ce païs-là se communiquent avec plus de franchise, n'ayant l'esprit bandé qu'à mon but, qui n'estoit que d'avancer le dessein de mon frere, elle parée & toute couverte de pierreries & de broderies, avec une robille à l'*Espagnole* de toile d'or noire, avec des bandes de broderie de canetille d'or & d'argent, & un pourpoint de toile d'argent blanche en broderie d'or, avec des gros boutons

* Marguerite de Ligne femme de Philippe Comte de Lallaing.

tons

tons de diamant (habit approprié à l'office de nourrice) l'on luy apporta à la table son petit fils, emmaillotté aussi richement qu'estoit vestuë la nourrice, pour luy donner à taitter. Elle le met entre nous deux sur la table, & librement se deboutonne baillant son tetin à son petit. Ce qui eust esté tenu à incivilité à quelqu'autre; mais elle le faisoit avec tant de grace & de naïfveté, comme toutes ses actions en estoient accompagnées, qu'elle en receut autant de loüanges que la compagnie de plaisir. Les tables levées, le bal commença en la sale mesme que nous estions, qui estoit grande & belle, où estans assises l'une auprés de l'autre, je luy dis qu'encores que le contentement que je recevois lors en cette compagnie se pûst mettre au nombre de ceux qui m'en avoient plus fait ressentir, je souhaittois presque de ne l'avoir point receu, pour le déplaisir que je recevrois partant d'avec elle, de voir que la fortune nous tiendroit pour jamais privez du plaisir de nous voir ensemble; Que je tenois pour un des malheurs de ma vie que le Ciel ne nous eust fait naistre elle & moy d'une mesme patrie. Ce que je disois pour la faire entrer aux discours qui pouvoient servir au dessein de mon frere. Elle me répondit; Ce pays a esté autresfois de *France*, & à cette cause l'on y plaide encor en *François*, & cette affection naturelle n'est pas encor sortie du cœur de la pluspart de nous. Pour moy, je n'ay plus autre chose en l'ame depuis que j'ay eu l'honneur de vous voir. Ce pays a esté autresfois affectionné à la maison *d'Austriche*, mais cette affection nous a esté arrachée en la mort du Comte *d'Egmont*,* de Monsieur de *Horne* *, de Monsieur de *Montigny* *, & des autres Seigneurs qui furent lors desfaits, qui estoient nos proches parens, & appartenans à la

* Lamoral Comte d'Egmont.
* Philippe de Montmorency Comte de Hornes.
* Floris de Montmorency, Baron de Montigny tous trois Chevaliers de la Toison d'Or.

la plufpart de la nobleffe de ce pays. Nous n'avons rien de plus odieux que la domination de ces *Espagnols*, & ne fouhaittons rien tant que de nous delivrer de leur tyrannie, & ne fçaurions toutesfois comme y proceder, pource que ce païs eft divifé à caufe des differentes religions. Que fi nous eftions tous biens unis, nous aurions bien-toft jetté l'Efpagnol dehors ; mais cette divifion nous rend trop foibles. Que pleuft à Dieu qu'il prift envie au Roy de *France* voftre frere de racquerir ce pays, qui eft fien d'ancienneté ! Nous luy tendrions tous les bras. Elle me difoit cecy à l'improvifte, mais premeditément pour trouver du cofté de la *France* quelque remede à leurs maux. Moy, me voyant le chemin ouvert à ce que je defirois, je luy refpondis : Le Roy de *France* mon frere n'eft d'humeur pour entreprendre des guerres eftrangeres, mefmes ayant en fon Royaume le party des *Huguenots*, qui eft fi fort, que cela l'empefchera toûjours de rien entreprendre dehors. Mais mon frere Monfieur *d'Alençon*, qui ne doit rien en valeur, prudence, & bonté, aux Rois mes pere & freres, entendroit bien à cette entreprife, & n'auroit moins de moyens que le Roy de *France* mon frere de vous y fecourir. Il eft nourry aux armes, & eftimé un des meilleurs Capitaines de noftre temps, eftant mefmes à cette heure commandant l'armée du Roy contre les *Huguenots*, avec laquelle il a pris depuis que je fuis partie fur eux une tres-forte ville nommée *Iffoire* *, & quelques autres. Vous ne fçauriez appeller Prince de qui le secours vous foit plus utile, pour vous eftre fi voifin, & avoir un fi grand Royaume que celuy de *France* à fa devotion, duquel il peut tirer & moyens & toutes commoditez neceffaires à cette guerre. Et s'il recevoit ce bon office

* Prife le 12 Juin 1577.

fice de Monsieur le Comte vostre mary, vous vous pouvez asseurer qu'il auroit telle part à sa fortune qu'il voudroit, mon frere estant d'un naturel doux, non ingrat, qui ne se plaist qu'à reconnoistre un service ou un bon office reçeu. Il honore & cherit les gens d'honneur & de valeur, aussi est-il suivy de tout ce qui est de meilleur en *France*. Je crois que l'on traittera bien-tost d'une paix en *France* avec les *Huguenots*, & qu'à mon retour en *France* je la pourray trouver faire Si Monsieur le Comte vostre mary est en cecy de mesme opinion que vous & de mesme volonté, qu'il advise s'il veut que j'y dispose mon frere, & je m'asseure que ce pays, & vostre maison en particulier, en reçevra toute felicité. Que si mon frere s'establissoit par vostre moyen icy, vous pouvez croire que vous m'y reverriez souvent, estant nostre amitié telle qu'il n'y en eust jamais une de frere à sœur si parfaite. Elle receust avec beaucoup de contentement cette ouverture, & me dit qu'elle ne m'avoit pas parlé de cette façon à l'advanture; mais voyant l'honneur que je luy faisois de l'aimer, elle avoit bien resolu de ne me laisser partir de là qu'elle ne me découvrit l'estat auquel il estoit, & qu'ils ne me requissent de leur apporter du costé de *France* quelque remede pour les affranchir de la crainte où ils vivoient de se voir en une perpetuelle guerre, ou reduits sous la tyrannie *Espagnole*; me priant que je trouvasse bon qu'elle découvrit à son mary tous les propos que nous avions eu, & qu'ils m'en pussent parler le lendemain tous deux ensemble. Ce que je trouvay tres-bon. Nous passasmes cette apresdinée en tels discours, & en tous autres que je pensois servir à ce dessein; à quoy je voyois qu'elle prenoit un grand

grand plaisir. Le bal estant finy nous allasmes oüir Vespres aux Chanoinesses, qui est un ordre de Religieuses dequoy nous n'avons point en *France*. Ce sont toutes Damoiselles que l'on y met petites pour faire profiter leur mariage jusques à ce qu'elles soient en âge de se marier. Elles ne logent pas en dortoir, mais en maisons separées, toutesfois toutes dans un enclos comme les Chanoines, & en chaque maison il y en a trois, ou quatre, ou cinq, ou six jeunes avec une vieille, desquelles vieilles il y en a quelque nombre qui ne se marient point, ny aussi l'Abbesse *. Elles portent seulemen l'habit de religion le matin au service de l'Eglise, & l'apresdinée à Vespres, & soudain que le service est fait elles quittent l'habit, & s'habillent comme les autres filles à marier, allans pas les festins & par les bals librement comme les autres; de sorte qu'elles s'habillent quatre fois le jour. Elles se trouverent tous les jours au festin & au bal, & y danserent d'ordinaire. Il tardoit à la Comtesse de *Lalain* que le soir ne fut venu pour faire entendre à son mary le bon commencement qu'elle avoit donné à leurs affaires. Ce qu'ayant fait la nuit suivante, le lendemain elle m'amena son mary, qui me fit un grand discours des justes occasions qu'il avoit de s'affranchir de la tyrannie de *l'Espagnol*. En quoy il ne pensoit point entreprendre contre son Prince naturel, sçachant que la souveraineté de *Flandre* appartenoit au Roy de *France*. Il me representa les moyens qu'il y avoit d'establir mon frere en *Flandre*, ayant tout le *Hainaut* à sa devotion qui s'estendoit jusques bien prés de *Bruxelles*. Il n'estoit en peine que du *Cambresis*, qui estoit entre la *Flandre* & le *Hainaut*, & me dit qu'il seroit bon de gagner Monsieur d'*Inchy*

* Il n'y a point d'Abbesse mais une Prevoste, c'est le Roy qui est l'Abbé de ces Dame Chanoinesses. *Voyez* les delices des Pays-bas. T. 2. p. 25.

d'*Inchy*, qui étoit encore là je ne luy voulus decouvrir la parolle que j'en avois, mais je luy dis que je le prios luy mesme de s'y employer, & qu'il le pourroit mieux faire que moy, estant son voisin & amy. L'ayant donc asseuré de l'estat qu'il pourroit faire de l'amitié de bien-vueillance de mon frere, à la fortune duquel il participeroit autant de grandeur & d'authorité qu'un si grand & si signalé service reçeu d'une personne de sa qualité le meritoit, nous resolusmes qu'à mon retour je m'arresterois chez moy à la *Fere*, où mon frere viendroit, & que Monsieur de *Montigny*,* frere dudit Comte de *Lalain*, viendroit traitter avec mon frere de cette affaire. Pendant que je fus là je le confirmay & fortifiay toûjours en cette volonté; à quoy sa femme apportoit non moins d'affection que moy. Et le jour venu qu'il me falloit partir de cette belle compagnie de *Mons*, ce ne fut sans reciproque regret & de toutes les Dames *Flamandes* & de moy, & sur tout de la Comtesse de *Lalain*, pour l'amitié tres-grande qu'elle m'avoit voüée, & me fit promettre qu'à mon retour je passerois par là. Je luy donnay un carquan de pierreries, & à son mary un cordon & enseigne de pierreries, qui furent estimez de grande valeur; mais beaucoup cheris d'eux pour partir de la main d'une personne qu'ils aimoient comme moy. Toutes les Dames demeurerent là fors Madame de *Havrech* qui vint à *Namur* où j'allay coucher ce jour-là. Son mary & son beau-frere Monsieur le Duc *d'Arscot* y estoient, y ayans toûjours demeuré depuis la paix entre le Roy *d'Espagne* & les Estats de *Flandre*. Car bien qu'il fussent du party des Estats, le Duc *d'Arscot* estoit un vieil *Courtisan* des plus galans qui fussent de la Cour du *Roy Philippes*, du temps

* Emanuel de Lallaing depuis Chevalier de la Toison d'or.

temps qu'il estoit en *Flandre* & en *Angleterre*, qui se plaisoit toûjours à la Cour auprés des grands. Le Comte de *Lalain* avec toute la noblesse me conduisit le plus avant qu'il pust bien deux lieuës hors de son gouvernement, & jusques à tant que l'on vit paroistre la trouppe de *Dom Jean*. Lors il prit congé de moy, pource que, cóme j'ay dit, ils ne se voyoient point. Monsieur *d'Incby* seulement vint avec moy, pour estre son maistre l'Evesque de *Cambray* du party *d'Espagne*. Cette belle & grande trouppe s'en estant retournée, ayant fait peu de chemin, je trouvay *Dom Jean d'Austriche* accompagné de force estafiers, mais seulement de vingt ou trente chevaux, accompagné des Seigneurs le Duc *d'Arscot*, Mr. de *Avrech*, le Marquis de *Varambon*, & le jeune *Balançon** Gouverneur pour le Roy *d'Espagne* du Comté de *Bourgogne*, qui galans & honnestes hommes estoient venus en poste pour se trouver là à mon passage. Des domestiques de *Dom Jean* il n'y en avoit de nom & d'apparence qu'un *Ludovic de Gonzague*, qui se disoit parent du Duc de *Mantoüe*. Le reste estoit de petites gens de mauvaise mine, n'y ayant nulle noblesse de *Flandre*. Il mit pied à terre pour me saluër dans ma littiere, qui estoit relevée & toute ouverte. Je le saluay à la *Françoise*, luy, le Duc *d'Arscot*, & Monsr. de *Havrech*. Apres quelques honnestes paroles il monta à cheval, parlant toûjours à moy jusques à la ville, où nous ne pusmes arriver qu'il ne fut soir, pour ne m'avoir les Dames de *Mons* permis de partir que le plus tard qu'elles pûrent ; mesmes m'ayans amusé dans ma littiere plus d'une heure à la considerer, prenans un extréme plaisir à se faire donner l'intelligence des divises. L'ordre toutesfois fust si beau à *Namur*, comme

* Philibert de Rye Comte de Varax.

les *Espagnols* sont excellens en cela, & la ville si éclairée, que les fenestres & boutiques estans pleines de lumiere l'on voyoit luire un nouveau jour. Ce soir *Dom Jean* fit servir & moy & mes gens dans les logis & les chambres, estimant qu'aprés une longue journée il n'estoit raisonnable de nous incommoder d'aller à un festin. La maison où il me logea estoit accommodée pour me recevoir, où l'on avoit trouvé moien d'y faire une belle & grande sale, & un appartement pour moy de chambres, antichambres & de cabinets, le tout tendu des plus beaux, riches, & superbes meubles que je pense jamais avoir veus, étans toutes les tapisseries de velours ou de satin, faites avec de grosses colonnes faites de toile d'argent couvertes de broderie de gros cordons & des godrons de broderie d'or, eslevez de la plus riche & belle façon qui se peut voir, & au milieu de ces colonnes des grands personnages habillez à l'antique, & faits de la mesme broderie. Monsieur le Cardinal de *Lenoncourt*, qui avoit l'esprit curieux & delicat, s'estant rendu familier du Duc *d'Arscot*, vieil courtisan, comme j'ay dit, d'humeur galante & belle, tout l'honneur certes de la trouppe de *Dom Jean*, considerant un jour que nous fusmes là ces magnifiques & superbes meubles, luy dit; Ces meubles me semblent plustost d'un grand Roy, que d'un jeune Prince à marier tel qu'est le Sgr. *Dom Jean*. Le Duc *d'Arscot* luy respondit; Ils ont esté faits aussi de fortune, & non de prevoyance ny d'abondance, les estoffes luy ayant esté envoyées par un *Bascha* du grand Seigneur, duquel en la notable victoire qu'il eust contre le *Turc* il avoit eu pour prisonniers les enfans. Et le Seigneur *Dom Jean* luy ayant fait courtoisie de les luy renvoyer, &

sans

sans rançon, le *Bascha* pour revenche luy fit present d'un grand nombre d'estoffes de soye, d'or, & d'argent, qui luy arriverent estant à *Milan*, où l'on approprie mieux telle chose. Il en fit faire les tapisseries que vous voyez, & pour la souvenance de la glorieuse façon dequoy il les avoit acquises, il fit faire le lict & la tente de la chambre de la Reyne en broderie des batailles navalles, representans la glorieuse victoire de la bataille qu'il avoit gagnée sur les *Turcs*. Le matin estant venu, *Dom Jean* nous fit ouïr une Messe à la façon *d'Espagne*, avec musique, violons, & cornets; & allans de là au festin de la grande sale nous disnasmes luy & moy seule en une table, la table du festin où estoient les Dames & Seigneurs éloignée trois pas de la nôtre, où Madame de *Havrech* faisoit l'honneur de la maison pour *Dom Jean*, luy se faisoit donner à boire à genoux par *Ludovic de Gonzague*. Les tables levées le bal commença, qui dura toute l'apresdinée. Le soir se passe de cette façon, *Dom Jean* parlant toûjours à moy, & me disant souvent qu'il voyoit en moy la ressemblance de la Reyne sa *Signora*, qui estoit la feuë Reyne ma sœur qu'il avoit beaucoup honorée, me témoignant par tout l'honneur & courtoisie qu'il pouvoit faire à moy & à toute ma trouppe, qu'il recevoit tres-grand plaisir de me voir là. Les batteaux où je devois aller par la riviere de *Meuse* jusques à *Liege* ne pouvant estre si-tost prests, je fus contrainte de séjourner le lendemain, où ayant passé toute la matinée comme le jour de devant, l'apresdinée nous mettans dans un tres-beau batteau sur la Riviere, environné d'autres batteaux pleins de haut-bois, cornets, & violons, nous abordasmes en une Isle, où *Dom Jean*

Jean avoit fait apprester le festin dans une belle sale faite de lierre, accommodée de cabinets autour remplis de musique, & de hautbois & autres instruments, qui dura tout le long du souppper. Les tables levées, le bal ayant duré quelque heure, nous nous en retournasmes dans le mesme batteau qui nous avoit conduits jusques-là, & lequel *Dom Jean* m'avoit fait preparer pour mon voyage. Le matin voulant partir *Dom Jean* m'accompagna jusques dans le batteau, & aprés un honneste & courtois Adieu, me bailla pour m'accompagner jusques à *Huy* où j'allois coucher, premiere ville de l'Evesque de *Liege*, Monsieur & Madame de *Havrech*. *Dom Jean* sorty, Monsieur *d'Inchy*, qui demeura le dernier dans le batteau, & n'avoit congé de son maistre de me conduire plus loin, prend congé de moy avec autant de regrets que de protestations d'estre à jamais serviteur de mon frere & de moy. La fortune envieuse & traistresse ne pouvant supporter la gloire d'une si heureuse fortune qui m'avoit accompagnée jusques-là en ce voyage, me donna deux sinistres augures des traverses, que pour contenter son envie elle me preparoit à mon retour; dont le premier fut, que soudain que le batteau commença à s'esloigner du bord Mad. de *Tournon* fille de Mad. de *Tournon* ma Dame d'honneur, Damoiselle tres-vertueuse, & accompagnée des graces que j'aimois fort, prit un mal si estrange, que tout soudain il la mit aux hauts cris pour la violente douleur qu'elle ressentoit, qui provenoit d'un serrement de cœur qui fut tel, que les Medecins n'eurent jamais moyen d'empescher que peu de jours aprés que je fus arrivée à *Liege* la mort ne la ravist. J'en diray la funeste Histoire en son lieu, pour

estre

estre remarquable. L'autre est, qu'arrivant à *Huy*, ville située sur le panchant d'une montagne, il s'émeut un torrent si impetueux, descendant des ravages d'eau de la montagne en la riviere, que la grossissant tout d'un coup, comme nostre batteau arrivoit nous n'eusmes presque le loisir de sauter à terre, & courir tant que nous pûsmes pour gaigner le haut de la montagne, que la riviere fust aussi-tost que nous à la plus haute ruë auprés de mon logis qui estoit le plus haut, où il nous fallut contenter ce soir là de ce que le maistre de la maison pouvoit avoir, n'ayant moyen de pouvoir tirer des batteaux, ny mes gens, ny mes hardes, ny moins d'aller par la ville, qui estoit comme submergée, dans ce deluge, duquel elle ne fut avec moins de merveille delivrée que saisie; car au point du jour l'eau estoit toute retirée, & remise en son lieu naturel. Partant de là Monsr. & Madame de *Havrech* s'en retournerent à *Namur* trouver *Dom Jean*, & moy je me remis dans mon batteau pour aller ce jour là coucher à *Liege*, où l'Evesque, * qui en est Seigneur, me receut avec tout l'honneur, & la demonstration de bonne volonté qu'une personne courtoise & bien affectionnée peut témoigner. C'estoit un Seigneur accompagné de beaucoup de vertu, de prudence, & de bonté, & qui parloit bien *François*, agreable de sa personne, honorable, magnifique, & de Compagnie fort agreable, accompagné d'un Chapitre & plusieurs Chanoines, tous fils de Ducs, Comtes, & de grands Seig. *d'Allemagne*, parce que cet Evesché, qui est un Estat souverain de grand revenu, d'assez grande étendue, & remply de beaucoup de bonnes villes, s'obtient par ellection, & faut qu'ils demeurent un an residens, & qu'ils soient nobles pour estre

reçeus

* Gerard de Grosbeek fait Cardinal en 1578.

reçeus Chanoines. La ville * est plus grande que *Lyon*, & est presque en mesme assiette, la riviere de *Meuse* passant au milieu; tres-bien bastie, n'y ayant maison de Chanoine qui ne paroisse un beau palais; les ruës grandes & larges; les places belles, accompagnées de tres-belles fontaines; les Églises ornées de tant de marbre, qui se tire pres de là, qu'elles en paroissent toutes; les horologes faits avec l'industrie *d'Allemagne*, chantans & representans toutes sortes de musique & de personnages. L'Evesque m'ayant reçeuë sortant de mon batteau, me conduisit en son plus beau palais, d'où il s'étoit delogé pour me loger, qui est, pour une maison de ville, le plus beau & le plus commode qui se puisse voir ayant plusieurs belles fontaines, & de plusieurs jardins & galeries; le tout tant peint, tant doré, & accommodé avec tant de marbre, qu'il n'y a rien de plus magnifique & de plus delicieux. Les eaux de *Spa* n'estans qu'à trois ou quatre lieuës de là, & n'y ayant qu'auprés un petit village de trois ou quatre mechantes petites maisons, Mad. la Princesse de la *Roche sur-Yon* fust conseillée par les Medecins de demeurer à *Liege*, & d'y faire apporter son eau, l'asseurans qu'elle auroit autant de force & de vertu estant apportée la nuict avant que le Soleil fust levé. Dequoy je fus fort aise, pour faire nostre sejour en lieu plus commode & en si bonne Compagnie. Car outre celle de sa Grace (ainsi appelle-t'on l'Evesque de *Liege*, comme on appelle un Roy sa Majesté, & un Prince son Altesse) le bruit ayant couru que je passois par là, plusieurs Seigneurs & Dames *d'Allemagne* y estoient venus pour me voir, & entr'autres Madame la Comtesse *d'Aremberg* (qui est celle qui avoit eu l'honneur de conduire la Reyne *Elizabeth* à ses nopces à *Mezieres*,

---

* On en peut voir le plan & celui du Palais de l'Evesque dans les delices des Pays-bas T. 3. p. 248. & 260.

zieres, lors qu'elle vint épouser le Roy *Charles* mon frere, & ma sœur aisnée au Roy d'*Espagne* son mary) femme qui estoit tenuë en grande estime de l'Imperatrice, de *l'Empereur*, & de tous les Princes Chrestiens; sa sœur Madame la *Lantgrave*; Mad. d'*Aremberg* sa fille; Monsieur le Comte d'*Aremberg* son fils, tres-honneste & galant homme, vive image de son pere, qui amenant le secours d'*Espagne* au Roy *Charles* mon frere, s'en retourna avec beaucoup d'honneur & de reputation. Cette arrivée toute pleine d'honneur & de joye, eust esté encor plus agreable sans le malheur de la mort qui arriva à Mademoiselle de *Tournon*; de qui l'Histoire estant si remarquable, je ne puis obmettre à la raconter faisant cette digression à mon discours. Madame de *Tournon*, * qui estoit lors ma Dame d'honneur, qui avoit lors plusieurs filles, desquelles l'aisnée avoit épousé Monsieur de *Balançon* Gouverneur pour le Roy d'*Espagne* au Comté de *Bourgogne*, & s'en allant à son mesnage pria sa Mere Madame de *Tournon* de luy bailler sa sœur Mademoiselle de *Tournon* pour la nourrir avec elle, & luy tenir Compagnie en ce Païs où elle estoit esloignée de tous ses parens. Sa Mere la luy accorde; & y ayant demeuré quelques années en se faisant agreable & aimable, car elle l'étoit plus que belle (car sa principale beauté estoit sa vertu & sa grace) Mr. le Marquis de *Varanbon*, * de qui j'ay parlé cy-devant, lequel estoit lors destiné à estre d'Eglise, demeurant avec son frere Mr. de *Balançon* en même maison, devint, par l'ordinaire frequentation qu'il avoit avec Mad. de *Tournon* fort amoureux d'elle, & n'estant point obligé à l'Eglise il desire l'épouser. Il en parle aux parens d'elle & de luy. Ceux du costé d'elle le trouverent bon; mais son frere Monsieur de

*Claude de la Tour Turenne Veuve de juste de Tournon Comte de Roussillon.

*Marc de Rye Marquis de Varanbon depuis Chevalier de la Toison d'or & Gouverneur general d'Artois

de *Balançon*, estimant luy estre plus utile qu'il fust d'Eglise, fait tant qu'il empescha cela, s'opiniastrant à luy faire prendre la robbe longue. Madame de *Tournon*, tres-sage & tres-prudente femme, s'offensant de cela, osta sa fille Mad. de *Tournon* d'avec sa sœur Madame de *Balançon*, & la prit avec elle. Et comme elle estoit femme un peu terrible & rude, sans avoir esgard que cette fille estoit grande & meritoit un' plus doux traittement, elle la gourmande & crie sans cesse, ne luy laissant presque jamais l'œil sec, bien qu'elle ne fit nulle action qui ne fut tres-loüable. Mais c'estoit la severité naturelle de sa Mere. Elle ne souhaittant que de se voir hors de cette tyrannie, receut une certaine joye quand elle vit que j'allois en *Flandre*, pensant bien que le Marquis de *Varanbon* s'y trouveroit comme il fit, & qu'estant lors en estat de se marier, ayant du tout quitté la robbe longue, il la demanderoit à sa Mere, & que par le moyen de ce mariage elle se trouveroit delivrée des rigueurs de sa Mere. A *Namur* le Marquis de *Varanbon* & le jeune *Balançon* son frere s'y trouverent, comme j'ay dit. Le jeune de *Balançon*, qui n'estoit pas de beaucoup si agreable que l'autre, accoste cette fille, la recherche, & le Marquis de *Varanbon*, tant que nous fusmes à *Namur*, ne fit pas seulement semblant de la connoistre. Le despit, le regret, l'ennuy luy serre tellement le cœur, elle s'estant contrainte de faire bonne mine tant qu'il fut present sans monstrer de s'en soucier, que soudain qu'ils furent hors du batteau où il nous dirent à Dieu, elle se trouve tellement saisie qu'elle ne peut plus respirer qu'en criant & avec des douleurs mortelles. N'ayant nulle autre cause de son mal, la jeunesse combat huit ou dix jours

jours la mort, qui armée de despit se rend enfin victorieuse, la ravissant à sa Mere & à moy, qui n'en fismes moins de deüil l'une que l'autre. Car sa Mere, bien qu'elle fust fort rude, l'aimoit uniquement. Ses funerailles estans commandées les plus honorables qu'il se pouvoit faire, pour estre de grande maison comme elle estoit, mesme appartenant à la Reyne ma Mere, le jour venu de son enterrement, l'on ordonne quatre Gentils-hommes des miens pour porter le corps; l'un desquels estoit la *Boëssiere* * (qui l'avoit pendant sa vie passionnément adorée sans le luy avoir osé découvrir, pour la vertu qu'il connoissoit en elle & pour l'inégalité) qui lors alloit portant ce mortel faix, & qui mouroit autant de fois de sa mort, qu'il estoit mort de son amour. Ce funeste convoy estant au milieu de la ruë qui alloit à la grande Eglise, le Marquis de *Varanbon* coupable de ce triste accident, quelques jours après mon partement de *Namur* s'estant repenty de sa cruauté, & son ancienne flame s'étant de nouveau r'allumée (ô estrange fait!) par l'absence, qui par la presence ne pouvoit estre émeuë, se resout de la venir demander à sa Mere, se confiant peut-estre en la bonne fortune qui l'accompagne d'estre aimé de toutes celles qu'il recherche, comme il a paru depuis peu en une grande * qu'il a espousée contre la volonté de ses parens, & se promettant que sa faute luy seroit aisément pardonnée de sa maistresse, repetant souvent ces mots Italiens *Che la forza d'amore non risguarda al delitto*, prie *Dom Jean* de luy donner une commission vers moy, & venant en diligence arrive justement sur le point que ce corps aussi malheureux qu'innocent & glorieux en sa virginité, estoit au milieu de cette ruë. La presse de cette

* On la *Bussiere.*

* C'estoit Dorothée fille de François Duc de Lorraine Veuve d'Eric Duc de Brunsvic mort sans enfans en 1584.

te pompe funeftre l'empefche de paffer. Il regarde ce que c'eft. Il advife de loin au milieu d'une grande & trifte trouppe des perfonnes en düeil, & un drap blanc couvert de chappeaux de fleurs. Il demande ce que c'eft : Quelqu'un de la ville luy refpond que c'eftoit un enterrement. Luy trop curieux s'avance jufques aux premiers du convoy, & importunément preffe de luy dire de qui c'eft. O mortelle refponfe! L'amour ainfi vengeur de l'ingrate inconftance veut faire éprouver à fon ame, ce que par fon dédaigneux oubly il a fait fouffrir au corps de fa maiftreffe, les traits de la mort. Cet ignorant qu'il preffoit, luy refpond que c'eft le corps de Mademoifelle de *Tournon*. A ce mot il fe pafme & tombe de cheval. Il le faut emporter en un logis comme mort, voulant plus juftement en cette extrémité luy rendre union en la mort que trop tard en la vie il luy avoit accordée. Son ame, que je crois, allant dans le tombeau requerir pardon à celle que fon dédaigneux oubly y avoit mife, le laiffa quelque temps fans aucune apparence de vie; & eftant revenu l'anima de nouveau pour luy faire efprouver la mort qui une feule fois n'euft affez puny fon ingratitude. Ce trifte office eftant achevé, me voyant en une compagnie eftrangere je ne voulois l'ennuyer de la trifteffe que je reffentois de la perte d'une fi honnefte fille, & eftant conviée ou par l'Evefque (dit fa Grace) ou par fes Chanoines d'aller en feftin en diverfes maifons & divers jardins, comme il y en a dans la ville & dehors de tres-beaux, j'y allay tous les jours, accompagnée de l'Evefque, Dames, & Seigneurs eftrangers, comme j'ay dit, lefquels venoient tous les matins en ma chambre pour m'accompagner au jardin où j'allois pour prendre mon eau; car il faut

faut la prendre en se promenant. Et bien que le Medecin qui me l'avoit ordonnée estoit mon frere, elle ne laissa toutesfois de me faire bien, ayant depuis demeuré six ou sept ans sans me sentir de l'Eresipele de mon bras. Partant de là nous passions la journée ensemble, allans disner à quelque festin, où après le bal nous allions à Vespres en quelque religion; & l'apres-soupper se passoit de mesme au bal, ou dessus l'eau, avec la musique. Six semaines s'écoulerent de la façon, qui est le temps ordinaire que l'on a accoustumé de prendre des eaux, & qui estoit ordonné à Madame la Princesse de la *Roche-sur-Yon*. Voulant partir pour retourner en *France*, Madame de *Havrech* arriva, qui s'en alloit retrouver son mary en *Lorraine*, qui nous dit l'estrange changement qui estoit arrivé à *Namur* & en tout ce païs-là depuis mon passage; Que le jour mesme que je partis de *Namur*, *Dom Iean* sortant de mon batteau & montant à cheval, prenant pretexte de vouloir aller à la chasse, passa devant la porte du Chasteau de *Namur*, lequel il ne tenoit encore, & feignant par occasion, s'étant trouvé devant la porte, de vouloir entrer dedans pour le voir, s'en estoit saisi, & en avoit tiré le Capitaine que les estats y tenoient, contre la convention qu'il avoit avec les estats, & outre ce s'estoit saisi du Duc d'*Ar-scot*, de Mr. de *Havrech*, & d'elle; Que toutesfois après plusieurs remonstrances & prieres il avoit laissé aller son beau frere & son mary, la retenant elle jusques alors pour luy servir d'ostage de leurs déportemens; Que tout le païs estoit en feu & en armes. Il y avoit trois partis, celuy des estats qui estoient les Catholiques de *Flandre*; celuy du Prince d'*Orange* & des *Huguenots* qui n'estoient

qu'un,

qu'un, & celuy d'*Espagne*, où commandoit *Dom Jean*. Me voyant tellement embarquée qu'il faloit que je passasse entre les mains des uns & des autres, & mon frere m'ayant envoyé un Gentilhomme nommé *Lescar*, par lequel il m'escrivoit; Que depuis mon partement de la Cour, Dieu luy avoit fait la grace de si bien servir le Roy en sa charge de l'armée qui luy avoit esté commise, qu'il avoit pris toutes les Villes qu'il luy avoit commandé d'attaquer, & chassé tous les *Huguenots* de toutes les Provinces pour lesquelles son armée estoit destinée; Qu'il estoit revenu à la Cour à *Poictiers*, où le Roy estoit pendant le siege de *Brouage*, pour estre plus prés pour secourir l'armée de Mr. de *Mayenne* de ce qui lui seroit necessaire; Que comme la Cour est un *Prothée* qui change de forme à toute heure, y arrivant toûjours des nouvelletez, il l'avoit trouvée toute changée; Que l'on n'y avoit fait non plus d'estat de luy que s'il n'eust rien fait pour le service du Roy; Que *Bussi*, à qui le Roy faisoit bonne chere avant que partir; & qui avoit servy le Roy en cette guerre de sa personne & de ses amis, jusques à y avoir perdu son frere à l'assaut d'*Issoire*, estoit aussi défavorisé & persecuté de l'envie qu'il avoit esté du temps de du *Guast*; Que l'on leur faisoit tous les jours à l'un & à l'autre des indignitez; que les mignons qui estoient auprés du Roy avoient fait pratiquer quatre ou cinq des plus honnestes hommes qu'il eut, qui étoient *Maugiron*, la *Valette*, *Mauleon*, *Livarrot*, & quelques autres, pour quitter son service & se mettre à celuy du Roy; qu'il avoit sceu de bon lieu que le Roy se repentoit fort de m'avoir permis de faire ce voyage de *Flandre*, & que l'on taschoit à mon retour, en haine de luy, de me faire faire quelque mauvais tour, ou par les *Espagnols*, les ayant avertis de ce que je traittois en *Flandre* pour luy, ou par les *Huguenots*, pour se venger du mal qu'ils avoient reçeu de luy, leur ayant fait la guerre après l'avoir assisté. Tout ce que dessus consideré ne me donnoit peu à penser, voyant que non seulement il falloit que je passasse ou entre les uns ou entre les autres, mais que mesmes les principaux de ma compagnie estoient affectionnez ou aux *Espagnols* ou aux *Huguenots*, Monsieur le Cardinal de *Lenoncourt* ayant autrefois esté soupçonné de favoriser le party des *Huguenots*, & Monsieur *Descarts**, duquel Monsieur l'Evesque de *Lisieux** estoit frere, ayant aussi esté quelquesfois suspect d'avoir le cœur *Espagnol*. En ces doutes pleins de contrarietez je ne m'en pûs communiquer qu'à Madame la Princesse de la *Roche-sur-Yon* & à Madame de *Tournon*, qui connoissans le danger où nous estions, & voyans qu'il nous falloit cinq ou six journées jusques à la *Fere*, passant toûjours à la misericorde des uns ou des autres, me respondent la larme à l'œil que Dieu seul nous pouvoit sauver de ce danger ; Que je me recommandasse bien à luy, & puis que je fisse ce qu'il m'inspireroit ; Que pour elles, encore que l'une fust malade & l'autre vieille, je ne faignisse à faire de longues traittes, & qu'elles s'accommoderoient à tout pour me tirer de ce hazard. J'en parlay à l'Evesque de *Liege*, qui me servit certes de Pere, & me bailla son grand Maistre avec ses chevaux pour me conduire si loin que je voudrois. Et comme il nous estoit necessaire d'avoir un passeport du Prince *d'Orange*, j'y envoyay *Montdoucet*, qui luy estoit confident, & ressentoit un peu de cette religion. Il ne revint point. Je l'attends deux ou trois jours, &

* Jaques de Perusse Sr. d'Escars. *Castelnau* T. 1. p. 377. & 793.

* Anne de Perusse d'Escars de Givry depuis Cardinal *Ciaconius*

crois

crois que si je l'eusse attendu j'y fusse encores. Étant toûjours conseillée de Mr. le Cardinal de *Lenoncourt* & du Chevalier *Salviati* mon premier *Escuyer*, qui étoient d'une même caballe, de ne partir point sans avoir passeport, & me deffiant qu'au deffaut de passeport on me dressoit quelque autre chose de bien contraire, je me resolus de partir le lendemain matin. Eux voyans que sur ce pretexte on ne me pouvoit plus arrester, le Chevalier *Salviati* intelligent avec mon Tresorier, qui estoit aussi couvertement *Huguenot*, luy fait dire qu'il n'avoit point d'argent pour payer les hostes, (chose qui estoit entierement fausse; car estant arrivée à la *Fere*, je voulus voir le compte, & se trouva de l'argent que l'on avoit pris pour faire le voyage, de reste encore pour faire aller ma maison plus de six semaines) & fait que l'on retint mes chevaux, me faisant avec le danger cet affront public. Madame la Princesse de la *Roche-sur-Yon* ne pouvant supporter cette indignité, & voyant le hazard où l'on me mettoit, preste l'argent qui estoit necessaire; & eux demeurans confus je passe, aprés avoir fait present à Mr. l'Evesque de *Liege* d'un diamant de trois mille escus, & à ses serviteurs de chaisnes d'or ou de bagues, & vins coucher à *Huy*, n'ayant pour passeport que l'esperance que j'avois en Dieu. Cette ville estoit, comme j'ay dit, des terres de l'Evesq. de *Liege*, mais toutesfois tumultueuse & mutine, (comme tous ces peuples-là se sentoient de la revolte generale des Païs-bas) & ne reconnoissoit plus son Evesque, à cause qu'il vivoit neutre, & elle tenoit le party des estats. De sorte que sans reconnoistre le grand Maistre de l'Evesque de *Liege*, qui estoit avec nous, ayans l'allarme que *Dom Jean* s'estoit saisi du chasteau château de *Namur* sur mon passage, soudain que nous fusmes logez ils sonnent le tocsin, & traisnent l'artillerie par les ruës, & la bracquerent contre mon logis, tendans les chaisnes, afin que nous ne nous pussions joindre ensemble, & nous tindrent toute la nuict en ces alteres sans avoir moyen de parler à aucun d'eux, estant tout petit peuple, gens brutaux & sans raison. Le matin ils nous laisserent sortir, ayans bordé toute la ruë de gens armez. Nous allasmes de là coucher à *Dinan*, où par malheur ils avoient fait ce jour mesme les Bourgemaistres, qui sont comme Consuls en *Gascogne* & Echevins en *France*. Tout y estoit ce jour là en débauche ; tout le monde yvre ; point de Magistrats connus ; bref un vray cahos de confusion. Et pour empirer davantage nostre condition, le grand Maistre de l'Evesque de *Liege* leur avoit fait autresfois la guerre, & estoit tenu d'eux pour mortel ennemy. Cette ville, quand ils sont en leurs sens rassis, tenoit pour les estats ; mais *Bacchus* y dominant ils ne tenoient pas pour eux-mesmes & ne reconnoissoient personne. Soudain qu'ils nous voyent approcher les faux-bourgs avec une troupe grande comme estoit la mienne, les voila allarmez. Ils quittent les verres pour courir aux armes, & tout en tumulte au lieu de nous ouvrir ils ferment la barriere. J'avois envoyé devant un Gentilhomme avec les Fourriers & Mareschal des logis pour les prier de nous donner passage, mais je les trouvay tous arrestez-là qui crioient sans estre entendus. Enfin je me leve debout dans la littiere & ostant mon masque, je fais signe au plus apparent que je veux parler à luy ; & estant venu à moy, je le priay de faire faire silence, afin que je pusse estre entenduë. Ce

qu'equ'estant fait avec toute peine, je leur representay qui j'estois, & l'occasion de mon voyage; Que tant s'en faut que je leur voulusse apporter du mal par ma venuë, que je ne voudrois pas seulement leur en donner le soupçon; Que je les priois de me laisser entrer moy & mes femmes & si peu de gens qu'ils voudroient pour cette nuit, & que le reste ils le laissassent dans le faux-bourg. Ils se contentent de cette proposition, & me l'acordent. Ainsi j'entray dans leur ville avec les plus apparens de ma trouppe, du nombre desquels fust le grand Maistre de l'Evesque de *Liege*; qui par malheur fust reconnu comme j'entrois en mon logis accompagnée de tout ce peuple yvre & armé. Lors ils commencent à luy crier injures, & à vouloir charger ce bon homme, qui estoit un vieillard venerable de quatre-vingt ans, ayant la barbe blanche jusques à la ceinture. Je le fis entrer dans mon logis, où ces yvrongnes faisoient pleuvoir les harquebusades contre les murailles qui n'estoient que de terre. Voyant ce tumulte je demanday si l'hoste de la maison n'estoit point là dedans. Il se trouve de bonne fortune. Je le prie qu'il se mette à la fenestre, & qu'il me fasse parler aux plus apparens; ce qu'à toute peine il veut faire. Enfin ayant assez crié par les fenestres, les Bourgemaistres viennent parler à moy, si saouls qu'ils ne sçavoient ce qu'ils disoient. Enfin leur asseurant que je n'avois point sceu que ce grand Maistre leur fust ennemy, leur remonstrant de quelle importance il leur estoit d'offenser une personne de ma qualité, qui estoit amie de tous les principaux Seigneurs des estats, & que je m'asseurois que Monsieur le Comte de *Lalain* & tous les autres Chefs trouveroient fort mauvaise la reception

ception qu'ils m'avoient faite, oyans nommer Monsieur de *Lalain* ils changerent tous, & luy porterent tous plus de respect qu'à tous les Roys à qui j'appartenois. Le plus vieil d'entr'eux me demande en se sousriant & bagayant si j'estois donc amie de Monsieur le Comte de *Lalain*; & moy voyant que sa parenté me servoit plus que celle de tous les Potentats de la Chrestienté, je luy respondis; Oüy, je suis son amie & sa parente aussi. Lors ils me font la reverence & me baillent la main, & m'offrent autant de courtoisie comme ils m'avoient fait d'insolence, me prians de les excuser & me promettans qu'ils ne demanderoient rien à ce bon homme le grand Maistre, & qu'ils le laisseroient sortir avec moy. Le matin venu comme je voulois aller à la Messe, l'*Agent* que le Roy tenoit auprés de *Dom Jean*, nommé du *Bois*, lequel estoit fort *Espagnol*, arrive, me disant qu'il avoit des lettres du Roy pour me venir trouver & me conduire seurement à mon retour; Qu'à cette fin il avoit prié *Dom Jean* de luy bailler *Barlemont* avec une trouppe de Cavallerie, pour me faire escorte & me mener seurement à *Namur*, & qu'il falloit que je priasse ceux de la ville de *Dinant* de laisser entrer Mr. de *Barlemont*, qui étoit Seigneur du païs, & sa trouppe, afin qu'il me pust conduire. Ce qu'ils faisoient à double fin; l'une, pour se saisir de la ville pour *Dom Jean*; & l'autre pour me faire tomber entre les mains des *Espagnols*. Je me trouvay lors en fort grande peine, & le communiquant à Mr. le Cardinal de *Lenoncourt*, qui n'avoit pas envie de tomber entre les mains de l'*Espagnol* non plus que moy, nous advisasmes qu'il falloit sçavoir de ceux de la ville s'il y avoit quelque chemin par lequel je peusse éviter cette

trouppe de Monfieur de *Barlemont* ; & baillant ce petit *Agent*, nommé du *Bois*, à amufer à Monfieur de *Lenoncourt*, je paffe en une autre chambre, où je fis venir ceux de la ville, & leur faire connoiftre que s'ils laiffoient entrer la trouppe de Monfieur de *Barlemont* ils eftoient perdus, parce qu'ils fe faifiroient de la ville pour *Dom Jean*; Que je les confeillois de s'armer, & fe tenir prefts à leur porte, monftrans contenance de gens advertis, & qui ne fe veulent laiffer furprendre ; Qu'ils laiffaffent entrer feulement Monfieur de *Barlemont*, & rien davantage. Leur vin du jour precedent eftant paffé ils prirent bien mes raifons & me creurent, m'offrans d'employer leurs vies pour mon fervice, & me baillans un guide pour me mener par un chemin auquel je mettrois la riviere entre les trouppes de *Dom Jean* & moy, & les laifferois fi loing qu'ils ne me pourroient plus atteindre, allant toûjours par maifons ou villes tenans le party des eftats. Ayant pris cette refolution avec eux, je les envoye faire entrer Monfieur de *Barlemont* tout feul, lequel eftant entré leur veut perfuader de laiffer entrer fa trouppe. Mais voyans cela ; ils fe mutinent de forte que peu s'en falluft qu'ils ne le maffacraffent, luy difant que s'ils ne la faifoit retirer hors de la veuë de leur ville qu'ils y feroient tirer l'artillerie. Ce qu'ils faifoient afin de me donner temps de paffer l'eau avant que cette trouppe me puft atteindre. Monfieur de *Barlemont* eftant entré, luy & l'*Agent* du *Bois* font ce qu'ils peuvent pour me perfuader d'aller à *Namur* où *Dom Jean* m'attendoit. Je monftre de vouloir faire ce qu'on me confeilloit, & aprés avoir oüy la Meffe & fait un difné court, je fors de mon logis accompagnée de deux ou trois cens de la ville en armes, &
parlant

parlant toûjours à Monsieur de *Barlemont*, &
à *l'Agent* du *Bois*, je prens mon chemin droit
à la porte de la riviere, qui estoit au contraire
du chemin de *Namur*, sur lequel estoit la
trouppe de Monsieur de *Barlemont*. Eux
s'en advisans me dirent que je n'allois pas
bien, & moy les menant toûjours de paroles
arrivay à la porte de la ville, de laquelle sortant accompagnée d'une bonne partie de ceux
de la ville ; je double le pas vers la riviere &
monte dans le batteau, y faisant promptement
entrer tous les miens, Monsieur de *Barlemont*
& *l'Agent* du *Bois* me crians toûjours du bord
de l'eau que je ne faisois pas bien ; que ce n'estoit point l'intention du Roy, qui vouloit
que je passasse par *Namur*. Nonobstant leurs
crieries nous passons promptement l'eau, &
pendant que l'on passoit à deux ou trois voyages nos littieres & nos chevaux, ceux de la
ville, exprés pour me donner temps, amusent
par mille crieries & mille plaintes Monsieur
de *Barlemont* & *l'Agent* du *Bois*, les arraisonnans en leur patois sur le tort que *Dom Jean*
avoit d'avoir faussé sa foy aux estats & rompu
la paix, & sur les vieilles querelles de la mort
du Comte *d'Egmont*, & le menaçant toûjours que si sa trouppe paroissoit auprés de la
ville, ils feroient tirer l'artillerie. Ils me donnerent temps de m'esloigner en telle sorte que
je n'avois plus à craindre cette trouppe, guidée de Dieu & de l'homme qu'ils m'avoient
baillé. Je logeay ce soir-là en un chasteau
fort, nommé *Fleurines*, qui estoit à un Gentilhomme qui tenoit le party des estats, & lequel j'avois veu avec le Comte de *Lalain*. Le
malheur fut tel que ledit Gentilhomme ne s'y
trouva point, & n'y avoit que sa femme. Et
comme nous fusmes entrez dans la basse-
court,

court, la trouvant toute ouverte, elle prit l'allarme & s'enfuit dans son dongeon, levant le pont, resoluë, quoy que nous luy pûssions dire, de ne nous point laisser entrer. Cependant trois cens Gentilshommes que *Dom Jean* avoit envoyez pour nous coupper chemin, & pour se saisir dudit Chasteau de *Fleurines*, sçachans que j'y allois loger, paroissent sur un petit haut à mille pas de là, & estimans que nous fussions entrez dans le dongeon, ayans pû connoistre de là que nous estions tous entrez dans la court, firent alte, & se logerent là auprés, esperans de m'attrapper le lendemain matin. Comme nous estions en ces alteres, pour ne nous voir que dedans la court, qui n'estoit fermée que d'une meschante muraille, & d'une meschante porte qui eust esté bien aisée à forcer, disputans toûjours avec la Dame du Chasteau inexorable à nos prieres, Dieu nous fit cette grace que son mary Monsieur de *Fleurines* y arriva à nuit fermante, lequel soudain nous fit entrer dans son Chasteau, se courrouçant fort à sa femme de l'indiscrette incivilité qu'elle avoit montrée. Ledit Sieur de *Fleurines* nous venoit trouver de la part du Comte de *Lalain* pour me faire seurement passer par les villes des estats, ne pouvant quitter l'armée des estats de laquelle il estoit Chef pour me venir accompagner. Cette bonne rencontre fust si heureuse, que le maistre de la maison s'offrant de m'accompagner jusques en *France*, nous ne passasmes plus par aucunes villes où je ne fusse honorablement & paisiblement receuë, pource que c'estoit païs des estats; y recevant ce seul desplaisir que je ne pouvois repasser à *Mons* comme j'avois promis à la Comtesse de *Lalain*; & n'en approchois pas plus pres que

de

de *Nivelles*, qui estoit à sept grandes lieuës de là ; qui fust cause, la guerre estant si forte comme elle estoit, que nous ne nous pûsmes voir elle & moy, ny aussi peu Monsieur le Comte de *Lalain*, qui estoit, comme j'ay dit, en l'armée des estats vers *Anvers*. Je luy écrivis seulement de là par un homme de ce Gentilhomme qui me conduisoit. Elle soudain me sçachant là m'envoye des Gentilshommes plus apparens qui fussent demeurez-là pour me conduire jusques à la frontiere de *France* (car j'avois à passer tout le *Cambresis*, qui estoit my-party pour *l'Espagnol* & pour les estats) avec lesquels j'allay loger au Chasteau *Cambresis*, d'où eux s'en retournans, je luy envoyay pour se souvenir de moy une robbe des miennes que je luy avois oüy fort estimer quand je la portois à *Mons*, qui estoit de satin noir toute couverte de broderie de Canon qui avoit cousté huit ou neuf cens écus. Arrivant au Chasteau *Cambresis* j'eus advis que quelques trouppes *Huguenotes* avoient dessein de m'attaquer entre la frontiere de *Flandre* & de *France*. Ce que n'ayant communiqué qu'à peu de personnes, une heure avant le jour je fus preste. Envoyant querir nos littieres & chevaux pour partir, le Chevalier *Salviati* faisoit le long, comme il avoit fait à *Liege*. Ce que connoissant qu'il faisoit à dessein, je laisse la littiere, & montant à cheval, ceux qui furent les premiers prests me suivirent ; de sorte que je fus au *Chastelet* à dix heures du matin, ayant par la seule grace de Dieu eschappé toutes les embusches & aguets de mes ennemis. De là allant chez moy à la *Fere*, pour y séjourner jusques à tant que je sçaurois la paix estre faite, j'y trouvay arrivé devant moy un courrier de mon frere, qui avoit charge de m'attendre la,

pour

pour soudain que je serois arrivée retourner en poste & l'en advertir. Il écrivit par luy que la paix estoit faite, & que le Roy s'en retournoit à *Paris*, Que pour luy sa condition alloit toûjours en empirant, n'y ayant sorte de desfaveurs, & d'indignitez que l'on ne fit tous les jours éprouver & à luy & aux siens, & que ce n'estoit tous les jours que quelques querelles nouvelles que l'on suscitoit à *Bussi* & aux honnestes gens qui estoient avec luy. Ce qui luy faisoit attendre avec extréme impatience mon retour à la *Fere* pour m'y venir trouver. Je luy redepeschay soudain son homme, par lequel adverty de mon retour, il envoya soudain *Bussi* avec toute sa maison à *Angers*, & prenant seulement quinze ou vingt hommes des siens, s'en vint en poste me trouver chez moy à la *Fere*, qui fust un des grands contentemens que j'aye jamais receu, de voir une personne chez moy que j'aimois & honorois tant, où je me mis en peine de luy donner tous les plaisirs que je pensois luy rendre ce séjour agreable. Ce qui estoit si bien receu de luy, qu'il eust volontiers dit comme *saint Pierre*, faisons icy nos tabernacles, si le courage tout royal qu'il avoit & la generosité de son ame ne l'eussent appellé à choses plus grandes. La tranquillité de nostre Cour au prix de l'autre d'où il partoit luy rendoit tous les plaisirs qu'il y recevoit si doux, qu'à toute heure il ne pouvoit s'empescher de dire; O! ma Reyne, qu'il fait bon avec vous ! Mon Dieu, cette compagnie est un Paradis comblé de toutes sortes de delices, & celle d'où je suis party un enfer remply de toutes sortes de furies & tourmens. Nous passasmes prés de deux mois, qui ne nous furent que deux petits jours, en cet heureux estat, durant lequel luy ayant
rendu

rendu compte de ce que j'avois fait pour luy en mon voyage de *Flandre*, & des termes où j'avois mis ses affaires, il trouve fort bon que Monsieur le Comte de *Montigny* frere du Comte de *Lalain* vinst resoudre avec luy des moyens qu'il y falloit tenir, & pour prendre aussi asseurance de leur volonté, & eux de la sienne. Il y vint accompagné de quatre ou cinq des plus principaux de *Hainaut*; l'un desquels avoit lettre & charge de Monsieur *d'Ainsi* d'offrir son service à mon frere, & l'asseurer de la citadelle de *Cambray*. Monsieur de *Montigny* luy portoit parole de la part de son frere le Comte de *Lalain* de luy remettre entre ses mains tout le *Hainaut* & *l'Artois*, où il y a plusieurs bonnes villes. Ces offres tres-asseurées receuës de mon frere, il les renvoya avec presens de medailles d'or, où la figure de luy & de moy estoit, & asseurant les accroissements & bien-faits qu'ils pouvoient esperer de luy. De sorte que s'en retournans ils preparerent toutes choses pour la venuë de mon frere, qui se deliberant d'avoir ses forces prestes dans peu de temps pour y aller, s'en retourne à la Cour pour tacher de tirer des commoditez du Roy pour fournir à cette entreprise. Moy voulant faire mon voyage de *Gascogne*, & ayant preparé toutes choses pour cet effet, je m'en retournay à *Paris*, où arrivant, mon frere me vint trouver à une journée de *Paris*, où le Roy, & la Reyne ma Mere, & la Reyne *Louyse* avec toute la Cour me firent cet honneur de venir au devant de moy jusques à *saint Denis*, qui estoit ma disnée, où il me receurent avec beaucoup d'honneur & de bonne chere, se plaisans à me faire racompter les honneurs & magnificences de mon voyage & séjour de *Liege*, & les avantures de mon

mon retour. En ces agreables entretiens, estans tous dans le chariot de la Reyne ma Mere, nous arrivasmes à *Paris*, où apres avoir souppé & le bal estant finy, le Roy & la Reyne ma Mere estans ensemble je m'approche d'eux, & leur dis que je les supplios ne trouver mauvais si je les requerois avoir agreable que j'allasse trouver le Roy mon mary; Que la paix estant faite c'estoit chose qui ne leur pouvoit estre suspecte, & qu'il me seroit préjudiciable & mal seant si je demeurois davantage à y aller. Ils montrent tous deux de le trouver tres-bon, & de loüer la volonté que j'en avois. Et la Reyne ma Mere me dit qu'elle vouloit m'y accompagner, estant aussi son voyage necessaire en ce païs-là pour le service du Roy; auquel elle dit aussi qu'il falloit qu'il me baillast des moyens pour mon voyage; Ce que le Roy librement m'accorda. Et moy ne voulant rien laisser en arriere qui me pust faire revenir à la Cour, ne m'y pouvant plus plaire lors que mon frere en seroit dehors, que je voyois se préparer pour s'en aller bien-tost en son entreprise de *Flandre*, je suppliay la Reyne ma Mere de se souvenir de ce qu'elle m'avoit promis à la paix avec mon frere, qu'advenant que je partisse pour m'en aller en *Gascogne* elle me feroit bailler des terres pour l'assignat de mon dot. Elle s'en ressouvint, & le Roy le trouve tres-raisonnable, & me promet qu'il seroit fait. Je le supplie que ce soit promptement, pour ce que je desirois partir s'il luy plaisoit pour le commencement du mois prochain. Ce qui fust ainsi arresté; mais à la façon de la Cour. Car au lieu de me dépescher, bien que tous les jours je les en sollicitasse, ils me firent traisner cinq ou six mois, & mon frere de mesme, qui pressoit aussi son

voyage

voyage de *Flandre*, representant au Roy que c'estoit l'honneur & l'accroissement de la *France*; Que ce seroit une invention pour empescher la guerre civile; tous les esprits remuans & desireux de nouveauté ayans le moyen d'aller en *Flandre* passer leur fumée, & se saouler de la guerre; Que cette entreprise serviroit aussi comme le *Piedmont* d'escole à la Noblesse de *France* pour s'exercer aux armes, & y faire revivre des *Montlucs* & *Brissacs*, des *Termes* & des *Belle-gardes*, tels que ces grands Mareschaux, qui s'estans façonnez aux guerres de *Piedmont*, avoient depuis si glorieusement & heureusement servy le Roy & leur Patrie. Ces remonstrances estoient belles & veritables; mais elles n'avoient tant de poids qu'elles peussent emporter en la balance l'envie que l'on portoit à l'accroissement de la fortune de mon frere, auquel l'on donna tous les jours de nouveaux empeschemens pour le retarder d'assembler ses forces, & les moyens qui luy estoient necessaires pour aller en *Flandre*; luy faisant cependant à luy, *Bussi*, & à ses autres serviteurs mille indignitez; & faisant attaquer par plusieurs querelles *Bussi*, tantost par *Quelus*, tantost par *Grammont*, de jour, de nuit, & à toutes heures, estimans qu'à quelques-unes de ces allarmes mon frere se precipiteroit. Ce qui se faisoit sans le sceu du Roy; mais *Maugiron* qui le possedoit lors, & qui ayant quitté le service de mon frere, croyoit qu'il s'en deust ressentir, (ainsi qu'il est ordinaire que qui offense ne pardonne jamais) haïssoit mon frere d'une telle haine, qu'il conjuroit sa ruïne en toutes façons, le bravant & mesprisant sans respect, comme l'imprudence d'une telle jeunesse enflée de la faveur du Roy le poussoit à faire toutes

tes insolences, s'estant ligué avec *Quelus*, *saint Luc*, *saint Maigrin*, *Grammont*, *Mauleon*, *Livarrot*, & quelques autres jeunes gens que le Roy favorisoit, qui suivis de toute la Cour, à la façon des *Courtisans* qui ne suivent que la faveur, entreprenoient toutes les choses qui leur venoient en fantaisie, quelles qu'elles fussent. De sorte qu'il ne se passoit jour qu'il n'y eut nouvelle querelle entr'eux & *Bussi*, de qui le courage ne pouvoit ceder à nul. Mon frere considerant que ces choses n'estoient pas pour advancer son voyage de *Flandre*, desirant plustost adoucir le Roy que l'aigrir, pour l'avoir favorable en son entreprise, & estimant aussi que *Bussi* estant dehors advanceroit davantage de dresser les trouppes necessaires pour son armée, il l'envoye par ses terres pour y donner ordre. Mais *Bussi* estant party, la persecution de mon frere ne cessa pour cela; & connust-on lors qu'encor que les belles qualitez qu'il avoit apportassent beaucoup de jalousie à *Maugiron* & à ces autres jeunes gens qui estoient prés du Roy, la principale cause de leur haine contre *Bussi*, estoit qu'il estoit serviteur de mon frere. Car depuis qu'il fut party ils bravent & morguent mon frere avec tant de mépris & si apparemment, que tout le monde le connoissoit, encor que mon frere fust fort prudent & tres-patient de son naturel, & qu'il eust resolu souffrir toutes choses pour faire ses affaires en son entreprise de *Flandre*, esperant par ce moyen en sortir bien-tost, & ne s'y revoir jamais plus sujet. Cette persecution & ces indignitez luy furent toutesfois fort ennuyeuses & honteuses; mesmes voyant qu'en haine de luy l'on tâchoit de nuire en toutes façons à ses serviteurs, ayans depuis peu de jours fait perdre un

grand

grand procez à Monsieur de la *Chastre*, pource que depuis peu il s'estoit rendu serviteur de mon frere, le Roy s'estant tellement laissé emporter aux persuasions de *Maugiron* & de *saint Luc*, qui estoient amis de Madame de *Senetaire*, qu'il avoit luy-mesme esté solliciter ce procez pour elle contre Monsieur de la *Chastre* qui estoit lors auprés de mon frere, qui s'en sentant offensé, comme l'on peut penser, faisoit participer mon frere à sa juste douleur. En ces jours là le mariage de *saint Luc* * se fit, auquel mon frere ne voulant assister, il me pria aussi d'en faire de mesme; & la Reyne ma Mere qui ne se plaisoit guere à la débordée outrecuidance de ces jeunes gens, craignant aussi que tout ce jour seroit en joye & en débauche, & que mon frere n'ayant voulu estre de la partie l'on luy en dressast quelqu'une qui luy fust préjudiciable, fit trouver bon au Roy qu'elle allast le jour des nopces disner à *saint Maur*, & nous y mena mon frere & moy, C'estoit le Lundy gras. Nous revinsmes le soir, la Reyne ma Mere ayant tellement presché mon frere qu'elle le fit consentir de paroistre & se trouver au bal pour complaire au Roy. Mais au lieu que cela amendast ses affaires, elles s'en empirerent. Car y estant *Maugiron* & autres de sa caballe, ils commencerent à le gausser avec des paroles si picquantes qu'un moindre que luy s'en fust offensé; luy disans qu'il avoit bien perdu sa peine de s'estre r'habillé, que l'on ne l'avoit point trouvé à dire l'apresdinée; qu'il estoit venu à l'heure de tenebres, parce qu'elles luy estoient propres; & l'attaquans de sa laideur & petite taille. Tout cela se disoit à la nouvelle mariée qui estoit auprés de luy, & si haut qu'il se pouvoit entendre. Mon frere connoissant que ce-

* avec Jeanne de Cossé fille du Mareschal de Brissac.

la se faisoit exprés pour le faire respondre, & le broüiller par ce moyen avec le Roy, s'oste de là, si plein de despit & de colere qu'il n'en pouvoit plus; & aprés en avoir conferé avec Monsieur de la *Chastre* se resolust de s'en aller pour quelques jours à la chasse, pensant par son absence attiedir l'animosité de ces jeunes gens contre luy, & en faire plus aisément ses affaires avec le Roy pour la preparation de l'armée qui luy estoit necessaire pour aller en *Flandre*. Il s'en va trouver la Reyne ma Mere qui se deshabilloit, luy dit ce qui s'estoit passé au bal, dequoy elle fust tres-marrie, & luy fait entendre la resolution que là-dessus il avoit prise, qu'elle trouve tres-bonne, & luy promet de la faire agréer au Roy, & en son absence de le solliciter de luy fournir promptement ce qu'il luy avoit promis pour son entreprise en *Flandre*; & Monsieur de *Villequier* estant là, elle luy commande d'aller faire entendre au Roy le desir que mon frere avoit d'aller pour quelques jours à la chasse, ce qui luy sembloit qu'il ne seroit que bon, pour appaiser toutes les broüilleries qui estoient entre luy & ces jeunes gens, *Maugiron*, *saint Luc*, *Quelus*, & les autres. Mon frere se retirant en la chambre, tenant son congé pour obtenu, commande à tous ses gens d'estre le lendemain prests pour aller à la chasse à *saint Germain*, où il vouloit demeurer quelques jours à courir le cerf, ordonne à son grand *Veneur* d'y faire trouver les chiens, & se couche en cette intention de se lever le lendemain matin pour aller à la chasse soulager ou divertir un peu son esprit des broüilleries de la Cour. Mr. de *Villequier* cependant estoit allé par le commandement de la Reyne ma Mere demander son congé au Roy, qui d'abord l'accorda. Mais estant demeuré seul en son cabinet avec

le

le conseil de *Roboam* de cinq à six jeunes hommes, ils luy rendent ce partement fort suspect, & le mettent en telle apprehension qu'ils luy font faire une des plus grandes folies qui se soit faite de nostre temps, qui fust de prendre mon frere & tous ses principaux serviteurs prisonniers. S'il fust imprudemment deliberé, il fust encor plus indiscretement executé. Car le Roy soudain prenant la parole, de nuit s'en alla trouver la Reyne ma Mere tout émeu comme en une allarme publique, ou que l'ennemy eust esté à la porte, luy disant; Comment, Madame, que pensez-vous m'avoir demandé de laisser aller mon frere? Ne voyez-vous pas, s'il s'en va, le danger où vous mettez mon estat? Sans doute sous cette chasse il y a quelque dangereuse entreprise. Je m'en vais me saisir de luy & de tous ses gens, & feray chercher dans ses coffres. Je m'asseure que nous découvrirons de grandes choses. Et à mesme temps, ayant avec luy le Sieur de *Losse* Capitaine des gardes & quelques archers *Escossois*....... La Reyne ma Mere craignant qu'en cette precipitation il fit quelque tort à la vie de mon frere, le prie qu'elle aille avec luy, & toute deshabillée comme elle estoit, s'accommodant comme elle pût avec son manteau de nuit, le suit montant à la chambre de mon frere, où le Roy frappe rudement, criant que l'on luy ouvrist, que c'estoit luy. Mon frere se resveille en sursaut, & sçachant bien qu'il n'avoit rien fait qui luy deust donner crainte, dit à *Cange* son valet de chambre qu'il luy ouvrist la porte. Le Roy entrant en cette furie, commença à le gourmander, & luy dire qu'il ne cesseroit jamais d'entreprendre contre son estat, & qu'il luy apprendroit que c'est de s'attaquer à son Roy. Sur cela il commanda à ses archers d'emporter ses coffres hors de là, & de tirer ses valets de chambre hors de la chambre. Il foüille luy-mesme le lit de mon frere pour voir s'il y trouveroit quelques papiers. Mon frere ayant une lettre de Madame de *Sauve* qu'il avoit receuë ce soir-là, la prend à la main pour empescher qu'on ne la vit. Le Roy s'efforce de la luy oster. Luy y resistant, & le priant à mains jointes de ne la voir point, cela en donne plus d'envie au Roy, croyant que ce papier seroit assez suffisant pour faire le procez à mon frere. Enfin l'ayant ouverte en la presence de la Reyne ma Mere, ils resterent aussi confus que *Caton*, quant ayant contraint *Cesar* dans le *Senat* de monstrer le papier qui luy avoit esté apporté, disant que c'estoit chose qui importoit au bien de la Republique, il luy fit voir que c'estoit une lettre d'amour de la sœur du mesme *Caton* adressant à *Cesar*. La honte de cette tromperie augmentant plustost par le dépit la colere du Roy que la diminuant, sans vouloir escouter mon frere, lequel demandoit sans cesse de quoy on l'accusoit, & pourquoy l'on le traittoit ainsi, il le commet à la garde de Mr. de *Losse* & des *Escossois*, leur commandant de ne le laisser parler à personne. Cela se fit une heure environ aprés minuit. Mon frere demeura en cette façon, estant plus en peine de moy que de luy, croyant bien que l'on m'en avoit fait autant, & ne croyant pas qu'un si violent & si injuste commencement pûst avoir autre qu'une sinistre fin. Et voyant que Monsieur de *Losse* avoit la larme à l'œil de regret de voir passer les choses en cette sorte, & que toutesfois à cause des archers qui estoient là il ne luy osoit parler librement, il luy demande seulement

ce

ce qui eſtoit de moy. Monſieur de *Loſſe* reſpond que l'on ne m'avoit encor rien demandé. Mon frere luy reſpond ; Cela ſoulage
beaucoup ma peine de ſçavoir ma ſœur libre.
Mais encor qu'elle ſoit en cet eſtat, je m'aſſeure qu'elle m'aime tant qu'elle aimera
mieux ſe captiver avec moy que de vivre libre
ſans moy. Et le pria d'aller ſupplier la Reyne
ma Mere qu'elle obtint du Roy que je demeu-
raſſe en ſa captivité avec luy ; ce qui luy fuſt
accordé. Cette ferme croyance qu'il euſt de
la grandeur & fermeté de mon amitié me fuſt
une obligation ſi particuliere, bien que par ſes
bons offices il en euſt acquis pluſieurs grandes ſur moy, que j'ay toûjours miſe celle là
au premier rang. Soudain qu'il euſt cette permiſſion, qui fut ſur le point du jour, il pria
Mr. de *Loſſe* de m'envoyer un archer *Eſcoſſois*, qui eſtoit là pour m'annoncer cette triſte
nouvelle, & me faire venir en ſa chambre.
Cet archer entrant en la mienne trouve que je
dormois encore ſans avoir rien ſçeu de tout
ce qui s'eſtoit paſſé. Il ouvre mon rideau, &
en un langage propre aux *Eſcoſſois* me dit; Bon
jour, Madame, Monſieur voſtre frere vous
prie de le venir voir. Je regarde cette homme
preſque toute endormie, penſant reſver, &
le reconnoiſſant, je luy demande s'il n'eſtoit
pas un *Eſcoſſois* de la garde. Il me dit qu'oüy ;
& je luy repliquay ; & qu'eſt-ce donc ? Mon
frere n'a-t'il point d'autre meſſager que vous
pour m'envoyer ? Il me dit que non, que ſes
gens luy avoient eſté oſtez, & me conta en
ſon langage ce qui luy eſtoit advenu la nuit, &
que mon frere avoit obtenu permiſſion pour
moy de demeurer avec luy pendant ſa captivité. Et voyant que je m'affligeois fort, il
s'approcha de moy & me dit tout bas ; Ne

vous.

vous faschez point. J'ay moyen de sauver Monsieur vostre frere, & le feray n'en doutez point ; mais il faudra que je m'en aille avec luy. Je l'asseuray de toute la recompense qu'il pouvoit esperer de nous, & me hâtant de m'habiller je m'en allay avec luy toute seule à la chambre de mon frere. Il me falloit traverser toute la Court toute pleine de gens qui avoient accoustumé de courir pour me voir & honorer. Lors chacun voyant comme la fortune me tournoit visage, & eux aussi ne firent pas semblant de m'appercevoir. Entrant en la chambre de mon frere je le trouve avec une si grande constance, qu'il n'avoit rien changé de sa façon ny de sa tranquillité ordinaire. Me voyant, il me dit en m'embrassant avec un visage plus joyeux que triste ; Ma Reyne, cessez je vous prie vos larmes. En la condition que je suis, vostre ennuy est la seule chose qui me pourroit affliger ; car mon innocence & la droite intention que j'ay euë m'empeschent de craindre toutes les accusations de mes ennemis. Que si injustement l'on veut faire tort à ma vie, ceux qui feront cette cruauté se feront plus de tort qu'à moy, qui ay assez de courage & de resolution pour mespriser une injuste mort. Aussi n'est-ce que je redoute le plus, ma vie ayant esté jusques icy accompagnée de tant de traverses & de peines, que ne sçachant que c'est des felicitez de ce monde, je ne dois avoir regret de les abandonner. La seule apprehension que j'ay, est, que ne me pouvant faire justement mourir, l'on me vueille faire languir en la solitude d'une longue prison, où encor je mespriseray leur tyrannie pourveu que vous me vouliez tant obliger que de m'assister de vostre presence. Ces paroles au lieu d'arrester mes larmes

me

me penserent faire verser toute l'humeur de ma vie. Je luy responds en sanglottant que ma vie & ma fortune estoient attachées à la sienne; Qu'il n'estoit en la puissance que de Dieu seul d'empescher que je l'assistasse en quelque condition qu'il pust estre; Que si on l'emmenoit de là, & que l'on ne me permit d'estre avec luy, je me tüerois en sa presence. Passans en ces discours quelques heures & recherchans ensemble l'occasion qui avoit convié le Roy de prendre une si cruelle & injuste aigreur contre luy, & ne nous la pouvans imaginer, l'heure vint de l'ouverture de la porte du chasteau, où un jeune homme indiscret, qui estoit à *Bussi*, estant reconnu par les gardes & arresté, ils luy demanderent où il alloit. Luy estonné & surpris leur respond qu'il alloit trouver son maistre. Cette parole rapportée au Roy, l'on soupçonne qu'il est dans le *Louvre*, où l'apresdisnée revenant de *S. Maur* mon frere l'avoit fait entrer parmy la trouppe, pour conferer avec luy des affaires de l'armée qu'il faisoit pour *Flandre*, ne pensant pas lors devoir partir si tost de la Cour comme depuis inopinément il se resolut. Le soir, sur les occasions que j'ay dites, l'*Archant* Capitaine des gardes ayant commandement du Roy de le chercher, & de se saisir de luy & de *Simier* s'il le pouvoit trouver, faisant cette perquisition à regret, pour estre intime-amy à *Bussi*, duquel il estoit appellé par alliance son Pere & luy le nommoit son fils, il monte à la chambre de *Simier*, où il se saisit de luy; & se doutant bien que *Bussi* y estoit caché il fait une legere recherche, estant bien aise de ne le trouver pas. Mais *Bussi*, qui estoit sur le lit, & qui voyoit qu'il demeuroit seul en cette chambre, craignant que la commission fust donnée à quelque autre avec lequel il ne seroit en telle seureté, desirant pluftost d'estre en la garde de *l'Archant* qui estoit honneste homme & son amy, comme il estoit d'une humeur gaillarde & bouffonne, à qui les dangers & hazards n'avoient jamais pû faire ressentir la peur, comme *l'Archant* passoit la porte pour s'en aller emmenant *Simier*, il sort la teste du rideau & luy dit : Hé quoy, mon Pere, vous en voulez vous ainsi aller sans moy ? N'estimez-vous pas ma conduite plus honorable que celle de ce pendart de *Simier* ? L'*Archant* se tourna, & luy dit ; Ah, mon fils, pleust à Dieu qu'il m'eust cousté un bras & que vous ne fussiez pas icy. Il luy respond ; Mon Pere, c'est signe que mes affaires se portent bien, allant toûjours se gaussant de *Simier* pour la tremblante peur où il le voyoit. L'*Archant* les mit en une chambre avec gardes & s'en alla prendre Monsieur de la *Chastre* & le mena à la *Bastille*. Pendant que toutes ces choses se faisoient, Monsieur de *Losse*, bon homme vieil, qui avoit esté gouverneur du Roy mon mary, & qui m'aimoit comme sa fille, ayant la garde de mon frere, connoissant l'injustice que l'on luy faisoit, & detestant le mauvais conseil par lequel le Roy se gouvernoit, ayant envie de nous obliger tous deux se resout de sauver mon frere ; & pour me descouvrir son intention, commande aux archers *Escossis* de se tenir sur le degré au dehors de la porte de mon frere, n'en retenant que deux, avec soy de qui il se fioit, & me tirant à part me dit ; Il n'y a bon *François* à qui le cœur ne saigne de voir ce que nous voyons. J'ay esté trop serviteur du Roy vostre Pere pour ne sacrifier ma vie pour ses enfans. Je crois que j'auray la garde de Monsieur vostre frere en quel lieu que l'on le tienne.

tienne. Asseurez le qu'au hazard de ma vie je le sauveray. Mais afin que l'on ne s'apperçoive de mon intention, ne parlons plus ensemble; mais soyez-en certaine. Cette esperance me consoloit un peu; & reprenant mon esprit je dis à mon frere que nous ne devions point demeurer en cette forme d'inquisition sans sçavoir ce que nous avions fait; Que c'estoit à faire à des faquins d'estre tenus ainsi. Je priay Monsieur de *Losse*, puis que le Roy ne vouloit permettre que la Reyne ma Mere montast, qu'il luy plust nous faire sçavoir par quelqu'un des siens la cause de nostre retention. Mr. de *Combaut* *, qui estoit Chef du Conseil des jeunes gens, nous fut envoyé, qui avec sa gravité naturelle nous dit qu'il estoit envoyé là pour sçavoir ce que nous voulions faire entendre au Roy. Nous luy disines que nous desirions de parler à quelqu'un de la part du Roy pour sçavoir l'occasion de nostre retention, & que nous ne la pouvions imaginer. Il nous respond gravement, qu'il ne faut demander aux Dieux & aux Roys raison de leurs effets; Qu'ils faisoient tout à bonne & juste cause. Nous luy respondisines que nous n'estions pas personnes pour estre tenuës comme ceux que l'on met à l'inquisition à qui l'on fait deviner ce qu'ils ont fait. Nous n'en pusmes tirer autre chose, sinon qu'il s'employeroit pour nous, & qu'il nous y feroit tous les meilleurs offices qu'il pourroit. Mon frere se prit à rire; mais moy qui estois toute convertie en douleur, pour voir en danger mon frere que je cherissois plus que moy-mesme, j'eus beaucoup de peine à m'empescher de luy parler comme il meritoit. Pendant qu'il faisoit son rapport au Roy, la Reyne ma Mere estant en sa chambre avec l'affliction que l'on peut

* Il estoit premier Maistre d'hostel du Roy.

penser

penser (qui comme personne tres-prudente prévoyoit bien que cet excez fait sans sujet ny raison, pourroit, si mon frere n'avoit le naturel bon, apporter beaucoup de malheur en ce Royaume) envoya querir tous les vieux du Conseil, Monsieur le Chancelier, les Princes, Seigneurs, & Mareschaux de *France* qui estoient tous merveilleusement scandalisez du mauvais Conseil que l'on avoit donné au Roy, disans tous à la Reyne ma Mere qu'elle s'y devoit opposer, & remonstrer au Roy le tort qu'il se faisoit ; Qu'on ne pouvoit empescher que ce qui avoit esté fait jusques alors ne fut; mais qu'il falloit r'habiller cela le mieux que l'on pourroit. La Reyne ma Mere va soudain trouver le Roy avec tous ses ministres, qui luy remonstrent de quelle importance étoient ces effets. Le Roy ayant les yeux desillez du pernicieux conseil de ces jeunes gens, trouve bon que ces vieux Seigneurs & Conseillers le luy représentent, & prie la Reyne ma Mere de r'habiller cela, & faire que mon frere oubliast tout ce qui s'estoit passé, & qu'il n'en sceust point mauvais gré à ces jeunes gens, & que par mesme moyen l'accord de *Bussi* & de *Quelus* fust fait. Cela resolu, toutes les gardes furent soudain ostées à mon frere, & la Reyne ma Mere le venant trouver en sa chambre, luy dit qu'il devoit loüer Dieu de la grace qu'il luy avoit faite de le delivrer d'un si grand danger, Qu'elle avoit veu l'heure qu'elle ne sçavoit qu'esperer de sa vie ; Que puis qu'il connoissoit par cela que le Roy estoit de telle humeur, qu'il s'offençoit non seulement des effets, mais des imaginations, & qu'estant resolu en ses opinions, sans s'arrester à aucun advis ny d'elle ny d'autre, il executoit tout ce qui luy venoit en fantaisie,

pour

pour ne le jetter plus en ces aigreurs, cela le devoit faire resoudre à s'accommoder en tout à sa volonté, & de venir trouver le Roy monstrant ne se ressentir point de ce qui s'estoit passé contre sa personne, & ne s'en souvenir point. Nous luy respondismes que nous avions grandement à loüer Dieu de la grace qu'il nous avoit faite de nous garantir de l'injustice que l'on nous preparoit, à quoy, aprés Dieu, nous reconnoissions luy en avoir à elle toute l'obligation, mais que la qualité de mon frere ne permettoit pas que l'on le pûst mettre en prison sans sujet, & l'en tirer sans formalité de justification & satisfaction. La Reyne respond; Que les choses faites, Dieu mesme ne pouvoit faire qu'elles ne fussent; mais que l'on r'habilleroit le desordre qui avoit esté à sa prise en faisant sa delivrance avec tout l'honneur & satisfaction qu'il pourroit desirer. Qu'aussi il falloit qu'il contentat le Roy en tout, luy parlant avec tel respect & avec telle affection à son service qu'il en demeurast content; & qu'il fit outre cela que *Bussi* & *Quelus* s'accordassent de sorte qu'il ne restast rien qui les pûst broüiller. Advoüant bien que le principal motif qui avoit produit ce mauvais conseil & ces mauvais effets, avoit esté la crainte que l'on avoit euë du combat que le vieil *Bussi*, digne Pere d'un si digne fils, avoit demandé, suppliant le Roy trouver bon qu'il secondast son fils le brave *Bussi*, & que Monsieur de *Quelus* fust secondé du sien; qu'eux quatre finiroient cette querelle, sans broüiller la Cour comme elle avoit esté pour cette querelle, ny mettre tant de gens en peine. Mon frere luy promit que *Bussi*, voyant qu'il n'y avoit point d'esperance de se battre, feroit pour sortir de prison ce que elle commandemanderoit. La Reyne ma Mere descendant fit trouver bon au Roy de faire sa delivrance avec honneur. Et pour cet effet il vint en la chambre de la Reyne ma Mere, avec tous les Princes, Seigneurs, & autres Conseillers de son Conseil, & nous envoya querir mon frere & moy par Mr. de *Villequier*; où comme nous allions trouver sa Majesté, passans par les sales & chambres, nous les trouvasmes toutes pleines de gens qui nous regardoient la larme à l'œil, loüans Dieu de nous voir hors de danger. Entrans dans la chambre de la Reyne ma Mere nous trouvasmes le Roy avec cette compagnie que j'ay ditte, qui voyant mon frere luy dit; Qu'il le prioit de ne point trouver estrange & ne s'offenser point de ce qu'il avoit fait, poussé du zele qu'il avoit au repos de son estat, & qu'il creust que ce n'avoit point esté avec intention de luy faire nul desplaisir. Mon frere luy respond; Qu'il devoit & avoit voüé tant de service à sa Majesté qu'il trouveroit toûjours bon tout ce qu'il luy plairoit; mais qu'il le supplioit tres-humblement de considerer que la devotion & fidelité qu'il luy avoit témoignée ne meritoit pas un tel traitement. Toutesfois qu'il n'en accusoit que son malheur, & restoit assez satisfait si le Roy reconnoissoit son innocence. Le Roy luy respondit; Qu'oüy, qu'il n'en estoit point en doute, & qu'il le prioit de faire autant d'estat de son amitié qu'il avoit jamais fait. Sur cela la Reyne ma Mere les prit tous deux & les fit embrasser. Soudain le Roy commanda que l'on fit venir *Bussi* pour l'accorder avec *Quelus*, & que l'on mit en liberté *Simier* & Monsieur de la *Chastre*. *Bussi* entrant en la chambre avec cette belle façon qui luy estoit naturelle, le Roy luy dit qu'il vouloit qu'il s'accors'accordast avec *Quelus*, & qu'il ne se parlast plus de leur querelle; & luy commanda d'embrasser *Quelus*. *Bussi* luy respond; Sire, s'il vous plaist que je le baise, j'y suis tout disposé; & accommodant les gestes avec la parole luy fit une embrassade à la Pantalone; de quoy toute la compagnie, bien qu'encor estonnée & saisie de ce qui s'estoit passé, ne se pûst empescher de rire. Les plus advisez jugerent que cette legere satisfaction que recevoit mon frere n'estoit appareil suffisant à un si grand mal. Cela fait, le Roy & la Reyne ma Mere s'approchans de moy, me dirent qu'il falloit que je tinsse la main à ce que mon frere ne conservast nulle souvenance qui le pûst esloigner de l'obeïssance & affection qu'il devoit au Roy. Je leur respondis; Que mon frere estoit si prudent, & avoit tant de devotion à son service, qu'il n'avoit besoin d'y estre sollicité ny par moy ny par autre. Mais qu'il n'avoit receu & ne recevroit jamais autre conseil de moy que ce qui seroit conforme à leur volonté & son devoir. Estant lors trois heures apres midy, que personne n'avoit encor disné, la Reyne ma Mere voulut que nous disnassions tous ensemble; puis commanda à mon frere & à moy d'aller changer nos habits, qui estoient convenables à la triste condition d'où nous estions presentement sortis, & nous aller parer pour nous trouver au soupper du Roy & au bal. Elle fut obeïe pour les choses qui se pouvoient, de vestir & remettre, mais pour le visage, qui est la vive image de l'ame, la passion du juste mescontentement que nous avions s'y lisoit aussi apparente qu'elle y avoit esté imprimée avec la force & violence du dépit & juste desdain que nous ressentions par l'effet de tous les actes de cette tragicomedie.

Laquelle

Laquelle estant finie de cette façon, le Chevalier de *Sevre*, que la Reyne ma Mere avoit baillé à mon frere pour coucher en sa chambre, & qu'elle prenoit plaisir d'oüir quelquesfois causer, pour estre d'humeur libre, & qui disoit de bonne grace ce qu'il vouloit, tenant un peu de l'humeur d'un Philosophe *Cynique*, se trouvant devant elle, elle luy demande; Et bien, Monsieur de *Sevre*, que dittes vous de tout cecy? C'est trop, dit-il, pour faire à bon escient, & trop peu pour se joüer. Et se retournant vers moy, sans qu'elle le pûst entendre, me dit; Je ne crois pas que ce soit icy le dernier acte de ce jeu. Cet homme (voulant parler de mon frere) me tromperoit bien s'il en demeuroit là. Cette journée estant passée de cette façon, le mal ayant seulement esté adoucy par le dehors & non par le dedans, les jeunes gens qui possedoient le Roy jugeans le naturel de mon frere par le leur, & leur jugement peu experimenté ne permettant pas qu'ils peussent juger ce que peut le devoir & l'amour de la patrie sur un Prince si grand & si bien né qu'il estoit, persuadent au Roy, pour toûjours joindre leur cause à la sienne, que mon frere n'oublieroit jamais l'affront public qu'il avoit reçeu, & s'en voudroit venger. Le Roy sans se souvenir de l'erreur que luy avoient fait commettre ces jeunes gens, reçoit soudain cette seconde impression, & commande aux Capitaines des gardes que l'on prist soigneusement garde aux portes que mon frere ne sortist point, & que tous les soirs l'on fit sortir tous les gens de mon frere hors du *Louvre*, luy laissant seulement ce qui couchoit d'ordinaire dans sa chambre, ou dans sa garderobbe. Mon frere se voyant traitté de cette façon & estre à la misericorde

de

de ces jeunes cervelles, qui sans respect ny jugement faisoient disposer de luy au Roy comme il leur venoit en fantaisie, craignant qu'il ne luy advint pis, & ayant l'exemple tout recent de ce qui sans occasion ny raison luy avoit esté fait, ayant supporté trois jours l'apprehension de ce danger, se resolut de s'oster de là, pour se retirer chez luy, & ne revenir plus à la Cour, mais avancer ses affaires le plus promptement qu'il pourroit pour s'en aller en *Flandre*. Il me communique cette volonté, & voyant que c'estoit sa seureté, & que le Roy ny cet estat n'en pouvoient recevoir du préjudice, je l'approuvay, & en cherchant les moyens, voyant qu'il ne pouvoit sortir par les portes du *Louvre*, qui estoient si curieusement gardées, que mesme l'on regardoit tout ceux qui passoient au visage, il ne s'en trouve point d'autre que de sortir par la fenestre de ma chambre, qui regardoit dans le fossé, & estoit au second estage. Il me prie pour cet effet faire provision d'un cable fort & bon, & de la longueur necessaire. A quoy je pourvois soudain, faisant emporter le jour mesme par un garçon qui m'estoit fidelle une malle de lit qui estoit rompuë comme pour la faire raccoustrer; & à quelques heures de là la rapportant il y mit le cable qui nous estoit necessaire. L'heure du soupper estant venuë, qui estoit un jour maigre que le Roy ne souppoit point, la Reyne ma Mere souppa seule en sa petite sale & moy avec elle. Mon frere, bien qu'il fust assez patient & discret en toutes ses actions, sollicité de la souvenance de l'affront qu'il avoit receu, & du danger qui le menaçoit, impatientant de sortir, s'y trouve comme je me leve de table, & me dit à l'oreille qu'il me prioit de me haster, & de venir tost à ma ma chambre où il se trouveroit Monsieur de *Matignon*, qui n'estoit encores Mareschal, un dangereux & fin *Normand* qui n'aimoit point mon frere, en estant adverty par quelqu'un qui peut-estre n'avoit pas bien tenu sa langue, ou le conjecturant sur la façon de quoy m'avoit parlé mon frere, dit à la Reyne ma Mere comme elle entroit en sa chambre, (ce que j'entrouïs presque, estant assez prés d'elle, & y prenant garde, & observant curieusement tout ce qui se passoit: comme font ceux qui se trouvent en pareil estat, & sur le point de leur delivrance sont agitez de crainte & d'esperance) que sans doute mon frere s'en vouloit aller; que demain il ne seroit plus là; qu'il ne sçavoit tres-bien; & qu'elle y mit ordre. Je vis qu'elle se troubla à cette nouvelle; ce qui me donna encor plus d'apprehension que nous ne fussions descouverts Nous entrans en son cabinet, elle me tira à part & me dit; Avez-vous veu ce que *Matignon* m'a dit? Je luy dis; Je ne l'ay pas entendu, Madame, mais j'ay veu que c'estoit chose qui vous donnoit peine. Oüy, ce dit-elle, bien fort; car vous sçavez que j'ay respondu au Roy que vostre frere ne s'en iroit point, & *Matignon* vient de me dire qu'il sçavoit tresbien qu'il ne sera demain icy. Lors me trouvant entre ces deux extremitez, ou de manquer à la fidelité que je devois à mon frere, & mettre sa vie en danger, ou de jurer contre la verité (chose que je n'eusse voulu pour eviter mille morts) je me trouvay en si grande perplexité, que si Dieu ne m'eust assistée, ma façon eust assez tesmoigné sans parler, ce que je craignois, qui fust descouvert. Mais comme Dieu assiste les bonnes intentions, & sa divine bonté operoit en

cette

cette œuvre pour sauver mon frere, je composay tellement mon visage & mes paroles qu'elle ne pûst rien connoistre que ce que je voulois, & que je n'offensay mon ame ny ma conscience par aucun faux serment. Je luy dis donc si elle ne connoissoit pas bien la haine que Monsieur de *Matignon* portoit à mon frere; Que c'estoit un broüillon malicieux qui avoit regret de nous voir tous d'accord; Que lors que mon frere s'en iroit j'en voulois respondre de ma vie; Que je m'asseurois bien que ne m'ayant jamais rien celé il m'eust communiqué ce dessein, s'il eut eu cette volonté que lors que cela seroit je luy abandonnerois ma vie. Ce que je disois, m'asseurant bien que mon frere estant sauvé l'on n'eust osé me faire déplaisir; & au pis aller, quand nous eussions esté descouverts, j'aimois trop mieux engager ma vie que d'offenser mon ame par un faux serment, & mettre la vie de mon frere en hazard. Elle ne recherchant pas de prés le sens de mes parolles me dit; Pensez-bien à ce que vous dites; vous m'en serez caution; vous m'en respondrez sur vostre vie. Je luy dis en sousriant, que c'estoit ce que je voulois; & luy donnant le bon soir je m'en allay en ma chambre, où me des-habillant en diligence, & me mettant au lit pour me deffaire de mes Dames & filles, estant restée seule avec mes femmes de chambre, mon frere vint avec *Simier* & *Cangé*, & me relevant, nous accommodasmes la corde avec un baston, & ayans regardé dans le fossé s'il n'y avoit personne, estant seulement aidée de trois de mes femmes qui couchoient en ma chambre, & du garçon de la chambre qui m'avoit apporté la corde, nous descendons premierement mon frere,

frere, qui rioit & gauſſoit ſans avoir aucune apprehenſion, bien qu'il y euſt une tres-grande hauteur, puis *Simier*, qui tremblant ne ſe pouvoit preſque tenir de peur, puis *Cangé* ſon valet de chambre. Dieu conduiſit ſi heureuſement mon frere ſans eſtre deſcouvert, qu'il ſe rendit à *ſaincte Genevieſve* où *Buſſi* l'attendoit, qui du conſentement de l'Abbé avoit fait un trou à la muraille de la ville par lequel il ſortit, & trouvant là des chevaux tous preſts, ſe retira à *Angers* ſans aucune infortune. Comme nous deſcendions *Cangé* le dernier, il ſe leve un homme du fonds du foſſé qui commence à courir vers le logis qui eſt auprés du jeu de paume, qui eſt le chemin où l'on va vers le corps de garde. Moy qui en tout ce hazard n'avois jamais apprehendé ce qui eſtoit de mon particulier, mais ſeulement la ſeureté ou le danger de mon frere, demeuray demy paſmée de peur, croyant que ce fuſt quelqu'un qui ſuivant l'advis de Monſieur de *Matignon* euſt eſté mis là pour nous guetter; & eſtimant que mon frere fut pris, j'entray en un deſeſpoir qui ne ſe peut repreſenter que par l'eſſay de choſes ſemblables. Eſtant en ces alteres, mes femmes plus curieuſes que moy de ma ſeureté & de la leur, prennent la corde & la mettent au feu, afin qu'elle ne fut trouvée, ſi le malheur eſtoit ſi grand que cet homme qui s'eſtoit levé du foſſé y euſt eſté mis pour guetter. Cette corde eſtant fort longue fait une ſi grande flamme que le feu ſe met dans la cheminée; de façon que ſortant par deſſus le couvert, & eſtant apperçeu des Archers qui eſtoient cette nuit-là en garde, ils viennent frapper effroyablement

ment à ma porte, difans que l'on ouvrist promptement. Lors, bien que je penfaffe à ce coup-là que mon frere fuft pris, & que nous fuffions tous deux perdus ; ayant toûjours neanmoins efperé en Dieu qui me confervoit le jugement entier (grace qu'il a pleu à fa divine Majefté me faire en tous les dangers que je me fuis trouvée) voyant que la corde n'eftoit pas que demy-bruflée, je dis à mes femmes qu'elles allaffent tout bellement à la porte demander ce qu'ils vouloient, parlant bas comme fi j'euffe dormy. Ce qu'elles font, & les Archers leur dirent que c'eftoit le feu qui eftoit à ma cheminée, & qu'ils venoient pour l'efteindre. Mes femmes leur dirent que ce n'eftoit rien, & qu'elles l'efteindroient bien, & qu'ils fe gardaffent bien de m'efveiller. Ils s'en revont. L'alarme paffée, à deux heures de là voicy Monfieur de *Loffe* qui me vient querir pour aller trouver le Roy & la Reyne ma Mere pour leur rendre raifon de la fortie de mon frere, en ayant efté advertis par l'Abbé de *fainte Genevefve*, qui, pour n'en eftre embroüillé, & du confentement mefme de mon frere, lors qu'il vit qu'il eftoit affez loing pour ne pouvoir eftre attrappé en vint advertir le Roy, difant qu'il l'avoit furpris en fa maifon, & que l'ayant tenu enfermé jufques à ce qu'ils euffent fait leur trou, il n'avoit pû pluftoft en venir advertir le Roy. Il me trouva au lit, car c'eftoit la nuit, & me levant foudain avec mon manteau de nuit, une de mes femmes indifcrette & effrayée fe prend à mon manteau en criant & pleurant, difant que je n'en reviendrois jamais. Monfieur de *Loffe* la repouffant me dit; Si cette femme avoit fait ce trait devant une personne qui ne vous fuſt ſerviteur comme je ſuis, cela vous mettroit en peine. Mais ne craignez rien, & loüez Dieu; car Monſieur voſtre frere eſt ſauvé. Ces paroles me furent un advertiſſement bien neceſſaire pour me fortifier contre les menaces & intimidations que j'avois à ſouffrir du Roy, que je trouvay aſſis au chevet du lit de la Reyne ma Mere en une telle colere, que je crois qu'il me l'euſt fait reſſentir, ſi la crainte de l'abſence de mon frere & la preſence de la Reyne ma Mere ne l'en euſt empeſché. Ils me dirent tous deux que je leur avois dit que mon frere ne s'en iroit point, & que je leur en avois répondu. Je leur dis qu'oüy, mais qu'il m'avoit trompé en cela comme eux; Que toutesfois je leur reſpondois à peine de ma vie que ſon partement n'apporteroit aucune alteration au ſervice du Roy, & qu'il s'en alloit ſeulement chez luy pour donner ordre à ce qui luy eſtoit neceſſaire pour ſon entrepriſe de *Flandre*. Cela adoucit un peu le Roy, & me laiſſa retourner en ma chambre. Il eut bien-toſt nouvelles de mon frere, qui l'aſſeuroient de ſa volonté telle comme je luy avois dit; ce qui fit ceſſer la plainte, non le meſcontentement, montrant en apparence d'y vouloir aider, mais en effet traverſant ſous main les appreſts de ſon armée pour *Flandre*.

MEMOIRES
DE LA REYNE
MARGUERITE.

LIVRE TROISIEME.

LE temps s'estant passé de cette façon, moy pressant à toute heure le Roy de me vouloir permettre d'aller trouver le Roy mon mary, luy voyant qu'il ne me le pouvoit refuser, & ne voulant que je partisse mal satisfaite de luy, desirant outre cela infiniment de me separer de l'amitié de mon frere, il m'oblige par toutes sortes de bienfaits, me donnant, suivant la promesse que la Reyne ma Mere m'en avoit faite à la paix de *Sens*, l'assignat de mon dot en terres, & outre cela la nomination des offices & benefices. Et outre la pension qu'il me donnoit telle que les filles de *France* ont accoûtumé d'avoir, il m'en donna encor une de l'argent de ses coffres, prenant la peine de me venir

voir

voir tous les matins, & me representant combien son amitié me pouvoit estre utile; Que celle de mon frere me causeroit enfin ma ruine, & que la sienne me pouvoit faire vivre bien-heureuse; & mille autres raisons tendantes à cette fin. En quoy jamais il ne pûst ébranler la fidelité que j'avois voüée à mon frere, & ne pûst tirer autre chose de moy, sinon que mon plus grand desir estoit de voir mon frere en sa bonne grace; Qu'il me sembloit qu'il n'avoit pas merité d'en estre esloigné, & que je m'asseurois qu'il s'efforceroit de s'en rendre digne par toute sorte d'obeïssance & de tres-humble service; Que pour moy je ressentois d'estre obligée à luy de tant d'honneur & de biens qu'il me faisoit, qu'il se pouvoit bien asseurer qu'estant auprés du Roy mon mary, je ne manquerois nullement aux commandemens qu'il luy plairoit me faire, & que je ne travaillerois à autre chose qu'à maintenir le Roy mon mary en son obeïssance. Mon frere estant lors sur son partement de *Flandre*, la Reyne ma Mere le voulut aller voir à *Alençon* avant qu'il partist. Je suppliay le Roy de trouver bon que je l'y accompagnasse pour luy dire Adieu. Ce qu'il me permit, bien qu'à regret. Revenus que nous fusmes d'*Alençon*, ayant toutes choses prestes pour mon partement, je suppliay encor le Roy de me laisser aller. La Reyne ma Mere qui avoit aussi un voyage à faire en *Gascogne* pour le service du Roy, (ce païs-là ayant besoin de luy ou d'elle) elle se resolut que je n'irois pas sans elle Et partans de *Paris* le Roy nous mena à son *Dolinville*, où aprés nous avoir traittez quelques jours, nous prismes congé de luy, & dans peu de temps nous fusmes en *Guyenne*, où des que nous entrasmes dans le gouvernement du Roy

Roy mon mary l'on me fit entrée par tout. Il vint au devant de la Reyne ma Mere jusques à la *Reolle*, ville que ceux de la religion tenoient pour la deffiance qui estoit encor alors, le païs n'estant encor bien estably, ne luy ayant pû permettre de venir plus outre. Il y estoit tres-bien accompagné de tous les Seigneurs & Gentilshommes de la religion de *Gascogne*, & de quelques Catholiques. La Reyne ma Mere pensoit y demeurer peu de temps, mais il survinst tant d'accidens, & du costé des *Huguenots* & de celuy des Catholiques, qu'elle fust contrainte d'y demeurer dix-huit mois. Et en estant faschée, elle voulut quelquefois attribuer que cela se faisoit artificieusement pour voir plus longtems ses filles, pource que le Roy mon mary estoit devenu fort amoureux de *Dayelle**, & Mr. de *Thurene* de la *Vergne*; ce qui n'empeschoit pas que je ne receusse beaucoup d'honneur & d'amitié du Roy, qui m'en tesmoignoit autant que j'en eusse pû desirer, m'ayant dés le premier jour que nous arrivasmes conté tous les artifices que l'on luy avoit faits pendant qu'il estoit à la Cour pour nous mettre mal ensemble. Ce qu'il reconnoissoit bien avoir esté fait seulement pour rompre l'amitié de mon frere & de luy, & pour nous ruiner tous trois; monstrant avoir beaucoup de contentement que nous fussions ensemble. Nous demeurasmes en cette heureuse condition tant que la Reyne ma Mere fut en *Gascogne*; laquelle aprés avoir establi la paix changea de Lieutenant de Roy à la priere du Roy mon mary, ostant Monsieur le Marquis de *Villars** pour y mettre Monsieur le Mareschal de *Biron*. Elle passant en *Languedoc* nous la conduisismes jusques à *Castelnaudarry*, où prenans congé d'elle

* Elle estoit Italienne ou Cypriotte *d'Aubigné.* T. 1. p. 276. *Castelnau.* T. 1. p. 328. Confession de *Sancy.* p. 167.

* André de Brancas.

nous nous en revinfmes à *Pau en Bearn*, où n'ayant nul exercice de la religion Catholique, l'on me permit feulement de faire dire la Meffe en une petite Chappelle qui n'a que trois ou quatre pas de long, qui eftant fort eftroitte eftoit pleine quand nous y eftions fept ou huit. A l'heure que l'on vouloit dire la Meffe l'on levoit le pont du *Chafteau*, de peur que les Catholiques du païs ; qui n'avoient aucun exercice de la religion, l'oüiffent ; car ils eftoient infiniment defireux de pouvoir affifter au faint Sacrifice, dequoy ils eftoient depuis plufieurs années privez ; & pouffez de ce faint & jufte defir, les habitans de *Pau* trouverent moyen le jour de la *Pentecofte* avant que l'on levaft le pont d'entrer dans le Chafteau, fe gliffans dans la Chappelle, où ils n'avoient point efté defcouverts jufques fur la fin de la Meffe, qu'entr'ouvrans la porte pour laiffer entrer quelqu'un de mes gens, quelques *Huguenots* qui efpioient à la porte les apperceurent, & l'allerent dire au *Pin* Secretaire du Roy mon mary, (lequel poffedoit infiniment fon maiftre, & avoit grande authorité en fa maifon menant toutes les affaires de ceux de la religion, lequel y envoya des gardes du Roy mon mary, qui les tirant hors & les battant en ma prefence, les menerent en prifon, où ils furent long-temps, & payerent une groffe amende. Cette indignité fuft reffentie infiniment de moy, qui n'attendois rien de femblable. Je m'en allay plaindre au Roy mon mary, le fuppliant faire lâcher ces pauvres Catholiques, qui n'avoient point merité un tel chaftiment, pour avoir voulu, aprés avoir efté fi long-temps privez de l'exercice de noftre religion, fe prevaloir de ma venuë pour rechercher le jour d'une fi
bonne

bonne feste d'oüir la Messe. Le *Pin* se mit en tiers, sans y estre appellé, & sans porter ce respect à son maistre de le laisser responre, prend la parolle, & me dit que je ne rompisse point la teste au Roy mon mary de cela, car quoy que j'en peusse dire il n'en seroit fait autre chose; Qu'ils avoient bien merité ce que l'on leur faisoit, & que pour mes parolles il n'en seroit ny plus ny moins; Que je me contentasse que l'on me permettoit de faire dire une Messe pour moy, & pour ceux de mes gens que j'y voudrois mener. Ces paroles m'offenserent beaucoup d'un homme de telle qualité, & suppliay le Roy mon mary, si j'estois si heureuse d'avoir quelque part en sa bonne grace, de me faire connoistre qu'il ressentoit l'indignité qu'il me voyoit recevoir par ce petit homme, & qu'il m'en fit raison. Le Roy mon mary voyant que je m'en passionnois justement, le fit sortir & oster de devant moy, me disant qu'il estoit fort marry de l'indiscretion de du *Pin*, & que c'estoit le zéle de sa religion qui l'avoit transporté à cela, & qu'il m'en feroit telle raison que je voudrois; Que pour les prisonniers Catholiques, il adviseroit avec ses Conseillers du Parlement de *Pau* ce qui se pouvoit faire pour me contenter. M'ayant ainsi parlé il alla aprés en son Cabinet où il trouva le *Pin*, qui aprés avoir parlé à luy le changea tout. De sorte que craignant que je le requisse de luy donner congé, il me fuit & me fait la mine. Enfin voyant que je m'opiniastrois à vouloir qu'il choisit de du *Pin* ou de moy, celuy qui luy seroit le plus agreable, tous ceux qui estoient là, & qui haïssoient l'arrogance de du *Pin*, lui dirent qu'il ne me devoit mescontenter pour un tel homme, qui m'avoit tant offensé, que si cela venoit à la
con-

connoiſſance du Roy & de la Reyne ma Mere, ils trouveroient fort mauvais qu'il l'eut souffert & tenu prés de luy. Ce qui le contraignit enfin de luy donner congé. Mais il ne laiſſa à continuer de me vouloir du mal & de m'en faire la mine, y eſtant, à ce qu'il m'a dit depuis, perſuadé par Monſieur de *Pibrac*, qui joüoit au double ; me diſant à moy que je ne devois ſouffrir d'eſtre bravée d'un homme de peu comme celuy-là, & quoy que ce fuſt qu'il falloit que je le fiſſe chaſſer ; & diſant au Roy mon mary qu'il n'y avoit apparence que je le privaſſe du ſervice d'un homme qui luy eſtoit ſi neceſſaire. Ce que Monſieur de *Pibrac* faiſoit pour me convier à force de déplaiſirs de retourner en *France*, où il eſtoit attaché en ſon Eſtat de Preſident & de Conſeiller au Conſeil du Roy. Et pour empirer encor ma condition depuis que *Dayelle* s'eſtoit eſloignée, le Roy mon mary s'eſtoit mis à rechercher *Rebours* *, qui eſtoit une fille malicieuſe, qui ne m'aimoit point, & qui me faiſoit tous les plus mauvais offices qu'elle pouvoit en ſon endroit. En ces traverſes ayant toûjours recours à Dieu, il eut enfin pitié de mes larmes, & permit que nous partiſſions de ce petit *Geneve* de *Pau*, où de bonne fortune pour moy *Rebours* y demeura malade, laquelle le Roy mon mary perdant des yeux perdit auſſi d'affection, & commença à s'embarquer avec *Foſſeuſe* *, qui eſtoit plus belle pour lors, toute enfant, & toute bonne. Dreſſans noſtre chemin vers *Montauban*, nous paſſaſmes par une petite ville nommée *Eauſe*, & la nuit que nous y arrivaſmes, le Roy mon mary tomba malade d'une grande fiévre continuë, avec une extréme douleur de teſte qui luy dura dix-ſept jours, durant laquelle il n'avoit repos ny

* Elle eſtoit fille d'un Preſident de Calais. Caſtelnau. T. 1. p. 329. Confeſſion de Sancy. p. 166.

* Françoiſe de Montmorency depuis mariée au Baron de St. Mars. Caſtelnau. T. 1. p. 329. Hiſt. de Montmorency. p. 304. & Confeſſion de Sancy. p. 168. en elle eſt confondue avec Jaqueline de Montmorency ſa Niepce.

jour ny nuict, & le falloit perpetuellement changer de lit à autre. Je me rendis si sujette à le servir, ne me partant jamais d'auprés de luy, & sans me deshabiller, qu'il commença à avoir agreable mon service, & à s'en loüer à tout le monde, & particulierement à mon cousin Mr. de *Turenne* qui me rendant office de bon parent, me remit aussi bien auprés de luy que jamais j'avois esté. Felicité qui me dura l'espace de quatre ou cinq ans que je fus en *Gascogne* avec luy; faisant la pluspart de ce temps-là nostre séjour à *Nerac*, où nostre Cour estoit si belle & si plaisante que nous n'envions point celle de *France*, y ayant Mad. la Princesse de *Navarre* sa sœur, qui depuis a esté mariée à Mr. le Duc de *Bar* mon nepveu, & moy, avec bon nombre de Dames & filles, & le Roy mon mary estant suivy d'une belle trouppe de Seigneurs & Gentilshommes, aussi honnestes gens que les plus galans que j'ay veu à la Cour; & n'y avoit rien à regretter en eux, sinon qu'ils estoient *Huguenots*. Mais de cette diversité de religion il ne s'en oyoit point parler, le Roy mon mary & Madame la Princesse sa sœur allans d'un costé au presche, & moy & mon train à la Messe en une Chappelle qui est dans le parc; d'où comme je sortois nous nous r'assemblions pour nous aller promener ensemble, ou dans un tres-beau jardin, qui a des allées de *Lauriers* & de *Ciprez* fort longues, ou dans le parc que j'avois fait faire, en des allées de trois mille pas qui sont au long de la riviere; & le reste de la journée se passoit en toutes sortes de plaisirs honnestes, le bal se tenant d'ordinaire l'apresdisnée & le soir. Durant tout ce temps la le Roy servoit *Fosseuse*, qui dependant du tout de moy, se maintenoit avec tant d'honneur & de vertu, que si elle eust toûjours continué de cette façon elle ne fust fut tombée au malheur qui depuis luy en a tant apporté & à moi aussi. Mais la fortune envieuse d'une si heureuse vie, qui sembloit en la tranquilité & union où nous nous maintenions mespriser sa puissance comme si nous n'eussions esté sujets a sa mutabilité, excita pour nous troubler, un nouveau sujet de guerre entre le Roy mon mary & les Catholiques, rendant le Roy mon mary & Mr. le Mareschal de *Biron*, qui avoit esté mis en cette charge de Lieutenant de Roy en *Guyenne* à la requeste des *Huguenots*, tant ennemis, que quoy que je pûsse faire pour les maintenir bien ensemble le Roy mon mary & luy, je ne pûs empescher qu'ils ne vinssent à une extresme deffiance & haine, commençans à se plaindre l'un de l'autre au Roy, le Roy mon mary demandant que l'on luy ostast Monsieur le Mareschal de *Biron* de *Guyenne*, & Monsieur le Mareschal taxant mon mary & ceux de la religion pretenduë d'entreprendre plusieurs choses contre le traitté de la paix. Ce commencement de desunion s'allant toûjours accroissant à mon grand regret, sans que j'y peusse remedier, Mr. le Mareschal de *Biron* conseille au Roy de venir en *Guyenne*, disant que sa presence y apporteroit un ordre. De quoy les *Huguenots* estans advertis, ils creurent que le Roy venoit seulement pour les desemparer de leurs villes & s'en saisir. Ce qui les fit resoudre à prendre les armes; qui estoit tout ce que je craignois de voir commencer une guerre, moy étant embarquée à courir la fortune du Roy mon mary, & par consequent me voir en un parti contraire à celui du Roy & à celuy de ma religion. J'en parlay au Roy mon mary pour l'en empescher, & à tous ceux de son Conseil, leur remonstrant combien peu advantageuse leur pourroit estre cette guerre, où ils avoient un Chef contraire, tel que Mr. le Mareschal de *Biron*, grand Capitaine & fort animé contre eux, qui ne les feindroit pas & ne les espargneroit pas comme avoient fait d'autres ; Que si la puissance du Roy estoit employée contre eux avec intention de les exterminer tous, ils n'estoient pas pour y resister. Mais la crainte qu'ils avoient de la venuë du Roy en *Guyenne*, & l'esperance de plusieurs entreprises qu'ils avoient sur la pluspart des villes de *Gascogne* & de *Languedoc* les y poussoit tellement, qu'encores que le Roy mon mary me fist cet honneur d'avoir beaucoup plus de creance & de fiance en moy, & que les principaux de la religion m'estimassent avoir quelque jugement, je ne pûs pourtant leur persuader ce que bien-tost apres ils reconnurent à leurs despens estre vray. Il fallut laisser passer ce torrent, qui allentit bien-tost son cours quand ils vindrent à l'experience de ce que je leur avois predit. Long-temps devant que l'on vint à ces termes, voyant que les choses s'y disposoient, j'en avois souvent adverty le Roy & la Reyne ma Mere, pour y remedier en donnant quelque contentement au Roy mon mary. Mais ils n'en avoient tenu conte, & sembloit qu'ils fussent bien aises que les choses en vinssent là ; estans persuadez par le feu Mareschal de *Biron* qu'il avoit moyen de reduire les *Huguenots* aussi bas qu'il voudroit. Mes advis negligez, peu à peu les aigreurs se vont augmentant, de sorte qu'ils en viennent aux armes. Mais ceux de la religion pretenduë reformée s'estans de beaucoup mescontez aux forces qu'ils faisoient estat de mettre ensemble, le Roy mon mary se trouve plus foible que le Mareschal de *Biron* ; mesmes toutes leurs entreprises estans faillies, fors

celle

celle de *Cahors* qu'ils prindrent par petards avec perte de beaucoup de gens, pour y avoir Monsieur de *Vezins** combattu l'espace de deux ou trois jours, leur ayant disputé ruë aprés ruë, & maison aprés maison; où le Roy mon mary fit paroistre sa prudence & valeur; non comme Prince de sa qualité, mais comme un prudent & hazardeux Capitaine. Cette prise les affoiblit plus qu'elle ne les fortifia. Le Mareschal de *Biron* prenant son temps tinst la campagne, attaquant & emportant toutes les petites villes qui tenoient pour les *Huguenots*, & mettant tout au fil de l'espée. Dés le commencement de cette guerre, voyant que l'honneur que le Roy mon mary me faisoit de m'aimer me commandoit de ne l'abandonner, je me resolus de courir sa fortune; non sans extreme regret de voir que le motif de cette guerre fut tel, que je ne pouvois souhaitter l'avantage de l'un ou de l'autre que je ne souhaitasse mon dommage. Car si les *Huguenots* avoient du meilleur, c'estoit la ruine de la religion Catholique, de qui j'affectionnois la conservation plus que ma propre vie. Si aussi les Catholiques avoient l'avantage sur les *Huguenots*, je voyois la ruine du Roy mon mary. Retenuë neantmoins auprés de luy par mon devoir, & par l'amitié & fiance qu'il luy plaisoit me monstrer, j'escrivis au Roy & à la Reyne ma Mere l'Estat en quoy je voyois les affaires de ce païs-là, pour en avoir esté les advis que je leur en avois donnez negligez; Que je les suppliois, si en ma consideration ils ne me vouloient tant obliger que de faire esteindre ce feu au milieu duquel je me voyois exposée, qu'au moins il leur plust commander à Mr. le Mareschal de *Biron* que la ville où je faisois mon sejour, qui

estoit

* On peut voir son éloge dans les Histoires de Thou l. 52. & d'Aubigné T.1. l.1. ch. 4. & l. 4. ch. 7.

étoit *Nerac*, fust tenuë en neutralité, & qu'à 3. lieuës pres de là il ne se fit point la guerre, & que j'en obtiendrois autant du Roy mon mary pour le party de ceux de la religion. Cela me fut accordé du Roy, pourveu que le Roy mon mary ne fust point dans *Nerac*; mais que lors qu'il y seroit la neutralité n'auroit point de lieu. Cette condition fut observée de l'un & de l'autre party avec autant de respect que j'eusse peu desirer. Mais elle n'empescha pas que le Roy mon mary ne vinst souvent à *Nerac*, où nous estions Madame sa sœur & moy, estant son naturel de se plaire parmy les Dames, mesmes estant lors fort amoureux de *Fosseuse*, qu'il avoit toûjours servie depuis qu'il quitta *Rebours*; de laquelle je ne recevois nul mauvais office, & pour cela le Roy mon mary ne laissoit de vivre avec moy en pareille privauté & amitié que si j'eusse été sa sœur, voyant que je ne desirois que de le contenter en toutes choses. Toutes ces considerations l'ayans un jour amené à *Nerac* avec ses trouppes, il y sejourna trois jours, ne pouvant se departir d'une compagnie & d'un sejour si agreable. Le Mareschal de *Biron*, qui n'espioit qu'une telle occasion, en estant adverty feint de venir avec son armée prés de là pour joindre à un passage de riviere Monsieur de *Cornusson* Seneschal de *Tolose* qui luy amenoit des trouppes, & au lieu d'aller là tourne vers *Nerac*, & sur les neuf heures du matin se presente avec toute son armée en bataille prés & à la volée du Canon. Le Roy mon mary qui avoit eu advis dés le soir de la venuë de Monsieur de *Cornusson*, voulant les empescher de se joindre, & les combattre separés, ayant forces suffisantes pour ce faire, (car il avoit lors Monsieur de la *Rochefoucaut* avec toute la Noblesse de *Xain-*
tonge

tonge, & bien huit cens harquebusiers à cheval qu'il luy avoit amenez) estoit party du matin au point du jour, pensant les rencontrer sur le passage de la riviere. Mais les ayant failly, pour n'avoir esté bien adverty, Monsieur de *Cornusson* ayant dés le soir devant passé la riviere, il s'en revint à *Nerac*. Et comme il entroit par une porte il sçeust le Mareschal de *Biron* estre en bataille devant l'autre. Il faisoit ce jour là un fort mauvais temps; & une si grande pluye que la harquebuserie ne pouvoit servir. Neantmoins le Roy mon mary jette quelques trouppes des siennes dans les vignes pour empescher que le Mareschal de *Biron* n'approchast plus pres. N'y ayant moyen, à cause de l'extreme pluye qu'il faisoit ce jour là, de faire autre effet, le Mareschal de *Biron* demeurant cependant en bataille à nostre veuë, & laissant seulement desbander deux ou trois des siens qui vindrent demander des coups de lance pour l'amour des Dames, se tenoit ferme couvrant son artillerie jusques à ce qu'elle fut preste à tirer. Puis faisant soudain fendre sa trouppe fait tirer sept ou huit volées de Canon dans la ville, dont l'une donna jusques au Chasteau; & ayant fait cela, part de là, & se retire, m'envoyant un trompette pour s'excuser à moy, & me mandant que si j'eusse esté seule il n'eut pour rien du monde entrepris cela; mais que je sçavois qu'il avoit esté dit en la neutralité qui avoit esté accordée par le Roy, que si le Roy mon mary estoit à *Nerac* la neutralité n'auroit point de lieu, & qu'il avoit commandement du Roy de l'attaquer en quelque lieu qu'il fut. En toutes autres occasions Monsieur le Mareschal de *Biron* m'avoit rendu beaucoup de respect, & tesmoigné de m'estre amy. Car luy

estant

estant tombé de mes lettres entre les mains durant la guerre, il me les avoit renvoyées toutes fermées, & tous ceux qui se disoient à moy ne recevoient de luy qu'honneur & bon traittement. Je respondis à son trompette que je sçavois bien que Mr. le Mareschal ne faisoit en cela que ce qui estoit du devoir de la guerre & du commandement du Roy; mais qu'un homme prudent comme il estoit pouvoit bien satisfaire & à l'un & à l'autre sans offenser ces amis; Qu'il me pouvoit bien laisser joüir ses trois jours du contentement de voir le Roy mon mary à *Nerac*; Qu'il ne pouvoit l'attaquer en ma presence sans s'attaquer aussi à moy : que j'en étois fort offensée, & que je m'en plaindrois au Roy. Cette guerre dura encor quelque temps, ceux de la religion ayant toûjours du pire ; ce qui m'aidoit à disposer le Roy mon mary à une paix. J'en escrivis souvent au Roy & à la Reyne ma Mere, mais il n'y vouloient point entendre, se fians en la bonne fortune qui jusques alors avoit accompagné Monsieur le Mareschal de *Biron*. En mesme temps que cette guerre commença, la ville de *Cambray*, qui s'estoit depuis mon partement de *France* mise en l'obeïssance de mon frere par le moyen de Monsieur *d'Inchy*, duquel j'ay parlé cy-devant, fust assiegée des forces *Espagnoles*. De quoy mon frere, qui étoit chez luy au *Plessis lez Tours*, fut adverty, lequel estoit depuis peu revenu de son premier voyage de *Flandre*, où il avoit receu les villes de *Mons*, *Valenciennes*, & autres qui estoient du gouvernement du Comte de *Lalain*, qui avoit pris le party de mon frere, le faisant reconnoistre pour Seigneur en tous les pays de son authorité. Mon frere le voulant

lant secourir, fait soudain lever des gens pou. mettre sus une armée pour s'y acheminer. Et pource qu'elle ne pouvoit estre si-tost preste, il y fait jetter Monsieur de *Balagny*, pour soustenir le siege, attendant qu'avec son armée il le pûst faire lever. Comme il estoit sur ces apprests, & qu'il commençoit d'avoir une partie des forces qui luy estoient necessaires, cette guerre des *Huguenots* intervint, qui fit débander tous ses soldats pour se mettre aux compagnies de l'armée du Roy, qui venoit en *Gascogne*. Ce qui osta à mon frere toute esperance de secourir *Cambray*, lequel ne se pouvoit perdre qu'il ne perdist tout le reste du pays qu'il avoit conquis; & ce qu'il regrettoit le plus, Monsieur de *Balagny* & tous les honnestes gens qui s'estoient jettez dans *Cambray*. Ce déplaisir luy fut extreme; & comme il avoit un grand jugement, & qu'il ne manquoit jamais d'expediens en ses adversitez, voyant que le seul remede eust esté de pacifier la *France*, luy qui avoit un courage qui ne trouvoit rien de difficile, entreprend de faire la paix, & dépesche soudain un Gentilhomme au Roy pour le luy persuader, & le supplier de luy donner la charge de la traitter. Ce qu'il faisoit, craignant que ceux qui eussent esté commis ne l'eussent fait tirer en telle longueur qu'il n'eust plus eu moyen de secourir *Cambray*; où Monsieur de *Balagny* s'estant jetté, comme j'ay dit, manda à mon frere qu'il luy donneroit le temps de six mois pour le secourir. Mais que si dans ce temps-là l'on ne faisoit lever le siege, la necessité de vivres y seroit telle qu'il n'y auroit moyen de contenir le peuple de la ville, & de l'empescher de se rendre. Dieu ayant assisté mon frere au

dessein

dessein qu'il avoit de persuader le Roy à la paix, il agrea l'office que luy faisoit mon frere de s'employer à la traiter, estimant par ce moyen de le détourner de son entreprise de *Flandre* qu'il n'avoit jamais euë agreable, & luy donna la commission de traiter & faire cette paix, luy mandant qu'il luy envoyeroit pour l'assister en cette negotiation Messieurs de *Villeroy* & de *Belliévre*. Cette commission reüssit si heureusement à mon frere, que venant en *Gascogne* (où il demeura sept mois pour cet effet, qui luy durerent beaucoup plus, pour l'envie qu'il avoit d'aller secourir *Cambray*, encor que le contentement qu'il avoit que nous fussions ensemble luy adoucist l'aigreur de ce soing) il fit la paix au contentement du Roy & de tous les Catholiques, laissant le Roy mon mary & les *Huguenots* de son party non moins satisfaits ; y ayant procedé avec telle prudence qu'il en demeura loüé & aimé de tous ; & ayant en ce voyage acquis ce grand Capitaine Mr. le Mareschal de *Biron*, qui se voüa à lui pour prendre la charge de son armée en *Flandre*, & lequel il retiroit de *Gascogne* pour faire plaisir au Roy mon mary, qui eut en son lieu pour Lieutenant en *Guyenne* Mr. le Mareschal de *Matignon*. Avant que mon frere partist, il desira faire l'accord du Roy mon mary & de Mr. le Mareschal de *Biron*, pourveu qu'à la premiere veuë il me fit satisfaction par une honneste excuse de ce qui s'estoit passé à *Nerac*, & me commanda de le braver avec toutes les rudes & desdaigneuses paroles que je pourrois. J'usay de ce commandement passionné de mon frere avec la discretion requise en telles choses, sçachant bien qu'un jour il en auroit regret, pouvant beaucoup
esperer

esperer d'assistance d'un tel Cavalier. Mon frere s'en retournant en *France* accompagné de Monsieur le Mareschal de *Biron*, avec non moins d'honneur & de gloire d'avoir pacifié un si grand trouble au contentement de tous, que de toutes les victoires que par armes il avoit euës, en fit son armée encor plus grande & plus belle. Mais que la gloire & le bon heur est toûjours suivy d'envie! Le Roy n'y prenant point de plaisir, & en ayant eu aussi peu des sept mois que mon frere & moy avions demeuré ensemble en *Gascogne* traitans la paix, pour trouver un objet à son ire, s'imagine que j'avois fait naistre cette guerre, y ayant poussé le Roy mon mary (qui peut bien témoigner le contraire) pour donner l'honneur à mon frere de faire la paix; laquelle, si elle eust dépendu de moy, il eust euë avec moins de temps & de peine, car ses affaires de *Flandre* & de *Cambray* recevoient un grand préjudice de son retardement. Mais quoy? l'envie & la haine fascinent les yeux, & font qu'ils ne voyent jamais les choses telles qu'elles sont. Le Roy bastissant sur ce faux fondement une haine mortelle contre moy, & faisant revivre en sa memoire la souvenance du passé, (comme durant qu'il estoit en *Pologne* & depuis qu'il en estoit revenu j'avois toûjours embrassé les affaires & le contentement de mon frere plus que le sien) joignant tout cela ensemble il jura ma ruine & celle de mon frere. En quoy la fortune favorisa son animosité, faisant que durant les sept mois que mon frere fut en *Gascogne*, le malheur fut tel pour moy qu'il devint amoureux de *Fosseuse*, que le Roy mon mary servoit, comme j'ay dit, depuis qu'il eut quitté *Rebours*.

Cela

Cela pensa convier le Roy mon mary à me vouloir mal, estimant que j'y fisse de bons offices pour mon frere contre luy. Ce qu'ayant reconnu, je priay tant mon frere, luy remonstrant la peine où il me mettoit par cette recherche ; que luy, qui affectionnoit plus mon contentement que le sien, força sa passion, & ne parla plus à elle. Ayant remedié de ce costé-là, la fortune, laquelle quand elle commence à poursuivre une personne ne se rebutte point pour le premier coup que l'on luy fait teste, me dresse une autre embusche bien plus dangereuse, faisant que *Fosseuse*, qui aimoit extremement le Roy mon mary, & qui toutesfois jusques alors ne luy avoit permis que les privautez que l'honnesteté peut permettre, pour luy oster la jalousie qu'il avoit de mon frere, & luy faire connoistre qu'elle n'aimoit plus que luy, s'abandonne tellement à le contenter en tout ce qu'il vouloit d'elle, que le malheur fut si grand qu'elle devint grosse. Lors se sentant en cet estat, elle change toute sorte de procedé avec moy, & au lieu qu'elle avoit accoustumé d'y estre libre, & de me rendre auprés du Roy mon mary tous les bons offices qu'elle pouvoit, elle commence à se cacher de moy, & à me rendre autant de mauvais offices qu'elle m'en avoit fait de bons. Elle possedoit de sorte le Roy mon mary qu'en peu de temps je le connus tout changé. Il s'estrangeoit de moy, il se cachoit, & n'avoit plus ma presence si agreable qu'il avoit eu les quatre où cinq heureuses années que j'avois passées avec luy en *Gascogne* pendant que *Fosseuse* s'y gouvernoit avec honneur. La paix faite comme j'ay dite, mon frere s'en retournant en *France* pour faire son armée,

mée, le Roy mon mary & moy nous en retournasmes à *Nerac*, où soudain que nous fusmes arrivez, *Fosseuse* luy met en la teste, pour trouver une couverture à sa grossesse, ou bien pour se deffaire de ce qu'elle avoit, d'aller aux eaux de *Aigues-caudes* qui sont en *Bearn*. Je suppliay le Roy mon mary de m'excuser si je ne l'accompagnois à *Aigues-caudes*; qu'il sçavoit que depuis l'indignité que j'avois receuë à *Pau*, j'avois fait un serment de n'entrer jamais en *Bearn* que la religion Catholique n'y fust. Il me pressa fort d'y aller, jusques à s'en courroucer. Enfin je m'en excuse. Il me dit alors que sa fille (car il appelloit ainsi *Fosseuse*) avoit besoin d'en prendre pour le mal d'estomac qu'elle avoit. Je luy dis que je voulois bien qu'elle y allast. Il me respond qu'il n'y avoit point d'apparence qu'elle y allast sans moy; que ce seroit faire penser mal où il n'y en avoit point; & se fasche fort contre moy de ce que je ne la voulois point mener. Enfin je fis tant qu'il se contenta qu'il allast avec elle deux de ses compagnes, qui furent *Rebours* & *Villesavin*, & la gouvernante. Elles s'en allerent avec luy, & moy j'attendis à *Baviere*. J'avois tous les jours advis de *Rebours* (qui estoit celle qu'il avoit aimée; & estoit une fille corrompuë & double, qui ne desiroit que de mettre *Fosseuse* dehors, pensant tenir sa place en la bonne grace du Roy mon mary) que *Fosseuse* me faisoit tous les plus mauvais offices du monde, médisant ordinairement de moy, & se persuadant, si elle avoit un fils & qu'elle se pûst deffaire de moy, d'épouser le Roy mon mary, qu'en cette intention elle me vouloit faire aller à *Pau*, & quelle avoit fait resoudre le Roy mon mary estant de retour

retour à *Baviere* de m'y mener ou de gré ou de force. Ces advis me mettoient en la peine que l'on peut penser. Toutesfois ayant tousiours fiance en la bonté de Dieu & en celle du Roy mon mary, je passay le temps de ce séjour de *Baviere* en l'attendant, & versant autant de larmes qu'eux beuvoient de gouttes des eaux où ils estoient; bien que j'y fusse accompagnée de toute la noblesse Catholique de ce quartier-là, qui mettoit toute la peine qu'elle pouvoit pour me faire oublier mes ennuis. Au bout d'un mois ou cinq semaines, le Roy mon mary revenant avec *Fosseuse* & ses autres compagnes, sceust de quelqu'un de ces Seigneurs qui estoient avec moy l'ennuy où j'estois pour la crainte que j'avois d'aller à *Pau*. Qui fut cause qu'il ne me pressa pas tant d'y aller, & me dit seulement qu'il eut bien desiré que je l'eusse voulu. Mais voyant que mes larmes & mes paroles luy disoient ensemble que j'aimerois plustost la mort, il changea de dessein, & retournasmes a *Nerac*, où voyant que tout le monde parloit de la grossesse de *Fosseuse*, & que non seulement en nostre Cour, mais par tout le païs cela estoit commun, je voulus tascher de faire perdre ce bruit, & me resolus de luy en parler, & la prenant en mon cabinet je luy dis ; Encor que depuis quelque temps vous vous soyez estrangée de moy, & que l'on m'aye voulu faire croire que vous me faites de mauvais offices auprés du Roy mon mary, l'amitié que je vous ay portée, & celle que j'ay voüée aux personnes d'honneur à qui vous appartenez ne me peut permettre que je ne m'offre de vous secourir au malheur où vous vous trouvez, que je vous prie

prie de ne me nier, & ne vouloir ruiner d'honneur & vous & moy, qui ay autant d'interest au vostre, estant à moy, comme vous-mesme ; & croyez que je vous feray office de mere. J'ay moyen de m'en aller, sous couleur de la peste que vous voyez qui est en ce païs, & mesme en cette ville, au *Mas d'Agenois*, qui est une maison du Roy mon mary qui est fort escartée. Je ne meneray avec moy que le train que vous voudrez. Cependant le Roy mon mary ira à la chasse d'un autre costé, & ne bougeray de là que vous ne soyez delivrée, & ferons par ce moyen cesser ce bruit qui ne m'importe moins qu'à vous. Elle au lieu de m'en sçavoir gré, avec une arrogance extréme me dit qu'elle feroit mentir tous ceux qui en avoient parlé ; Qu'elle connoissoit bien qu'il y avoit quelque temps que je ne l'aimois point, & que je cherchois pretexte pour la ruiner. Et parlant aussi haut que je luy avois parlé bas, elle sort toute en colere de mon cabinet, & y va mettre le Roy mon mary ; en sorte qu'il se courrouça fort à moy de ce que j'avois dit à sa fille, disant qu'elle feroit mentir tous ceux qui la taxoient, & m'en fit mine fort long-temps, & jusques à tant que s'estans passez quelques mois vint l'heure de son temps. Le mal luy prenant au matin au point du jour estant couchée en la chambre des filles, elle envoya querir mon Medecin, & le pria d'aller advertir le Roy mon mary ; ce qu'il fit. Nous estions couchez en une mesme chambre en divers lits, comme nous avions accoustumé. Comme le Medecin luy dit cette nouvelle il se trouva fort en peine ne sçachant que faire, craignant d'un costé qu'elle fust découverte, & de l'autre qu'elle fust mal secouruë, car il l'aimoit fort.

fort. Il se resolut enfin de m'advoüer tout, & me prier de l'aller faire secourir, sçachant bien que quoy qui se fust passé il me trouveroit toûjours preste de le servir en ce qui luy plairoit. Il ouvre mon rideau, & me dit; *Mamie*, je vous ay celé une chose qu'il faut que je vous advoüe. Je vous prie de m'en excuser, & de ne vous point souvenir de tout ce que je vous ay dit pour ce sujet. Mais obligez-moy tant que de vous lever tout à cette heure, & aller secourir *Fosseuse* qui est fort mal; je m'asseure que vous ne voudriez la voyant en cet estat vous ressentir de ce qui s'est passé. Vous sçavez combien je l'aime, je vous prie obligez-moy en cela. Je luy dis que je l'honorois trop pour m'offenser de chose qui vint de luy; Que je m'y en allois, & y ferois comme si c'estoit ma fille; Que cependant il s'en allast à la chasse & emmenast tout le monde, afin qu'il n'en fut point oüy parler. Je la fis promptement oster de la chambre des filles, & la mis en une chambre escartée, avec mon Medecin & des femmes pour la servir, & la fis tres-bien secourir. Dieu voulut qu'elle ne fit qu'une fille, qui encores estoit morte. Estant delivrée on la porta à la chambre des filles, où bien que l'on apportast toute la discretion que l'on pouvoit, on ne pûst empescher que le bruit ne fut semé par tout le Chasteau. Le Roy mon mary estant revenu de la chasse la va voir, comme il avoit accoustumé. Elle le prie que je l'allasse voir; comme j'avois accoustumé d'aller voir toutes mes filles quand elles estoient malades, pensant par ce moyen oster le bruit qui couroit. Le Roy mon mary venant en la chambre me trouve que je m'estois remise dans le

lit,

lit, estant lasse de m'estre levée si matin, & de la peine que j'avois euë à la faire secourir. Il me prie que je me leve & que je l'aille voir. Je luy dis que je l'avois fait lors qu'elle avoit eu besoin de mon secours, mais qu'à cette heure elle n'en avoit plus à faire; Que si j'y allois je descouvrirois plustost que de couvrir ce qui estoit, & que tout le monde me monstreroit au doigt. Il se fascha fort contre moy, & ce qui me despleust beaucoup, il me sembla que je ne meritois pas cette recompense de ce que j'avois fait le matin. Elle le mit souvent en des humeurs pareilles contre moy. Pendant que nous estions de cette façon, le Roy, qui n'ignoroit rien de tout ce qui se passoit en la maison de tous les plus grands de son Royaume, & qui estoit particulierement curieux de sçavoir les déportemens de nostre Cour, ayant esté adverty de tout cecy, & conservant encor le desir de vengeance qu'il avoit conceu contre moy pour l'occasion que j'ay ditte de l'honneur que mon frere avoit acquis à la paix qu'il avoit faite, pense que c'estoit un beau moyen pour me rendre aussi miserable qu'il desiroit, me tirant hors d'auprés du Roy mon mary, & esperant que l'esloignement feroit comme les ouvertures du bataillon *Macedonien*. A quoy pour parvenir, il me fit escrire par la Reyne ma Mere qu'elle desiroit me voir; Que c'estoit assez d'avoir esté cinq ou six ans esloignée d'elle; Qu'il estoit temps que je fisse un voyage à la Cour, & que cela serviroit aux affaires du Roy mon mary & de moy; Qu'elle connoissoit que le Roy estoit desireux de me voir, & que si je n'avois des commoditez pour faire ce voyage, le Roy m'en feroit bailler. Le Roy

Roy m'escrivit le semblable, & m'envoyant *Mauniquet*, qui estoit son Maistre d'Hostel, pour m'y persuader (pource que depuis cinq ou six ans que j'estois en *Gascogne* je n'avois jamais pû me donner cette volonté de retourner à la Cour) il me trouva lors plus aisée à recevoir ce conseil, pour le mescontentement que j'avois à cause de *Fosseuse*, luy en ayant donné advis à la Cour. Le Roy & la Reyne m'escriverent deux ou trois fois coup sur coup, & me font delivrer quinze cens escus, afin que l'incommodité ne me retardast; & la Reyne ma Mere me mande qu'elle viendroit jusques en *Xaintonge*, & que si le Roy mon mary me menoit jusques-là, elle communiqueroit avec luy pour luy donner asseurance de la volonté du Roy. Car il desiroit fort de le tirer de *Gascogne* pour le remettre à la Cour en la mesme condition qu'ils y avoient esté autresfois mon frere & luy; & le Mareschal de *Matignon* poussoit le Roy à cela pour l'envie qu'il avoit de demeurer tout seul en *Gascogne*. Le temps que j'avois demeuré en *Gascogne* ny toutes ces belles apparences de bienveüillance ne me faisoient point tromper aux fruits que l'on doit esperer de la Cour, en ayant eu par le passé trop d'experience. Mais je me resolus de tirer profit de ces offres, & y faire un voyage seulement de quelques mois, pour y accommoder mes affaires & celles du Roy mon mary, estimant qu'il serviroit aussi comme de diversion pour l'amour de *Fosseuse* que j'emmenois avec moy, & que le Roy mon mary ne la voyant plus, s'embarqueroit possible avec quelqu'autre qui ne me seroit si ennemie. J'eus assez de peine à faire consentir le Roy mon mary à me permettre ce voyage, pource qu'il se faschoit d'esloigner *Fosseuse,*

feuſe, & qu'il en fuſt parlé. Il m'en fit meilleure chere, deſirant extrémement m'oſter cette volonté d'aller en *France*. Mais l'ayant déja promis par mes lettres au Roy & à la Reyne ma Mere, meſmes ayant touché la ſomme ſuſdite pour mon voyage, le malheur qui m'y tiroit l'emporta ſur le peu de volonté que j'avois lors d'y aller, voyant que le Roy mon mary recommençoit à me monſtrer plus d'amitié.

ELOGE
DE
MONSIEUR DE BUSSY
PAR MONSIEUR
DE BRANTOME.

LE premier Colonel qu'eust Monsieur, ce fut Monsieur de *Bussy*, duquel estendre les loüanges plus avant qu'elles sont, il me seroit impossible, car elles le sont assez par tout. Pour son premier coup d'essay, lors qu'il le fut, il commença à faire des siennes, car il cuida en l'armée de Monsieur *reboluer todo el mundo* (comme dit *l'Espagnol*) à *Moulins*. Il faut donc sçavoir que Monsieur de *Turenne*, venant trouver Monsieur vers *Moulins*, il y amena de ses forces; entr'autres il y amena quelques douze cens arquebusiers tels quels, sous la charge de Monsieur le Comte de *La-vedant*, qui en estoit le Colonel, & entra ainsi avec son drapeau blanc dans le camp. Monsieur de *Bussy*, qui estoit de soy assez ombrageux, sans que cette enseigne blanche luy portast davantage d'ombrage, en parla à Monsieur pour la faire cacher, autrement il feroit quelque desordre, dautant que cela luy touchoit par trop, Monsieur le pria de temporiser un peu, & qu'il ne faloit pas mescontenter Monsieur de *Turenne*, qui estoit un Seigneur d'honneur & de moyens, & qui volontairement l'estoit venu servir. Monsieur de *Bussy* temporise deux ou trois jours; enfin perdant patience se resolut luy avec douze honnestes hommes, braves & bien choisis & determinez, montez sur de bons chevaux *d'Espagne*, de prendre, arracher & envahir ce drapeau des mains du *Port'enseigne* Colonelle à la teste des trouppes, ainsi qu'elles marchoient en campagne, & le rompre à leur veuë. Il ne faut point douter qu'il ne l'eust fait, car qui est la chose impossible à une douzaine de compagnons braves, vaillans & jurez. Monsieur en sceut le vent, qui s'en fascha à Monsieur de *Bussy*, dautant que le scandale estoit irreparable & irreconciliable, s'il s'en fust ensuivy, & puis accorda le tout.

J'ay ouï raconter ainsi ce fait à aucuns des jurez & determinez de la compagnie, lesquels je ne pourrois pas nommer tous, car il ne m'en souvient plus, mais entr'autres il y avoit le Baron de *Viteaux* *, l'un des plus determinez, dangereux & asseurez pour faire un coup qu'homme de *France*, comme il a fait d'autres plus hazardeux : il y avoit le brave Chevalier *Breton*, *Piedmontois*, vaillant au possible, & qui de frais estoit venu de *Piedmont*, pour avoir fait un coup resolu en tuant son ennemy : il a fait depuis de tres-belles preuves de sa valeur & de sa vaillance. Il y avoit *Scheval* (ou *Sesseval*) homme d'affaires & de main, encore

* Guillaume du Prat petit fils du Chancelier de ce nom, c'est luy qui a tué Antoine d'Alegre Baron de Millaud, en 1573. & Mr. du Gua, & qui a été tué luy mesme par Ives d'Alegre fils de ce Baron *de Thou* l. 56. & 78. & *Brantome* T. 4. p. 107.

encore qu'il n'eust qu'un bras, qui mourut depuis à *Anvers*, à la feste & au festin de *Saint Antoine*, qu'il avoit aydé en partie à preparer & dresser. Il y avoit aussi le jeune la *Guyonnieres*, jeune homme, mais vaillant & asseuré. Il y avoit le Capitaine *Bartholomé*, jeune homme, & s'appelloit le Capitaine *Provençal*, mais je ne l'appellois jamais autrement, car il estoit fils de ce brave Capitaine *Bartholomé Provençal*, qui estoit l'un des vieilles bandes d'*Italie* que Monsieur de la *Molle* ammena de *Ferrare*. Les autres, qui estoient avec mondit Sieur de *Bussy*, me sont oubliez, dont j'en suis bien marry, car leur nom meritoit bien d'estre dit & loué; & afin que je n'esgare ma memoire dudit Capitaine *Bartholomé*, il faut qu'en me détournant je fasse ce petit conte de luy.

Il avoit esté à feu Monsieur *d'Arramont*, & alla avec luy en *Levant*, lors qu'il y fut envoyé du *Roy Henry* en Ambassade, qui fut receu & bien venu aussi honorablement que jamais fut Ambassadeur; car le Grand Seigneur, faisant le voyage de *Perse*, voulut qu'il vinst avec luy; ce qu'il fit, & pouvoit avoir avec luy cent honnestes hommes, Capitaines ou soldats, bons & signalez *François*, desquels le Grand Seigneur voulut qu'il en arborast une Cornette aux armoiries de *France*, à laquelle il vint avoir cet honneur, qu'elle marchoit à la droite. Quelle gloire pour cet Ambassadeur & pour sa nation *Françoise*, de tenir tel rang auprés du plus grand Monarque du Monde! Aprés que *Tauris*, la principale ville de *Perse*, fut prise, & que le Grand Seigneur eut à plein jouy de sa victoire, il s'en retourna à *Constantinople*, & *d'Arramont* luy demanda

demanda congé pour aller faire son vœu au *Saint Sepulcre* de *Jerusalem*; ce que le *Grand Seigneur* luy accorda, & luy donna gens & *Janissaires* de sa garde pour le conduire assurément. Estant en *Jerusalem*, il accomplit saintement son vœu, & y demeura quelques jours, & tous ceux de la trouppe, à son imitation, visiterent ledit *Saint Sepulcre* le plus devotieusement qu'ils peurent, fors le Capitaine *Bartholomé*, lequel estoit pour lors un jeune homme fort bizarre, assez libertin & grand rieur de nos vœux & de nos ceremonies Chrestiennes, & pour ce ne fit comme les autres. Monsieur *d'Arramont* l'en pria souvent d'y aller, mais il promettoit beaucoup & rien, & en faisoit beaucoup accroire. Enfin un jour Monsieur *d'Arramont* l'en pria & l'en solicita tant que pour l'amour de luy il y allast, s'il ne le vouloit faire pour d'autres occasions ou sujets, & qu'il l'en aimeroit toute sa vie, & qu'il s'en trouveroit tres-bien; ce qu'il fit, & Monsieur *d'Arramont* l'y mena luy mesme: Où estant entré ledit *Bartholomé*, dit qu'il sentit en soy aussi-tost l'ame atteinte d'une telle devotion & religion à son Dieu, qu'il alla oublier toutes les derisions qu'il avoit faites, se prosternant devant son Dieu, fit ses prieres & repentances si ferventement qu'onques depuis ne se sentit de ses erreurs & folies, & remercia cent fois Monsieur *d'Arramont*, qui estoit cause d'un tel bien pour luy. Ledit *Bartholomé* me fit ce conte, lequel encore qu'il fust de bonne humeur & gaillarde, si estoit-il bien changé à ce qu'il avoit esté, comme il le disoit luy-mesme, & d'autres qui l'avoient veu, & ne ruoit plus tant sur la religion & sur ces derisions comme il avoit fait. Son fils

fils estoit galand comme luy, & se disoit *Huguenot*, mais qu'il estoit reformé. Tant y a, que c'estoit un des vaillans jeunes hommes & determinez que l'on eust sceu voir.

Monsieur de *Grillon* l'avança à la Cour, & me le fit connoistre, & parce que j'avois connu & aymé le Pere, je ne l'appellois que le Capitaine *Bartholomé*, & m'aymoit fort. Monsieur de *Bussy* le prisoit fort & le faisoit fort de son espée.

Pour tourner encore à Monsieur de *Bussy*, cet estat de Colonel luy estoit bien deu, car il estoit un tres-vaillant homme ; aussi ne faut-il pas qu'un poltron prenne cette charge, ny aucune de gens de pied, pour bien s'en acquitter au moins, car il y en a force qui l'ont qui ne valent pas grand cas. Il y en avoit plusieurs qui disoient qu'il se pouvoit faire une riche comparaison de Monsieur de *Brissac* & de luy ; & certes elle se pouvoit en plusieurs choses ; mais d'autres croyent que Monsieur de *Bussy* n'eust esté jamais si grand Capitaine, comme Monsieur de *Brissac*, je m'en rapporte aux raisons qu'on y pouvoit alleguer. Quant aux vaillances, elles estoient égales, & quant à leurs ambitions aussi, qui estoient telles que s'ils se fussent trouvez en un mesme temps à une Cour ou à une Armée, jamais ne se fussent accordez, & se fussent trouvez souvent aux mains, ny plus ny moins que deux furieux *Lyons* ou hardis levriers d'attache, qui s'en veulent coustumierement: Aussi n'a-t'on veu deux *Cesars* bien compatir ensemble. Si est-ce que je ne trouvois pas Monsieur de *Brissac* querelleur tant que l'autre, sinon en matiere qui luy importast beaucoup ; l'autre pour un rien querelloit. J'estois avec luy lors qu'il

O

querella Mr. de *Saint-Fal* à *Paris* * : nous estions chez les Comediens, où il y avoit bonne troupe de Dames & Gentil-hommes, ce fut sur un manchon de broderie de jayet, où il y avoit des *XX*; Monsieur de *Bussy* disoit que c'estoient des *YY*. dés-lors il vouloit passer plus outre que de paroles; mais une Dame que je sçay qui avoit grande puissance sur luy, commanda de se taire, & ne passer plus avant, craignant un scandale arriver auprés d'elle, qui luy importeroit de beaucoup. La chose superseda jusques au lendemain, qu'il alla quereller ledit *Saint-Fal* en la chambre de sa maistresse, que Mr. de *Bussy* avoit fort aymée, & luy avoit conseillé de se remarier, car elle estoit veuve. C'estoit Madame d'*Assigny* *, mere de la premiere femme du Mareschal de *Brissac*, de present l'une des belles de *France*, & elle ayant choisy cetuy-cy, Monsieur de *Bussy* en conceut quelque jalousie, se repentant de son conseil, & ne l'avoir pas pris pour luy, ny elle & tout, car elle estoit tresriche; & pour ce querella l'autre sur un pied de mouche, comme on dit, de ce manchon. Estant donc sortis de la chambre, ils se battirent en troupe, car Monsieur de *Bussy* avoit cinq où six honnestes & vaillans hommes, dont le Chevalier *Breton* en estoit l'un, Monsieur du *Gua* & le jeune de la *Guyonnieres* & autres. Monsieur de *Saint-Fal*, qui se doutoit, avoit avec luy cinq ou six *Escossois* de la garde dautant qu'aucuns des siens en estoient venus, & se battent. Deux de ces *Escossois* avoient des pistolets, qui les tirerent, & l'un blessa Monsieur de *Bussy* au bout du doigt. Monsieur de *Saint-Fal* le voyant blessé se retira. Arriva alors Monsieur de *Grillon*, son intime amy,

* voyez cy-devant p. 96.

* Jeanne du Plessis de la Bourgoniere Veuve de Marquis d'Acigné.

amy, lequel Mr. de *Buffy* pria de l'aller appeller foudain en l'ifle du palais, où il l'alloit attendre. Par cas Mr. de *Strozze* & moy nous vinfmes à paffer par là & le vifmes en l'ifle du palais tout feul, qui attendoit fon homme, & les deux quays bordez d'une infinité de monde. Nous trouvafmes Monfieur de *Rambouillet*, Capitaine aux gardes, en quartier, qui nous pria d'aller enfemble dans le mefme batteau pour engarder cette batterie, & allant prendre terre, Monfieur de *Buffy* s'efcria à Monfieur *Strozze*, Monfieur luy dit-il, je vous fuis ferviteur, je vous honore fort, je vous prie de ne me divertir point de mon combat, vous venez pour cela, je le fçay. Et à moy il me dit feulement, Coufin, je te prie, va-t'en, car il m'aymoit fort: & à Monfieur de *Rambouillet* il dit, Monfieur de *Rambouillet*, je ne feray rien aux commandemens de voftre charge, retournez-vous en: Et le dit d'une furie l'efpée en fon fourreau & en la main. Il m'a dit depuis qu'il eftoit fi dépité de fe-battre & fi enragé, que fi nous n'y euffions efté Monfieur de *Strozze* & moy, il euft fait un mauvais tour à Monfieur de *Rambouillet*, car il n'avoit avec luy qu'un feul archer. Enfin Monfieur de *Strozze* & moy prifmes terre les premiers, & remonftrafmes à Monfieur de *Buffy* le tort qu'il fe faifoit de defobeïr ainfi à un Capitaine des gardes, parlant de par le Roy; auffi que le Roy commençoit dés-lors à le defgoufter. Pour tout nous luy donnafmes tant du bec & de l'aifle qu'il nous creut, remettant la partie à une autrefois, & s'en retourna, & trouvafmes Monfieur frere unique du Roy qui commençoit alors l'amitié extreme qu'il luy a portée depuis, & qui couroit & l'amena en fa chambre. Monsieur de *Rambouillet* vit encore, s'il s'en souvient, & pourra tesmoigner si je mens : & le Roy vint après, qui s'estoit allé promener dehors, qui commanda aux gardes de se saisir de l'un & de l'autre, & aux uns & aux autres de ne se battre. Monsieur de *Bussy* demeura dans l'hostel de Monsieur, l'autre ailleurs : & puis commanda à Messieurs de *Nevers* & Mareschal de *Rets* de les accorder. Monsieur de *Bussy* demandoit toûjours le combat en champ clos ; je sçay qui luy donna ce conseil, qui fut moy, sans me vanter, & dautant qu'en *France* il ne se pouvoit donner sans la permission du Souverain, qui ne le vouloit jamais, ny la Reyne sa Mere, pour l'amour du feu Roy *Henry* son Seigneur, qui avoit fait serment de n'en donner jamais, depuis celuy de feu mon oncle. Il fut arresté qu'on iroit a *Sedan*, où Monsieur de *Bouillon* donneroit le champ. Je puis assurer que Mr. de *Bussy* m'en pria des premiers pour y aller avec luy, car il me tenoit alors pour un de ses grands amis, cousins & confidens. Enfin tout fut rompu, & le Roy voulut resolument qu'ils s'accordassent : & Mr. de *Bussy* estant venu devant Mr. le Mareschal de *Rets*, il luy dit que le Roy luy avoit commandé de l'accorder & qu'il le falloit. Mr. de *Bussy* luy respondit froidement, Monsieur, le Roy le veut-il, je le veux donc aussi ; mais dites-moy aussi, Monsieur, en accord faisant, *Saint-Fal* mourra t'il ? Nanny, dit le Mareschal, & pourquoy ? Ce ne seroit point un accord, lors dit *Bussy*, je ne veux donc point d'accord, Mr. Car *Bussy* dit qu'il ne sçauroit s'accorder si *Saint-Fal* ne meurt.

Pour fin, après avoir bien contesté & debattu, l'accord se fit, & ne se demanderent jamais

mais rien plus. Je croy que le combat en euſt eſté furieux, car *Saint-Fal* eſtoit un brave Gentilhomme ; il eſt vray qu'il eſtoit jeune, & alors ne commençoit qu'à venir. J'avois oublié à dire que lorſque Mr. de *Buſſy* entra dans le *Louvre* pour faire cet accord, il eſtoit accompagné de plus de deux cens Gentils-hommes que nous eſtions : le Roy eſtant dans la chambre de la Reyne, qui nous vit paſſer, il prit jalouſie, & dit que c'eſtoit trop pour un *Buſſy*, & ſe faſcha dequoy l'on avoit tenu l'aſſemblée de l'accord ailleurs que ceans ; s'il fut là bien accompagné, il le fut encore mieux au bout d'un mois là-meſme à *Paris*, où il cuida eſtre tüé la nuit, ſortant du *Louvre*, & ſe retirant chez luy, en la ruë de *Grenelle*, à la Corne de *Cerf*, où il eſtoit venu loger exprés pour l'amour de moy, où j'eſtois tout auprés : il fut aſſailly de douze bons hommes, dont j'en nommerois aucuns, montez ſur des chevaux d'*Eſpagne*, qu'ils avoient pris en l'eſcurie d'un tres-grand *, qui leur tenoit la main ; tous chargerent au coup & tous tirerent leurs piſtolets, & en firent une eſcoppeterie ſur luy & ſes gens : mais cas admirable ! il ne fut ny bleſſé ny frappé, ny aucun de ſes gens, fors un, qui eut un coup de piſtolet au bras, ſoudain il commença à ſonger en ſoy, voyant que ſes gens s'eſcartoient, & à la faveur de la nuit, car les flambeaux eſtoient auſſi tout eſteints, ſe retira bellement, & approchant d'une porte toute pouſſée, pourtant, s'y vouloit tapir, afin que les autres, qui le pourſuivoient, ne le peuſſent voir. La fortune fut ſi grande pour luy, que la porte ne ſe trouva point fermée, mais pouſſée ſeulement ; pourquoy il s'eſcoula tout bellement dans la maiſon,

* On croit que c'eſtoit le Roy Henry III.

& pouſſa toute la porte & la ferma tres bien ſur luy. En quoy il monſtra bien qu'il n'avoit faute de jugement, ny ne l'avoit perdu, ny qu'il fuſt poltron, car en telles choſes les poltrons l'y perdent & ne ſçavent nullement leur party prendre pour ſe ſauver, quand la partie n'eſt pas bien faite pour eux, ou que la grande apprehenſion, & la crainte du mal qu'ils ont, leur fait hebeter les ſens, qu'ils ne ſçavent ce qu'ils font, non plus que niais ou enfans ou inſenſez, ainſi que j'en nommerois bien aucuns. En quoy faut loüer Monſieur de *Buſſy*, dont bien luy ſervit, car autrement il eſtoit mort, dautant que les autres le ſuivoient & le cherchoient à cheval, & par ainſi il evada. J'eſtois alors malade d'un groſſe fiévre tierce, & oyant cette eſcoppeterie, je creus que c'eſtoit la garde qui eſtoit là aſſiſe, & dis en moy-meſme que tels gens eſtoient indiſcrets & mal creés de tirer ainſi la nuit : toutesfois j'envoyay ſçavoir ce que c'eſtoit, car j'ouïs une grande rumeur. Mes gens trouverent Monſieur de *Grillon*, avec cinq ou ſix de ſes gens, & un bon eſpieu en la main, qui cherchoit Monſieur de *Buſſy*, lequel s'eſtoit retiré, aprés que les autres s'en furent allés, chez Monſieur *Dron*, Capitaine des *Suiſſes* de Monſieur, où il l'alla trouver, & le ramena à ſon logis ſain & ſauve, & m'envoya de ſes recommandations, & me manda comme il l'avoit eſchappé belle. Le lendemain luy, ayant ſceu d'où eſtoit venu le feu, commença à braver & menacer de fendre nazeaux & qu'il tüeroit tout. Aprés il fut averty de bon lieu qu'il fuſt ſage & fuſt muet & plus doux, autrement qu'on joüeroit à la prime avec luy,

car

car de tres-Grands s'en mefloient ; & de bon lieu fut averty de changer d'air & de s'abfenter de la Cour pour quelques jours : ce qu'il fit avec un tres-grand regret, & ce qui fut caufe qu'il fortit de *Paris* bien accompagné d'une belle Nobleffe & bien montée, car toute celle de Monfieur y eftoit, à laquelle il avoit commandé expreffement de l'aller conduire, & nul Gentilhomme du Roy n'y alla que Monfieur de *Grillon*, de *Neuville* & moy, encore que j'euffe la fiévre, mais ce n'eftoit pas mon jour, dont le Roy n'en fut content par aprés, mais je m'excufay qu'il eftoit mon parent & bon amy, & mefme qu'on nous avoit affuré qu'on le vouloit tuër par les ruës, où nous penfions nous battre à chaque Canton ; de quoy le Roy m'excufa fort facilement, car il me portoit lors bon vifage. C'eftoit le jour des nopces de *Chemeraut* que je luy en parlay, à fa premiere paufe du bal, ainfi qu'il menoit la mariée. Je conterois là-deffus force particularitez gentilles, mais elles feroient trop longues : fi diray-je celle cy ; c'eft qu'ainfi que nous marchions par cette ville, Monfieur de *Grillon* le brave prit fept ou huit bons hommes avec luy pour marcher devant, & comme menant les coureurs. Quand il fut à la porte *Saint-Antoine*, fe doutant que la garde, qui y eftoit, ne nous vouluft empefcher la fortie, Monfieur de *Grillon* fit ferme fur le pont, avec deux ou trois, & les autres les avance vers la *Baffecule* ; cependant il fait femblant de s'amufer à parler à un, & faire bonne mine, en attendant que le gros arrivaft, & que la garde

garde ne prist alarme : cependant nous arrivasmes & sortismes si excortement, que jamais ne s'ensuivit aucun bruit. Messieurs les Mareschaux de *Montmorency* & *Cossé* estoient sur le haut des tours de la Bastille prisonniers se promenans, qui avisans le jeu eussent fort voulu, comme ils dirent depuis, que c'eust esté pour eux. Quand nous fusmes au petit *Saint-Antoine*, nous fismes alte, & la plus grande part s'en retourna dans la ville, voyant qu'il n'y avoit point de danger, dont j'en fus un de ceux-là, à cause de ma fiévre, & en disant tous adieu audit Sieur de *Bussy*, il me pria tout haut par sus tous, comme estant son bon cousin, que quand je serois au *Louvre*, que je portasse la parolle pour luy, qu'on avoit fait un affront à *Bussy*, dont il s'en sentiroit avant que de mourir, & bien-tost, contre quiconque fust; & puis me pria de porter ses humbles recommandations à une Dame, de laquelle il portoit deux faveurs sur luy, l'une à son chapeau & l'autre à son cou, car il portoit un bras en escharpe, & que ses faveurs seroient bien cause qu'il en tüeroit quelques-uns avant qu'il fust long-temps, & que l'affront qu'on luy avoit fait, seroit vangé par plus de sang qu'on ne luy en avoit voulu faire perdre. Je ne faillis à dire le tout & m'en acquitter, comme je luy avois promis. Depuis il ne parut à la Cour, que quelques années après que Monsieur eut fait son accord avec le Roy, qui avoit les armes contre luy. Monsieur se tint à la Cour mieux que devant, en bonne union avec luy. *Bussy* y vint aussi trouver son maistre, qui
ne

ne se pouvoit contenir, & portant envie à Monsieur de *Quelus*, grand favory & aymé de son Roy, fallut qu'il se prist à luy, & le querella, mais le Roy leur fit commandement à tous deux sur la vie de ne se demander rien. Par cas, au bout de deux jours, Monsieur de *Bussy* sortant des *Tuilleries*, monté sur une bonne jument *d'Espagne*, ayant le Capitaine de *Rochebrune*, *Limousin*, avec luy, prés la porte neuve sur le quay, se rencontra Monsieur de *Quelus*, qui alloit d'où il venoit, accompagné de Monsieur de *Beauvais Nangis* & deux autres: Monsieur de *Quelus* le voyant en beau jeu, perdit patience & oublia le commandement de son Roy, ou plustost s'assurant de son vouloir, chargea Monsieur de *Bussy*, qui voyant la partie toute faite sur luy, (car il le voyoit venir du long du quay) bravement se démesla d'eux & gentiment se sauva & s'en alla au pont *Saint-Cloud*, d'où il escrivit une tres-belle lettre au Roy, dont la substance est, qu'il mande l'affront que *Quelus* luy a fait, & s'en plaint à luy, ne luy demandant autre justice ny raison, sinon qu'il le supplie de vouloir pardonner audit *Quelus*, & luy donner grace, dautant qu'il a violé son commandement, & pour ce est criminel, & estant tel il ne le veut ny peut combattre, car il se feroit tort, pour le peu de gloire qu'il y avoit; mais ayant esté pardonné de luy, & en sa grace, & remis de son crime, alors il le combattra sans aucun scrupule, car resolument il faut qu'il se combatte contre luy. Le Roy

Roy voulut que les choses n'allassent plus avant, & Monsieur de *Bussy* se retira de la Cour. Si je voulois raconter toutes les querelles qu'il a eues, j'aurois beaucoup à faire. Helas ! il en a trop eu, & les a toutes desmeslées à son grand honneur & heur. Il en vouloit souvent à trop de gens, sans aucun respect. Je le luy ay dit cent fois, mais il se fioit tant en sa valeur qu'il méprisoit tous les conseils de ses amys. S'il eust esté plus respectueux, on ne luy eust suscité le massacre cruel où il est tombé ; car faisant l'amour à une Dame *, il y fut attrappé. Aussi dit-on de luy que les deux Dames, qu'il avoit les plus aymées & qui le tenoient le plus cheri, le firent mourir. L'on fit de luy force epitaphes à la Cour & en *France* dont j'en recueillis un, qui se trouva bon & digne d'estre mis icy en *François*, qui est celuy cy :

* Marguerite de Maridor femme du Sr. de Montsoreau

EPITAPHE.

Passant, tourne le monde & va chercher Bussy ;
Son cœur plus grand qu'un monde a mis son corps icy.
Tu as veu d'autres morts ; tu n'en vis jamais une,
Qui ait si peu laissé mourir pour le trépas.
Son plaisir fut sa mort, ses plaisirs ses combats.

Il

DE BUSSY.

Il fut craint du Soleil*, bien aymé de la Lune.*   * Le Roy Henry III.
* Marguerite de Valois Réyne de Navarre.

Delaissé seulement de l'ingrate fortune,
Qui ne l'avoit aymé, car il ne l'aymoit pas.
Son ame brave encor le plus brave du Ciel,
Et ce que j'en escris d'une plume attrempée,
Au lieu du papier blanc il escrivit au Ciel,
Son ancre fut son sang, sa plume son espée.

Dieu ait son ame, mais il mourut* (quand il trépassa) un preux, tres-vaillant & genereux aux guerres, par tout où il s'est trouvé. Il a tres-bien combattu à la prise de Bins en Flandres, il n'y oublia rien de sa charge de Colonel, qu'il ne s'en acquittast tres-vaillamment. A la ville de Fontenay, en la prise d'icelle, en Poitou, estant Maistre de Camp, ainsi que le Regiment, qui estoit commandé pour y aller, estoit en garde, Monsieur de Bussy le prevint, & marchant devant y cuida faire une grande sedition pour la préseance. Au siege de Lusignan il combattit & en porta les marques ; à celuy de Saint-Lo il n'y fut pas blessé, mais il ne laissa à l'assaut de faire toutes les preuves d'armes qu'il est possible, aussi-bien que ceux qui furent blessez : si bien que celuy qui en porta les nouvelles de la prise à la Reyne Regente pour lors, (je ne le nommeray point) loüant

* Le 19. Aoust 1579. les circonstances de sa mort se trouvent dans le journal de Henry III. & dans les Memoires de Castelnau To. 2. p. 540.

extré-

extrémement Monsieur de *Lavardin*, qui avoit esté griévement blessé, Monsieur de *Bussy* le voulut quereller & luy faire un affront tres-grand & le tuer, sans une personne que je sçay, & l'appelloit larron d'honneur, dautant qu'il avoit parlé par trop sobrement à la Reyne de luy, & par trop haut loüé l'autre.

AVERTISSEMENT
sur ce Livre, & sur les Memoires de la Reyne Marguerite; ausquels il a du rapport en plusieurs endroits.

'On a tousiours remarqué que les affaires des Siecles qui ont precedé le nostre, & dont nous avons oüy parler à nos Peres, nous donnent d'extremes curiositez pour en avoir une entiere cognoissance, de telle sorte que nous faisons bon accüeil à tous les Livres de ce temps-là, specialement s'ils contiennent des remarques Historiques, & si les exemples y sont meslez à des enseignemens salutaires dont l'on puisse tirer de l'instruction ; c'est pourquoy l'on a creu qu'il ne falloit pas laisser perdre ce Traicté de la Fortune de la Cour qui est de cette nature. Il a esté fait par un ancien *Courtisan** du regne de *Henry III.* lequel s'estoit rangé vers le Duc *d'Alençon*, & avoit eu veritablement de tels entretiens avec le Sieur de *Bussy d'Amboise* son principal favory. Entre beaucoup de Memoires politiques & moraux qui sont venus de cette mesme personne, l'on a trouvé ceux-cy qui ne sont pas des moins agreables. Quiconque aura leu les Memoires de la Reyne *Marguerite*, rencontrera icy beaucoup de choses qui s'y rapportent:

* Le Sr. de Damp-martin.

tent: Cette grande Princesse declare de quelle façon l'on avoit voulu assassiner *Bussy* pres du *Louvre**, & comment l'on l'avoit arresté prisonnier avec son maistre, ainsi que nostre Autheur en touche quelque chose; & par tout le reste de ce Livre cy, il y a quelque ressemblance à l'autre, en ce qui est de la connoissance de plusieurs intrigues du temps. Il n'y a personne dont cette grande Reyne fasse tant d'estime dans tout son Livre que de *Bussy*; ce que je veux bien rapporter pour monstrer qu'il meritoit les loüanges que l'on luy donne, & que c'est un vray Héros propre à estre le sujet de quelque Livre remarquable. *Estans à Paris, ce dit-elle, mon frere approcha de luy Bussy, en faisant autant d'estime que sa valeur le meritoit;* Et en suite elle dit; *qu'un Gentilhomme de son frere qui estoit avec Bussy quand l'on l'attaqua pres du Louvre, s'en revint tout sanglant dans la Chambre de son Maistre qui estoit couché criant que l'on assassinoit Bussy; Que le Duc d'Alençon y voulut aller, qu'elle courut en sa Chambre pour l'en empescher, & que la Reyne leur Mere usa de son authorité, commandant aux portiers qu'on ne le laissast point sortir, & prit la peine de demeurer avec luy jusqu'à ce qu'il sceut la verité de tout; & que Bussy qu[i] [Di]eu avoit garenty miraculeusement de ce danger, ne s'estoit point troublé pour ce hazard, son ame n'estant pas susceptible de la peur, estant né pour estre la terreur de ses ennemis, la gloire de son Maistre & l'esperance de ses amis.* Voilà les paroles les plus advantageuses que cette Princesse pouvoit dire. Apres elle adjouste, *que son frere estant aussi aise de le revoir que plein de despit & de vengeance, tesmoigna assez comme il ressentoit l'offense qui luy*

* Voyez cy-devant p. 96.

AVERTISSEMENT.

luy avoit esté faite de l'avoir voulu priver du plu brave & digne serviteur dont Prince de sa qualité eut jamais cognoissance, & vit bien que du Gast s'attaquoit à Bussy pour ne s'oser prendre du premier abord à luy-mesme. * En d'autres lieux elle tesmoigne encore l'estat que le Duc d'Alençon en faisoit, ne pouvant souffrir qu'il fust persecuté de l'envie & de la calomnie. Elle dit aussi, *que le principal motif du trouble de la Cour & de l'offense du Roy, & de la detention du Duc d'Alençon & de ses principaux favoris, avoit esté la crainte que l'on avoit euë du combat de Bussy contre Quelus, que le vieil Bussy digne Pere d'un si digne fils avoit demandé, suppliant le Roy trouver bon qu'il secondast son fils le brave Bussy, & que Monsieur de Quelus fust secondé du sien; Qu'eux quatre finiroient leurs querelles sans brouiller davantage la Cour, & mettre tant de gens en peine*.* Tous ces discours tesmoignent l'estime qu'elle faisoit de Bussy d'Amboise, surquoy il n'est pas besoin de s'aller imaginer que c'est qu'elle avoit pour luy quelque affection particuliere, comme elle confesse mesme que l'on en avoit eu soupçon; & que le Roy & la Reyne Mere en avoient oüy parler; Elle declare assez qu'elle voyoit souvent Bussy, parce qu'elle voyoit son frere, lequel il accompagnoit d'ordinaire. Outre son rapport l'on a sceu de plusieurs que c'estoit un homme des plus parfaicts, Qu'il estoit de bonne mine, de visage tres-agreable & de stature accomplie; Qu'il avoit des grands courages que l'on se puisse imaginer, & que sa force & son addresse aux armes le secondoient. Qu'au reste il avoit l'esprit excellent, & qu'il estoit d'une ravissante conversation.

*Voyez cy-devant p. 98.

*Voyez cy-devant p. 171.

Il y

Il y avoit alors quantité de beaux hommes dans la Cour de *Henry III.* mais plusieurs d'entre eux avoient une beauté effeminée: au lieu que cettuy-cy avoit veritablement une beauté masle. Plusieurs qui ont veu sa personne ou ses portraicts l'ont autrefois pu dire: & quant à son courage & à sa valeur, l'on en a veu des marques dans les batailles, dans les duels qu'il a faits, & dans les rencontres perilleuses où il s'est trouvé embarassé, & dont il est sorty victorieux; Pour ce qui est de son esprit & de sa conversation, la Reyne *Marguerite* nous en a encore laissé des tesmoignages lors qu'elle a declaré combien son frere faisoit cas de luy, car comme le Duc *d'Alençon* avoit le jugement fort bon, il ne l'eust pas tant estimé sans cela, & mesme puis qu'il luy avoit beaucoup servy dans ses sorties de la Cour, ce sont des preuves qu'il se fioit grandement à sa conduite. Et ce qui est de la gayeté de son humeur qui paroissoit mesme dans l'affliction pour monstrer sa constance, l'on en peut donner deux ou trois exemples pris des Memoires de la mesme Reyne. *Elle dit qu'apres que Monsieur d'Alençon fut arresté, le Roy voulant aussi faire arrester ses principaux serviteurs, Monsieur de l'Archant Capitaine des gardes entra dans une chambre où Bussy & Simié s'estoient retirez, & que Simié estant desia pris, Bussy qui s'estoit mis sur le lict sçachant que si l'Archant ne le prenoit, la commission en seroit donnée à quelqu'un qui seroit moins son amy, ayant alliance avec luy de pere à fils; lors qu'il alloit sortir, il passa la teste entre les rideaux, & luy dit, hé! quoy, mon pere, vous en voulez ainsi aller sans moy? N'estimez-vous pas ma conduite plus honorable que celle de*

* Voyez cy-devant p. 167.

ce

AVERTISSEMENT.

ce pendard de Simié; Qu'alors l'Archant s'estant retourné luy dit, ah, mon fils, pleust à Dieu qu'il m'eust cousté un bras, & que vous ne fussiez pas icy, & qu'il luy respondit, mon pere, c'est signe que mes affaires se portent bien, & qu'il alloit tousiours ainsi se gaussant parmy son malheur, & se mocquant de Simié pour la tremblante peur où il le voyoit. Nostre éloquente Reyne dit encore; que lors que la liberté fut renduë au Duc d'Alençon & à ses favoris, & qu'il se fut reconcilié avec le Roy, l'on voulut mettre d'accord Bussy & Quelus; & que Bussy entrant dans la chambre avec cette bonne façon qui luy estoit naturelle, le Roy luy dit qu'il vouloit qu'il s'accordast avec Quelus, & qu'il ne se parlast plus de leur querelle, & luy commanda d'embrasser Quelus *; Bussy luy respond, Sire, s'il vous plaist que je le baise j'y suis tout disposé, & accommodant les gestes avec la parolle fit une embrassade à la pantalonne, dequoy toute la compagnie, bien qu'encore estonnée & saisie de ce qui s'estoit passé ne se pust empescher de rire.

* Voyez cy-devant p. 173.

Il faut remarquer que s'il parloit avec raillerie, il sçavoit bien aussi comment il falloit parler serieusement quand il en estoit saison ; & l'on n'entend pas qu'il eust une bouffonnerie basse, mais une gayeté bien seante, de laquelle il se servoit alors avec une certaine force de courage qui n'est pas commune, laquelle consistoit à n'avoir aucune apprehension des dangers, & à estre aussi hardy devant un grand Roy qu'en particulier, outre que sa raillerie monstroit bien de quelle negligence il traictoit ceux avec qui l'on le vouloit accorder, de l'amitié desquels il tesmoignoit n'avoir aucunement besoin, au lieu qu'ils devoient rechercher la sienne pour la crainte qu'il avoient

voient d'un si dangereux ennemy. Le livre que nous avons maintenant de *la Fortune de la Cour* le fait parler aussi en beaucoup de lieux selon son humeur : L'on y remarque combien il avoit l'esprit gay, & que sa conversation estoit tres-aymable. Cela se voit en ce qu'il dit des amours des Roys, & en d'autres lieux où le caractere de son esprit est si bien marqué qu'il faut croire que ce sont les mesmes choses qu'il a dites. Pour les discours de celuy qui parle à luy, ils semblent estre vray-semblables en ce qu'ils sont fort naturels, & que ce sont des rapports d'Histoire qu'un homme peut avoir dans sa memoire sur divers sujets, & non pas de simples raisonnemens qui soient tellement estudiez qu'il soit difficille à croire qu'un homme les ait peu faire tout sur le champ ; C'est ce qui doit estre cause que l'on fasse davantage d'estat de ce Traicté, sçachant que ce qui est rapporté s'est passé ainsi veritablement. Les Memoires de la *Reyne Marguerite* serviront à expliquer cét ouvrage-cy, & celuy-cy servira aussi de commentaire à cét autre, & à quelques-uns de pareil subjet. Le Sieur *Dampmartin* Procureur General du Duc d'*Alençon* dont il est parlé dans le troisiesme Livre, a fait aussi un Traicté de la connoissance du Monde, dans lequel il parle en plusieurs endroits de semblables choses, que celles dont l'on parle icy, specialement de ce qui arriva en *Flandre*, & de la mort du Duc son Maistre. Il nomme plusieurs Courtisans, & entr'autres le Sieur de la *Neuville* Autheur du present Livre qui estoit appellé ainsi par un nom de Seigneurie, plus souvent que par son nom propre, & il faut garder de se mesprendre sur ce qu'en mesme temps il y avoit à la Cour un homme

de

de guerre qui portoit le mesme nom. Or celuy dont nous entendons parler eut une fois tous les entretiens qu'il rapporte avec Bussy d'Amboise, & les ayant mis par escrit, son fils les a gardez long-temps comme un tresor de famille; C'est celuy de qui l'on a imprimé depuis peu quelques Oeuvres Poëtiques, lequel avoit eu ce bonheur d'estre né d'un pere tres-sage & tres-éloquent, & dont l'on faisoit beaucoup d'estat à la Cour : Ce fils a gardé tousiours les Memoires de son pere, sans les publier pour quelques considerations qui sont depuis cessées : mais apres sa mort estans tombez entre les mains de gens qui n'avoient pas le loisir de penser à des impressions de Livres, ils ont encor esté gardez quelques années dans l'obscurité, jusqu'à ce que ce traité a esté veu par des personnes qui ont jugé que c'estoit faire tort au public de ne luy point faire present d'une piece si curieuse, dans laquelle l'on peut apprendre quantité de choses qui concernent l'Histoire de ce temps-là, lesquelles n'ont point esté escrites ailleurs : Veritablement entre les Livres de politique & de morale que nous avons en nostre langue, il ne s'en trouve guerre de meilleure marque : La pluspart se contentent de tirer des exemples Grecs & Romains, au lieu que cettuy-cy se sert souvent de nostre Histoire, qui ayde grandement à nostre instruction. Quant au langage dont l'Autheur s'y est servy, il a esté si bon dans son temps qu'il est bon encore dans celuy-cy, sans que l'on y ait reparé que fort peu de chose. L'on y a laissé plusieurs phrases tournées à l'antique, mais elles n'en sont point plus desagreables, & s'il y est demeuré de vieux mots ils sont fort significatifs, & l'on peut monstrer en cela que l'on a tort maintenant d'en inter-

P 2 dire

dire l'usage. Il faut bien que cét ouvrage paroisse ce qu'il est, & non pas qu'il soit changé de la mesme sorte que si l'on en avoit voulu faire une piece à la mode qui est tous les jours sujette à changement. Lors que les vieils tableaux sont excellens, l'on se contente de les relaver, & ce seroit leur faire outrage d'y vouloir adjouster quelques coups de pinceau, si ce n'est aux endroits où il y a quelque chose d'effacé & de rompu, mais encore s'en pourroit-on passer, afin de rendre l'antiquité plus venerable. Il en peut estre presque de mesme en matiere de discours anciens où il y a à choisir, de les laisser avec leurs rudesses & leurs autres defauts, ou d'y donner les liaisons & les ornemens les plus necessaires.

LA FORTUNE DE LA COUR.

LIVRE PREMIER.

I la prudence & la dexterité des *Pilotes* & des *Mariniers*, sont d'avantage requises sur le grand *Ocean*, que sur des lacs & des rivieres, il faut penser la mesme chose de ce que l'on voïd à la Cour, où il est plus besoin de prendre garde à sa conduite qu'en aucun lieu du Monde : car toutes les autres compagnies sont moindres que celle-cy en quantité & en affaires, & mesme elle les comprend toutes ou les tient sujettes à

P 3   soy

soy, & sa grandeur & sa diversité la rendant plus capable de changement & d'émotion, il ne faut point s'estonner si elle a des orages lorsque les autres endroits demeurent paisibles. Plusieurs personnes qui ont plus de crainte que de resolution, la fuyent aussi-tost qu'ils ont connû cette instabilité, mais il faut se representer que toutes les choses du Monde participent à la corruption qui leur est naturelle estans caduques & perissables, & que nous ne les pouvons pas trouver parfaites en cette vie, tellement que pour arriver à quelque bien, il est necessaire de passer par l'espreuve de quelque travail; & s'il le faut ainsi dire, les biens sont meslez aux maux, mais de telle sorte que les biens vont les derniers, & sont les plus fermes, pourveu que les maux ayent esté surmontez constamment. Puisque j'ay comparé la Cour à une Mer je ne sortiray point de ces termes; Je diray que de se plaindre que la Mer est sujette aux agitations des vents qui exercent sur elle leur empire, c'est ne point considerer que l'on tire aussi de là toute sorte de commoditez, & que c'est par ce moyen que les Vaisseaux sont poussez en divers Ports pour donner aux hommes la cognoissance des nations estrangeres & les enrichir par le commerce. De mesme l'on doit avoüer que si la Cour reçoit assez souvent quelque mutation & se tient en une agitation perpetuelle, c'est ce qui ayde à faire la fortune de plusieurs; Mettez là dans le repos, vous la reduirez à une tranquillité oysive & infructueuse. Ce qu'il y à de notable en cecy, c'est que de verité l'on peut aussi craindre quelquefois le naufrage: mais il faut croire que si l'on se gouverne avec toute la sagesse necessaire en cette occasion, au moins la perte que l'on fera

causera

causera plus de gloire que de honte, & mesmes l'on se peut asseurer qu'elle sera assez rare si l'on ordonne ses déportemens au niveau de la Justice & de la Raison. Alors les plus perilleuses avantures deviendront heureuses à ceux qui les entreprendront; Et comme l'on dit que la vertu reside sur un cube qui se tient tousjours droict, les Courtisans vertueux auront cette consolation de subsister en une assiette solide & asseurée. S'ils sont eslevez aux grands honneurs, ils sçauront comment il s'y faudra maintenir, & s'ils demeurent aux plus bas sieges, encore ne se trouveront-ils point mal heureux : Mais il y en a beaucoup qui ont besoin d'estre dressez à cela par les preceptes; & comme j'ay esté assez long-temps à la Cour pour observer tout ce qui peut mettre dans le bon chemin ceux que leur naissance & la necessité de leurs affaires a obligez d'y vivre, j'aurois fait bien mal mon profit de tant de varietez que j'y ay remarquées, si je ne m'estois rendu capable d'en dire mon sentiment en quelque chose, ou au moins de rapporter ce que j'y ay veu, & ce que la lumiere naturelle feroit mesme concevoir là-dessus à un homme qui n'auroit pas receu la teinture des bonnes lettres. Aprés cela ce seroit aussi un deffaut de charité de ne pas declarer aux autres les instructions que j'ay pû comprendre; & maintenant que le declin de mon âge m'a dispensé des voyages que l'on fait à la suitte des Princes & m'a reduit dans une maison champestre, où si je n'ay pas une entiere disposition de mon corps, tout au moins j'ay la liberté des doigts pour tracer mes pensées sur le papier, j'en veux escrire une partie qui pourra bien encore sentir la vigueur de mes jeunes ans, d'autant que ma memoire ayant gardé fidellemment les Images qu'elle a receuës se les representé avec assez de netteté. De vray les discours que j'entreprendray icy ne seront que de ceux que j'ay faits à l'entrée de ma vieillesse; Mais ils estoient conformes aux estudes & aux applications où toute ma vie s'est occupée, & où mon âge viril a fait ses espreuves. Je m'efforceray de ne point tomber en cela sur des paroles trop foibles & trop complaisantes au vice : J'y soustiendray le party de la vertu contre les erreurs du vulgaire, qui ne se monstrent peut-estre en aucun lieu d'avantage que parmy les vanitez des Courtisans, & pour cét effect j'ay choisi principalement un sujet tres-convenable qui est la consideration d'un soudain changement de la Cour & l'entretien que j'ay eu la dessus avec le Favory du Prince vers lequel je m'estois rangé par inclination & par devoir, me pouvant asseurer que l'un & l'autre, me consideroit autant que pas un de ceux qui approchoient d'eux, & que si le premier me traitoit avec gravité pour tirer du service de moy dans plusieurs affaires, l'autre se gouvernoit tousjours avec moy dans une grande familiarité, d'autant qu'il reservoit pour d'autres cette contenance superbe que tiennent les personnes enflées de leurs prosperitez; dequoy je n'attribueray point la cause ny à ma naissance, ny à aucun merite, mais à quelque secrette force de la Nature que l'on ne connoist pas.

QUELQUE temps apres le voyage de feu Monsieur en *Flandres*, ceux qui avoient commencé de negotier sa reconciliation avec le Roy son frere, firent si bien qu'ils persuaderent à ce Prince une partie de ce qu'ils voulurent, & s'y gouvernerent si secrettement

crettement que sans en rien communiquer à ses serviteurs les plus affectionnez, il partit d'*Alençon* à la desrobée, accompagné seulement du Sieur de la *Fin* & du Sieur de *Champualon*, & se rendit le mesme jour à la Cour au grand estonnement de plusieurs non seulement qui approchoient de sa personne, mais de tous ceux qui en oüyrent parler. Et l'on tient mesme que ceux qui estoient auprés du Roy ne s'en émerveillerent pas moins, ne croyant pas que la chose fust si faisable. Pour nous qui nous trouvions abandonnez de nostre Maistre, nous en fusmes les plus surpris, & demeurasmes comme des membres sans chef & sans conduite, avec une extreme incertitude de ce qui nous devoit arriver. Entre tous les autres le Sieur de *Bussy* se trouva moqué, reconnoissant ce premier traict de deffiance & de changement en la bonne volonté de celuy qu'il avoit si privément & si longuement gouverné. Il ne sçavoit s'il devoit apprehender une disgrace, & comme son Prince luy avoit celé sa resolution au contraire de ce qu'il avoit accoustumé, il craignoit que d'oresnavant il ne vist de la diminution en ses faveurs. Neanmoins pource que dans la Cour la pluspart des choses consistent en l'apparence plus qu'en l'effect, il ne laissoit pas de faire bonne mine pour cacher son ressentiment, qui estoit une addresse pour persuader à tout ce qu'il y avoit là d'Officiers, qu'il avoit bien sçeu quelque chose de ce qui se tramoit, non pas seulement pour s'en estre douté, mais pour avoir mesme participé aux plus secrets conseils. Par ce moyen il pretendoit conserver les honneurs que l'on luy rendoit, au lieu que si l'on se fust imaginé qu'il fust descheu de credit, tant de gens qui se trouvoient à son lever,

lever, qui l'environnoient à la promenade & tafchoient de le fuivre pour luy tefmoigner leur deference, euffent pris une autre brifée. Ces changemens defplaifent à un cœur ambitieux, neantmoins celuy-cy ne les apprehenda point de mon cofté. Ce Favory s'eftant mis à difcourir avec moy fur les affaires prefentes me defcouvrit enfin ce qu'il diffimuloit à tous les autres, me confeffant qu'il n'avoit point efté averty du départ de noftre Prince, & qu'il s'apperçevoit bien qu'il ne falloit pas tant faire d'eftat de la faveur des Grands comme il avoit toufiours fait, quelque affeurance que l'on en puft avoir par les tefmoignages de leur inclination & par une approbation qu'ils ayent defia donnée du merite d'un long & fidelle fervice. Le voyant alors en train de fe mettre fort avant dans cette matiere & de faire beaucoup de plaintes qui n'euffent fervy à autre chofe qu'à luy donner une plus vive reprefentation de fon mal & à l'augmenter, il faut que j'avoüe que j'eus une fi grande compaffion de l'eftat où je le trouvois faute d'une refolution bien ferme, & d'autant que je ne voulois point me monftrer ingrat de la faveur qu'il me faifoit de m'affectionner entre tous, & de m'avoir choify pour le confident de fes penfées, je me propofay de luy rendre le change par toute forte de devoirs, & fpecialement de luy donner les meilleurs advis qu'il me feroit poffible dans l'occafion qui fe prefentoit ; Je luy remonftray donc qu'il ne devoit point quitter fes bonnes efperances pour l'accident qui eftoit arrivé, & que mefmes quand toutes les chofes du Monde euffent efté à rebours de ce qu'il defiroit, il devoit vaincre les fottes fantaifies dont les jeunes gens fe laiffent gagner, lors qu'ils s'eftiment

ment malheureux pour avoir manqué d'obtenir des honneurs lesquels quand ils auroient eus, ne leur donneroient qu'une satisfaction imaginaire, & qu'il devoit alors faire son profit de ce dernier évenement, le reçevant comme une leçon de la part de Dieu pour luy apprendre à reigler ses desirs & ses desseins, & retrancher quelque chose de son ambition qui seule entre les autres passions sembloit en luy estre démesurée. Au commencement il fit beaucoup de refus de consentir à ce que je luy disois ; Il ressembloit à ces malades qui ayans quelque partie gangreneuse où ils souffrent beaucoup de mal, le celent neantmoins au Medecin & au Chirurgien, & ne veulent point se persuader que ce mal soit si perilleux comme l'on leur dit, craignant que si l'on vient à couper la chair & sier les os, ils ne sentent d'extremes douleurs. Aussi ce jeune Gentilhomme touché d'une des plus fascheuses maladies de l'ame, pretendoit la celer lors que l'on parloit d'y donner du remede ; Mais enfin je luy fis connoistre que la cure seroit si douce qu'elle ne luy devoit point causer d'apprehension, & que je le divertirois mesme en le guerissant, C'est pourquoy il demeura dans la confiance, & me tesmoigna qu'il seroit fort ayse d'oüyr tout ce que j'avois à luy dire sur ce sujet, de sorte que je continuay quelque peu mon discours ; mais il interrompoit assez souvent, ne pouvant s'abstenir de s'eschapper dans des pensées de regret & d'affliction, qui luy faisoient mesler les souspirs aux paroles. J'oseray bien dire que l'entretien que nous eusmes fut digne de quelque remarque, & que ce fut une façon de philosopher tres-agreable & tres-instructive pour la Morale & la Politique, sans estre broüillée d'aucune

cune reigle de College, & se trouvant accommodée entierement à l'air dont l'on vit à la Cour, tellement que c'est ce qui m'a d'autant plus invité à m'en ressouvenir, & en dresser un traicté, afin que mes amys y ayent part & en tirent quelque profit.

Voicy qu'elles estoient les saillies du Sieur de *Bussy*. Ayant oüy l'une de ses plaintes l'on peut juger de toutes les autres qui tendoient à pareil but. De quel costé, disoit-il, se faut-il tourner pour rencontrer le bonheur de la vie? Que faudra-t'il pourchasser ou souhaiter desormais, puisqu'il y a si peu de tenuë en la fortune & de force en la vertu? Pourquoy nous devons nous efforcer de vaincre nos compagnons en valeur & en fidelité, puisque les Princes qui en reçoivent tout le fruict s'en lassent avec le temps, où mal à propos s'en offencent? Je voy bien que pour durer avec eux, il ne les faut pas servir avec rondeur & sincerité, mais plustost avec finesse; & qu'au lieu de s'armer de bonnes raisons & de constance pour resister franchement à leurs entreprises inconsiderées, & à tout ce que nous connoissons leur estre préjudiciable, il n'est besoin sinon se fleschir, & accommoder accortement nos paroles & nostre contenance à leurs volontez. Or cela est assez aisé, & les plus grossiers peuvent estre bons à ce mestier: mais ce qui plus me fasche, c'est que je m'estois imprimé dans l'esprit que l'on se pouvoit maintenir par le seul appuy de la vertu, & qu'elle devoit rendre assez forts ceux qui la recherchent; Et que maintenant encores que je voye que ce ne sont que de foibles imaginations plus propres aux discours des hommes oysifs, qu'aux actions d'une ame genereuse, toutesfois je ne sens pas que mon naturel me puisse

puisse permettre de suivre un autre chemin, ny aussi de changer le desir que j'ay tousiours eu de bastir quelque belle fortune. Vous auriez grand tort, luy dis-je, de rompre vostre premier dessein, & vous esbranler pour un ou pour plusieurs contraires évenemens : Le monde est à toute heure sujet à changement, mais la vertu est tousiours semblable à soy, & a cela de propre qu'elle se sert de l'inconstance pour accroistre son lustre & paroistre d'avantage : Elle n'est pas ignorante ; elle connoist la portée de toutes choses, & jugeant de leur inclination ne s'y areste point pour tousjours, mais plustost demeure ferme en soy-mesme, & tire profit de ce que le vulgaire appelle dommageable. Les Princes sont hommes comme nous, quoy que de verité Dieu fasse des graces particulieres à quelques-uns pour le bien de son Peuple. Quant à ceux qui demeurent dans le commun, s'ils ne sont plus foibles que nous, ils sont pourtant subjets à de plus lourdes cheutes, pour ce qu'ils sont guettez & assaillis par plus de divers artifices & efforts ; & de là vient qu'ils ont quelquefois de secrets ressentimens & des saillies inopinées qui sont cause que l'on les trouve propres à eschapper & glisser quand plus l'on les presse tellement que c'est se fonder sur la glace d'une nuict, de s'asseurer en leurs faveurs : Neantmoins representons nous qu'encore que la bonne ou la mauvaise fortune dépende d'eux & qu'ils soient eslevez par dessus tous les hommes, si est-ce qu'ils sont au dessouz de la Vertu, & ne se sçauroient passer d'elle ou de ce qui luy ressemble & qui en à l'apparence, s'ils veulent que l'on les aye en quelque estime, & que l'on leur garde du respect. Que si plusieurs tiennent que la grandeur

deur de leur naissance & l'esclat de leur dignité, suffisent pour les faire honorer, & que quand ils seroient vitieux il ne faut pas manquer d'un seul point en l'obeïssance que l'on leur doit, cette opinion est tres-certaine & tres-bonne, d'autant que celuy qui est entaché de quelque vice se peut corriger, & que s'il estoit permis de se tirer du gouvernement des Princes aussi-tost qu'ils commettent quelque faute, cela causeroit plusieurs revoltes inconsiderées & dommageables; Il faut attendre qu'ils reçoivent des avertissemens & des corrections d'en-haut, puisqu'ils n'ont que Dieu au dessus d'eux. Je puis declarer aussi que quand je dy qu'ils sont au dessous de la vertu, pour ne les point sousmettre aux autres hommes, j'entens une vertu abstraicte, ou bien mesme celle qui se peut trouver dans l'ame de quelques autres Princes. Je n'exclus point pourtant du suprême bon-heur les particuliers qui suivent la Vertu, quand ils seroient du plus bas estage. S'ils ne sont point recompensez par les Potentats de la terre, ils sont asseurez qu'il y à une Justice divine & superieure, qui donnera enfin aux uns & aux autres, ce qu'ils meritent, de sorte que si nous suivons ses reigles, nous devons croire que toute prosperité nous doit arriver, quand mesme ils ne le voudroient pas; Et comme les choses du Monde sont en un bransle perpetuel, elles se tourneront au bien aussi-tost qu'au mal: D'ailleurs il faut que nous sçachions qu'encore que nous soyons obligez de donner aux Princes ce que nous avons de plus cher, & que nous leur devions toute sorte de respect & de fidelité, ils ne sont point pourtant le vray sujet de nostre bon-heur, mais rendent malheureux ceux qui le croyent, &

qui

qui courent aprés eux estans seduits de telles opinions & esperances.

Je tins ce discours pour tenter d'abord quelle seroit l'opinion de celuy à qui j'avois affaire, & comme il estoit par trop adorateur des trosnes de la terre, il ne pût souffrir aucunement que l'on diminuast quelque chose de leur gloire, bien qu'il eust auparavant declamé contre eux, en differente maniere pendant son transport. Quoy, me repliqua-t'il, les Princes ne sont-ils pas les vives Images de Dieu? Ne sont-ce pas ses Lieutenans en Terre, & ne les a-t'il pas fait dispensateurs des tresors, des dignitez, & de toutes les commoditez de la vie? Où est-ce donc que se peut dresser une belle fortune, sinon pres des Grands; & quelle felicité se peut on imaginer en ce monde telle que de s'approcher de leur grandeur, & y avoir part? A quoy peut viser une ame genereuse sinon aux honneurs & aux faveurs que les Princes respandent sur qui bon leur semble, en ne faisant que se remuer le moins du monde, puis que non seulement leurs paroles & leurs regards sont avantageux, mais encore le moindre de leurs signes, & de leurs gestes. Je ne tiendrois compte de vivre, si je me trouvois reduit à la condition d'un Gentilhomme casanier, & à passer mes jours sans autre esperance, esloigné des charges & des grandes affaires, qui desployent aux yeux des hommes ce que nous avons de beau dans l'ame, & estendent nostre reputation jusques à ceux qui n'ont de nous autre connoissance. Si d'avoir le moyen de profiter à ses amis & nuire à ses ennemis, & estre honoré, suivy & renommé n'est le vray bon-heur, je vous prie dittes moy où est-ce qu'il se peut trouver? Alors je luy dy en riant, nous cherchons bien

loin

loin & avec beaucoup de peine ce qui est à nostre main, voire en nous-mesmes; & je m'obligerois bien de le faire confesser à toutes sortes de personnes, pourveu qu'elles ne voulussent apporter en cecy la force & le prejudice de leur inclination, mais plustost la froideur de leur discours & jugement. Je vous supplie, me dit-il, tirez de moy cette confession & prenez la peine de me monstrer ce que je ne voy point: Car aussi bien ne pourrions nous mieux employer le temps que de rechercher entre les desplaisirs que nous recevons le sujet d'un vray contentement. Je n'eusse pas entrepris cela en une autre saison, luy dy je? mais maintenant que ny les magnificences du *Louvre*, ny les caresses des Dames, avec le reste des flateuses apparences de la Cour, ny l'honneur de commander en une armée dehors ou dedans ce Royaume, ne vous peuvent esblouyr la veuë, j'oseray resister à vostre imagination, & tirer de mon sein un tableau de la vie des Courtisans, le plus agreable & le mieux assorty de naïves couleurs, qu'aucun autre qui se puisse recouvrer, soit que l'ambition y mette son pinceau, & l'embellisse de richesses, de credit & de commandemens, ou que la volupté luy vueille donner un vif coloris en de certains endroits, & le couvrir de quelque ombrage en d'autres, pour relever son éclat. Je satisferay entierement à toutes ces choses, & monstreray ce qui aura esté mal placé & mal meslangé, & comment il faut corriger les erreurs de ceux qui sont abusez par des apparences vaines, ne s'arrestant qu'aux simples accidens plustost que de considerer les substances, & admirant des couleurs perissables semblables à celle de

l'Arcl'Arc en Ciel, au lieu de s'arrester aux choses solides qui ne changent point.

Pour bien commencer mon discours je le prendray à nostre origine universelle. Je vous diray donc que Dieu a donné à toutes ses creatures une premiere inclination, qui les semond & les exhorte à se conserver en leur estre, & leur a donné aussi un autre mouvement qui les pousse à desirer le bien estre. Les plantes en estendant leurs racines au dedans de la terre, & entre les pierres dures, pour sucçer & attirer en leur saison l'humeur qui les fait verdoyer & croistre, monstrent la verité de ce que je dis, & les animaux qui non seulement deffendent leur vie, mais aussi la vont questant & derobant d'entre le soin & l'industrie des hommes, representent encor cela mesmes : Tellement qu'il n'est pas besoin de rechercher en nous ce qui est de soy assez manifeste & assez connu dans l'Univers. Toutefois pour le regard des commoditez de la vie nos desseins sont infiniment divers, s'estans les uns contentez de penser à ce qui est de la nourriture & de la generation, à la façon des bestes, les autres y ayans voulu joindre le lustre de la gloire & de la domination, & les autres encore y adjouster le contentement de connoistre les choses invisibles, & l'asseurance de jouyr des immortelles. Tous ensemble se sont proposez pour but ce que l'on appelle bien, & l'ayant attaint en ont fait cas diversement, & y ont attaché leur pensée : mais sans doute les premiers ont esté condamnez en leur ordure & salleté, de façon que ceux qui estoient le plus abandonnez à leur ventre & luxure, ont eu honte de l'advouër, & ont tasché de couvrir leur blasme par le besoin de la Nature ; Les seconds pour

Q   avoir

avoir une passion qui profite & nuit quelquesfois au public, & à eux-mesmes, sont aussi louez & blasmez indifferemment : Mais les derniers qui font profession en toutes occasions de moderer leurs volontez par la raison, & de s'acquerir du repos au milieu de tant de troubles qui nous environnent ; ont à bon droict emporté le prix sur tous, & par excellence ont esté dits les vrays Roys & Monarques du Monde, pour ce qu'eux seuls se sont trouvez posseder en effect la certitude du suprême bonheur ; Là où les autres n'en ont eu que l'ombre & la vaine apparence ; Et de ce differend sont nées diverses sectes de Philosophes : quoy qu'au reste toutes leurs plus grandes disputes fussent sur la remarque du vray bien : car c'est celuy qui doit rendre les hommes heureux, autrement il ne seroit pas bien. Alors m'estant un peu aresté, le Sieur de *Bussy* me dit, vous avez desia touché des points de grande importance, & qui ont besoin d'estre esclaircis par un plus long discours : mais au demeurant je vous prie de ne vous point amuser à parler de ces choses, selon les termes de ces bonnes gens du temps passé qui bien souvent n'ont faict que resver. Je n'estime pas, luy repliquay-je, qu'il se faille du tout arrester à leur dire, ny aussi rejetter ce qu'ils ont dit de bon & de veritable. Il est donc question de trouver la felicité de l'homme en ce monde, ou au moins de s'en approcher, c'est pourquoy il faut considerer quelle elle est : Car autre est la gayeté de la plante qui a le pied en bon lieu, & qui a l'air & le regard du Soleil à souhait ; autre est l'aise de la beste qui a son giste, & son abry en seureté, ou qui a son pastis & ses viandes à commodité, Autre le bon-heur de l'homme qui se sert des

plantes

plantes & des animaux comme Maistre & Seigneur, & qui en se soubmettant humblement à l'autheur & premiere cause de toutes choses, aprend à bien vivre & à bien mourir. Je pense, me dit le Sieur de *Bussy*, me ressouvenir que la definition de l'homme porte qu'il est une creature vivante, qui se meut avec raison, mais bien que cela soit ainsi, qu'en puis-je rapporter qui serve à nostre propos? Beaucoup, luy dy-je, en toute maniere; car puis que l'homme seul faict profession de la raison il s'ensuit qu'en toutes ses actions il doit estre accompagné d'elle, s'il ne veut se desmentir & changer de nature. Or je vous ay declaré que nostre premier bien, auquel nous sommes tous generalement destinez dés nostre naissance, gist à nous conserver en cét estre que Dieu nous a donné : & par là il s'ensuit que c'est la raison seule qui nous en donne le moyen. Qu'est-ce, dit-il, que la raison? c'est, dis-je, un mouvement & faculté de l'ame qui nous incite aux choses bonnes, honnestes & justes, & nous esloigne de toute malice, saleté & injustice. Quoy donc, reprit il, ceux qui ne sont pas tels ne sont-ils point hommes? Ils sont de ce nombre, luy dy-je, mais ils sont hommes imparfaits depravez & corrompus; & tels les Theologiens nous les descrivent, depuis la cheute de nostre premier pere, si par l'esprit de pureté nous ne sommes comme engendrez de nouveau. Mais les Philosophes en ont assigné la cause à la violence & aveuglement de nos passions ennemies de la raison. Toutefois il se peut dire que ceux qui ne sont point participans des douces esmotions aussi bien que des violentes, & qui ne sentent point en eux ce combat, ne tiennent de l'homme que la semblance & le visage.

Pourroit-on, dit-il, trouver de telles personnes? je ne juge pas volontiers d'aucun en mauvaise part, luy respondy-je, mais quand je voy les actions estranges & folles de certains hommes qu'il y a, je ne sçay ce que j'en doy dire; Et en lisant dans les Histoires la vie de *Caligule* & de *Neron*, je parle plus librement, & dy que c'estoient des monstres gouvernez & inspirez par quelques mauvais esprits, qui s'estoient comme emparez de leurs corps, pour y exercer leur rage, & tourmenter par eux le genre humain. Voulez vous, dit-il, soustenir que ceux-là fussent despourveus de raison, qui estoient comme j'ay entendu si habiles à tromper leurs amis, & à se venger de leurs ennemis, soustenant leur tyrannie contre tant de braves Romains qui vivoient lors, & qui pour estre nagueres sortis du gouvernement populaire, se pouvoient nommer enfans de la liberté. Il y a, dis-je, grande difference entre la raison & la malice, la prudence & la tromperie. Et si cela estoit tout un, il faudroit advoüer une chose absurde qui est que les bestes soient raisonnables, pour ce qu'il y en a plusieurs qui attirent en pleurant les hommes pour les devorer, comme le *Crocodille*; & qui amusent ceux qui les suivent, comme l'on dit des Cerfs qui font de grands saults, voire mesmes se font porter bien loin par les Biches, pour mettre en default les Chiens & les Veneurs. Je tiens icy des propos de chasse d'autant que je sçay que vous l'aimez, & que les similitudes sont trouvées d'autant meilleures qu'elles sont prises de choses, que ceux à qui l'on parle connoissent & cherissent. Pour revenir à l'hypocrisie & à la dissimulation, elles se trouvent aux hommes encore plus que parmy les bestes, à
cause

cause de la varieté de leur naturel. Ainsi donc *Caligula* fut couvert & rusé, lors que d'une feinte modestie il cacha son pernicieux naturel pour se faire aimer au peuple Romain, & a son oncle *Tibere*; Et neantmoins il ne se void pas qu'il eust aucune part en la raison, lors que par infinies meschancetez & cruautez il ne cessa d'accueillir la hayne de tout le monde, pour enfin estre miserablement tué dans sa chambre & par les siens. Plusieurs favorys ne sont pas aussi plus estimables que leurs Maistres, puis qu'ils excitent la rage du peuple qui s'esleve contre eux pour les mettre en pieces. L'on sçait ce qui arriva à *Sejan*, & Rome n'a pas esté seule à nous donner des exemples de cecy; L'on en trouveroit bien encore ailleurs pour tesmoigner que ces personnes-là sont entierement privées de raison, ou si elles en ont quelque estincelle, l'usage en est fait abusivement & malheureusement, puis qu'il n'est employé qu'à leur dommage, au lieu d'en voir reussir une felicité continuelle.

Je connoy bien à cette heure cette difference, dit le Sieur de *Bussy*, & je la trouve veritable, mais je ne voy pas encore ce que vous m'avez promis : car comme les plumes & les aisles sont bien un indice que le Chahuant est un oyseau, mais non pas un bel oyseau : aussi ne s'ensuit-il pas que la Raison pour estre la vraye marque de l'homme le puisse rendre heureux; ains au contraire nous en connoissons plusieurs qui pour avoir trop d'entendement, & trop de discours en deviennent chagrins & melancoliques, & entierement miserables; Ce que nous pouvons dire non seulement de ceux qui pour apprendre ce qui est du devoir & de la raison, demeurent toute leur vie courbez sur les livres, & ne pratiquent presque jamais ce qu'ils apprennent : mais aussi des autres qui pour faire leurs affaires, se garder de necessité, & pourveoir à leurs enfans & à toute leur famille, se travaillent incessamment, & par une prevoyance fascheuse apprehendent toute sorte d'évenemens. C'est tres-bien & tres-subtilement continuer nostre propos; respondy-je, aussi voulois-je venir à la seconde partie du desir qui est en toute creature, à sçavoir de bien estre, & monstrer que c'est par la raison que nous pouvons rendre nostre condition excellente, tant s'en faut que nous la devions employer, comme font ceux dont vous venez de parler, lesquels d'autant qu'ils raisonnent mal ne peuvent sentir les doux effects de la raison. Mais devant que d'en venir là, je vous supplie de me dire, puis que vous faites tant de cas de la vie de la Cour, quel chemin vous pensez que l'on y suive, & quel ayde on en reçoit pour vivre heureusement; m'asseurant que les Dames seules qui tiennent escole de ceste doctrine, vous en ont pû apprendre ce qui s'en doit sçavoir; De ma part j'avouë que je ne fus jamais de leurs escoliers, & que je voudrois bien sçavoir leurs belles & gentiles imaginations pour aprés desployer la mienne, & l'orner plustost de verité que d'un beau langage. Vous avez sujet de croire que les Dames seules seroient capables d'instruire les nouveaux Courtisans, en ce qui est du bon-heur de la Cour, me dit le Sieur de *Bussy*, car ce sont des choses si connuës, qu'il n'est pas besoin pour cela de grands preceptes, & l'on les peut assez apprendre de soy-mesme, comme j'ay pû faire sans autre instruction. Vous ne les ignorez pas aussi, & il n'est guere necessaire que je vous en

fasse

fasse le recit, car qui ne sçait qu'à la Cour le premier but de la jeunesse c'est d'avoir des commoditez pour estre bien vestu, bien monté & bien suivy, & d'avoir quelque merite outre cela qui nous fasse acquerir de la reputation, soit pour la subtilité de l'Esprit, & pour les entretiens agreables & les reparties pleines de pointe, mais specialement pour la grandeur du courage & l'adresse aux armes, qui font que l'on se desmesle bravement d'une querelle, se rendant redoutable aux plus mauvais. Cela est cause que plusieurs nous ayment autant que nos ennemis nous craignent, & puis que vous parlez des Dames, je vous diray quelles ne sont pas seulement capables de nous monstrer en quoy consistent les felicitez du monde, mais qu'elles nous les font aussi acquerir, s'il se rencontre que nous puissions plaire à celles qui ont le plus de credit; car alors outre que l'on est bien reçeu d'elles, nous avons l'honneur d'estre loüez de leur bouche, & d'estre mis en la bonne grace du Roy, afin d'accroistre nos richesses, & d'obtenir les plus grandes dignitez; pour enfin devenir compagnon des Princes: Qui ne sçait que tout cela est accompagné de tant de divers plaisirs & contentemens qu'au sortir d'une telle vie on ne peut rien souhaitter sinon de mourir, afin de ne point diminuer en vivant le comble d'une telle felicité? Celles d'entre les Dames qui sont de la plus basse extraction & alliance, ne sont pas privées non plus de tant de pouvoir, veu que si elles ont de la beauté & de l'accortise, elles sont ordinairement aymées & recherchées des plus Grands, des plus favoris, & des plus honnestes hommes de la Cour, si bien qu'elles augmentent leur credit par celuy de leurs Amans,

& se glorifient de l'honueur & de la grandeur de ceux qui sont faicts, façonnez & comme moulez de leur main, en ce qui est des habitudes de l'Ame qu'elles font changer à leur gré par leurs douces persuasions, tellement que de quelque façon que ce soit l'on tire de l'avantage de leur conversation, en ce que les femmes polies & civiles, ne nous apprennent autre chose que de la politesse & de la civilité, & qu'il y a cela a profiter en leur compagnie, quand elles ne seroient point de celles dont l'on peut esperer de l'avancement.

Si j'eusse voulu alors me mettre dans quelque entretien delicieux & divertissant, je croy que celuy avec qui j'estois entré en conference, ne l'eust point trouvé desagreable, mais pour ne point laisser eschapper le sujet que nous avions commencé de traicter, je luy repartis en cette maniere. Vous me contez des merveilles des douceurs de la Cour, & je reconnoy assez que c'est une espece de bien dont l'on faict grand cas : toutesfois pour juger sainement de cecy je vous demanderois volontiers lequel des deux nous devons appeller bien, ou ce qui rend tous ceux qui le possedent tousiours heureux, ou ce qui n'est bon que pour quelques-uns, & ce qui n'est profitable que pour quelque temps? La responce, dit-il, en est facile & n'y a que le premier qui merite ce nom ; car tout ainsi que je n'estime point vaillance de faire quelquefois un acte genereux, & quelquefois une lascheté ; de mesmes je ne repute pas un bien ce qui n'est pas tousiours tel, & qui se change aisément en son contraire. Vous avez en peu de paroles faict un grand prejudice au bon-heur de la Cour, dy-je alors, d'autant que vous sçavez que les beaux jours d'hyver ne sont pas si subjects

jects à s'obscurcir en un moment, ny les bonaces d'Automne si mal asseurées sur la mer, comme sont les faveurs & le bon visage des Princes ; & qu'encore qu'il arrive à aucuns d'en jouyr plus longuement, c'est neantmoins avec tant de soings, de deffiances & de soupçons qu'ils ne peuvent se vanter de savourer ceste douceur sans beaucoup d'amertume. Je n'ay, dit-il, jamais pensé que la vie du Courtisan fust un continuel Prin-temps, mais que les beaux Soleils que l'on y void pour si peu qu'ils durent, sont infiniment agreables : Et moy, dy je, je ne sçaurois estimer belle la saison, où le temps est si divers, quoy qu'il fust partagé entre les plaisirs & les desplaisirs que l'on y reçoit ; & je m'estonne qu'en cét endroit le mal perde sa force, & ne se face pas plus sentir que le bien, comme il advient en toute autre chose : car comme il ne se trouve à mon jugement personne qui voulust avoir la fiévre pour gouster mieux le contentement que les alterez prennent à boire : & moins encore avoir la demangeaison d'un Lepreux pour se gratter en revanche plus delicieusement ; Nul ne devroit aussi ce me semble perdre la liberté de chez soy pour servir ailleurs plus magnifiquement, ny priser l'apparence d'une soudaine serenité du temps & tout ce que l'on appelle une belle fortune, pour ne se pas souvenir des secretes embusches que l'on y dresse & des naufrages que l'on y fait : Toutes les Histoires sont pleines des exemples qui servent à ce propos & sans aller plus loing que le regne du grand Roy *François*, je trouve que le Mareschal du *Biez* quand il se vit emprisonner & quand il sçeut que l'on avoit couppé la teste à son Gendre le Sieur de *Vervin*, n'estoit gueres heureux ; ny l'Admiral l'Admiral *Chabot* lors qu'on luy fit son procez *. Je croy aussi que Monsieur le *Connestable* se voyant bien rudement renvoyé en sa maison, & vivant six ans comme en exil avec danger de sa vie à l'occasion du passage de l'Empereur, fut plus affligé d'un tel evenement qu'il n'avoit esté resiouy de tous les biens & les honneurs receus en quarante ans de service : car pour vray tout ce qui est agreable coule comme l'eau, mais ce qui desplait nous blesse effectivement & en laisse longuement la marque en nos cœurs. C'est pourquoy le Philosophe *Epicure* ne voulut pas assigner le souverain bien à passer ses jours en delices, mais plustost à ne sentir point de mal. Or on ne peut dire que le Courtisan n'ait infinis mauvais rencontres, & vous mesmes advoüerez, je m'asseure, que bien que vous gouvernassiez fort vostre Maistre estant à *Paris*; si n'estiez vous gueres à vostre aise lors que vous fustes un soir assailly prés du *Louvre* de trente ou quarante en retournant à vostre demeure; Et moins encore quand le Capitaine des Gardes vous vint annoncer quelque temps aprés qu'il vous falloit devenir oyseau de cage *; non plus que dernierement à *Mons en Hainault*, lors que les privautez que vous aviez avec Monsieur ne vous peurent exempter de la conspiration de plusieurs de vos compagnons & de l'extreme douleur & de la passion violente que vous en eustes.

Establissez vous le mal-heur en ce qui se passe si promptement, reprit le Sieur de *Bussy*, j'ay eu de vray quelques momens de travail, mais en recompense, j'ay eu de longues journées de plaisir. Croyriez vous trouver une vie qui fust tout à fait exempte de peine? D'ailleurs que pensez vous que ce soit que les hazards

* En 1541. ce*z il fut aprés retabli dans ses honneurs & mourut en 1543. on peut voir son éloge entre ceux des hommes illustres François de Brantome T. 4. p. 359.

* Voyez cy-devant p. 267.

zards à nous autres qui faisons profession des armes ? Ne sçavez-vous pas que ce sont autant de belles occasions d'accroistre nostre honneur ? Un grand nombre d'assassins vint une nuict fondre sur moy prez d'un lieu que l'on devoit respecter d'avantage ; Ainsi nos anciens Chevaliers se sont desmeslez d'une grosse troupe d'ennemis pour leur acquerir une reputation immortelle & donner matiere à plusieurs livres. Vous sçavez que *Du Gast* & les autres Favoris du Roy, avoient desia un extreme regret de ce que je possedois les bonnes graces de Monsieur, & craignoient que je ne luy fisse entreprendre quelque chose à leur préjudice ; C'est pourquoy ils avoient pris dessein de me faire oster la vie, mais la honte de leur trahison leur demeura, puis qu'ils envoyerent une si grosse troupe contre la mienne qui n'estoit pas fort grande, & que mesme ils choisirent leur temps que j'avois encore le bras droict en escharpe, n'estant pas bien guery du coup que j'y avois reçeu au combat contre *Saint Val.* * Je fy neantmoins tout ce que je pûs pour animer mes gens à la deffense par mon exemple; car j'arrachay l'espée des mains à un Page qui se trouva prez de moy, & ne la pouvant soustenir de la main droicte, je m'en servis avec la gauche, de telle sorte que je sçay bien que je blessay quelques-uns de ceux qui m'assailloient. Tous mes gens me vouloient environner afin de me tirer du peril, & quelques-uns de mes amis qui s'estoient rencontrez-là, eurent assez de generosité pour me vouloir mettre hors de peine, mais je fy tout ce que je pûs pour ne me point espargner par lascheté, & ne point prendre la blesseure de mon bras pour une excuse. Nous nous deffendismes donc assez bien

* Voyez cy-devant p. 96.

bien pour ne point succomber à de telles attaques, de façon que nos ennemis se retirerent insensiblement, & nous laisserent la liberté de passer jusques dans mon logis, ayant emporté la gloire de n'avoir point fuy contre leur multitude. S'il vous faut accorder neantmoins que cét accident me donna quelque fascherie, je le veux bien aussi ; mais sçachez que si j'eus quelque atteinte dans l'ame, ce ne fut que de voir qu'au lieu que je devois porter la peine de tout, puis que c'estoit contre moy que l'entreprise estoit faite, un Gentilhomme qui estoit avec moy ayant une escharpe de mesme couleur que la mienne, fut pris pour moy dans le peu de clarté que nous donnoient nos flambeaux, & reçeut tant de coups, qu'il demeura à demy mort sur la place. J'eus encore beaucoup d'inquietude pour la peine où je creus que seroit mon bon Maistre, lors qu'il sçauroit que l'on m'avoit voulu assassiner ; Mais vous devez-vous imaginer que lors que j'eus appris que les playes de celuy qui avoit esté blessé pour moy, estoient guerissables, & estant retourné au *Louvre* le lendemain comme triomphant, tous mes chagrins furent dissipez, de mesme que les nuages s'enfuyent à la venuë d'un beau jour. Que si vous alleguez que l'on m'a depuis arresté prisonnier, me pouvois-je plaindre, veu que mon Maistre l'estoit aussi, & que je devois esperer que l'on me rendroit la liberté en la luy rendant ? Et quand à la jalousie des autres pretendans de nostre Cour, qui me fait dresser quelquefois de mauvaises parties, vous sçavez qu'elles ne tournent qu'au dommage de ceux qui les entreprennent, & que Monsieur m'en a aimé d'avantage, pour me recompenser de les avoir souffertes, & qu'il en a eu plus mau-

vaise

vaise opinion de ceux qui s'estoient portez à de si infames desseins. Excusez si j'ay parlé icy de moy devant tout autre. C'est que j'ay respondu à vostre discours par la fin qui m'a touché le plus. J'ay voulu aussi expedier d'abord les choses moins importantes pour satisfaire après aux plus considerables; Car quoy que vous disiez, vous me confesserez bien que graces à Dieu, mes malheurs n'ont pas encore esté des plus grands qui arrivent à la Cour, & que ceux que vous avez declarez auparavant les surpassent de beaucoup, comme ceux du Mareschal du *Biez*, de l'Admiral *Chabot* & de Monsieur le *Connestable*: Mais possible m'avez vous voulu avertir, que n'estant encore qu'au commencement de la carriere, je ne puis pas m'asseurer quelle en sera la fin, & que de petits malheurs en attirent de grands. Examinons pourtant les exemples que vous m'avez donnez. Je ne suis pas si peu versé dans l'Histoire des personnes Illustres, que je ne sçache bien qu'*Odard du Biez* Mareschal de *France*, & *Jacques de Coucy* Sieur de *Vervin* son Gendre, furent arrestez prisonniers sur la fin du regne de *François premier*, d'autant que le Sieur de *Vervin* avoit rendu *Boulogne à l'Anglois*, & qu'*Henry second* en voulant faire justice fit trancher la teste au Sieur de *Vervin*, & priva de ses dignitez son beau pere*, pour luy avoir confié une place qu'il n'avoit pû garder. Veritablement je déplore ce malheur, & mesmes pour en trouver l'accomplissement, le Mareschal du *Biez* estant remis en liberté, se laissa mourir de regret. Toutesfois ces fascheux accidens ont esté reparez en leur posterité, puis que le Sieur de *Coucy* a laissé un fils si genereux & si bien aymé de nostre Roy, qu'en sa consideration

* En 1549. leur procés est imprimé à la suitte de la condamnation des Templiers de Mr. Dupuy. p. 471.

l'honl'honneur a esté rendu à la memoire de son pere & de son ayeul maternel. Quant à *Philippe Chabot* Seigneur de *Brion*, Admiral de *France*, ayant esté accusé par ses ennemis pour des malversations pretenduës, le Chancelier *Poyet* envieux de sa grandeur eust bien voulu le faire condamner à mort, afin de luy faire donner aprés sa grace pour rabaisser son courage qui luy sembloit trop superbe; Mais comme il n'en estoit pas tout seul juge, il fit seulement qu'il fut condamné à ce que l'on appelle une mort civile, qui est d'estre privé de ses biens & de ses dignitez ; & bien-tost aprés le Roy *François* le fit venir devers luy pour luy rendre ce que l'on luy avoit osté, afin que doresnavant sa clemence l'obligeast à le servir avec toute sorte de fidelité. Il est vray qu'alors il se laissa emporter à dire, que pour le moins l'on n'avoit pû trouver qu'il eust commis aucune felonnie contre sa Majesté, ce qui fascha le Roy d'autant que se voulant declarer entierement innocent, c'estoit vouloir effacer en quelque sorte l'obligation qu'il luy avoit du pardon, tellement que le traictant avec assez de rudesse, il fit encor revoir son procez par d'autres Juges; mais ils le renvoyerent absous, & alors ayant aussi de bons intercesseurs pour luy envers le Roy il luy donna des lettres de rehabilitation, suivant lesquelles il fut restably en sa reputation & en ses charges, si bien que l'on peut dire que son malheur ne dura pas jusqu'à la fin de ses jours, & qu'il le vid terminer devant que de mourir. Il luy manqua seulement quelques années de vie pour recevoir le contentement de la punition du Chancelier *Poyet* son ennemy, qui ayant esté accusé de plusieurs injustices & concussions, son procez luy fut fait par la Cour

Cour de Parlement de *Paris*, laquelle par son Arrest le priva de l'estat de Chancelier, le declara inhabile à tenir aucun Office Royal, & le condamna à cent mille livres d'amende envers le Roy*. Depuis il fut enfermé en la grosse tour de *Bourges*, & ceda presque tous ses biens pour r'avoir sa liberté. Ce fut celuy-là qui fut malheureux bien plus que *Chabot*, puisqu'il estoit puny pour des fautes dont il ne se trouva personne qui l'excusast, & que son malheur n'eut point de resource. La dignité de Chancelier a tousiours esté venerable non seulement pour sa haute fonction, mais à cause que par une particuliere grace du Ciel elle a tousiours esté donnée à des hommes remarquables pour leur probité & leur excellent esprit. Que s'il y en a eu quelqu'un qui soit tombé en quelque faute, & qui ait esté luy-mesme l'ouvrier de ses malheurs, cela releve l'esclat des autres qui n'ont point esté troublez de leur prosperité, & que la hauteur de leur degré n'a point esblouys. Si quelques-uns des plus innocens ont eu quelque infortune, & les autres encore qui ont esté dans la magistrature, je n'en parleray point non plus que vous, puisque nostre entretien n'est que des gens d'espée tels que sont d'ordinaire les principaux Favorys des Roys. Vous avez parlé de Monsieur le *Connestable de Mont-morency* qui perdit les bonnes graces du Roy, lors que l'on vid que le Conseil qu'il avoit donné de laisser un passage libre à l'Empereur avoit esté dommageable, à cause que cette generosité estoit hors de saison envers un Prince qui n'avoit point voulu se lier par escrit à aucune chose, ce qui devoit faire soupçonner qu'il gardoit tousiours de mauvais desseins & que toutes ses paroles estoient trompeuses ; Mais

* L'Arrest est du 24. Avril 1545. imprimé p. 109. de l'Histoire des Chanceliers impression du Louvre.

le

le *Connestable* avoit cette satisfaction de n'avoir rien dit qui ne pleust alors extremement à son Roy, & que mesmes il ne luy eust commandé de dire. Que si neantmoins il ne le voulut point revoir depuis, il faut avoüer que ce fut par une passion de colere, laquelle il ne sçavoit sur qui il devoit descharger. Le *Connestable* n'eut point aussi d'autre mal que d'estre banny de la Cour, & d'estre reduict au séjour agreable d'une maison des champs où il pouvoit gouster le repos de la vie. *Henry II.* l'ayant aprés rappellé à son service repara mesme toutes ses pertes assez liberalement, luy donnant plus d'autorité que jamais il n'en avoit eu, le faisant payer de ses appointemens qu'il n'avoit point receus pendant sa disgrace, & erigeant en Duché sa Baronnie de *Montmorency*. Chacun sçait quelles ont esté depuis ses prosperitez, & de quels honneurs ses belles actions ont esté reconnuës jusques à sa mort glorieuse en la bataille de *Sainct Denys*, où il mourut pour la deffence de son Roy & de sa Religion. Voilà ce qu'il me semble des personnes dont vous avez parlé. Ce sont-là ces Nobles malheureux qui à dire la verité ne le sont point tant que ceux dont *Boccace* a fait un livre. Vous n'avez pris garde qu'à un petit poinct de leur vie où ils ont eu quelque disgrace sans que vous ayez fait estat du reste. Pour moy je vous dy franchement que je n'estimeray point ma fortune trop mauvaise, si je puis parvenir à celle qui sera semblable à quelqu'une dont nous avons parlé, & que je veux bien souffrir quelque travail à ce prix. Avec tout cela quand l'on nous rapporteroit encore beaucoup d'autres exemples d'hommes qualifiez, qui ont perdu la faveur des grands Princes sans jamais la recouvrer, ce sont

sont des malheurs particuliers qui ne sont pas destinez à tous. Il y en a assez d'autres à qui telles choses n'arrivent point ; Et par exemple nous sçavons que du temps du Roy *François* plusieurs grands personnages vivoient à la Cour fort heureusement, comme l'Admiral *Bonnivet*, celuy d'*Annebault* ; Le Mareschal de *Chastillon*, le Sieur de la *Trimouille* & plusieurs autres ; Puis du vivant du Roy *Henry*, l'Admiral de *Chastillon* & le Cardinal son frere, les Mareschaux de *Brissac* & de *Saint André* ; & de nos jours le Mareschal de *Rets*. Ceux que vous nommez, dy-je alors, ont receu des desfaveurs moins apparentes & des ennuys aussi cuisans que les autres : car sans aller plus loing que ceux de qui nous connoissons les affaires, je vous veux advoüer que l'advenement du Duc de *Rets* est prodigieux, si on regarde à ce qu'il estoit lors du Camp de *Mets* * : toutesfois il est certain qu'il luy a falu non seulement beaucoup de prudence, mais aussi un grand artifice pour se maintenir entre les envies & les menaces des Grands qui portoient impatiemment son credit & ses richesses, jusques à ce que d'autres venans à empieter encor plus extraordinairement la faveur du Roy, ont transferé en leur personne la haine qu'on luy portoit, & il a fallu qu'il s'accommodast avec eux en leur quitant ses Estats, & quelquefois feignant estre au bout de sa carriere & sur le point de sortir hors du theatre des vanitez du monde. Bref, s'il a esté heureux ce qui la rendu tel ne doit point estre attribué à la faveur de la Cour, & ne gist point aux biens & aux dignitez qu'il y a acquises, mais en une grandeur naturelle & en des richesses qui se trouvent en luy-mesme, & dont je pourray bien parler tantost. Je vous

* On a dit qu'il estoit Commissaire des vivres mais voyez les memoires de Castelnau T. 2. p. 111. & 875

ferois

ferois un semblable discours de ceux qui luy ont succedé en qualité de favoris si cela n'estoit trop long ; & je repliquerois bien aussi à toutes les deffences que vous avez données contre mes exemples. De vray vous avez tesmoigné que vous sçaviez bien l'histoire du siecle passé ; Mais pour nous payer d'un veritable raisonnement, remarquons que les biens de la faveur ne sont pas si asseurez que plusieurs s'imaginent, & en cela je repartiray encore à ce que vous avez dit pour vous mesme : Tant y à que ceux qui ne se sont aydez que d'une bonne rencontre de fortune ont esté ou ruinez en peu de temps avec infiny desespoir, ou sont demeurez en leur credit avec un continuel mal de teste & continuelle transse, sans parler des importunitez & des incommoditez qu'ils ont receuës dans la recherche des choses les plus necessaires pour passer doucement cette vie : Tellement que pour ce regard il n'y à point d'apparence de les dire heureux, & n'y à si pauvre Gentilhomme qui en son petit mesnage estant obey de ses valets, mangeant à ses heures & dormant en repos ne l'ait esté d'avantage : car que sert-il a de telles gens d'avoir de grandes & magnifiques maisons, puisque leur condition les resserre & recoigne le plus souvent en des petits trous & chambrettes pratiquées dans le Palais des Roys, pour estre plus prés de la servitude ? Que leur profite d'avoir en leur train une longue suite d'Officiers importuns & de mangeurs inutilles, sinon pour accroistre leurs soins & vivre moins librement lorsqu'ils pensent avoir desrobé quelques heures à leur Maistre souverain ? Quel plaisir leur apporte d'acquerir de belles terres, puisqu'en leur vasselage ordinaire ils ne peuvent reconnoistre

stre ny nombrer leurs vassaux, ny estre honorez ou reconnus par eux? Quel contentement reçoivent-ils de leurs grandes clostures, allées, jardinages & forests, puisqu'ils n'ont pas le credit d'en prendre leur plaisir, & en avoir la joüissance? Certainement pour le dire en un mot, le favory ne vit point pour soy mais pour autruy, & se travaillant pour avoir ce qui fuit devant luy il ne peut jamais gouster la douceur d'un vray repos; tellement que si ce qu'il possede est mis au rang des choses precieuses, c'est par une fantaisie decevante & non par ses yeux qu'il en juge, puisque l'ambition qui le faict aspirer tousiours à ce qu'il n'a point luy oste le vray usage de ce qu'il a. Que si vous dictes que c'est pour un temps que l'on se prive de ces choses & que la vieillesse doit recueillir abondamment le fruict des labeurs de la jeunesse; & que d'avantage l'on participe au bonheur de sa posterité, & l'on meurt beaucoup plus content quand l'on se resouvient des commoditez & des grandeurs que l'on a preparées, acquises & affermies en sa famille & maison; C'est ainsi que les hommes se trompent volontairement: car si c'est felicité de s'agrandir en biens & en opulence, nous n'en devrions pas perdre la joüissance une seule heure, & il se peut dire que celuy est tres-mal conseillé qui remet sur ses vieux ans à estre heureux, d'autant que pour l'incertitude de nostre fin, nous ne pouvons nous asseurer d'y parvenir; & quoy que cela fust certain, les veilles, les travaux & les desbauches de la Cour, voire les seuls chagrins d'une vie trop soucieuse advancent les maux & les incommoditez de nostre dernier âge, de maniere que les richesses ne servent lors non plus qu'un beau tableau à des yeux malades, ou que les bonnes viandes à un estomach desvoyé. D'ailleurs on ne void gueres de Courtisans qui se retirent volontairement de la Cour, mais le commun proverbe veut qu'ils meurent entre deux coffres, & quand ils sont contraints de vivre chez eux, ce ne sont que regrets qui les consument à veuë d'œil, tant ils sont marris d'avoir enfin rencontré une vie tranquille à laquelle ils ne sçauroient s'accoustumer, croyans estre devenus des Hermites du desert, lors qu'ils sont hors de la foule de la Cour. Aussi c'est à bon droict qu'un des anciens les appelloit des esclaves dorez: car ils ne different d'avec les autres serfs, sinon en ce que la matiere dequoy on leur fait des menottes est plus precieuse, & qu'au lieu que le serfs & les prisonniers ont la plus grande partie de leur personne libre, ceux-cy au contraire ont les yeux, la langue, les pieds & les mains indignement assujettis aux volontez de leur maistre, avec un autre soin plus grand que celuy de leur posterité que vous avez mis en jeu pour les excuser; car en effect c'est la moindre de leurs pensées, & n'y à gens au monde qui fassent moins d'estat de la pudicité de leurs femmes & qui aussi savourent moins le plaisir que les enfans donnent à leurs peres, tant pour raison de leurs occupations continuelles & de leurs desseins qui n'ont point de fin, que pour le doute ou la connoissance qu'ils ont que leurs femmes leur rendent le reciproque, ne pouvant aymer ceux qui ne les ayment pas, & ils pourroient bien voir leur teste branchuë toutes les fois qu'il se regardent au miroir de leurs compagnons, n'estans pas asseurez qu'ils soient les vrays peres des enfans qu'ils nourrissent. Ce scandale se trouve chez plusieurs Courtisans, & s'il y en a

qui

qui ayans toufiours mené une vie bien reglée, ont auffi des femmes chaftes, peut-on croire que c'eft pour agrandir leurs enfans que leurs travaux font bien employez? Je trouve que c'eft mourir avec beaucoup de regret que de fe refouvenir d'avoir efté toute fa vie malheureux, pour mettre à fon aife celuy de qui la vie eft douteufe & les mœurs gliffantes au changement: car à la verité il n'eft rien fi peu affeuré que la fucceffion de nos biens à ceux à qui nous l'avons deftinée, ny rien fi mal aifé que de faire naiftre le merite & les excellentes qualitez dans le fein d'une opulance oyfive. Ordinairement les enfans qui fe voyent riches ne fongent qu'à fe fervir de leurs richeffes dans les vanitez, fans vouloir apprendre autre Science ny Art, & par ce moyen ils laiffent abbattre la grandeur de leur maifon que leurs Peres avoient eflevée. Que fi pour éviter ce malheur plufieurs ne fe marient pas, je les en eftime encore plus miferables, d'autant que pas un d'eux n'a perfonne qu'il puiffe cherir comme un autre foy-mefme, & qui foit fon image vivante; de maniere qu'ils ne jouïffent point du repos qui devroit eftre la recompenfe de leur travail, ny ne laiffent point les moyens d'en jouïr à des gens qui les touchent de pres, n'ayant quelquefois pour heritiers que des parens fort efloignez. Vous me repartirez, que foit que l'on fe marie, ou que l'on ne fe marie pas, l'on peut fe conferver fa felicité ayant de bons enfans ou de bons neveux ou coufins; J'avoüe qu'il y en a qui ne font pas toufiours fi malheureux que les autres; Mais en quelque eftat que l'on demeure, fi l'on paffe fa vie dedans la Cour l'on ne fe peut pourtant exempter des foins continuels & des fatigues infupportables. Long-temps aprés noſtre arrivée nous voyons ſouvent qu'auparavant que nous ſoyons connûs & que nous ayons obtenu quelque credit, l'on nous diſpute meſme l'entrée des premieres portes, & nous ſommes contrainɛts de demeurer dans la ruë, expoſez au chaud & au froid ou à l'orage, juſqu'à ce qu'un autre plus favoriſé nous faſſe entrer. L'on a veu meſme en cette occaſion des perſonnes de tresbonne race & de haut merite, prendre querelle contre de viles perſonnes comme ſont les *Portiers*; Mais il faut moderer ſa colere & ſouffrir doucement l'inſolence, ſi l'on veut parvenir à la Cour; Il faut meſme reſpecter juſqu'aux Valets d'eſtable de ceux chez qui l'on a quelque affaire, afin qu'ils vous ouvrent quelquesfois une porte deſrobée, & ſur tout il faut captiver la bienveillance des Huiſſiers & autres Valets, qui tiennent la porte des chambres & des cabinets, où reſident ceux de qui l'on attend ſa fortune. Il n'y a que ceux qui ſont deſia amis de la maiſon, ou qui ſont fort grands en dignité, à qui l'entrée ſoit entierement libre, & encore les plus grands Seigneurs trouvent ils de ſemblables difficultez chez les Roys & les Princes, ce qui les contraint d'ordinaire de flatter ſervilement des hommes abjects, non ſeulement pour ce ſujet, mais encore pour qu'ayant gagné leur bonne grace, ils ne diſent que du bien d'eux, & qu'aucun mauvais rapport fait contre eux, ne parvienne aux oreilles de leur Maiſtre. Avec les ſubmiſſions il faut là employer les preſens & les offres de ſervice, & encore faut-il beaucoup de vigilance pour prendre garde ſi un autre qui nous ſurpaſſera en liberalité ou en flatterie & en hypocriſie, n'obtiendra pas pluſtoſt que nous ce que nous demandons. Que ſi nous parvenons au sommet de nos esperances & de nos desseins, nous ne sommes pas quittes neantmoins de nos peines inevitables. Nous ne sçaurions nous maintenir dans les places les plus honorables de la Cour, que par les mesmes moyens qui nous y ont fait monter. Qui plus est, je monstreray bien que plus l'on est en faveur, plus l'on est en servitude. Il faut que le favory estouffe entierement tous ses desirs particuliers, & exerce une extreme violence sur ses inclinations pour les rendre conformes à celles de son Maistre. Il ne l'oseroit abandonner d'une heure, de peur qu'il ne croye qu'il manque d'affection, & que les faveurs qui estoient reservées pour luy ne s'estendent sur d'autres. Comme je vous ay desja remonstré qu'il ne sçauroit jamais vivre pour soy, je soustiens mesme que s'il vit pour les autres & specialement pour son Prince, il n'a pas tousiours cette consolation que ce soit pour des occasions honnestes & utiles, car si le Prince est vitieux, il l'employera en mille negoces infames & honteux dont il ne se pourra desdire. Il y a mesme des Grands qui sont si indiscrets, & qui connoissent si peu ce qu'ils sont & ce que sont les autres, qu'ils abusent à toute heure de leur puissance, & prenant tout le reste des hommes pour un autre genre d'animal, ne songent pas qu'ils sont hommes eux-mesme, & font souffrir des injures sensibles à tous ceux qui approchent de leur personne, ce qui monstre le peu d'estat qu'ils en font, & qu'ils s'en servent de jouët, de mesme que les enfans martyrisent les petits chiens & les chats, leur faisant tenir mille postures & leur faisant faire de terribles saults. L'on a veu des Princes qui se plaisoient à faire tomber des personnes d'assez bonne condi-

R 4 tion,

tion, à les faire nazarder, à les barboüiller, ou à leur faire donner des chaumouflets quand ils dormoient, ce qui est tres-fascheux à souffrir à des hommes de cœur, & cependant il arrive que tant plus ils temoignent de s'en fascher, & se tiennent sur le serieux, tant plus ils excitent les risées des Courtisans, & sont mesme exposez à celles des Pages & des Lacquais; & apres cela leur Maistre en tient moins de compte, comme de personnes impatientes & glorieuses, tellement que pour conserver sa bienveillance, il faut feindre que l'on prend plaisir à de tels jeux qui ne plaisent guerre neantmoins qu'à ceux qui les font. Les plus grands favoris sont quelquefois sujets de les souffrir, puisqu'il y a des Maistres qui n'espargnent personne, & si le peuple l'ignore d'ordinaire & en croid toute autre chose & si nos histoires n'en parlent point, c'est que cela se passe en des lieux secrets, & que l'on ne s'amuse qu'à rapporter les actions les plus éclatantes. Je sçay bien qu'il y a des Princes plus moderez que ceux-là & que nous aurions tort de nous plaindre du nostre en cette occasion, mais quelque bonté qu'ils ayent un favory a pourtant beaucoup de peine à leur complaire, & à se monstrer officieux envers quantité de pretendans qu'il doit feindre d'aimer, quoy qu'il sçache qu'ils le haïssent, & qu'ils ne taschent qu'à le debusquer. Il doit aussi prendre autant de soin de contenter ceux qui ne sont pas de la Cour comme ceux qui en sont, afin que l'envie & la calomnie qui s'attachent d'ordinaire à ce qui est de plus eslevé, ne vomissent point leur rage contre luy, ou qu'ils la diminuent, & la rendent moins nuisible. Pour accomplir toutes ces choses, il faut se donner des inquietudes nompareilles, & au bout

bout de là que gagne t'on sinon de faire continuer son supplice ou son esclavage, estant maintenu dans la place que l'on possede où jamais l'on ne peut avoir un parfaict repos. Vos divers soins, & vos entreprises vous empeschent de dormir toute la nuict, & avec cela il faut estre esveillé du matin pour estre au lever de son Maistre; Si vous voulez demeurer à la Ville, ce sera lors qu'il vous traisnera à un voyage; Si vous aymez les Ballets & les Comedies, ce sera alors qu'il voudra vous contraindre à mener avec luy une vie d'Hermite dans des petites cellules faites exprez, à prendre des habits de Moyne & de Penitent ou quelque autre exercice, & si vous aymez la chasse il ne vous donnera pas le loisir de vous y occuper. Dites-moy aprés cela si vostre condition ne sera pas moindre que celle des plus petits Bourgeois qui ont leurs occupations libres, & ne sont point travaillez de tant de soucys differens que les personnes de la Cour? Je ne sçaurois presque respondre à vos objections, me dit là-dessus le Sieur de *Bussy*, je vous declareray seulement que je m'estonne, comment vous qui estes de la Cour vous mesprisez si fort la vie courtisanne. Je me souviens bien que vous m'avez dit autrefois, que vous ne la suiviez qu'à cause que vos affaires ne vous avoient pas permis d'en choisir une autre, mais chacun en dira de mesme: Je vous prie espargnez un peu vos confreres. Ne pensez point que ce soit par quelque maladie d'esprit que je sois à la Cour, & qu'aucune lascheté me fasse demeurer dans la servitude. Ma naissance m'a appellé à cette condition & je la suy, Je ne suis point homme à demeurer dans un estat mediocre, & vivre en homme de ville ou en Gentilhomme de paillier; Il faut

faut que je sois dans les hautes places du Monde, où que je m'en aille dans un desert; C'est pourquoy ne blasmez plus tant le genre de vie que j'ay commencé; Car il ne m'en faudroit dire guerres d'avantage en l'humeur ou je suis pour me faire quitter la Cour & m'aller rendre Moine à *Borgueil** avec plusieurs honnestes hommes, qui je m'asseure voudront bien courir ma fortune puisqu'ils m'accompagnent en toutes occasions. C'est à sçavoir, repliquay-je, si les Courtisans qui recherchent leur avancement par vostre faveur, auroient soin de vous suivre en un lieu où il n'y a plus de fortune à faire. Neantmoins quand vous iriez maintenant cacher vos hautes pretentions dessous un froc, ce ne seroit pas le pis que vous pourriez faire pour quelque temps, puisque le Maistre a commencé de vous eschapper, & prendre une route pour vous trop espineuse & pleine de deffiance. Le cours des affaires vous monstrera aprés de nouveaux moyens pour regagner vostre premiere autorité, voire pour aspirer à de plus grandes choses si vous vous en donnez le loisir. Mais vous sçavez, dit-il, que les parties de la Cour se perdent en les remettant. Ouy, dy-je, pour ceux qui dependent du tout de l'inclination du Prince & qui n'ont pas dequoy se rendre necessaires comme vous.

Je ne disois pas cela seulement par une flatterie expresse, mais pour luy complaire en luy disant la verité, & quoy qu'il sçeust bien que ce que je luy respondois touchant le Cloistre, n'estoit que pour suivre sa raillerie, il prenoit assez garde au reste, & s'imaginoit de prendre son temps pour me demander conseil sur les moyens qui luy pourroient servir à rentrer en faveur s'il en estoit sorty, ou à s'y conserver

s'il

* Mr. de Bussy en estoit Abbé.

s'il y estoit encore, & accroistre son credit autant qu'il luy seroit possible, c'est pourquoy il me repartit fort brusquement, que nous parlerions de cela une autrefois, & qu'il falloit reprendre les discours que nous avions commencez : Mais je me teus quelque temps, pour voir par quel endroict il s'y vouloit attacher, & comme l'humeur ordinaire de ceux de son âge ne manquoit pas de le faire pancher encore vers les entretiens qui luy sembloient les plus agreables, qui estoient de la conversation des Dames, il reprit la parole de cette sorte avec un visage plein de gayeté. Quelque chose que j'aye dite, je ne suis pas beaucoup en doute de ce que je doy faire, & mes inclinations me l'enseignent assez intelligiblement par un discours interieur tout plain de persuasion. Il faut que j'establisse ma demeure ordinaire en des lieux où se trouvent les personnes qui sçavent le mieux ce que c'est de la vie & de ses douceurs. Si l'on se veut gouverner d'autre sorte que ce que l'on apprend par leur exemple, ce n'est pas vivre, mais mourir ou demeurer au moins dedans une langueur pareille à la mort. Toute autre compagnie où l'on peut-estre, est pire que la solitude ; & quand à la retraite solitaire, soit d'une maison champestre ou d'un Cloistre, vous pouvez penser si elle me seroit propre, & si je n'y seicherois pas bien-tost d'ennuy, estant de l'humeur que je suis. Il faut que je vous l'avoüe encore ; je ne sçaurois cherir d'autre demeure que celle de la Cour. Quand je souhaiterois tous les maux du monde à nos Princes, & quand je les aurois entierement en horreur, à cause de leurs volontez changeantes, comment pourrois-je faire, pour ne me plus souvenir de tant de plaisirs que j'ay reçeus en faisant

sant la vie du Courtisan, & principalement dans la conversation des Dames ? Comment pourrois-je oublier les beaux & sçavans discours de Madame de *Rets*, les rencontres & vivacitez de Madame de *Villeroy*, la douceur & bonne grace de Madame de *Sauve*; puis d'entre les filles, les subtils propos de *Vitry*, les follastres dépits de *Piene*, la bonne grace de *Laversay*, & les beaux yeux de *Rostain*; bref, infinies autres singularitez des unes & des autres, qui sont suffisantes pour desrober le cœur du plus chagrin & melancolique homme du monde sans qu'il le sente, & luy faire changer de naturel. Que si vous me permettiez de m'esgayer sur ce subjet, je vous ferois des descriptions merveilleuses des perfections de nos Dames; Mais peut-estre suffira-t'il pour ce coup, que je vous die que je ne pren la peine d'en visiter pas une qui ne merite bien d'asservir la liberté d'un brave Cavalier, & que pour moy qui les estime toutes universellement, mon plus grand soin est de partager mon esprit & mes pensées entre elles avec quelque égalité, afin de les servir toutes sans deplaire à aucune. Vous vous chatoüillez, dy-je, pour vous faire rire; & allez recherchant des couleurs pour couvrir quelque autre affection qui vous tient attaché : car vous n'estes pas homme qui logiez vostre bonheur en cette sorte d'amusement que vous venez de raconter, & je sçay bien que vous n'entretenez par fois ces Dames, que pour quelque autre dessein qui vaut mieux, ou pour attendre les occasions de faire vostre Cour, mais quoy qu'il en soit je m'asseure que vous m'accorderez que cela n'a rien que l'apparence de quelque contentement, & n'est enfin que pure vanité accompagnée de mille mauvais rencontres:

contres : car vous sçavez combien la frequentation des femmes faict naistre de querelles, non seulement entre les moindres Gentilshommes, mais aussi entre les Princes & autres Seigneurs. C'est un grand creve-cœur de se resouvenir des duels advenus pour telles occasions, & de la fin advancée de tant de braves hommes qui estoient pour faire de grands services à leur Roy & à leur Patrie : Vous mesmes vous y estes trouvé trop souvent embarrassé, & je crains fort que ce que vous pensez ne faire que par maniere de jeu, & comme pour rapporter la victoire de tout ce que vous entreprenez, ne vous fasse trebucher enfin en quelque fascheux accident, car si je ne me trompe à vostre physionomie, & aux observations que j'ay faites de vos inclinations & de vos habitudes, il est certain que vous n'estes pas des plus aisez à eschauffer d'une passion amoureuse, à cause que vostre naturel ne vous fait pas ceder volontiers, mais quand vous serez une fois assujetty, ce sera pour long-temps, & vous serez mal-aisé à guerir. Vous ferez de moy tel pronostique qu'il vous semblera vray semblable, reprit le Sieur de *Bussy*, mais je vous asseure que quand je n'aurois pas l'inclination portée à me laisser vaincre par les charmes de l'amour, je ne me retirerois point pourtant de la frequentation des Dames où se trouvent nos plus aimables delices. C'est parmy elles que l'esprit s'aiguise pour nous faire inventer des entretiens agreables ; elles allument aussi le courage de ceux qui ont dessein de leur plaire, & quand l'utilité n'y seroit point évidente, un plaisir singulier n'y manqueroit jamais. Si l'on est affranchy des liens de l'amour, c'est alors que l'on prend plus de contentement à voir les actions differentes de

ceux

ceux qui y sont arrestez. L'on voit dans un bal un Amant declaré, se tenir à genoux devant sa Dame, & avoir soin de luy agréer par sa bonne mine & par ses discours estudiez; Les autres qui pour certains respects ne peuvent parler à celles qu'ils aiment & dont ils sont aimez, se contentent du muet langage des œillades; Quelquefois l'on void glisser les poulets dans le manchon, & un Page adroict en ramassant un gand que l'on a fait cheoir exprez, y foure aussi quelque lettre. C'est là une vraye Comedie, & ceux qui n'en sont point les Acteurs, en ont tout le plaisir & les autres la peine. Quant à moy je me contente d'estre spectateur, ou de n'estre qu'un Acteur simulé. Voila comme je me gouverne chez les Dames, leur rendant à toutes beaucoup de civilitez, sans m'engager à une amour trop passionnée. Si j'en voyois quelqu'une dont ma fortune dépendist absolument, alors de verité je redoublerois mes devoirs, & outre que j'aurois pour elle un veritable amour, je l'honorerois avec un respect semblable à ce que l'on fait pour les Divinitez. Je luy dis alors que je croyois que s'il trouvoit mesme en cette occasion qu'une personne de cette qualité, luy voulust desia du bien, il seroit d'autant plus obligé de luy rendre le reciproque, & que comme il avoit le cœur hautain, il seroit ravy de ne se point assujettir qu'à une personne qui par le droict de sa naissance & de sa condition fust en possession de commander aux hommes, & que je l'estimois assez heureux pour en avoir rencontré une de cette sorte. * Cela l'esmeut & le fit un peu rougir, pour ce qu'il sçavoit qu'il en estoit quelque chose, & qu'il ne pensoit pas que chacun le creust, encore que l'on en eust quelquefois tenu quelque

* l'Autheur veut designer par là l'inclination que Mr. de Bussy avoit pour Marguerite de Valois Reyne de Navarre.

quelque murmure dans la Cour. Tout ce qu'il m'en dit fut qu'il eust voulu estre asseuré d'un tel bonheur, mais qu'il estoit reduit à une plus basse fortune, n'ayant autre plaisir que de se voir bien venu chez des Dames mediocres sans songer aux plus relevées, & que d'ailleurs ce luy seroit une passion plus fascheuse que celle de l'ambition simple, s'il falloit qu'il portast ses desirs jusques à une personne de la plus haute qualité, & qu'il eust cette presomption de croire qu'il en seroit aimé veritablement, joignant ainsi l'ambition à l'amour; Qu'il venoit bien de dire, qu'il offriroit presque des sacrifices à celle qui pourroit estre le sujet de son avancement, mais qu'il n'entendoit point parler neantmoins d'une Dame qui fust en un si haut degré que celle que je m'imaginois, & que les personnes qui portoient le sceptre en main luy donnoient un extreme respect quand il les voyoit, mais que je devois croire qu'il n'en avoit jamais receu des faveurs beaucoup plus grandes que celles de tous les autres Courtisans. Je n'estois pas assez sçavant dans ses affaires particulieres pour rien contester là-dessus. Toutesfois il est certain que j'avois voulu luy parler d'une Reyne qui luy faisoit l'honneur d'estimer sa personne plus que toute autre, & d'approuver ses entretiens & ses deportemens; Mais il ne vouloit alors penser qu'aux diverses galanteries de la Cour, & ne discourir d'autre chose afin de me faire perdre l'opinion que je pouvois avoir, tellement qu'il avoit encore envie de se remettre à parler des differentes beautez qu'il avoit veües, soustenant que l'on ne paroissoit point honneste homme dans nostre Cour moderne, si l'on ne faisoit paroistre que l'on avoit quelque amour dans l'esprit, & si l'on

n'entre-

n'entreprenoit plusieurs desseins pour ce subjet, & que c'estoit à l'imitation des Chevaliers
du temps passé, qui gardoient l'entrée des
Ponts & les Pas des montagnes, & publioient
des Tournois pour se battre au nom de leurs
Maistresses, au sujet desquelles ils courroient
encore diverses avantures.; Que si l'on n'e-
stoit point d'humeur à se laisser toucher d'un
veritable amour, il en falloit feindre pour ne
point sembler un rustique & peu courtois
nourry parmy la plus basse lie du peuple. Je
luy repartis que ces gentillesses estoient suppor-
tables, pourveu qu'elles ne fussent point
cause que l'on s'engageast en des querelles inconsiderées, & que l'on n'essayast point non
plus à tromper des filles innocentes, ce qui
estoit indigne d'un Cavallier d'honneur, &
que de verité l'on ne pouvoit pas avoir dessein
de se lier par mariage à toutes les filles à qui
l'on parloit d'amour, mais qu'il falloit estre
fort reservé dans cette procedure, & leur
ayant donné des loüanges de leur beauté & de
leurs autres qualitez ne leur point faire des
sermens que l'on n'eust pas envie de tenir;
Qu'il y avoit des poursuites d'amour que l'on
entreprenoit comme par jeu ou par gageure
pour exercer son esprit, & que les femmes
mariées recevoient quelquefois de semblables
hommages, mais que c'estoit comme une escole d'armes, au sortir de laquelle l'on se
vouloit quelquefois battre tout de bon, & que
d'ordinaire l'on desiroit mettre en usage ce
que l'on avoit pris la peine d'apprendre, tellement qu'il estoit à craindre qu'apres de tels es-
says, l'on ne vinst à des entreprises veritables;
Qu'encore que l'on souffrist de telles pratiques dont les peres & les marys ne prennoient
pas toujours du soupçon, le meilleur estoit

de

de les terminer ou de les moderer, & qu'avec le desordre qui en arrivoit, la perte du temps y estoit manifeste, ce qui estoit fort considerable pour ceux qui avoient dessein de faire fortune, & qu'il falloit laisser de telles occupations pour une jeunesse oysive, folle, & effeminée, & venir à d'autres fonctions qui estoient plus dignes de luy, & le faisoient paroistre entre tous ceux de son âge; Que j'entendois par là le service qu'il rendoit à son Prince dans la guerre & dans la paix, luy servant pour le conseil & l'execution; Qu'en tout cas il valoit bien mieux s'entretenir de ces choses; mais que neantmoins pour retourner au mespris que j'avois commencé de luy témoigner touchant la felicité de la Cour, je reïterois encore mes protestations & luy asseurois qu'il ne me sembloit point que le vray bon-heur de l'homme se pust trouver dans une telle vie; Que c'estoit sur cette matiere que nous devions passer toute nostre conference, & qu'il y falloit proceder par un bon ordre sans extravaguer ny tenir des discours de peu de consequence. Il me dit là-dessus qu'il en estoit contant, & qu'il n'eust point parlé de la conversation des Dames, si je ne luy en eusse moy-mesme ouvert le chemin, de sorte qu'il pouvoit obtenir facilement son excuse, & prennant resolution de s'entretenir de quelque chose de plus important, il eut soudain une contenance plus serieuse, & monstrant qu'il desiroit de me donner une attention fort grande, il m'invita à reprendre la parole, ce que je fis en cette sorte.

Il est indubitable que l'on peut employer quelque temps à chercher les façons de parler les plus agreables, à s'accommoder selon toutes les modes du siecle, pour les habits & le reste de l'equipage d'un homme de condition, & à faire une infinité de galanteries qui plaisent aux femmes & aux jeunes gens, soit pour l'amour, soit pour le jeu & les autres exercices, mais toutes ces choses seront comme les fleurs de nostre jeunesse, aprés lesquelles l'on attend les fruicts, dont l'on peut donner des promesses que l'on ne doit point rendre vaines. Chaque âge a ses plaisirs & ses occupations; Quiconque les voudroit rendre semblables apporteroit du desordre en la vie, & penseroit mesme estre plus fort que les differentes Planettes qui y president. Toutefois s'il y a lieu d'essayer de commander aux Astres, ce doit estre pour se porter aux choses honnestes & vertueuses dés l'heure que l'on en a connoissance, & il vaut mieux qu'un jeune homme s'accoustume de vivre comme celuy qui est desia dans la maturité de l'âge, que si un vieillard vivoit encore comme un jeune homme, nous entendons pource qui est de la recherche des divertissemens peu solides, car en ce qui est de la vigueur d'esprit & de corps, il est tres-loüable de l'avoir conservée par une temperance fort exacte. Quant à ce qui est de vous, dans ce degré de vie où vous estes maintenant, je suis d'avis que vous viviez presque comme vous devez faire à l'avenir, afin qu'y ayant peu de changement en vous, vous paroissiez tousiours estre un homme extraordinaire. Cette sagesse avancée vous fera donner beaucoup de loüanges, & vous servira grandement pour vostre conduite, sans vous attacher pourtant à la Cour d'un si ferme lien que vous pensez; car si je vous ay declaré que toutes les galanteries du Monde n'estoient pas capables de rendre l'homme heureux vous sçavez que je soustien la mesme chose pour

les

les prosperitez qui peuvent arriver aux Courtisans. Si vous me dittes que la faveur des Roys est un chemin racourcy pour parvenir aux grandes charges, & que c'est une belle chose de se mesler des grandes affaires, de commander a des armées, de faire de grands exploits de guerre; puis en temps de paix avoir part aux conseils & aux deliberations les plus importantes, soustenir ses amis, relever l'oppressé, où encore gouverner les peuples & les Provinces, Certainement j'advoüeray que vous avez raison, & que ce sont de belles matieres d'acquerir des couronnes & des lauriers & pour esmouvoir une ame genereuse de quitter sa maison & s'exposer à tous perils : mais quoy que je vous accorde ce point il reste encore à decider la difficulté où nous sommes, qui est de sçavoir si les honneurs & les dignitez peuvent rendre l'homme heureux, & si une homme d'estat qui a le plus de voix au conseil de son Prince, un guerrier qui a le plus de reputation au fait des armes, ou un Seigneur qui a le plus de credit & d'authorité en un Royaume, se peuvent dire avoir acquis ou trouvé le point du bon-heur. En doubtez vous, dit le Sieur de *Bussy* : dequoy sert le discours en une chose si apparente ? car pour ne point dissimuler le desir qui me porte droit à ce but, si je m'estois approché de la fortune du Duc *d'Albe*,* ou que je me pusse dire aucunement pareil à ce bon serviteur du Roy *Ferdinand d'Espagne*, qui fut nommé par excellence le grand Capitaine, je ne refuserois pas de mourir entre toutes les grandeurs & au milieu de mon âge le plus florissant, & si je pense ne souhaitter rien hors de raison pource que je n'ay pas moins envie de bien faire qu'ils ont eu en leur temps, & je croy que pour le regard

* Voyez son éloge entre ceux des hommes illustres estrangers de Brantome.

de l'extraction, la maison *d'Amboise* dont je suis sorty, n'eust pas voulu ceder à la leur & qu'elle a dequoy se glorifier d'avoir entre les autres grands personnages, produit à la *France* le Cardinal *d'Amboise* & le grand Maistre de *Chaumont*. Il est aisé, luy dy-je, de juger par vostre grand courage, quels sont vos souhaits & à quoy vous aspirez: toutefois je vous supplie de me permettre que je m'esclaircisse avec vous de l'erreur en laquelle je suis pour ce regard: Mon opinion est bien telle que c'est chose grande de parvenir où vous dites; mais je ne trouve pas que tous ceux qui sont arrivez au bout de cette course en ayent rapporté cette precieuse & rare couronne de felicité, qui est le sujet de tous nos propos, & me semble qu'à la pluspart a defailly un point dont nous n'avons encore parlé qu'en passant, & sans lequel il n'y a rien en la prosperité de cette vie qui ne soit imparfait & marqué de quelque deffaut. Je dis donc sans sortir des exemples que vous avez proposez, que le Duc *d'Albe* n'est & ne fut jamais heureux si ses mœurs ont esté telles que nous les avons reconnues par son entreprise aux affaires: Je ne parleray sinon de ce que j'ay veu, & vous ramentevray la mort du Comte *d'Egmont*, qui fut comme son premier chef d'œuvre à son arrivée en *Flandres*; car qui a il d'honneur ny de bonheur en cét acte là, si ce n'est d'avoir esté ou par son envie autheur, ou par son ambition ministre de la cruauté & de la tyrannie de son maistre contre un personnage lequel estant yssu de la maison de *Gueldres* & allié de plusieurs grands Princes avoit adjousté au lustre de sa naissance beaucoup de courage & de vertu militaire, & sembloit par le merite de la bataille de *Gravelines* & de *Sainct Quentin* avoir

voir mis plus avant dans l'obligation envers luy le Roy *Philippes* qu'aucun autre de ses serviteurs; Et quant aux autres faicts de cét orgueilleux *Espagnol*, quelle loüange luy peuvent avoir acquis deux ou trois avantages qu'il gagna sur le Prince *d'Orange* & sur le Comte *Ludovic*, puisque par ses cruautez & exactions, s'estant rendu odieux à tout le monde, il porte le blasme de tous les souslevemens & de toutes les longues ruïnes dont il a presque perdu le *Pays bas*, sans qu'il ait peu avec les tresors & les forces de son Roy, esteindre les commencemens d'un si grand embrasement, ny soustenir tant soit peu une authorité penchante. Quel creve-cœur pensez vous que ce luy fut, lors qu'il entendit la perte de huict cens *Espagnols* à la rade de *Flessinghe*, & la mort honteuse du Chef de cette trouppe qui estoit son proche parent, sans que depuis il ait peû tirer sa raison d'un petit nombre de pescheurs & gens de marine qui firent cette execution, ny forcer une place qui n'avoit lors muraille ny fossé; Mais sa vie ordinaire à esté encor moins heureuse, puisqu'outre les déplaisirs qu'il recevoit de la faineantise & vie dissoluë de *Dom Frederic* son fils, il n'a esté presque jamais dessaisi des travaux d'esprit, du soupçon & des chagrins que les frequentes rebellions d'un pays apportent à celuy qui commande: car il estoit d'ailleurs en doute que son pouvoir se perdant dans la Cour du Roy *Philippe*, ses services ne fussent estimez à la mesure des evenemens; Bref il craignoit ce qui luy est advenu, qui estoit d'avoir pour successeur en sa charge le grand commandeur de *Castille*, & de recevoir à son retour en *Espagne* des reproches & des menaces pour loyer de ses peines, de maniere que comme j'enten, si les affaires de *Portugal* ne le rendent necessaire, il est desia comme relegué en sa maison, & a ce regret de n'avoir en toute sa vie acquis tant de credit qu'il puisse retirer son fils de prison. Il n'y a donc, comme vous voyez en toute sa belle fortune que bien peu ou point de la bonne, & je pense que vous avez eu bien plus de raison de souhaitter de ressembler au grand Capitaine *Consalvo Ernandes**; Toutesfois il donna une mauvaise atteinte à sa reputation lors que voyant les affaires du Roy de *Naples* son maistre aller en ruïne, il se mit au service de *Ferdinand d'Aragon*, & eut bien le cœur de combattre pour desfaire celuy qui premier l'avoit fait & comme moulé à la grandeur où il parvint depuis. Que si sa jeunesse fut pleine de traverses & de divers rencontres, sa vieillesse fut encore plus chargée d'ennuis cuisans, lors qu'apres avoir acquis à son second Maistre le Royaume de *Naples*, il se veid soupçonné de s'en vouloir emparer, puis pressé & enfin contraint d'en sortir sous une honneste couleur du depart de *Ferdinand* qui ne pouvant oublier le sujet de sa déffiance, le voulut mener quant & soy en *Espagne*; tellement que ce grand personnage & Courtisan fortuné estant atteint & convaincu de desloyauté & de trahison, puis retenu prisonnier, ne preserva ses derniers jours d'une honteuse fin, sinon pour avoir eu affaire avec un Prince plus respectueux & moins violent que beaucoup d'autres : car si vous vouliez prendre la peine de remonter contre la suitte des temps & de l'histoire, vous y trouveriez infinis exemples de ceux qui doüez de belles & grandes parties, & apres avoir acquis de la reputation en servant bien & fidellement leur maistre, enfin en ont reçeu une tres-miserable

*Voyez son éloge entre ceux des hommes illustres estrangers de Brantome.

ſerable recompenſe, entre leſquels on remarque principalement *Belliſaire* & *l'Eunuque Narſes* qui vivoient du temps de *Juſtinian* l'Empereur, & qui au bout des grandes victoires obtenuës par eux contre les *Gots* & les *Vandales*, lors que l'Empire eſtoit fort esbranlé de la multitude des nations eſtrangeres qui l'avoient aſſailly de tous coſtez, furent reduits l'un à une pauvreté extreme & l'autre à un deſeſpoir. Il y a pour vray fort peu d'aſſeurance en la bonne grace de la pluſpart des grands Seigneurs ; Freſle & foible eſt la felicité qui n'a un meilleur fondement : car outre que les grands ſont faits de la meſme matiere qui a produit les petits, laquelle les rend comme nous ſujets à l'inconſtance, encore pechent ils en cét endroit avec plus d'excuſe que nous pour eſtre continuellement agitez de divers vents des flatteries, des rapports & des calomnies, ou de la deffiance qui eſt naturelle à leur eſtat : tellement qu'eux meſmes ſe laſſent bien ſouvent de tant de tromperies & d'importunitez, & il s'en eſt trouvé pluſieurs qui ſe ſont retirez volontairement du maniment des affaires, ainſi que du milieu d'une tempeſte, pour ſe jetter dans le port d'une vie privée. L'Empereur *Auguſte* feit deux fois deſſein de quitter l'Empire, & ſemble par ce qui en eſt recité que ce qui l'en empeſcha ne fut pas tant la crainte de ne pouvoir aprés reſiſter à ſes ennemis, comme la prévoyance des nouveaux malheurs qui retomberoient ſur la choſe publique par un contraire & ſoudain changement ; *Diocletian* & *Maximian* n'eſtans pas retenus de pareilles difficultez à cauſe que les fondemens de l'Empire avoient eſté long-temps auparavant eſtablis, ſe deſpoüillerent du tout de leur domination ainſi que d'un

lourd

lourd & pesant habillement pour prendre celuy d'un petit mesnager & Gentilhomme champestre, voire mesmes s'amuserent à dresser de longues allées d'arbres de la mesme main, dont autresfois ils avoient planté leurs trophées entre les nations les plus lointaines. *Amurath*, deuxiesme du nom Empereur des Turcs, pere de *Mahomet* qui prist *Constantinople* & augmenta la grandeur des *Ottomans* de deux Empires, de quatre Royaumes, de vingt-quatre Provinces & de deux cens bonnes villes; Cét *Amurath*, dy-je, qui ordonna le premier pour la garde de son corps des compagnies de *Janissaires* qui furent pris entre les Chrestiens reniez; luy qui avoit monstré l'exemple de la valeur militaire à son fils, & qui auparavant luy, avoit accomply plusieurs faits d'armes dans la *Hongrie* & *l'Albanie*; Cettuy-cy aprés avoir bien joué son roollet sur le theatre des vanitez du monde se mit en un hermitage, laissant & le nom & la charge de sa Monarchie à son fils, sous le gouvernement du *Bascha Caly* son oncle; & pour ce que les Chrestiens quelque temps auparavant, des faicts par luy en une bataille où *Uladislaus* Roy de *Pologne* estoit mort, avoient ramassé une grande armée souz la conduite de *Jean Vayvode*, tellement que le Bascha faisoit difficulté de rien hasarder si *Amurath* n'y estoit en personne, il sortit alors de son hermitage, & aprés avoir chassé nos gens il s'y en retourna tout soudain, monstrant avoir eu assez de moderation pour refroidir son ambition par la douceur du repos, & assez de courage pour r'allumer sa vertu guerriere au milieu de la solitude, mais toutesfois tellement qu'il voulut demeurer victorieux de ses victoires, & les couronner du vray contentement qui se trouve ve dans la tranquillité de l'esprit. Il merite en cela quelque loüange, bien qu'au reste pour la barbarie de sa nation & sa fausse croyance l'on ne le doive pas mieux traitter que les autres *Ottomans*. La pluspart tiennent aussi qu'il sortit une seconde fois d'avec les *Moines Turcs*, parmy lesquels il s'estoit rangé, & voulant reprendre l'Empire que tenoit son fils fit exprez une partie de chasse, & souz ombre de cela s'avança jusques au lieu où se tenoit le *Divan* ou grand Conseil du pays, & s'y alla asseoir comme Empereur, dequoy son fils fut si estonné qu'il s'en vint promptement luy rendre ses submissions, & depuis *Amurath* gouverna tout seul ses Provinces jusques à ce qu'il mourut pour avoir trop mangé dans un festin. Cette inesgalité de vie peut achever d'effacer toute la gloire que l'on luy donnoit; S'il luy en reste quelque chose, il ne faut prendre garde qu'à sa premiere solitude. En ce qui est d'une semblable retraicte volontaire, l'Empereur *Charles* cinquiesme en a emporté le prix l'ayant continuée jusques à la fin de ses jours. Sa resolution fut prise lors qu'au partir du Pays-bas, il delaissa le soin de tous ses Pays & Royaumes & le fruict de tous ses travaux au Roy *Philippes* son fils. Or si les Roys les plus grands & les plus sages en ont usé ainsi, & ont monstré qu'ils estoient plus oppressez que soulagez de leur grandeur, quel jugement doivent faire de tous les loyers de l'ambition, ceux qui ne peuvent estancher leur soif, sinon de ce qui degoutte du sceptre & du throsne Royal? Et si les grands Princes en estendant les bornes de leur commandement & de leur puissance ne peuvent rien adjouster à la mesure de leur felicité, que doivent esperer leurs serviteurs qui courent à un semblable but?

Que

Que leur arrivera-t'il aprés tant d'esperances ambitieuses sinon d'estre contraincts enfin de s'arrester tous las & panthois, ou bien se voyant traverser de mille fascheux rencontres, deffaillir au milieu d'une si longue & si penible course? Sans doute nous pouvons tous aspirer à devenir grands, & n'y à si petit soldat qui ne se puisse promettre d'eslever un jour bien haut sa fortune; mais nul d'entre les hommes ne parvient par cette voye à estre heureux, s'il n'a fait provision en son esprit des bons advis & des seures adresses qui le peuvent conduire à une si belle & si agreable demeure comme est celle de la felicité. Quels sont ces bons advis, dit le Sieur de *Bussy*, & qui sont les guides pour trouver un chemin si couvert, puis qu'entre tant de grands personnages qui ont vescu vous estimez y en avoir eu un si petit nombre qui l'ayent sçeu descouvrir? Vous avez raison, luy dy-je alors, de me faire cette demande, car en ce seul point gist le fruict de tous nos discours. C'est là où il faut rapporter tout ce que les hommes apprennent, & par les livres & par l'experience. C'est icy où non seulement les esprits les plus eslevez, mais aussi les entendemens bas & vulgaires se doivent exercer pour en devenir meilleurs. C'est le champ fertille & delectable d'où les personnes de toute sorte de conditions peuvent recueillir les necessitez & les plaisirs de la vie; Bref, c'est la riche & abondante mine où les grands & les petits peuvent également foüiller pour y trouver les tresors de la felicité humaine. Vous voulez, dit-il, si je ne me trompe, designer les heureux effects de la vertu. C'est cela mesme, dy-je, où je veux tomber, c'est cette belle Dame qui doit estre entenduë sans la nommer, pource que nous ne la sçaurions veoir de nos yeux, & que sa beauté ne se peut bien considerer, sinon lors que pour l'apperçevoir nous separons nostre intelligence du langage commun : car tout le secret consiste à ne point concevoir la vertu en particulier mais bien universellement, de façon qu'elle puisse embrasser toutes les actions de cette vie, autrement c'est s'abuser aprés quelques apparences & eschantillons de vertu, qui le plus souvent ne meritent point ce nom mais pluftost celuy du vice ; comme par exemple nous pouvons dire que la vaillance & le sçavoir militaire sont de tres-belles parties en un Gentilhomme, mais que neantmoins la pluspart de ceux qui se sont vantez d'estre vertueux pour ce regard n'ont esté rien moins que cela, estans dignes d'estre pluftost appariez à des Ours & des Lyons qu'à des homes, pource qu'ils ne conduisoient pas cette brave saillie de l'ame par la lumiere de la raison, & se rendoient plus dommageables au genre humain que toutes les bestes les plus farouches, ce qui est du tout incompatible avec l'essence de la vertu de qui Dieu nous a donné les armes pour nous conserver en nostre foiblesse & nous defendre justement, & non point pour nous perdre & nous destruire violemment. Nous sçavons aussi que c'est une fort belle chose d'entendre les loix, les coustumes & les ordonnances de son pays pour pratiquer aprés cette science en la distribution de la Justice, & en estre faicts plus habiles en tous conseils, afin de soustenir ce qui est bon & reprouver le mal : mais si quelqu'un estant tenu pour un sçavant Conseiller ne sent point en son cœur un mouvement juste & équitable, avec cette vigueur qui fait roidir les hommes non seulement à desirer le bien, mais aussi à le

vouloir

vouloir executer constamment, celuy-là ne sçauroit remporter autre loüange sinon d'avoir esté un bon escollier & estre devenu un tres-mauvais maistre. L'on peut faire mesme jugement de tous ceux qui pour exceller en quelque chose se veulent aussi-tost parer de ce beau nom de vertu : car cela n'est pas supportable, & je confesse que j'escoute souvent avec beaucoup d'impatience un Cavalcadour brutal, ou un Musicien yvrogne, ou encore un Poëte desbauché, se plaindre que l'on leur refuse quelques commoditez, & faire retentir cette exclamation! O *pauvre Vertu* ! Il s'en faut peu qu'ils ne disent la mesme chose que *Brutus* dit devant que de se tuer, lors qu'il appella la vertu inutile & qu'il se repentit de l'avoir trop longtemps suivie. Ces petites gens auront bien la presomption de s'apparier à ce deffenseur de la liberté Romaine, croyant qu'ils ont raison de prononcer des paroles licentieuses que l'on pardonne à la passion qui saisissoit un courage heroïque; C'est bien affaire à de tels hommes de s'imaginer d'avoir la vertu pour compagne de leurs actions! Il faut bien qu'elle se range vers d'autres personnes plus celebres pour trouver un lieu digne d'elle, C'est à ceux qui mesprisent les arts inutiles & toutes les galanteries vitieuses de la Cour, qu'elle a voüé ses conseils & son assistance. C'est à ceux qui en tous leurs déportemens monstrent d'estre amoureux d'elle, & qui l'honorent tant que de la priser plus que tout le reste de l'Univers, qui la regardans à yeux fichez, c'est à sçavoir des yeux spirituels, la contemplent & l'aiment toute entiere ; qui sans affectation & desguisement prenans sa parure & ses ornemens en embellissent non seulement leurs actions, leurs pensées & leurs discours,

discours, mais aussi leurs moindres gestes & postures du corps, qui sont souvent les signes de ce que l'on cache dans l'ame; Bref, qui la caressent & la recherchent pour l'amour d'elle-mesme, & non pour le profit & l'advancement qui en vient, lors que les meschans & les dissolus sont contraints d'en faire estat & de s'en servir, l'ayant en hayne & en admiration tout ensemble : C'est elle que l'on peut nommer la Reyne du Monde, & la pluspart des Philosophes ont dit que ceux qui ont sa bonne grace sont seuls riches, puissans, sages, entendus, & en un mot bienheureux. Je tiendray le mesme langage que vous faites touchant la vertu, dit le Sieur de *Bussy*, mais ce sera par honneur, & bien que j'estime qu'il luy faille rendre tout le respect qui se peut, toutesfois je ne voy pas quel ait le moyen de faire les hommes heureux en cette vie, & comment elle peut venir à bout d'un si grand chef d'œuvre : mais au contraire comme j'ay dit dés le commencement j'en connois infinis, qui pour estre vertueux n'en sont de rien plus à leur aise.

Puis qu'ainsi est, dy-je, que j'ay monstré que tout ce que nous admirons communement & desirons le plus, ne nous sçauroit donner ce que nous cherchons, je veux en peu de mots vous faire voir comme c'est la vertu seule qui produit ces beaux & bons effets, & comme elle affoiblit les adversitez en leur resistant, & fortifie les prosperitez en les moderant; je vous monstreray que c'est elle qui en la petitesse sçait trouver la grandeur; en l'affliction la joye, & au changement la constance; Qui en obeïssant assujettit & en se ployant s'esleve; bref, qui asseure les choses incertai-

nes

nes & arreste les passageres ; Et voicy comment cela se fait.

Toutes les actions se considerent en la personne des grands, des mediocres & des petits, & toute la vie prend son cours, ou separée des desseins, des volontez & des intentions des autres hommes, ou bien y est conjoincte par les parentez, les alliances & l'amitié : L'on pourroit faire de differens discours sur tout cecy, mais cela estendroit par trop nostre matiere, si l'on avoit esgard à toute sorte de circonstances ; C'est pourquoy il se faut contenter de considerer le premier estat des personnes, & mesmes d'autant que les mediocres, inclinent tantost d'un costé & tantost de l'autre, nous ne parlerons que des moindres & des plus grands. C'est l'ordre que je veux suivre, & je commenceray par la condition des moindres. Il n'y a aucun pour si bassement & si miserablement qu'il ait esté nourry qui ne face naturellement cas de ceux qui le surpassent en quelque industrie, & plus encore de ceux qu'il estime estre gens de bien, de maniere qu'il desire en sa petitesse de paroistre tel, & encores qu'il y en ait qui dissimulent & cachent leurs commoditez & leurs richesses, il n'y en a aucun qui refuse la loüange & la reputation de la preud'hommie, mais chacun en est resiouy, soit Marchant, Courtisan ou Laboureur, lors que l'on a recours à quelqu'un d'eux ou que l'on s'y fie & en fait estime; aussi vous voyez qu'ils ont ordinairement en la bouche ces mots, *Je suis pauvre, mais je suis loyal*, & quand par leur bonne reputation ils ont une fois acquis le degré que leur peut donner la preud'hommie, vous les verrez plus contans que de petits Roys, & avec cette qualité ils supportent gayement leurs autres incommodicommoditez, à cause qu'ils sont honorez par ce moyen, non seulement des gens de leur sorte, mais aussi des Juges & des Magistrats, & plus encore pource qu'ils vivent sans crainte de reproche, comme si la nature leur avoit apris que ce n'est rien de vivre, mais seulement de bien vivre. De là vient qu'ayans leurs desirs plus bornez que nous, ils sont aussi moins vicieux, & plus fermes & plus arrestez en leurs devotions, & en un mot plus religieux, pourveu que leurs Pasteurs par leurs frequentes Predications, les gardent de tomber en la superstition qui est leur maladie la plus ordinaire; & la premiere source de toute idolatrie; car par exemple les brevets pleins d'oraisons & de caracteres inconnûs que l'on porte sur soy, & la croyance que l'on donne a plusieurs sortileges sans que l'on croye user de magie, viennent de la superstition, en laquelle peut degenerer une devotion qui n'est pas bien reglée. Pource qui est des personnes plus relevées, & specialement des gens de Cour, ils ont tant de vanité dans la teste & tant de curiositez differentes, qu'il faut avoüer que ne voulant point passer pour estre si simples que le populaire, ils se jettent dans l'autre extremité, & ont la foy fort debile, de sorte que si les autres tombent dans la superstition, quelques uns de ceux-cy peuvent bien tomber dans le libertinage & l'Atheïsme; & par de tels chemins les uns & les autres s'esloignent de la Vertu, dont la premiere partie est la Pieté. Or comme les esprits des hommes sont fort divers, il y en a de basse condition qui ne sont pas beaucoup dans la simplicité, & qui au contraire ne s'occupent qu'à des actions malicieuses & iniques, lesquelles ils rendent pourtant fort proportionnées à leur

condi-

condition, les rengeant dans la baſſeſſe de leurs convoitiſes. L'on en void auſſi pluſieurs de ceux-cy qui ayans amaſſé quelque fons par mauvais moyens, par tricheries & par larcins, ſont continuellement en peine, ou pour raiſon des debats & des querelles qu'ils ont avec leurs voiſins, ou pour les chicaneries & les procez dont ils s'embroüillent & ſe conſument, ſi bien qu'ils ſe trouvent plus neceſſiteux & affairez que ceux qui ont beaucoup moins, & s'il leur ſurvient quelque perte ils n'ont ny la patience, ny la conſolation que les debonnaires ſentent en leur conſcience. C'eſt aſſez, à ce qu'il me ſemble de cette ſorte de gens ; venons à ceux que nous appellons honneſtes hommes ; leſquels pour leur bonne naiſſance ſont d'autant plus obligez à faire profeſſion de la vertu. Tous Gentilshommes & Seigneurs ſont compris en cét ordre, & c'eſt à eux proprement à qui s'adreſſent tous nos diſcours : Car comme les drogues des Appoticaires ne font pas meſme operation en un corps groſſier comme en celuy qui s'eſt nourry delicatement combien que l'ordonnance du Medecin ſoit bien faicte & la ſcience certaine ; Auſſi les preceptes du devoir n'ont pas meſmes effets envers la perſonne de baſſe & vile condition, comme à l'endroict de ceux qui ont eſté eſleuez dignement, & qui ont ſucé le premier laict de civilité, de bienſeance & d'honneur : car ſans doute cette bonne nourriture diſpoſe & prepare leurs eſprits pour recevoir la vraye & ſolide viande de la vertu : ſoit que leur jeuneſſe tombe entre les mains d'un bon & ſoigneux gouverneur, où que l'experience des affaires & le rencontre de la vie, avec les admonitions d'un fidelle amy leur façonne le jugement &

les

les incite à devenir meilleurs ; Et pourtant ce n'est pas assez d'estre issu de bon lieu si les parens comme bons jardiniers n'ont pensé de bonne heure à redresser ce qui est tortu, & asseurer ce qui est droict, en estançonnant & émondant ces jeunes plantes, & les accoustumant à la droiture & à la netteté car aprés il sied tres-mal de se vanter de sa Noblesse entre infinies actions viles & roturieres ; & les peres qui ont esté si peu soigneux de l'instruction de leurs enfans, en rapportent ordinairement le loyer de mille ingratitudes, outre le déplaisir de les voir mesestimez & reculez des belles & honorables charges : tellement qu'aprés avoir pris beaucoup de peine pour leur acquerir des biens externes, lesquels sont entierement separez de nostre personne, ils trouvent à leur grand regret qu'ils ont fait mauvaise provision de la richesse interieure qui dépend des mœurs d'un chacun, & que c'estoit la vraye & premiere grandeur à laquelle il les falloit eslever, & sans laquelle il arrive que le lustre des plus grandes maisons est terny & effacé, & que l'opulence se convertit en pauvreté, & la puissance en foiblesse, comme il se voit par l'exemple de plusieurs que nous connoissons en ce Royaume, de qui les peres, ayeuls & bisayeuls ont longuement tenu le premier lieu de reputation & de commandement ; & toutesfois aujourd'huy leurs enfans n'ayans ny bouche, ny esperon, & estans en tout & par tout plus propres à dompter les bestes que les hommes, cedent aussi à infinis autres l'advantage du credit & de l'authorité. Il s'ensuit donc que le premier degré d'avancement que puisse recevoir un jeune Gentilhomme luy est donné par le seul renom de la vertu, & qu'à plus forte raison tout le reste luy est aisé lors

T qu'il

qu'il n'est pas seulement par reputation, mais en effet vertueux. Venons maintenant au temps de son entremise aux affaires, & nous trouverons qu'il ne peut rien obtenir d'asseuré & d'agreable en la fortune, s'il ne s'est rendu tel qu'il puisse estre mis au rang de ceux qui sont entierement portez au vray bien; car s'il ne s'est adonné qu'à des folastreries, ou s'il a rendu son esprit & son jugement plus lourds & plus abrutis par les voluptez, au cas qu'il luy reste encor quelque sentiment, on le verra rougir cent fois le jour, soit qu'on vienne parler à luy de quelque faict d'estat, où qu'il vueille à son tour dire son advis au conseil & en presence de son Maistre sur quelque occurrence importante & necessaire. Il faudra que pour déguiser son defaut, il recueille quelques mots de celuy qui aura parlé devant luy, & que neantmoins il lise aux yeux des assistans que chacun à pitié de son ignorance. Que si on luy donne quelque charge en une armée, bien que nous soyons en un temps, où le premier point du mestier des armes c'est de faire bonne mine, toutesfois entre infinies occasions qui se presenteront, il n'en faudra qu'une pour le rendre du tout contemptible, & exposer son honneur à la moquerie des moindres Capitaines, & mesmes lors qu'on le sentira un peu bas de courage; Que si on le veut employer en des Ambassades pour commencer de le façonner, & le faire paroistre entre les estrangers, ce sera encore plus le ruiner de reputation, pour ce qu'en de telles charges on est soudain fleuré & tasté des plus habiles hommes qui soient en la contrée, lesquels aprés en font leurs discours aux autres Ambassadeurs & les envoyent çà & là ainsi que des lettres de change. Si d'autre costé nostre

stre favory est assez habille homme, mais tenu en opinion d'homme corrompu, d'avare & de dissimulé, il sera servy de mesme, quelque chose qu'il ait à faire ou negocier. En Cour il n'aura que des beaux semblans sans un seul vray amy, ou serviteur fidelle; En sa maison il ne sçaura de qui se garder le plus, & à qui se fier d'avantage. S'il a d'autres compagnons de fortune, il craindra leurs caballes & leurs resolutions secrettes; S'il est en guerre, il se trouvera mal suivy, voire delaissé au besoin; S'il est envoyé en pays estranger pour faire quelques traitez, il se reconnoistra desagreable & soupçonné, & ne pourra rien faire qui vaille pour le service de son maistre, dont la cause gist en ce que l'on fuït les avares & les rusez & decevans, aussi naturellement que volontiers l'on suit & caresse les hommes francs, liberaux & de bonne foy; Comme encor l'on mesprise les grossiers & mal entendus pour si dorez & diaprez qu'ils soient, & au contraire l'on honore & l'on a recours à ceux qui voyent de loing les accidens futurs, & ont de l'adresse pour sortir d'un mauvais passage. Les faveurs donc ne sçauroient couvrir la honte d'un indigne Courtisan, qui aura bien pu apprendre quelques termes de Cour, pour se desfaire des propos graves & serieux d'un plus habile que luy, comme font plusieurs que vous connoissez: mais cette parade ne dure pas long-temps, & il advient que de telles personnes perdent bientost leur credit & leur honneur, ainsi que des Comediens, qui avec leurs beaux habillemens & leurs gestes artificieux, de prime abord semblent aux yeux du vulgaire quelques grands personnages; puis estans veus hors du theatre paroissent tels qu'ils sont, & n'ont ny grace ny façon: car, ce qui est feint ou fardé venant à se descouvrir augmente sa laideur, & ceux qui par tels moyens se pensent faire respecter & en acquerir de la gloire s'abusent grandement; puisque le vray honneur enfonce bien avant ses racines dans le cœur des hommes, mais l'apparence trompeuse & la fiction viennent bientost à se faner & déchoir, comme font de simples fleurs à qui c'est encore beaucoup que la durée d'un jour.

Or opposons maintenant à cela le bonheur de celuy que nous appellons un Courtisan parfaict, lequel on peut aussi appeler l'Honneste homme de la Cour. Celuy-là se monstre sage & vertueux en toutes occurrences; En toutes saisons il est bon à tous; Il fait dignement sa Cour prés des grands Princes; Il se rend assidu aux affaires, sçait bien obeïr & bien commander, & encor plus fidelement & courageusement s'acquitter d'une charge; Il discerne chaque chose promptement & se développe accortement d'une difficulté, mais au reste il soustient tousiours la bonne cause, estant un protecteur asseuré pour ses amis, & courtois à tout le monde, discret & veritable en ses propos, advisé en ses responces & promesses; Bref liberal de ses moyens & de son credit à tous ceux envers qui le devoir l'oblige. En recompense de ces belles parties chacun aussi luy veut du bien, & l'honore, ses ennemis le redoutent, son Maistre mesmes l'espargne, & se garde de l'offencer; l'estranger le recherche, & un mot il est si heureux que les mutations frequentes de cette vie ne le peuvent esbranler ou luy ravir le contentement d'avoir tousjours bien fait. Mais pour ce que ceux qui sont tels que je dis ou qui en approchent ne sont pas tousiours les plus riches, il y en a

peu

peu qui suivent cette voye, la plus part des hommes estans charmez du fol desir d'avoir de grands biens, lesquels ils estiment estre le principal instrument de toutes grandeurs, honneurs & dignitez, & croyent que la severe & exacte façon de vivre empesche d'y parvenir: Toutesfois ceux qui possedent des richesses sans l'appuy de quelque signalée vertu, ont esté le plus souvent en peine, & seront tousiours dans le mespris, & en danger d'encourir de plus grandes disgraces; Car lors qu'ils pensent estre les plus puissans, c'est lors qu'ils ont le plus besoing d'estre appuyez d'autruy; ce qui n'advient pas à un homme sage & valeureux, lequel se maintenant presque de luy-mesme, vient à estre ordinairement recherché des plus grands; Et pour certaine preuve de cela il se faut souvenir que jamais ou rarement, les peuples affligez ou oppressez ne se sont jettez entre les bras des hommes opulens, mais bien se sont donnez souvent à ceux, dont la vaillance, la preud'hommie & la prudence faisoient qu'ils avoient bonne opinion d'eux; Et de fait vous voyez que ce qui maintient aujourd'huy le Prince *d'Orange* contre tout l'or du *Perou* & toutes les forces *d'Espagne*, n'est rien que cette grande reputation qu'il s'est acquise parmy les *Flamens* par des vertus signalées; Au contraire de cecy, pour n'en point faire la petite bouche & cacher la verité par complaisance, vous sçavez bien que nostre Maistre qui est fils de *France*, & qui a tant de serviteurs n'a pû encore surmonter ou effacer la mauvaise impression que ses ennemis ont donnée de luy aux *Flamens*, fondée seulement sur ce qu'il s'est souvent rappointé avec ceux contre lesquels il avoit pris les armes, & à plusieurs fois changé de
T 3 party;

party; comme s'ils craignoient que ce Prince n'ait pas assez de constance ou de fidelité pour demesler une si grande & si longue querelle comme est la leur; tellement que s'il leur faut avoir des *François* pour leur secours, ils veulent qu'ils soient sous la charge de Monsieur de la *Nouë*, de qui la reputation est sortie bien loin hors de la *France*, & s'est estenduë jusques en *Espagne, Italie, Allemagne & Angleterre*; & bien qu'il ne soit ny fort riche, ny fort puissant; si est-ce qu'ils l'honorent tant que de le vouloir faire chef de leur armée & s'en reposer sur luy, L'on peut dire que les *Flamens* demandent celuy-là, d'autant que la pluspart d'entre eux s'accordent avec luy dans la religion : Mais s'ils ont encore demandé d'autres Capitaines qui estoient tresbons Catholiques, ils ont pris garde à leur seule vertu dont ils ne s'attendoient point d'estre trahis. Je ne veux point alleguer sur ce propos les exemples des Grecs & des Romains qui sont en grand nombre dans nos Recueils d'Histoires meslées & dans les livres de moralité, de sorte que l'on en peut trouver d'assez convenables pour toutes sortes d'occasions. Il n'est pas besoin pour cette heure de passer si avant. Je vous veux cotter seulement deux notables effects de l'avantage que la vertu a remportez sur la naissance & sur les richesses, entre nos *François*. Nous lisons que le gouvernement du *Languedoc* qui de toute ancienneté appartient à un Prince, fut un jour baillé au Duc de *Berry* frere du Roy *Charles cinquiesme*, & qu'estant appuyé de sa grandeur, non seulement il negligeoit ce qui pouvoit apporter du soulagement à ceux du pays, mais aussi leur faisoit souffrir beaucoup de foules à l'apetit & induction de quelques

jeunes

DE LA COUR. Liv. I.

jeunes hommes, dont la plainte estant venue jusques au Roy, le Duc de Berry fut premierement admonnesté d'en user autrement puis, pour ce qu'il continuoit à faire de mesme, sa charge fut donnée au Comte de Foix, qui estoit demandé de la part du peuple pour sa prudence exquise & sa moderation exacte. Comme il ne vouloit pas offencer un Fils de France, il s'excusa d'accepter ce commandement ; Toutesfois il fallut enfin que le Duc mesme au lieu de s'en ressentir contre luy l'en priast instamment, ne faisant pas le mutin ou le mal contant lors qu'il luy falloit quitter un si beau gouvernement : * Mais au contraire disant qu'il estoit bien raison de ceder volontairement la place à celuy qui estoit plus vieil & plus sage que luy, puisque pour n'avoir sceu bien commander il avoit fait perdre aux sujets la volonté de le reconnoistre & de luy obeïr. L'autre remarque que je vous fais est encore plus signalée, car il se trouve que *Charles d'Anjou*, celuy qui premier de ce nom fut faict Roy de *Naples* par *Clement quatriesme*, ayant desfaict *Menfroy* fils bastard de l'Empereur *Federic*, se trouva querellé deux ans après par *Conradin Duc de Sueve*, qui estoit venu debattre son droit avec une grande armée d'*Allemans* ; tellement que *Charles* se voyant plus foible & craignant l'issuë de la bataille, sans bonnement sçavoir à quoy se resoudre, il ne fut point lors emporté d'outrecuidance pour l'heureux évenement de la victoire qu'il avoit n'aguères obtenuë, & moins encore fut-il touché de vanité pour le rang qu'il tenoit : mais considerant que le peril present requeroit la conduite d'un plus experimenté Capitaine que luy, il envoya querir un Chevalier *François* nommé *Allard le Vieux*

* Cela ne s'est pas fait ainsi le Comte de Foix fut demandé mais le Roy y envoya Pierre de Chevreuse.
* Qui fut contraint d'abandonner à cause des menaces du Duc. Hist. de Charles VI. p. 71. & 79. de l'edition de Louvre.

Vieux, duquel la renommée estoit grande en ce temps-là, & le pria de l'assister de son conseil. *Allard* qui ne faisoit que de revenir de la terre Saincte où il avoit fait vœu de ne plus porter les armes, s'excusa de se trouver au combat, & d'y avoir part: Toutesfois se voyant plusieurs fois conjuré au nom de son Roy absent, & de l'honneur de sa Patrie, il s'y accorda enfin, sous condition que *Charles* luy promit de suivre en tout son advis, & luy obeïr pour ce jour-là. Alors il fit secretement vestir *Philippes de Monfort* Mareschal de Camp, des habits du Roy & le fit couvrir de ses Armes, afin que l'on le prist pour luy dans la bataille, puis il ordonna que le Roy avec une grosse troupe se tiendroit caché en un vallon: Quant à luy se tenant sur le haut d'une coline, il vid qu'aprés un long combat le Mareschal & ses gens furent renversez, & que les ennemis pensans avoir tout gagné s'escartoient aprés le butin, tellement qu'il fit sortir le Roy, & donner sur ses ennemis, qui par ce moyen furent entierement deffaits. En ces deux exemples vous voyez combien a de force la vertu pour se faire honorer des plus grands; Et ne sçauroit-on, ce me semble s'imaginer dans l'ambition rien de bon ny d'agreable, sinon cette maniere de s'eslever sur la grandeur des Princes, en les faisant soumettre volontairement à celuy qui est le plus vertueux. Mais à dire le vray, c'est chose rare que de rencontrer un Roy qui sçache peser le merite des honnestes hommes, & qui en fasse cas, non par inclination, mais bien par choix & jugement; Tellement que pour un de reconnu, honoré & advancé, il y en a mille delaissez, mesprisez & reculez. Toutesfois quoy que la confusion surpasse en

ceçy

eecy le bon ordre, rien n'empeſche que nous ne voyons quelquefois qu'un excellent perſonnage ſurmonte les folles affections des Princes & leurs vices meſmes. Vous ſçavez ce que les Hiſtoriens ont raconté de l'amitié extreme que le grand *Alexandre* portoit à ſon mignon *Epheſtion*, & comme à ſa mort il voulut que les hommes, les beſtes & les murailles des villes portaſſent la marque du dueil qu'il en avoit. Toutesfois il aimoit plus dignement & faiſoit meilleure part du vray honneur à *Craterus*, auquel auſſi il communiquoit ſes plus grandes affaires, diſant que l'un aimoit *Alexandre*, & que l'autre aimoit le Roy : tellement qu'il n'y a gueres de perſonnes qui n'aimaſſent mieux ſans comparaiſon un ſeul jour de la faveur de *Craterus*, que cent années des careſſes *d'Epheſtion*. Il y a eu aſſez d'autres Princes plus vicieux que celuy-là que je viens de nommer, leſquels ont pourtant eſté contraints de mettre les plus grandes charges de leur Eſtat entre les mains de ceux qui les meritoient le mieux. *Neron* l'Empereur fut une pepiniere de vices, & n'y avoit prés de luy aucun homme doüé de quelque belle partie qui ne fûſt en danger, & entre les autres *Veſpaſien*, qui depuis fut Empereur : ſe vid aſſez ſouvent en extreme peine, juſques-là qu'enfin pour s'eſtre endormy pendant que ce Tyran faiſoit le Boufon & le Baſteleur, il encourut entierement ſon indignation, de ſorte que s'eſtant retiré de la Cour, il demeura caché çà & là long-temps, avecques peu d'eſperance de ſe pouvoir ſauver, juſques à ce que la guerre de Judée eſtant bien fort allumée, & deux Capitaines Romains y
ayant

ayant esté défaits, *Neron* se trouva troublé d'un tel soustevement, & de luy-mesmes choisit entre les autres pour chef de cette entreprise, celuy que peu de jours auparavant il faisoit rechercher pour le mettre à mort, estant lors la cruauté domptée & retenuë par la crainte, & la vie d'un particuliere servant d'asseurance & d'appuy à celuy qui tenoit une grande partie du Monde indignement assujettie. Il est donc hors de doute que si d'estre advancé aux grands honneurs est un bon-heur, il n'y a rien qui porte si loin un honneste homme, que les bons effets de l'opinion qu'il aura donnée de sa suffisance & de son merite, & que c'est le vray moyen de se rendre necessaire prés d'un Prince, ou d'une communauté & Republique : Mais desormais il sera bon de vous representer ces choses avec plus d'ordre & de division, afin que vous sçachiez combien chaque effect de la vertu a de force, & porte de recommandation avec soy; Neantmoins je n'ay garde de m'embarquer en une telle entreprise, si je ne suis asseuré que celuy qui m'a faict jusques icy l'honneur de m'escouter, demeure tousiours dans une mesme intention, & ne s'ennuye point de mes discours : car j'ay encore beaucoup de choses à dire sur ce sujet, & si je sçavois que mes parolles fussent importunes, il vaudroit mieux les cesser que de prendre de la peine pour ne donner ny instruction ny plaisir.

Ayant alors cessé de parler, le Sieur de *Bussy* me dit qu'il me querelleroit s'il pensoit que je le prisse pour un ingrat de la faveur que je luy faisois de luy donner tant de

beaux

beaux enseignemens; Qu'il demeuroit tousjours dans une semblable resolution d'ouïr parler de ce qui nous pouvoit rendre heureux dans le Monde, & specialement dans la Cour, & que luy ayant fait connoistre que je desirois l'entretenir plus long temps sur ce sujet, il ne le falloit pas frustrer de ses esperances. Je luy dy aprés que de verité, il y avoit plusieurs sortes de felicité en cette vie: Qu'il y avoit celle des Saincts & des hommes entierement adonnez à la devotion qui abandonnoient l'amitié, le mariage, la societé publique, le commerce, les Offices, les employs d'affaires, les arts liberaux, & toutes les conditions ou fonctions de la vie civille, pour demeurer continuellement dans la priere & la meditation, & observer de grandes austeritez afin de mortifier leur chair & vivifier leur ame; Qu'il y avoit encore une felicité pour les Philosophes & hommes de lettres, lesquels abandonnoient aussi tous les negoces du Monde pour vaquer à leurs meditations, mais qui au lieu de ne contempler que Dieu simplement, s'arrestoient d'ordinaire à la consideration de ses ouvrages; Qu'aprés cela il y avoit une felicité meslée pour tous les hommes qui vivoient politiquement, & qui prenoient chacun une vacation selon leur naissance, leur pouvoir & leurs richesses; qu'ils ne laissoient pas de participer s'ils vouloient au bon-heur des Devots & de ceux qui philosophoient le plus raisonnablement retenant encore avec cela tous les avantages de la vie civille, de sorte que par ce moyen leur condition en pouvoit estre plus accomplie, ce qui vuidoit l'ancien differend des vertus actives & des contemplatives, d'autant que si les
con-

contemplatives estoient preferées aux actives, il falloit confesser que ceux qui agissoient dans la vie & s'adonnoient en mesme temps à la contemplation, avoient emporté le dessus, puisqu'ils avoient en eux la partie la plus estimée sans estre destituez de l'autre; Que ces considerations s'estans presentées plusieurs fois à mon esprit, cela faisoit qu'encore que je trouvasse beaucoup d'occasions de mal faire dans la Cour, toutesfois je ne voulois pas blasmer entierement ceux qui la suivoient, & que toutes les choses que j'en avois dictes estoient pour esprouver les sentimens d'un celebre Courtisan, & prendre là-dessus mes mesures, pour luy faire les discours qui me sembleroient les plus necessaires; Qu'en toutes les questions du Monde il y avoit le pour & le contre, & que ce n'estoit pas seulement pour exercer l'Eloquence que l'on soustenoit tantost un party & tantost l'autre, mais pource que l'on croyoit que la verité s'y trouvoit diversement selon les biais dont l'on les prenoit, mais qu'à n'en point mentir, il y avoit aprés cela une verité superieure qui distinguoit une chose de l'autre & faisoit que l'on n'y pouvoit estre trompé; Qu'en ce qui estoit de la vie de la Cour, je voulois bien l'approuver desormais, & qu'il n'y avoit point d'inconsideration à cela, pourveu que l'on eust esgard à luy donner des regles certaines; Que je voulois mesmes chercher les moyens d'y trouver une veritable felicité, & que selon les crayons que j'en avois desia faits, l'on pouvoit assez connoistre que cela ne devoit estre accomply que par le secours de la vertu; Que c'estoit là dessus qu'il falloit édifier ses desseins, & qu'il n'y avoit
point

point de fondement plus asseuré pour y bien reüssir; Qu'en parlant de la felicité j'entendois tout ce qui pouvoit rendre les hommes heureux comme les grands honneurs, l'affection des Princes, les loüanges de tout le peuple, & mesmes les richesses qui peuvent estre données à l'homme vertueux, quoy qu'il ne les recherche pas avec passion; tellement que de parler de toutes ces choses, c'estoit pour apprendre les moyens de faire sa fortune dans la Cour, ce qui estoit le principal objet où le Sieur de *Bussy* tournoit ses pensées. Comme j'en fus venu là, son esprit boüillant fit qu'il me conjura bien-tost de reprendre mon discours tout de bon & sans tournoyer d'avantage. Je luy representay alors qu'il prist garde encore que ce que j'avois à luy proposer, estoit une desduction philosophique de la morale des Courtisans & des principales parties de la vertu; Que de verité je n'y mettrois pas toutes les definitions & les divisions que l'on enseignoit au College, mais que cela ne laisseroit pas d'estre un peu long & qu'il falloit qu'il s'armast de patience pour m'escouter. Il me repartit qu'il croiroit que je ne l'aimois pas & que je ne voulois plus prendre la peine de parler devant luy, si je ne reprenois incontinent mon discours, & je luy dy que je voyois bien qu'il meritoit que l'on se donnast pour luy des soins plus grands & des travaux plus considerables; Que je me disposois mesme pour luy donner le plus de satisfaction qu'il me seroit possible estant resolu d'accompagner tous mes propos de notables exemples qui l'instruiroient autant que les meilleurs preceptes; Et en suitte de cela, voyant qu'au lieu qu'il s'estoit levé pour me parler avec

action,

action, il s'estoit enfin rassis pour m'escouter plus attentivement, aprés une petite pause je me mis en estat de luy complaire, & de tascher de m'acquitter de ce que je luy promettois de mon discours, duquel à tout le moins je sçavois certainement que le sujet luy plaisoit, puisqu'il ne consistoit qu'aux moyens d'establir une fortune durable dans les lieux qu'il aimoit le plus.

LA FORTUNE DE LA COUR.

LIVRE SECOND.

C'EST une chose toute connuë, & dont il ne peut y avoir de contestation, (dy-je, en reprenant la parolle) qu'encore qu'en parlant vulgairement l'on nomme absolument la Vertu, pour toutes les bonnes habitudes de l'ame ; Neantmoins elles ont des diversitez que l'on ne peut distinguer qu'en leur donnant divers noms. Je laisse à part l'opinion de ceux qui tiennent que certainement

tainement il n'y a qu'une vertu, & que toutes les vertus inferieures dont l'on parle, ne sont que des parties ou des fonctions differentes de la Vertu supréme. Soit qu'il n'y ait qu'une vertu dont toutes les autres ne soient que les parties, ou qu'elles soient chacune une vertu à part, il suffit icy de sçavoir leur principale division, qui est de quatre, comme si ce nombre cubique avoit esté choisi pour mieux representer leur fermeté. Leurs noms sont la Justice, la Prudence, la Force ou Magnanimité, & la Temperance. Il y a plusieurs branches qui dépendent de chacune, mais nous nous contenterons de les considerer en gros selon que cela nous sera necessaire.

La Justice est la premiere, pource que sans elle toutes les autres changent de nom, & que c'est elle qui s'entre-meslant de toutes nos actions nous donne le titre de gens de bien; partant il est aisé de juger combien cette loüange est grande, & quelle force elle a envers toutes personnes puis que tous en sont jaloux, & que mesmes comme je disois tantost, les plus pauvres & les plus abbaissez la recherchent. Or celuy qui n'entreprend rien sur autruy, qui rend à chacun l'avantage & l'honneur qui luy appartient, qui pese bien les degrez & le merite des personnes, qui reconnoist liberalement un service ou un plaisir receu, & qui en somme fait profession de verité & de bonne foy, celuy là se peut dire juste; & je croy qu'il n'y a point d'attraits au monde si forts pour se faire aimer, comme est la grace naïfve de l'homme qui vit ainsi; & qu'au contraire celuy qui sous quelque couleur que ce puisse estre despouille son amy ou adversaire de ses facultez, qui nuit malicieusement aux commoditez & à la reputation d'autruy, qui ne ne donne rien que suivant sa passion, & par ingratitude refuse quelque chose ; Bref, qui à la façon de la Cour abuse ses amis & ses serviteurs de belles paroles & promesses, celuy-là est tenu homme sans raison, sans justice & sans mesure, & ne peut par dissimulation ou autrement se garder long-temps d'estre hay, méprisé & enfin delaissé. L'equité n'est donc pas seulement entre les mains des Juges & des Magistrats, & ce n'est pas seulement entre les procez, que l'on void reluire, ce qu'on appelle justice distributive, de laquelle je ne parle point en cét endroit, pource que l'on en a fait une science : Mais bien cette belle vertu doit paroistre volontairement en toutes nos actions, & doit tellement façonner nos intentions, que jamais il ne nous advienne de faire à autruy ce que nous ne voudrions pas nous estre faict. Cette regle ancienne qui a esté en la bouche des Chrestiens & des Payens, est comme la premiere forme & le modelle de toute droiture & bonté : Car le Prince & les sujects, les Grands & les petits peuvent prendre de là les vrays preceptes & enseignemens pour devenir & perseverer à estre justes. De maniere que les Hebreux quand ils vouloient descrire un homme de bien & esloigné de toute violence & avarice, disoient qu'un tel estoit juste, mais ils y adjoutoient, *& craignant Dieu* ; comme voulans signifier que de nous mesmes nous ne pouvons estre justes, mais que venans à nous eslever droit aux Cieux, & nous eschauffer par le zele des choses divines, ce beau rayon de nostre ame ayant penetré jusques-là, se refleschit & recourbe dans nous, y apportant une impression de l'image celeste, qui est la justice & la bonté mesme. C'est pourquoy ce Payen qui premier assist *Themis*

prés

prés de *Jupiter*, ne voulut pas faire connoistre que les actions des Roys, comme disoit le flateur d'*Alexandre*, sont tousiours accompagnées de justice : car il se peut faire qu'elles en soient quelquefois privées ; mais il voulut dire, que la source de cette vertu, est aux costez de ce grand Dieu, d'où elle decoule en nous, lors que nous sommes religieux admirateurs de son essence. Je dis donc que le premier point de cette excellente partie consiste en la Religion, qui est une façon de rendre à Dieu ce que nous luy devons, en imitant autant qu'en nous est, sa bonté, & luy faisant humble sacrifice de nos vœux & de nos prieres, avec une fermeté & pureté de foy & de conscience : car si nous ne visons là droitement, & si nous gauchissons aprés les inventions humaines, nous tombons soudain en des superstitions, & aprenons à faire le contraire de nostre nom & profession ; tellement qu'en nous paroissent des contrarietez estranges, & il advient que celuy qui a beaucoup d'apparence de devotion, sera neantmoins ennemy de son prochain, & luy fera beaucoup de mauvais tours : ce qui n'arriveroit pas si sa pensée estoit veritablement religieuse, & s'il n'avoit tourné la religion en façon de mestier & de coustume ; comme la plus part font aujourd'huy. Il est donc certain que plusieurs ordonnances diverses que font les hommes pour servir Dieu en telle où telle maniere, ne produisent pas tousiours ce bel effet que je dis de justice, & de pureté ; mais plustost elles sont occasion de depravation à quelques-uns, pource qu'il leur semble qu'ayans satisfait à l'apparence exterieure, ils se sont bien aquitez de leur devoir : tout ainsi que les mauvais escoliers pensent estre bien sçavans aprés qu'ils
ont

ont dit leur leçon par cœur sans la comprendre, & sans en pouvoir donner l'explication; Et à la verité il n'y a rien de si trompeur que d'examiner nos actions par les seuls termes des loix humaines, & si nous n'y apportons une plus saincte & plus severe regle qui depende de nostre conscience, & de la crainte d'offencer Dieu; il nous arrivera souvent de soustenir le mal en pensant faire le bien. Je commenceray mes exemples par les Princes, & quand je ne parlerois quelquefois que d'eux seulement cela suffiroit à nostre propos, puisqu'ils sont les Chefs des Cours, & que mesme ils sont souvent incitez à ce qu'ils font par les Favoris, qui sont ceux principalement dont nous avons entrepris de parler. Il faut sçavoir si l'Empereur *Charles cinquiesme* fit une chose juste, lors qu'il fit tuer sur le *Pau* le Seigneur *Fregose* & *Rangon*, pource qu'ils alloient de la part de nostre Roy vers le *Turc* negocier une guerre contre luy. Il pouvoit dire que les Canons & les Decrets defendent toute association avec les Infidelles; & que partant il ne falloit point garder à de tels Ambassadeurs le respect & le droict des gens: mais s'il eust pensé lors à Dieu, il eust trouvé en soy-mesme des raisons assez fortes pour ne point commettre d'homicide, & specialement en trahison, & sans aucune forme de Justice descouverte. Je diray le mesme du Pape *Alexandre sixiesme* & de quelque autre Prince que ce soit qui fust de son complot, s'il est vray, qu'ils ayent fait empoisonner le frere de *Bajazet* hommé *Zizim*, lequel fuyant la cruauté d'un Mahometan, ne trouva entre les premieres personnes de la Chrestienté, rien moins que le Christianisme, sous couleur de l'abomination en laquelle nous avons les mescreans, &

V 2 dont

dont toutesfois l'avarice fut la seule cause. Que pense-t-on aussi du feu Roy *Charles neuviesme* & de son successeur, & de *Catherine de Medicis* leur mere, qui creurent le conseil que l'on leur donna pour la journée de *Sainct Barthelemy*? Estoit-ce un effet de justice ou d'injustice? Examinons ce que l'on en dit de part & d'autre. Voicy ce que l'on a allegué contre eux. L'on a publié qu'ils se laisserent rendre les instrumens de la passion de Messieurs de *Guyse*, sous pretexte de la hayne que l'on portoit aux *Huguenots*, desquels on estimoit se pouvoir defaire tout à la fois par une boucherie generalle; Et que l'on void combien toute l'Europe a condamné cette execution: non point tant à cause des personnes que l'on avoit fait mourir dont il y avoit plusieurs qui estoient hayssables, mais pour l'horreur d'un si dangereux exemple. Tellement que le Prince qui avoit pû justement se ressentir de la division de son estat, s'estoit neantmoins fait tort en assujettissant sa vengeance à des actions trop violentes & trop precipitées, & qui contrevenoient à la foy publique; Et que comme il en a remporté du blasme; Aussi ont pû faire tous ceux qui ont trempé en cette conjuration; Que ceux qui sont vrayement devotieux, & qui appellent à leur conseil la consideration des choses bonnes & sainctes, ne commettent point de telles actions, & n'ont point aussi aprés l'esprit affligé de regret, comme l'on la remarqué en nostre Roy, qui entre les magnificences du voyage de *Pologne a beu la honte des reproches qui luy en ont esté faits en Allemagne*, & lors que dans la salle des Princes qui le reçevoient, *il ne voyoit point de plus remarquables ornemens que des tableaux du massacre de Paris*, & qu'estant à table il n'estoit

[marginal: 1472.]

DE LA COUR. Liv. II. 309

ſtoit ſervy & environné que de gens qui s'en eſtoient ſauvez, & s'eſtoient refugiez en ce lieu; Qu'il craignit alors que ſa vie ou ſa liberté ne fuſſent au peril de quelque attentat de la part de ceux qui s'en voudroient revancher; & qui plus eſt qu'il a reconnû depuis la ſuite des inconveniens qui en peuvent arriver, ayant deſia veu aux Eſtats de *Blois*, ceux de *Guiſe* avoir tiré profit de cét acte envers les Eccleſiaſtiques, & autres gens paſſionnez, leſquels leur en attribuent toute la loüange & le gré: tellement qu'encore qu'il ſoit le Chef de l'Eſtat, & qu'il doive s'oppoſer à cette *Ligue* qui ſe braſſe en apparence contre les *Huguenots*, & en effet contre luy-meſme; il eſt induit au contraire à quitter imprudemment le luſtre de ſon nom Royal, pour adherer à ces nouveaux partiſans de rebellion & ſe dire leur Chef; En quoy il ſe meſprend infiniment, & va taſtonnant dans ce nouveau ſentier du gouvernement politique, où l'injuſtice & le violemment de la foy le veulent conduire, au lieu qu'il y a eu des Monarques qui obſervant inviolablement ce qu'ils avoient promis & arreſté avec leurs ſujets, ont joüy d'un grand & aſſeuré repos, & ont poſſedé la bienveillance de leur peuple pour ſe rendre redoutables à leurs plus grands ennemis. Pluſieurs diſent qu'ils donnent ces exemples, non pour monſtrer ſeulement en cét endroit, que la Juſtice eſt du tout neceſſaire aux Grands, mais bien pource qu'ils tiennent auſſi qu'aucun ne peut-eſtre aſſez juſte qui n'ait l'eſprit deſſaiſy des faux pretextes & pernicieux conſeils qui viennent de la ſuperſtition; Que comme jadis le dernier affolement des Payens en leurs impietez tomboit à ſacrifier enfin des hommes; ainſi de noſtre temps ce meſme eſ-

V 3 prit

prit de perdition a tourné le zele d'infinies personnes de toutes conditions à la cruauté; & a fait croire que pour l'amour de la Foy Chrestienne il *falloit tout remplir de flammes & de sang*, & sous le nom de Christ dispenser les hommes de leurs promesses & de leurs sermens; *Ce qui est une estrange doctrine*. Voila ce que disent ceux du party *Huguenot*. Je ne fus jamais de cette nouvelle secte, & n'ay point de parens qui s'y soient rangez, tellement que je ne diray jamais rien pour leur complaire; J'avoüe seulement qu'il y a des Catholiques qui prennent le milieu entre les deux extremitez, & qui declarent qu'il faut faire tout ce qui sera possible pour remettre les heretiques dans le bon chemin; mais que la foy doit estre enseignée par la parole, non point par les armes, & que si les remonstrances sont inutiles envers eux, il est bon aussi d'user de quelque rigueur, comme de les priver des charges, les condamner en des amandes s'ils ne vont point à la Messe comme les autres, les tenir mesme prisonniers pour ce sujet, & les punir de quelque peine assez fascheuse, mais non pas de les punir de mort; & que tant que l'on les laisse vivre, il y a esperance qu'ils peuvent estre instruits & s'amender. Pour nous tourner vers l'extremité qui conclud à la mort, & qui a des raisons puissantes pour deffendre nos Princes sur ce qu'ils ont fait, il faut dire que l'on a trouvé à propos de condamner les heretiques au dernier supplice, pource qu'ils infectent les autres hommes de leurs perverses opinions, & qu'à cause de cela il les faut retrancher comme des membres corrompus; Que si approuvant cela l'on respond que cela ne justifiera pas ce que l'on a fait en *France*, où l'on a outrepassé

trepassé de telles regles, & l'on a fait assassiner plusieurs personnes sans aucune forme de Justice, l'on peut repliquer que contre les crimes d'estat, il est besoin d'une prompte execution, à cause des inconveniens qui arriveroient si l'on se vouloit arrester à instruire des procez & à d'autres formalitez ; Et d'ailleurs pour deffendre entierement la procedure extraordinaire du Roy *Charles*, l'on dit qu'il ne se pouvoit autrement qu'il ne fust porté d'une extreme animosité contre les *Huguenots* qui luy avoient donné tant de peine dés sa jeunesse, & l'avoient mesme voulu arrester à *Meaux* avec toute sa Cour; Que l'on avoit de bons advis, que si l'on ne les eust point prevenus, ils eussent fait, ce que les Catholiques ont fait d'eux & specialement qu'ils se fussent adressez aux personnes royalles. Il reste à juger aprés cela s'ils estoient assez puissans pour de telles entreprises, & si outre ceux qui furent tuez dans la ville de *Paris*, ceux qui estoient demeurez dans les Faux-bourgs & s'enfuyrent au premier bruit, estoient en assez grand nombre pour faire quelque coup important ; Mais quoy que l'on die du massacre, & que l'on tienne la Justice de cette action pour problematique, neantmoins si l'on considere encore que dans une soudaine execution, beaucoup de Catholiques furent tuez avec les *Huguenots*, & que plusieurs qui avoient des ennemis s'en deffirent de cette sorte, il faut avoüer que ces coups d'estat sont extremement perilleux & importans. Je croy bien mesme que nostre Roy voudroit maintenant que cela ne fust pas arrivé, & qu'estant si bon & si doux comme il est, il n'auroit jamais permis une semblable chose durant son regne. Toutefois je vous averty que je n'interpose point

point un jugement definitif sur de telles actions, & qu'il me suffit d'avoir monstré que comme les causes & les intentions ont pû estre diverses, il faut là-dessus approuver ou condamner diversement leurs effets. Pour ce qui est de la foy que les *Huguenots* pretendent que le Souverain ait violée à leur esgard, les plaintes qu'ils en font ne sont point à propos, puis qu'ils avoient commencé eux mesmes à rompre les liens de la paix en plusieurs lieux par des violences excessives; Que si je n'approuve pas les discours qui sont faits insolemment contre la memoire du feu Roy, & la reputation de celuy-cy; je vous declare pourtant, que l'on y a glissé quelque bien parmy le mal, & que les avertissemens que l'on donne des malheurs que la *Ligue* nous prepare, meritent bien que l'on y pense plus d'une fois, & que le Roy d'à present aye esgard au prejudice que cela luy peut faire. Quant à moy, comme je vous ay tousiours tesmoigné, je juge en bonne part de toutes ses intentions, & je veux bien que vous croyez que si je parle de luy, ce n'est qu'afin de le donner pour un exemple de toute vertu. Or pour reprendre la suitte de mon propos, je diray avec asseurance que je sçay que generalement les Theologiens & les Philosophes, les sçavans & les ignorans, confesseront qu'il n'est rien de plus propre & de mieux seant à celuy qui commande, que la Justice quelque titre & dignité qu'il aye par dessus les autres; & que ce n'est point seulement la succession & l'eslection qui establissent la difference des Roys d'avecques les Tyrans, mais aussi la droicture de leurs actions & de leurs desseins: C'est pourquoy rien n'empesche qu'*Estienne Battory* Gentilhomme de *Saxe*, qui par le support du grand Turc se fit

Vaivode,

Vaivode, & depuis est parvenu au Royaume de *Pologne*, ne soit tenu pour un vray Prince, puis qu'il a usé tousiours de sa puissance avec une grande moderation & bonté, remplissant l'Europe de son illustre renommée ; Et qu'au contraire nous ne disions que l'investiture du Pape avec toutes ses Bulles & declarations, ne pouvoit faire *Ferdinand & Alphonse Roys legitimes de Naples*, lesquels ne mirent fin à leurs violences & à leurs desloyautez, sinon en se trahissant eux-mesmes, & se démettans de leur domination tyrannique sans coup frapper, à la venuë de nostre Roy *Charles huictiesme*. Or comme l'apparence de ces deux sortes de commandemens est du tout differente ; aussi nous voyons que les peuples d'un commun consentement donnent à leur memoire des marques & des surnoms bien divers : Quelques Princes sont appellez durant & aprés leur vie des fleaux de Dieu & des pestes publiques, & les autres sont honorez du nom de Peres de la Patrie & de semblables titres, qui monstrent que principalement l'on demande aux Roys cette douceur & equité que les peres gardent envers leurs enfans. Tels ont esté trois de nos Roys *Louys* ; à sçavoir le premier de ce nom, le neufiesme & le douziesme ; dont le premier fut appellé le debonnaire, non point pour avoir enrichy beaucoup de personnes oysives & flatteuses, ou s'estre rendu trop complaisant à leurs mauvais conseils ; mais bien pour avoir en tous les differens qu'il eut avec tous les estrangers, ses sujets, & ses enfans, mis tousiours le droit de son costé, & vaincu ses ennemis plustost par sa bonté que par ses armes. Le second a esté nommé *Sainct*, pour avoir faict & gardé de tres-belles & sainctes ordonnances : pour n'avoir

voir jamais enfraint l'asseurance & la foy donnée par sa mere aux Seigneurs qui s'estoient rebellez contre luy durant son bas âge, & s'estre comporté de telle sorte en tous ses voyages, & avec tant de franchise, que de ses anciens ennemis il s'en faisoit des compagnons d'armes; Mais sur tout il a acquis son illustre titre par sa devotion signalée, par ses prieres tres-frequentes, & par ses mortifications continuelles qui ne se faisoient point en public avec ostentation, mais qui n'estoient connuës que de son Confesseur; Il faut adjouster à cela le grand zele qu'il a eu pour chasser les Infidelles des plus sainctes regions, & les dompter par ses remonstrances aussi bien que par ses armes, pour les convertir à la foy Chrestienne; en quoy il n'a espargné ny soin ny travail. Je sçay bien que les libertins disent que s'il doit estre estimé pour quelque chose, ce n'est pas pour avoir esté faire la guerre bien loin aux Sarrazins, & que de tels voyages ont esté fort malheureux à plusieurs Roys, & que cela ne servoit qu'à augmenter l'authorité des Papes qui ayans fait publier la croizade, les envoyoient outre mer, contre les Sarrazins, comme contre les monstres, & pour achever des travaux semblables à ceux d'*Hercule*, tandis que leurs propres terres demeuroient en peril estans destituées de leur secours, & de leur conduite; & que cela n'estoit aussi utile cependant qu'à faire que les biens temporels de l'Eglise s'accreussent par leur facilité & par leur absence. Il faut respondre à cecy que les desseins des guerres de *Sainct Loüis* ont tousjours esté tres-justes & tres-glorieux, & ne laissent point d'estre loüables quand mesme ils n'auroient pas reussi, puisque l'intention en a esté tres-bonne, & que c'est vouloir faire

rendre

rendre raison à Dieu de ce qu'il fait, de vouloir sçavoir pourquoy de tels voyages n'ont pas esté entierement prosperes. Quant aux avantages que l'on dit que les Papes en ont tiré, cela pourroit bien estre imaginaire, & quoy qu'il en soit, cela ne peut rien retrancher de l'honneur qui est deu à ce grand Roy. Parlons maintenant du dernier *Loüis*; il se peut dire qu'il a fait par son surnom tous les *François* ses enfans, ou qu'eux par leurs larmes & leurs regrets ont tesmoigné aprés sa mort qu'ils le vouloient encore avoir pour pere; D'autres Roys ont acquis le titre de bons & de sages, mais pour luy il n'a pas moins de gloire d'estre appellé le *Pere du Peuple*.* Il est vray qu'il n'a pû si bien faire que ceux qui espluchent de pres les actions des Grands, n'ayent trouvé à reprendre à ce qu'il fit en *Italie*, & n'ayent dit que s'il merite les honneurs que l'on luy rend, ce n'est pas pour s'estre rendu complaisant à ceux qui avoient des ambitions dereglées, & à l'appetit du Pape *Alexandre*, avoir agrandy *Cesar Borgia* son bastard, l'un des plus desesperez fils de Prestre qui fut jamais. Croyons que si le Roy *Loüis douziesme* leur donna du secours pour faciliter les desseins qu'ils avoient sur plusieurs places, ce ne fut que par des maximes necessaires, & afin qu'ils ne luy empeschassent point de recouvrer ce qui luy appartenoit; Et si l'on represente que ces personnes-là estoient sujettes à d'estrangers passions, & si mesme l'on en publie quelques vices, cela n'empesche pas qu'au moins la dignité d'*Alexandre*, estant à reverer, un Roy tres-Chrestien & tres Catholique n'ait deu faire quelque chose en sa consideration, & qu'il n'ait esté honneste de faire alliance avec luy lors que l'occasion la voulu;

* *Voyez les lettres de ce Roy Loüis XII. T. 1, p. 44.*

voulu; au reste il est assez aisé de sçavoir comment ce Prince a acquis le titre que l'on luy a donné; C'est pour n'avoir jamais trompé personne & avoir constamment gardé la foy à ses amis & à ses ennemis ce qui tournoit au profit de son peuple; pour avoir soustenu plusieurs guerres sans fouler ses sujets par nouveaux imposts; & ne s'estre point ressenty des injures que l'on luy avoit faites auparavant qu'il fust appellé à la Couronne & s'estre tousiours gouverné envers tous comme un tres-bon pere, tres-bon amy & tres-bon Roy. Si je veux venir maintenant aux bons & heureux effets que la Justice produit, il ne faut point sortir des exemples que je viens de remarquer; Car on verra que les Princes dont j'ay parlé ont esté accompagnez d'une perpetuelle felicité, au temps mesme qu'ils semblent avoir esté moins heureux; Que s'ils ont eu quelque disgrace ils ont eu aussi la consolation la plus grande de toutes, de ne se sentir point coupables d'aucun crime, & ont attendu patiemment la ressource de leurs affaires, non comme chose douteuse, mais infailliblement dependante du bon plaisir de Dieu. Ils ont veu leurs ennemis leur ceder plustost par respect & honneur, que pour la crainte de leurs forces; ils ont oüy les souhaits & les benedictions de leurs peuples, & n'ont jamais veu seulement l'image de la crainte ou de la defiance; Ils ont eu des gardes sans se garder; & ce que les autres prennent par necessité, ne leur a servy que pour parade & pour embellissement de leur Cour; Bref se relevans gayement en eux-mesmes contre toute sorte de malheurs, & estans appuyez de la souvenance de leurs bienfaicts, ils ont senty en mourant renaistre leur vie à la posterité. Mais encore que l'on

die

die que les vertus ont plus de lustre & de monstre lors qu'elles sont accompagnées de quelque dignité éminente : si est-ce que je ne veux pas tousiours parler des plus grands, je veux monstrer que comme les belles couleurs donnent un plus grand esclat lors quelles sont assorties avecques les plus sombres, aussi une basse ou une moyenne condition faict rehausser bien fort la vertu, & particulierement la Justice, pource que ses compagnes sont logées plus à part, & semblent se pouvoir maintenir dans l'enclos d'une vie privée : mais celle-cy sort toute au dehors ayant pour sujet la conservation & la protection d'autruy, & en effect elle est la plus populaire : Car nous nous servons par fois des sages, nous loüons les temperez & admirons les courageux : mais nous invoquons tousiours les justes ainsi que des demy-Dieux ; C'est pourquoy il n'y a rien qui ait tant de pouvoir pour se faire aimer, & il n'est rien dont l'usage doive estre si frequent en la vie : car non seulement les Gouverneurs & les Magistrats doivent estre tels envers ceux qui habitent où passent dans leurs ressorts & destroits, mais aussi chaque particulier a presque tousiours en main dequoy employer sa bonté ; soit que le Seigneur ou le Gentilhomme ait à faire avec ses sujets & ses vassaux, où le roturier avec les gens de sa sorte. La Justice trouve encore son lieu entre les armes & la violence ; Si elle faict les lots & les partages de l'amitié des peres, elle est aussi appellée par les voleurs mesme, lors qu'ayans encore les mains sanglantes ils sont contraints de recourir à elle & remettre leur proye à l'egalité : C'est donc ce qui luy donne une si grande vogue entre les peuples & les communautez, & qui faict trembler les plus

hardis,

hardis, & entreprenans à la voix de l'un de ses moindres officiers ; c'est ce qui luy met en main la puissance de la vie & de la mort, & qui fait que les Grands & les riches sans aucun murmure ou contradiction, voire avec estonnement & admiration reçoivent le jugement des pauvres & des petits ; pource que la nature a fait naistre le desir de la Justice aussi bien que la crainte de la violence entre les peuples civilisez : C'est pourquoy je dis que jamais en *France* on ne verra aneantir ce respect, & fouler la dignité des Juges souverains, que tout l'estat ne soit ebranlé & bien proche de sa ruïne. Au reste cét effet est plus remarquable lors qu'en une confusion publique, une grande probité retient encore assez de Majesté pour se garantir de ses ennemis ; Et de fait sans parler d'*Aristides* ny de *Phocion* qui servoient de bride à la temerité tirannique du peuple *Athenien*, ny de *Caton d'Utique*, à la vie & à la mort duquel, *Cesar* devant & aprés ses victoires civiles, porta tousiours respect & envie ; Nous sçavons tous que le feu *Chancelier de l'Hospital* aprés avoir esté relegué en sa maison n'eut autres armes pour se deffendre de la violence du temps, que la reverence que ses ennemis mesmes portoient à sa grande preud'hommie, à sa suffisance & sa vie innocente. Certainement nous avons encore veu reluire entre tous les Grands feu Monsieur de *Montmorency*, non pour les richesses de sa maison, qui estoient presque toutes entre les mains de Madame la *Connestable* sa mere, mais bien pour la bonne opinion que chacun avoit de son grand jugement, de sa probité & de toutes ses mœurs ; tellement que si quelqu'un estoit en peine, & avoit à deffendre son bien & son honneur contre l'avarice des sangsuës de la Cour,

Cour, il ne trouvoit point un plus certain apuy que la voix & l'authorité de ce Seigneur là; sans qu'il fist aucune différence de religion ou de party; car chacun le reconnoissoit despoüillé de passion. Au contraire j'ay veu que les *Huguenots* reprochoient au Cardinal de *Lorraine*, que ceux qui estoient recherchez de quelque acte violent, comme d'avoir tué ou vollé un pauvre homme de leur secte, se retiroient tousiours devers luy, pour se sauver des mains de la Justice par le moyen d'une évocation ou autre telle subtilité de Chancellerie. L'on disoit le mesme des Financiers toutes les fois que de son temps l'on a commencé de leur faire le procez, & que ce Prelat ne faisoit point de difficulté de traitter leur accord à prix d'argent; ce qui fut le sujet d'une grande attaque, que le *Chancelier de l'Hospital* eut contre luy. Or si cela est vray, jugeons en nous mesme lequel devoit avoir plus de bon-heur & de repos d'esprit, ou Monsieur de *Montmorency*, ou ce *Cardinal*? Ne faut-il pas croire que ç'a esté Monsieur de *Montmorency*? Cela est fort vray-semblable; car l'un avoit tousiours son esprit bandé à quelque menée secrette, & avoit plusieurs caballes dehors & dedans le Royaume pour l'avancement de ses nepveux & pour la ruine des Princes du sang, ce qui ne pouvoit estre sans beaucoup de peines, de soucis & d'alarmes, comme aussi on le jugeoit aisément à sa contenance; & l'autre n'avoit rien qui luy fist changer de visage, pource qu'il ne se faschoit sinon que du mal que l'on preparoit à cét estat, & de l'injustice que l'on faisoit aux particuliers; Aussi dit-on que l'un en mourant n'a presque pû tirer les larmes de ses meilleurs amis, & l'autre a esté regretté de ses ennemis mesme.

mesme. Ces contentions genereuses que l'on prend contre les plus mauvais, ou pour empescher le deshonneur de son Roy, ou pour le support des foibles & la reputation d'un Seigneur, en contraignant ses malveillans d'en dire du bien. En ce qui est de cecy je croy qu'il ne faut pas estre si scrupuleux que de prendre garde à la diversité de creance, & à quelque respect hors de saison. Comme c'est estre fort simple de croire que dés qu'un homme porte le titre de Catholique & mesme d'Ecclesiastique, toutes ses actions sont entierement portées au bien, l'on seroit quelquefois trompé notablement si l'on se l'imagine; C'est aussi une grande erreur de s'imaginer au contraire qu'il n'y ait aucune vertu dans l'esprit des Payens, ou des *Mahometans*, ou bien mesme des *Huguenots*; A tout le moins peuvent-ils posseder quelques vertus morales, & l'on ne doit point s'estonner si par occasion nous disons du bien d'eux, & nous alleguons leur exemple. L'on nous reprochera possible que nous le faisons quant à nous à cause des habitudes que nous avons euës avec eux, lors que nostre Maistre s'est rangé de leur costé, mais sans tout cela il faut confesser que la vertu est à respecter par tout où l'on la trouve; C'est pourquoy je veux parler icy de Monsieur l'Admiral de *Chastillon*, qui nonobstant les malheurs qui luy sont arrivez pour avoir esté d'une Religion contraire à celle de son Roy, peut emporter cét honneur d'avoir esté un excellent homme. Voicy comme l'on dit qu'il assista une fois la Justice opprimée. L'on rapporte de luy qu'il deffendit puissamment la cause du Sieur de *Gourgues* contre ce *Cardinal* dont j'ay tantost parlé, lequel soustenoit en faveur du Roy d'*Espagne* que ce pauvre Capi-

Capitaine devoit estre puny pour avoir équipé deux vaisseaux pour aller en la *Floride*, & avoir traicté hostilement les *Espagnols*, bien que la paix continuast tousiours avec eux; surquoy il falloit considerer qu'il avoit vangé la cruauté barbare commise quelque temps auparavant sur les *François*. Il est vray qu'ayant esté fait prisonnier par les *Espagnols* en la guerre d'*Italie* ils le mirent à la cadene, & le firent servir aux galeres contre les loix de la milice, ce qui l'irrita tellement qu'apres avoir esté racheté, il protesta d'en tirer raison, & comme il n'y avoit point de guerre contr'eux aux frontieres de la *France*, il se proposa de les attaquer dans les terres de nouveau descouvertes, où il sçeut mesmes qu'ils avoient fait depuis peu une injure signalée à la nation *Françoise*, s'estans jettez sur deux vaisseaux *Dieppois*, & ayans massacré la pluspart des hommes qu'ils y trouverent, & pendu les autres avec cét escriteau, *Non comme François, mais comme Lutheriens*; Voulans se moquer frauduleusement de ce qu'ils violoient ainsi les loix de la paix. *Gourgues* ayant donc equipé deux navires arriva à un port de la *Floride* où il fit si bien comprendre aux naturels habitans du pays qu'il les pouvoit affranchir de la tyrannie *Espagnolle*, qu'ils se joignirent à luy pour attaquer leurs forts, lesquels furent gagnez par cette soudaine surprise, & alors ayant le pouvoir de se vanger de l'offense qu'il avoit receuë en son particulier, & de celle que la *France* avoit receuë en general, comme il eut fait passer au fil de l'espée plusieurs *Espagnols*, il fit pendre les autres avec un billet attaché à leur col où ces mots estoient escrits, *Non comme Espagnols, mais comme Corsaires*. Depuis estant de retour en *France*, le Roy

X d'*Espagne*

d'*Espagne* fit faire de grandes plaintes contre luy par son Ambassadeur, & comme le Cardinal de *Lorraine* portoit les interests de ce Roy avec beaucoup de vehemence, la pluspart de ceux qui assistoient au Conseil en furent presque esbranlez, & se fussent bien-tôt rendus partisans de *Philippe*, sous couleur de craindre le commencement d'une guerre contre un si puissant Prince, au temps que le Royaume estoit affoibly de divisions intestines; n'eust esté que Monsieur de *Chastillon*, avec sa façon severe & pleine de gravité remonstra, que si *Gourgues* avoit eu tant de courage que d'entreprendre luy seul ce que toute la *France* devoit faire, il meritoit une grande recompense & non pas une punition, & que ceux qui le condamnoient d'un acte si genereux, sembloient desia nous vouloir honteusement assujettir au vasselage de nostre ennemy capital, si bien que mesme le Roy *Charles neufiesme* qui estoit courageux en fut tout esmeu en la jeunesse où il estoit, & vous ne sçauriez croire combien l'Arrest qui s'en ensuivit aporta d'honneur & de gloire à *l'Admiral*, voire mesme par la bouche des Ambassadeurs estrangers qui estoient lors à la Cour. Je dy donc que si deux ou trois actions pareilles peuvent rendre un personnage illustre, & combler son ame de contentement, de s'estre bien & dignement porté en telle chose, à bon droit nous pouvons estimer ceux-là heureux qui en toutes occasions en font de mesme, & qui ont de bon heure apris à ne se départir pour aucun respect des termes du devoir. Car il n'y a rien en ce que les Payens attribuent à la Fortune, qui puisse produire un effet semblable, ou qui doive estre comparé à ce bon-heur: Au contraire de cela il n'est rien qui plus afflige un

meschant

meschant homme, & qui pluſtoſt le face tresbucher à ſa ruyne que les actes tiranniques & injuſtes, leſquels ſont plus familiers à ceux qui ont des gouvernemens & de grandes charges : car les injuſtices des particuliers s'adreſſent ſeulement à quelques-uns avec leſquels ils ont affaire, & ſemblent eſtre aucunement tolerables, pource que celuy qui fait quelque marché, ou qui negocie à pû & deu ſe garder, & il y a des gens de Loy qui ont dit qu'il eſtoit permis de ſe decevoir l'un l'autre en contractant, ce que toutesfois je n'approuve aucunement. Mais quant aux oppreſſions & aux injures qui viennent de ceux qui ont du commandement, elles reſſemblent à la foudre & ſont preſque inevitables. C'eſt pourquoy entre les Romains il y avoit une ordonnance qui deffendoit à un Gouverneur de Province de rien acquerir dedans ſon gouvernement, de peur que la felicité de l'acquiſition aidée de la puiſſance de l'acquereur ne luy fûſt un aiguillon à mal faire. Or cette deffence ne ſuffiroit pas en ce temps : car en mille & mille ſortes le pauvre peuple eſt oppreſſé par ceux auſquels il eſt baillé en garde, & il ſe void que les uns accablent les ſujets de leur Roy par la ſuitte de leur train & par leur deſpenſe exceſſive ; les autres y adjouſtent des exactions violentes, avec la nourriture des gens de guerre ; Et les plus hardis ſous couleur de juſtice, & par diverſes calomnies troublent ceux qui ont les plus à perdre, & les contraignent de ſe redimer par preſens de la crainte d'un plus grand mal. En quoy je trouve eſtrange comment ils peuvent eſtre ſi aveuglez, qu'ils ne choiſiſſent point la voye de ſe faire aimer pour principal moyen de leur felicité, pluſtoſt que de ſe mettre au haſard d'eſtre odieux à tout le monde

monde, & de souffrir mille accidens & desplaisirs, outre qu'ils sont obligez de rendre un jour compte de leurs actions à un Maistre non seulement terrestre & temporel, mais celeste & eternel qui punira les fautes qui sont demeurées impunies icy bas.

Les erreurs où plusieurs se laissent envelopper viennent faute de bonne conduite; Mais tout ainsi que Dieu fait luire les astres sur la terre pour guider par leurs clartez les œuvres journalieres des hommes; de mesme il a mis en nous une lumiere d'esprit qui ne nous esclaire pas seulement aux choses presentes, mais par une façon de rejalissement nous remet aux yeux la lueur du passé pour nous pouvoir aprés acheminer aux bonnes actions par les obscures voyes de cette vie: ce que nous appellons en un mot Prudence, qui est une vertu que plusieurs nomment la premiere, & qui au moins doit estre compagne de la Justice. Car il ne suffit pas d'avoir de bonnes intentions & d'avoir un zele ardent à bien faire, si cela n'est accompagné de la connoissance de ce qui en dépend & de la prevoyance de ce qui en peut advenir; En quoy les jeunes gens faillent le plus, & c'est la raison pourquoy dans toutes les Republiques bien ordonnées, la jeunesse n'estoit jamais introduite aus Conseils publics devant les vingt-cinq ans sinon pour y apprendre; Mais prés des Princes l'on se gouverne la plus part du temps autrement, pource qu'il leur semble qu'ils peuvent rendre leurs favoris aussi facilement sages que riches. Vous sçavez aussi que le Roy a dit souvent. *Qu'il pouvoit en six mois façonner un jeune homme tout neuf & le rendre capable des plus grandes affaires;* Ce que je croy qu'il entend des cabales de la Cour & de la connoissance

sance de beaucoup de particularitez qui se traitent en son cabinet; Car je ne pense pas qu'il puisse faire de mesme pour les autres parties qui sont plus requises en un sage Courtisan: Et je ne voy point qu'il ayt esté en sa puissance de faire que *le Gast fust prudent & advisé à se bien gouverner,* * non plus que tous *ses autres mignons* n'ont pu ce me semble apprendre la discretion qu'ils devoient apporter en leur grande & extraordinaire fortune, ains au contraire nous les voyons s'attaquer aux Grands de ce Royaume, & coucher du pair avec eux, de mesme que si ce Prince estoit immortel & ses affections immuables. Or est-ce un grand deffaut qui leur apportera sans doute beaucoup de traverses, & qui peut estre, ce que Dieu ne vueille, ruinera le Maistre, les serviteurs, & l'estat tout ensemble: Car vous voyez desia les grands remumens qui se preparent par tout, & les entreprises peu heureuses que nous avons faites par dépit du mauvais ménage de la Cour plustost que pour aucune ambition. Vous sçavez aussi à quoy se disposent Messieurs de *Guyse,* adjoustans à leurs vieux desseins l'apparence & le pretexte de leurs mescontentemens, tellement que le mal qui en adviendra sera imputé à cette imprudence & vanité qui est en la teste de ces jeunes gens; Ce qui ne seroit pas s'ils avoient apris à bien user de leurs faveurs, où s'ils avoient apprehendé l'avenir, se rendans plustost entremetteurs de l'union des Princes, que des instrumens audacieux de leur desunion, & s'employans à adoucir le courroux & la desfiance de celuy qui regne & non à les aigrir. Cette prudence se trouve avoir esté au Sieur de la *Trimoüille* qui vivoit du temps du Roy *Charles huictiesme*: Car ayant eu la char-

* *Voyez cy-devant p.64, 68, & 83.*

ge de l'armée qui fut envoyée en *Bretagne* contre le Duc *d'Orleans* & autres Seigneurs qui s'estoient souslevez pour s'opposer au gouvernement de Madame de *Bourbon*, & en ayant rapporté la victoire il ne laissa pas pourtant d'interceder pour ce Prince pendant sa detention au Chasteau de *Loches*, jusques à ce qu'il fut mis en liberté & employé en la guerre de *Lombardie*, tout ainsi que s'il eut preveu qu'il deviendroit sujet de celuy lequel il avoit nagueres vaincu & fait prisonnier de guerre ; & que la memoire de son jeune Maistre qui devoit quelque temps apres mourir sans enfans, ne garentiroit pas alors ceux qui auroient abusé de leur credit & se seroient mesconnus en mesconnoissant un Duc *d'Orleans* proche heritier de la Couronne, lequel aussi voulut recompenser une telle moderation & prudence de l'oubly des choses passées, disant à ceux qui luy en parloient ; *Que ce n'estoit point à faire à un Roy de France à venger les querelles d'un Duc d'Orleans.* Or l'ayeul de ce Sieur de la *Trimouille* ne fut pas si sage ; au contraire nos Annales disent qu'il fust si aveuglé de l'affection que le Roy *Charles septiesme* luy portoit, que tous les Grands se banderent contre luy, & apres s'en estre plains en vain luy dresserent une partie si à propos, qu'ils eurent bien le moyen de le constituer prisonnier dans le Chasteau mesme du Prince ; A quoy faire se trouva son Oncle le Comte de *Sancerre* : Tant il avoit esté fascheux & outrageux jusques-là, que d'avoir irrité ses plus proches. Mais il en eut bon marché, & je m'estonne comme de nostre temps *les favorys qui regnent*, ayent tant duré sans avoir couru une pareille fortune, veu la resolution prise si souvent entre Monsieur, & Monsieur

de

de *Guyse* de leur jouër un mauvais tour ; & je croy que le Roy qui se vante ; *De les vouloir faire devant sa mort si grands que son successeur ne les puisse ruiner* ; ne les sçaura garentir au cas que nostre Maistre vienne à la Couronne. Ce n'est pas la premiere fois que l'on a veu arriver de semblables accidens. Nous sçavons qu'*Enguerrand de Marigny* eut la vogue pendant le regne de *Philippe le Bel*, des Tresors duquel il ne disposoit pas seulement, mais de plusieurs autres choses qui concernoient l'Estat, & comme il eut fait bastir le Palais de *Paris*, il y fit mesme eslever sa statuë qui estoit une assez orgueilleuse procedure ; Cettuy-cy eut bien la hardiesse d'outrager *Charles de Valois*, fils, frere, pere & oncle de Roy, mais enfin il donna du nez en terre à l'advenement de *Louys Hutin* ; Aussi ce Courtisan qui fut reputé sage pendant qu'il avoit la faveur de son Maistre, ne se contenta pas de soustenir le Sieur de *Tancarville* contre le Sieur de *Harcourt*, que le frere de son Roy portoit à cor & à cry ; Et comme au commencement du nouveau regne, *Charles de Valois* qui avoit conceu de l'inimitié contre luy, luy eust dit en plein Conseil qu'il rendist compte des Finances du Roy deffunct qu'il avoit maniées, & le pressast de declarer à quoy il en avoit pû tant employer comme il avoit fait ; *Enguerrand* dit hardiment, qu'il en avoit employé une partie aux necessitez du Royaume, & que pour l'autre ce Prince pouvoit bien sçavoir ce qu'elle estoit devenuë, puis qu'il l'avoit receuë entre ses mains ; Le Prince luy repliqua tout net. *Qu'il avoit menty*, & là-dessus *Enguerrand* osa bien respondre, *non Pardieu, Monseigneur mais vous*, enquoy il monstra qu'il estoit encore tout esblouy de l'yvresse de sa prosperité passée, & qu'il ne pouvoit reconnoistre que le changement de la Cour estoit la veille de sa ruine : mais *Charles de Valois* ne pouvant souffrir son insolence l'eust tué, s'il n'eust esté retenu. L'on le mena alors prisonnier, & l'on l'accusa de peculat, de sorcellerie & de plusieurs autres crimes, tellement qu'ayant une trop forte partie pour se delivrer de peine, il fut condamné à estre pendu au gibet qu'il avoit fait construire, ce qui doit servir d'exemple à ceux qui ont du credit prés des Roys de n'en point abuser, & ne pas mespriser les Princes du sang. Il est vray qu'il y eut de la precipitation en la condamnation d'*Enguerrand*, lequel ne fut point ouy en ses defenses, & que *Charles de Valois* saoulé d'une telle vengeance, & ayant tousjours esté depuis sujet à des maladies fort fascheuses qui ne luy laissoient point de repos, couronna la mort de son ennemy d'une publique repentance, faisant aller çà & là dans les Eglises, des hommes qui disoient, *Priez Dieu pour l'ame de Monsieur Enguerrand de Marigny, & pour la santé de Monseigneur de Valois*. Mais *Enguerrand* n'avoit pas laissé de patir pour son insolence, & s'il ne pouvoit estre justement convaincu d'autre crime, cettuy-là estoit fort averé. Nous apprenons par là que c'est le devoir & l'asseurance d'un honneste homme de ne point monter trop haut, & ne se point laisser porter dans les nuées de la grandeur sur les aisles de la bonne grace de son Prince. Que si l'inclination violente des choses humaines le vient à eslever tant que cela, ce luy sera un tres-bon & tres salutaire conseil, de garder bien de s'ébloüyr sur le penchant d'un si haut & si soudain precipice; Car ceux qui ne se mesconnoissent point, &

qui

qui se tiennent dans les bornes de la moderation, ne craignent point la mutation d'un nouveau Seigneur, & ne palissent point au bruit de quelque sourde menée; ne leur pouvant presque rien arriver ny de pis ny de mieux, que de s'en retourner chez eux, ainsi que dans un port tranquille & asseuré, pour regarder d'un œil serain les flots de la mer tempestueuse, d'où un vent contraire de defaveur les aura heureusement retirez. Or ce n'est pas tout de bien mesnager son credit envers les grands, car la prudence donne plusieurs autres advertissemens qui ne servent gueres moins; & sur tout nous admonestent de fuyr l'apparence en ce qui est de la suitte & de la despence ordinaire, pource que celuy mesme qui donne les moyens de fournir à tout cela s'en offense, & preste enfin l'oreille aux calomnies de nos malveillans. Comme j'estois sur ce propos je regarday plus fermement le Sieur de *Bussy*, & luy dis; Vous avez bien sçeu que depuis peu de jours, vous allant promener au parc, vous aviez pour la bienveillance que chacun vous porte, attiré apres vous toute la Noblesse, tellement que Monsieur qui estoit à la fenestre de sa chambre demeura presque seul, & voyant une si grande suite demanda au petit de *Lorme* qui se trouva prés de luy, *qui estoit celuy-là.* Ce jeune homme qui est maintenant de ses officiers & qui est vostre creature, & a esté longtemps vostre domestique, estoit si accoustumé à vous nommer Monsieur absolument, comme parlant de son premier Maistre, qu'il alla respondre inconsiderément, *C'est Monsieur*, Surquoy nostre Prince fut quelque temps à penser, comprenant bien qu'il parloit de vous, ce qui le mit un peu en colere, de sorte que ne pouvant

celer

celer son ressentiment, comme s'il eust pris quelque ombrage du grand credit qu'il vous avoit donné luy-mesme, il dit, *Je feray bien dans peu de temps, que Monsieur sera Monsieur, & Bussy sera Bussy.* J'ay esté fort fasché de cette rencontre, dit le Sieur de *Bussy*, neantmoins tout cela ne venoit que de l'indiscretion d'un jeune estourdy, à laquelle il ne falloit point prendre garde, puisque je n'en estois point la cause. Il y a seulement à considerer, que cela fut dit au temps que *Monsieur* s'estonnoit de ma grande suite, tellement que ce fut comme un contre-coup pour le fascher d'avantage, & je vous avoüeray bien que depuis prevoyant quelque refroidissement de sa part, j'ay souvent prié mes amis de se tenir prés de nostre commun maistre, comme estant soigneux de leur bien & advancement; & si je n'eusse craint de les offencer, & de descouvrir ce que je veux taire, je leur eusse dit encor plus ouvertement que ce que je leur conseillois n'estoit pas tant pour leur conservation comme pour la mienne. Je confesse n'avoir pas esté tousiours de cét humeur, & avoir maintesfois au matin fait durer long-temps les propos que *Monsieur* me tenoit à son lever autant que personne entrast en la chambre, afin de faire tenir mes concurrens & mes ennemis à la porte, & les mettre en doute & en rumeur sur ce que je pouvois tant dire. Je faisois cela pour avoir esté nourry à la Cour, où l'on vit ainsi, quoy que l'on sçache que l'on pourroit faire mieux, Il est assez mal-aisé de s'y bien conduire, pource que ces apparences exterieures chatoüillent ceux-là mesme que l'on estime bien sages; Et de fait afin que vous ne vous targuiez point tant de la sagesse des anciens comme vous faites quelquefois,

quefois, n'y a-t'il pas eu de ces gens-là de mesme humeur que nous ? Que direz vous aussi des caresses que nous faisons à tous ceux qui approchent des Princes & de l'hommage remply de passion que nous rendons à quelques femmes puissantes par leur condition & leur autorité ? N'ay je pas ouy dire que le Precepteur de *Neron*, ce *Seneque* qui estoit si grand Philosophe, desireux toutesfois de s'agrandir, eut bien le cœur assez mol pour faire l'amour à la mere de son Maistre, & les bras assez estendus pour recevoir sept ou huict millions de biens faits, ou si vous le voulez pour recevoir quelques biensfaits de cette valeur, lesquels il estimoit d'avantage que le livre qu'il a fait de cette matiere ? N'avoit-il pas aussi ordinairement une suite & magnificence de Prince luy qui recommande tant la pauvreté & la frugalité ? Vous direz que lors qu'il s'apperçeut de la mauvaise nourriture qu'il avoit faite, & qu'il n'estoit pas exempt de la cruelle jalousie du Tyran, il voulut reparer sa faute, ne se mesler d'aucunes affaires, & se despoüiller des biens qu'il voyoit ne pouvoir plus retenir : mais ce fut trop tard. Or si *Seneque* qui a tant escrit, & qui estoit si sçavant, ne sçeut pratiquer ce qu'il enseignoit aux autres, nous qui avons esté eslevez & accoustumez de jeunesse à la vanité de nostre siecle, & qui ne sommes pas fort bien instruits dans les preceptes de la morale & de toute la Philosophie, nous devons estre excusables, à la charge d'en faire nostre profit pour l'advenir. Vous nous voudriez icy persuader que vous faites profession d'ignorance, dy-je alors, mais vous laschez assez souvent quelques traicts qui font connoistre que vous sçavez bien ce qui est bon & ce qui est juste, &

que

que vous sçavez aussi ce qui est dans nos meilleurs livres pour les avoir veus, non pas seulement pour en avoir oüy parler. J'accorde que l'on a reproché à *Seneque* qu'il ne rendoit point sa vie conforme à ses escrits; mais il y a eu assez d'autres Philosophes plus sages que luy, bien qu'ils fussent moins éloquens; C'est pourquoy si vous prenez garde à eux, vous m'avoüerez qu'il leur faut ressembler, si l'on veut joüyr de la tranquilité de la vie. Au reste je vous prie de croire que quand je parle de vous, c'est sans avoir dessein de vous reprendre, mais seulement pour le desplaisir que j'ay qu'il y ait quelqu'une de vos actions qui soit prise en mauvaise part; Et pour continuër nostre propos, je dy que par mesme raison l'on doit fuyr la trop grande suitte; les meubles trop exquis, & les superbes bastimens sont du tout à rejetter, & que ce Romain qui sçachant que l'on parloit fort d'une belle maison qu'il avoit sur la place la fit en un instant abattre, sentoit mieux son Philosophe que *Seneque*, & qu'en general ce n'est ny bien, ny contentement de posseder ce qui nuit à la tranquillité de la vie: Car la pluspart des estats sous lesquels les hommes vivent ne sont pas si bien reglez & la justice n'y est pas tellement reconnuë, que l'on se doive promettre de s'y pouvoir deffendre contre la force, & les machinations de l'envie, laquelle l'on va irritant par la monstre que l'on fait de son opulence: tellement qu'en ce Royaume mesme, ou de tous temps la tyrannie a eu moins de vogue qu'entre nos voisins, l'on a veu plusieurs par telles vanitez avoir advancé leur ruïne, & sur tous les autres ceux qui estans de leur naissance petits compagnons, ont voulu deguiser leur condition par quelque extraordinaire magnificence,

gnificence, entre lesquels l'on a remarqué *Jacques Cœur* qui estoit reputé l'un des plus riches hommes de son temps, mais qui fut si mal advisé que de vouloir paroistre tel, faisant édifier de superbes maisons en toutes les meilleurs villes ; Si bien qu'il fit desirer au Roy *Charles VII.* qui regnoit alors, ou pour mieux dire a quelques Courtisans d'avoir part en ses richesses, lesquelles ont plus souvent perdu que sauvé leur maistre ; L'on luy imputa plusieurs crimes ; entre autres d'avoir eu intelligence avec les Turcs ennemys de la vraye Foy, de leur avoir envoyé des fondeurs d'artillerie, ce qui estoit au prejudice de la Chrestienté, mais ils pouvoient bien avoir apris cét art pernicieux de quelques prisonniers *Hongrois*, *Polonois*, *Allemans* & autres ; Toutesfois *Jacques Cœur* qui avoit eu si grand credit, ayant eu ses richesses pour ennemyes, donna six vingts mille escus d'or pour se sauver du peril où il estoit, & fut contraint de se retirer en *Cypre* où il avoit establi un des bureaux de son commerce. Si sa faute vint d'avoir trop manifesté son opulence, *j'en sçay plusieurs de nostre temps qui sont prests à commettre de telles fautes, & les autres s'en garentissent le mieux qu'ils peuvent. Je laisse là les moindres, & ceux aussi d'entre les plus grands qui ne se gouvernent pas comme il faut ; Nous n'avons besoin principalement que de bons & illustres exemples. Sçachons qu'entre les personnages les plus relevez, il y en a quelques-uns qui ne se méconnoissent guerre dans la conduite de leur vie. Le Mareschal de *Rets* n'a jamais rien fait en cela dont l'on le puisse blasmer, & à mon jugement l'on le peut estimer le plus sage Courtisan qui ait esté de nostre siecle : car on l'a veu se porter

* *Voyez les lettres de Rabelais. p. 154. & 162.*

toustoufiours humblement envers tout le monde, cacher fa faveur, avoir peu de fuite; & quant à fes moyens, il les a longuement comme enfevelis, en tenant fes deniers à la banque, & faifant faire une grande partie de fes acquifitions loing des yeux de la Cour, ou fous le nom de fon frere; Et lors qu'il avoit defia furmonté l'envie, il s'eft logé fort petitement, & toutesfois fi commodement qu'il s'eft trouvé à toutes occafions prés de fon maiftre; puis aux champs il a pluftoft reparé que bafty fes maifons, comme voulant que l'on attribuaft ce qu'il y avoit de magnifique à fon predeceffeur & non à luy; Bref il a encores adjoufté à tout cecy un autre artifice, dont je n'ay point parlé, qui eft que jamais il n'a eu d'inimitiez fort apparentes, & prefque le mefme jour qu'il les a commencées, il s'eft rapointé avec ceux contre lefquels il avoit eu quelque prife. Il luy eftoit bien aifé de vivre de cette forte, (dit alors le Sieur de *Buffi*, en foufriant) pource qu'il n'eftoit pas des plus mauvais. Je croy, luy dy-je, qu'il ne faifoit pas profeffion de l'eftre: mais quoy qu'il en foit, il me femble qu'il en ufoit fort adroitement & fans bleffer fon honneur, & mefme faifoit beaucoup pour luy de n'empefcher fon maiftre & fes amis à appointer fes differends; car il n'y a rien qui foit gueres plus fafcheux aux Princes; Et fi vous me permettez de parler encores une fois de vous; Je vous prie de vous fouvenir combien les attaques que vous avez euës contre plufieurs ont ennuyé *Monfieur*; Et jugez par les paroles qu'il vous en a tenuës, s'il n'euft pas efté bien aifé que vous euffiez eu le naturel plus endurant, pour le dommage qu'il croid que vos querelles ont apporté à fon fervice. Je ne parle pas de ce qui vous eft

arrivé

arrivé dans sa maison avec des personnes moins favorisées que vous; bien que cela l'ait importuné quelque peu, cela s'est aussi-tost racommodé à vostre avantage; j'entens vous representer les differens que vous avez eus avec les favoris du Roy, qui ont esté cause que le Roy a souvent beaucoup retranché de l'affection & de la confiance qu'il pouvoit avoir en son frere. Laissons cela pour un discours separé, interrompit le Sieur de *Bussy*, & poursuivez, s'il vous plaist, ce que vous avez envie de dire des effets de la vertu. Je me tairay de cecy pour maintenant puisque vous le voulez, repris-je alors, mais nous ne laisserons pas de conclure que la prudence est non seulement la mere nourice du Courtisan, mais qu'il n'y a aucune sorte de vie, en laquelle les hommes comme petits enfans n'ayent tousiours besoin de sa conduite. Car de verité nous ne sommes point icy en un estat parfaict, & cette vie n'est qu'une enfance ou l'on reçoit des instructions pour estre digne de l'autre. Et pource que nous sommes tousiours préoccupez de passion, & que d'ailleurs les evenemens démentent souvent nos pensées & nos desseins, il faut recourir à Dieu pour avoir cette lumiere d'esprit que nous cherchons, & nous garder de tomber en l'outrecuydance de ceux qui attribuent tout à leur sagesse & à leur prevoyance.

Il faut parler aprés cecy de la Force ou magnanimité, dont l'usage est divers entre les hommes, suivant la profession & inclination qu'ils ont; bien que la source en soit unique: Car le guerrier estime bien avoir la Force de son costé, quand il la pratique seulement au fait des armes; Le Conseiller d'Estat s'en glorifie lors qu'il resiste à quelques menées secrettes,

crettes, & à quelque pernicieux conseil ; Le Magistrat en leve plus haut la teste quand il s'oppose bravement à l'injustice des plus forts ; Le Marchand repute à grand courage de courir fortune sur mer ou sur terre pour fuir la pauvreté ; Bref ceux que l'on appelle Philosophes attribuent la force d'esprit au mespris des honneurs, des richesses, & des grandeurs : Mais le Chrestien ne croit pas qu'elle consiste à autre chose sinon à souffrir constamment les persecutions, les tourmens & la mort pour un bon sujet. Or il faut de tout cela composer le devoir d'un honneste homme, sans l'obliger à une resolution si haute & si excellente, qu'elle soit sans exemple & ne puisse estre mise en œuvre : Car tels discours ne sont bons que pour exercer l'oisiveté des escoliers. Je dy donc que la force ou magnanimité, est une vertu qui nous faict mettre sous le pied tout ce que le vulgaire craint ou admire, & qui nous donne le cœur d'executer toutes les choses grandes & malaisées ; c'est pourquoy celuy qui a quelque but moins honneste, & qui s'esloigne de la dignité d'une Vertu si excellente, estant poussé à estre vaillant, par l'esperance du butin & par le desir des richesses & autres commoditez, ne merite point d'estre tenu pour magnanime ; Par ainsi les voluptez & l'amour des femmes ne doivent pas estre le sujet de nostre vaillance : Voire mesme il en faut eviter le soupçon en la suitte d'une victoire, & prendre plaisir d'imiter le fait tant renommé d'*Alexandre* envers la femme & les filles de *Darius*, ou ce que *Scipion* fit en *Affrique*, d'autant que celuy-là n'est point estimé propre pour assujettir autruy qui ne peut resister à ses passions. Mais sur tout le blasme de l'avarice est à fuyr, pource ce que l'on a tousiours cru qu'il n'est point de plus certain indice d'un courage bas & avily que celuy-là, & bien que l'on en voye aucuns qui pour se tirer de necessité font bon marché de leurs personnes, toutefois ils donnent à connoistre bien-tost ce qui les a poussez dans les perils; Et mesme lors qu'ils sont devenus riches, ils le font encore mieux appercevoir; car presque tous retranchent autant de leur valeur, comme ils ont diminué de leur pauvreté; se contentans alors d'estre braves de reputation, & lors qu'ils en ont assez acquis ne se soucians gueres d'autre chose, sinon de mesnager leur vie, pour jouïr d'autant plus longuement de ce qu'ils ont si ardemment pourchassé. D'ailleurs on excuse une folastre entreprise, ou une faute commise par la force de l'amour: Mais aucun ne pardonne à celuy qui emporté du desir d'avoir des richesses, se despoüille enfin de la vie & de l'honneur tout ensemble; Et si un tel homme veut estre prés d'un Roy & aspire à quelque chose de grand, il luy adviendra dans peu de temps de fascher son Maistre par son importunité ou de l'ennuyer de son avarice, & voulant trop faire le mesnager & attirer à soy le profit & les commoditez de ses amis & de ses serviteurs, il perdra sans y penser l'amitié, la faveur & l'apuy de ceux desquels il a besoin pour se maintenir, Là où au contraire la liberalité fait reluire les plus petits, les rendant aimez & honorez d'un chacun, pource que d'une commune opinion l'on les tient pour amis certains & asseurez, & esloignez de toute corruption, rapine & injustice; Et bien que les exemples des particuliers ne soient point cottez dans les Histoires generales comme sont les exemples des Princes, toutesfois nous en pouvons prendre les enseigneſeignemens de noſtre devoir nonobſtant la diverſité de noſtre condition. L'on trouve auſſi quelques Hiſtoires particulieres qui ſont rapportées à ce propos, ſpecialement ſi quelqu'un a fait une action qui euſt quelque choſe de commun avec les affaires des Roys; Comme quand nous liſons que *Charles d'Anjou*, qui fut l'un des plus vaillans Princes de ſon temps, aprés avoir desfait *Menfroy* uſurpateur du Royaume de *Naples*, commanda de mettre tous les treſors du vaincu ſur des tapis, en un lieu, où luy, la Reyne, & un Seigneur du pays nommé *Beltraſmo de Balſe* eſtoient ſeuls, & qu'il ſe fit apporter des balances, diſant au Chevalier qu'il en fiſt le partage; mais il reſpondit librement qu'il ne falloit point de balance, & montant deſſus il en fit trois monceaux avec les pieds, voulant que l'un fuſt pour le Roy, l'autre pour la Reyne, & l'autre pour les gens de guerre, ſans vouloir reſerver aucune choſe pour luy quelque faveur qu'il puſt avoir, & faiſant que la portion de ceux qui avoient fidelement & generalement ſervy ſe trouva tres-ample, car outre ce qui leur eſtoit accordé particulierement, le Roy & la Reyne prirent encore beaucoup de leur part pour le départir entre eux; Ce qui ayant eſté conclu avec une grande franchiſe & executé de meſme, la renommée de cét acte courut par tout le Royaume, & rendit *Charles* ſi agreable, que depuis il ſe maintint contre de puiſſans ennemis avec l'amour de ſes nouveaux ſubjets: De meſme que ſi cette couronne fuſt venuë de longue main & de pere en fils juſques à luy. Or il me ſemble que de cette Hiſtoire les favoris des Princes, & tous autres qui ſe ſont beaucoup accreus en dignitez & en biens, peuvent apprendre combien la liberalité té apporte de profit & d'honneur, & comment ils doivent partager leurs biens avec ceux qui leur ont esté fidelles & non pas les repaistre de petites inventions & artifices, ainsi qu'ont fait plusieurs que nous connoissons à la Cour, lesquels enfin s'en sont tres-mal trouvez, bien qu'ils fussent gens de service, ayans esté reculez en un instant & perdus tout ensemble. Il est donc certain que tous ceux qui sont estimez pour quelque qualité particuliere, ne possedent pas pourtant toutes les autres, & que mesme la magnanimité n'accompagne pas tousjours ce que l'on appelle vaillance, car autre est la force de l'esprit, autre celle qui n'est que du corps : Quelques-uns ont esté puissans au combat, lesquels se sont laissé dompter par la convoitise & les autres passions ; & mesme sans tomber dans cette bassesse, il y en a d'autres qui peschent par un desir excessif de monstrer leur valeur militaire. Ceux-cy quelquefois se trouvans en un combat general ou particulier se perdent par opiniastreté & par impatience ; comme quand Monsieur de *Foix* aprés avoir gagné la journée de *Ravenne*, voyant qu'il ne restoit sinon quelque troupe d'*Espagnols* qui se retiroient en gros, se jetta des premiers sur eux, & par une façon de mort precipitée se priva du fruict de sa victoire ; tellement que l'on ne luy a point donné l'honneur d'avoir esté grand Capitaine, mais bien de vaillant : Il falloit qu'il moderast ces boüillons de jeunesse & se souvinst que le vray honneur n'est pas de venir à bout d'un seul combat, mais de faire si bien pour le service de son Maistre qu'il ne soit plus besoing aprés de combat ; Et je croy que s'il advenoit à Monsieur de *Guyse* de faire encore une fois le mesme trait qu'il fit en la de-

Y 2

faite

faite des Reiſtres, lors qu'il fut ſi bien marqué, ſans doute il en ſeroit meſeſtimé infiniment ; Si donc telles fautes ſont relevées tres ponctuellement & tournent au dommage de ceux qui ſe ſont haſardez contre des hommes deſia vaincus & effrayez ; à plus forte raiſon a-t'on blaſmé ceux qui avec moindre nombre, & au milieu d'un douteux évenement, ſe ſont expoſez au peril ſans qu'ils y fuſſent contraints d'aucune neceſſité ; Comme quand *Alexandre le Grand* ſe jetta luy deuxieſme au milieu de ſes ennemis du haut de la muraille d'une ville où il faiſoit donner l'aſſaut : Car jamais homme ne loüa cét acte qui peut eſtre ſe fuſt rendu bienſeant à l'un de ſes moindres Capitaines, & non à celuy qui avoit deſia gagné trois batailles contre le grand Roy de *Perſe*. Cela n'eſtoit non plus à propos que lors qu'il combattit un Lyon avec tres-grand danger de ſa vie ; & *Lyſimaque* eut raiſon de ſe moquer de luy, en luy diſant, qu'il avoit valeureuſement debattu contre cette beſte, lequel des deux demeureroit le Roy. En conſequence de ce que je viens de dire l'on condamne tous ceux qui pour ne pouvoir ſupporter quelque temps la bravade de leurs ennemis, ou pour autre impatience ont rejetté les conſeils les plus aſſeurez, & ont ſuivy les plus haſardeux. Il faut confeſſer auſſi que le Roy *François premier* aima mieux mettre ſon armée & ſa perſonne au haſard d'une bataille que de mettre le ſiege devant *Pavie*, quoy que l'on luy remonſtraſt que l'armée des *Eſpagnols* n'eſtant compoſée que d'hommes ramaſſez & de mercenaires, viendroit en peu de jours à ſe desfaire faute de payement, & luy ouvriroit par ce moyen ſans combattre les portes de toutes les villes de la *Lombardie* En cette

cette occasion la vraye magnanimité estoit de surmonter sa premiere boutade & impatience, pour dompter & vaincre aprés tous ses ennemis, & en cét endroit beaucoup de Capitaines ont failly. Je m'areste volontiers sur les exemples de nostre *France*; C'est pourquoy je mettray encores en avant celuy du Comte *d'Arthois*, qui du regne de *Philippes le Bel* fut choisi comme l'un des plus vaillans de son temps pour faire la guerre avec une armée de quarante mil hommes contre les *Flamens* qui s'estoient revoltez; Et dit l'histoire que le *Connestable Arnoul de Nesle* * y estoit en personne: Et comme le Comte *Jean de Namur* fils du Comte de *Flandres*, sçachant l'arrivée d'une si grande puissance, & voyant qu'avec les gens de guerre qu'il avoit à sa solde, de plus il estoit assez bien accompagné des communautez de *Bruges* & *d'Ypre* & d'autres encore, il se fust sagement resolu de se tenir dans son camp bien clos & bien fossoyé, & de garder son advantage; Neantmoins le Comte *d'Arthois* se laissa tellement emporter à sa passion & à sa temerité, qu'il voulut que tout soudain on allast charger les *Flamens* dans leur fort, contre toute apparence de raison; & il adjousta mesme à cela une seconde insolence, qui fut d'outrager indignement le *Connestable*, & le blasmer de lascheté & de trahison, pource qu'il l'avoit voulu destourner d'une si folle entreprise. Or l'évenement monstra que l'un devoit estre mis au nombre de ces furieux vaillans, qui sans autre apprehension peuvent donner de la teste contre un mur, mais que l'autre avoit encor plus de la vraye valeur, puis qu'il s'exposa franchement au peril qu'il reconnoissoit: si ce n'est qu'en cela mesme on le vueille accuser de n'avoir

* Arnoul de Clermond Sire de Nesle tüé a la Bataille de Courtray en 1302.

pas eu assez de constance & de vigueur, pour resister avec la force de sa dignité à la folie du Comte, & avoir mieux aimé mourir avec les temeraires que pour vivre entre les sages en estre estimé moins vaillant. Je ne sçay, dit alors le Sieur de *Bussy*, si j'eusse peu estre aussi patient que le *Connestable* envers le Comte *d'Artois* qui vouloit faire tout passer par son opinion, mais quant au reste si je n'y eusse pû rien gagner, je croy que j'eusse fait comme le *Connestable*. Car il est bien fascheux à un honneste homme de donner tant soit peu de prise sur son honneur & sa reputation, & lors qu'un Prince s'opiniastre & veut estre des premiers au peril, il est bien malaisé de bailler alors ou de recevoir quelque conseil, au contraire, & necessairement il faut se perdre par compagnie. Or je sçay de bonne part que feu Monsieur le Prince de *Condé* avec moindre occasion se perdit à la bataille de *Jarnac**, & que ce jour là il fit le contraire de ce qu'il pensoit devoir faire, pour n'estre pas reputé moins hasardeux que Monsieur l'*Admiral*: Car ayant esté resolu entr'eux de ne combattre point, & chacun ayant pris quartier, il advint que les Sieurs de la *Nouë* & de la *Loüe* qui avoient esté laissez pour empescher le passage de l'armée du Roy sur la *Charente*, se trouverent surpris par la negligence de ceux qui estoient en garde, ou pour mieux dire, par la diligence extreme qui fut faicte par Monsieur le Mareschal de *Biron* à dresser un pont en une nuit & faire passer l'avantgarde; tellement que ces deux Capitaines se virent sur les bras douze Cornettes de Cavallerie *Françoise* ou de *Reistres* devant que d'en avoir eu seulement l'alarme, dequoy Monsieur l'*Admiral* estant adverty, il le fit sçavoir à Monsieur le Prince,

afin

* 13. May 1569.

afin de contremander les troupes & venir tous en gros pour desgager leurs gens: mais luy voyant qu'il seroit trop mal-aisé de r'assembler si promptement leur armée, & qu'il y avoit du danger au changement de leur premier dessein, fit responsse que cela ne se pouvoit & ne se devoit faire, puis en estant instamment prié pour la seconde fois, & le Gentilhomme qui en portoit la parole, disant que Monsieur l'*Admiral* vouloit plustost combattre tout seul que de laisser ainsi perdre des personnages de telle marque, il se laissa emporter enfin à cette opinion, protestant neantmoins qu'auparavant il avoit tousiours esté des plus échauffez pour venir aux mains, mais qu'à l'heure il y alloit avec infiny regret, voire avec presage certain d'y mourir. Or cét évenement est fort remarquable pour le propos où nous sommes: car il se voit que celuy qui de son naturel estoit froid & songeard, lors qu'il se falloit resoudre à quelque chose d'importance, fut alors soudain esmeu de l'extremité du danger de ceux qu'il aimoit, & hasarda ses troupes & sa personne avec d'autres bien qualifiées, tout aussi mal à propos que s'il eust esté jeune & bouïllant; & au contraire celuy que l'on n'estimoit pas si sage guerrier, previt le mal où il s'alloit mettre, & le voulut éviter, s'acheminant ainsi & volontairement & par force à la fin de ses jours, comme à une cheute forcée & à un precipice inévitable. L'on connoist en cela, dy-je alors en reprenant mon discours, qu'il est mal-aisé de faire jugement de la valeur des hommes: car les plus froids s'eschauffent quelquesfois, & les plus soudains s'arrestent; le plus retenus se hasardent, & les plus hasardeux se retiennent. Comme aussi l'on void les craintifs se resoudre, & les plus braves s'estonner, selon que les uns ou les autres sont saisis de quelque object & rencontre non attendu ny preveu; Et de cela je ne sçaurois donner meilleure preuve que par la remarque de deux naturels fort differens; l'un du Roy *Louis onziesme* qui fut reputé un Prince des plus timides, & qui moins vouloit courir fortune, l'autre du Duc *Charles de Bourgogne* qui fut si audacieux & si entreprenant; Car l'on est demeuré d'accord

1465. qu'à la bataille de *Montlehery* lors que *Charles* n'estoit encore que Comte de *Charolois* du vivant de son pere *Philippe*, le Roy fit tres-bien & emporta l'honneur de cette journée, pource qu'il soustint bravement ses ennemis, & ne perdit jamais le jugement; ains au plus grand danger sçeut prendre party sans effroy & avec ruse, reconnoissant neantmoins à quelle extremité le conseil du grand Seneschal de *Normandie* l'avoit reduit, au contraire de sa resolution premiere qui estoit de gagner *Paris* & aprés de tascher à diviser la ligue; De l'autre costé le Comte de *Charolois* fut long-temps à courre comme un cheval eschapé à travers une troupe de fuyars, sans penser à l'estat auquel pouvoit estre le reste de la bataille: & jusques à ce que le Sieur de *Contay* en luy parlant hautement luy fit tourner teste, & à peine l'empescha de se perdre: encor ne se peut il garder de retomber soudain aprés au mesme danger, & eut besoin pour se sauver de la rencontre du fils de son Medecin. Mais il apert encore mieux combien il y avoit d'imperfection en sa valeur lors qu'estant Duc de *Bourgogne*, il fut avecques le Roy devant la ville de *Liege* qui s'estoit rebellée: Car *Philippes de Comines* confesse qu'en une fausse alarme le Duc ne sçavoit presque où il

en

en estoit, & ne faisoit aucun devoir de Capitaine; mais qu'au contraire le Roy ne s'effraya nullement, & de sang rassis commanda à ceux qui estoient prés de luy ce qu'il falloit faire. Afin d'examiner icy entierement diverses opinions du vulgaire, je vous diray d'avantage qu'il y en a qui reputent courageux, ceux qui pour ne pouvoir attendre le changement des affaires, se sont precipitez à la mort comme *Caton d'Utique*, *Brutus* & *Cassius* & plusieurs autres; De laquelle opinion je ne puis estre, ains j'attribuë cela à faute de courage & de constance, lors que les hommes de naturel hautain & incompatible ou preoccupez de quelque violente passion de regner, ou encor par une certaine molesse, ne peuvent souffrir le contraire de ce qu'ils s'estoient promis, & resister à la douleur qu'ils en reçoivent. *Marc Antoine* ayant comme jetté dans le sein de *Cleopatre* le soin de son honneur & de sa vie, perdit ses forces de mer & de terre, & enfin estant reduit à se sauver dans *Alexandrie* comme un Cerf qui est aux abois, il fit appeller au combat d'homme à homme son ennemy *Auguste*, lequel à bon droict se mocqua de son effeminé desespoir, puis qu'au plus fort de ses esperances il n'avoit point eu le courage de vaincre ou de mourir dignement. Pareille moquerie tombe sur ceux qui ayant faict quelque grande perte pensent la pouvoir reparer avec le hazard de la vie du victorieux; Comme lors que ce *Charles d'Anjou* de qui j'ay parlé cy devant, deffia *Pierre Roy d'Arragon* qui luy avoit osté la *Sicile*: car aprés que le lieu du combat fut assigné à *Bordeaux*, & que chacun eut pris la foy du Prince de *Galles* qui tenoit lors la *Guyenne*, l'*Arragonnois* fut si rusé que de se tenir caché tout le jour, jusques à

ce

ce qu'il vit que son adversaire lassé de l'attendre s'en estoit allé : Alors il se presenta & demeura dans le camp jusques aux estoilles, tournant par ce moyen en risée cette belle & courageuse resolution de *Charles* qui devoit courir cette fortune au milieu de ses fidelles sujets, comme Prince, & sur l'asseurance de ses armes, & non en servant de spectacle d'un combateur à outrance, se sousmettre à la foy d'autruy, & se rendre inferieur d'un Prince estranger. Il seroit plus honorable d'en user ainsi au milieu de sa prosperité, & de sens rassis donner de la teste dans le danger eminent & redoutable, pour éviter quelque plus grand inconvenient, ou pour espargner les peuples qui portent tousiours la peine de la querelle des Princes : C'est encore un tres-grand témoignage de magnanimité d'aller en des lieux que jusques alors l'on a eu raison d'apprehender, & que l'on redoute moins estant appuyé sur la franchise du courage. Cela s'est veu quand l'*Admiral de Chastillon* aprés avoir esprouvé les miseres des guerres civiles, & les grandes calamitez que ce Royaume en recevoit, se resolut de mettre sous le pied toute deffiance, & se reposer sur les promesses de ses ennemis, plustost que d'estre accusé d'empescher la paix & le repos public pour rechercher par trop son asseurance particuliere ; Tellement qu'il vint devers le Roy *Charles* à *Blois*, encores que le Mareschal de *Cossé* le fust venu advertir en chemin qu'il seroit arresté, & que le dessein en estoit fait ; ce qui estoit vray, mais l'execution en fut remise jusques aux nopces du Roy de *Navarre* ; Ausquelles pareillement il se trouva contre l'advis de la pluspart de ses amis & de ses serviteurs, leur disant qu'il falloit delivrer la *France* de tant

de

de malheurs, renvoyant les alarmes dans le pays des ennemis de cét Estat; & que pour parvenir à cela, il vouloit enfin à quelque prix que ce fust trouver les moyens de ne craindre plus. Or l'on tient que cela n'estoit point un desespoir, veu que tout son party estoit sus pied, & ses intelligences estrangeres toutes entieres; & que moins encore cela pouvoit estre attribué à imprudence, impatience ou molesse; mais bien se devoit nommer un digne effet de la constance & magnanimité, par laquelle il s'estoit longuement opposé aux plus grandes menées de l'Europe, & avoit relevé ses partisans après la perte de plusieurs batailles, sans que jamais on ait veu en luy aucun indice de frayeur ou de crainte; en quoy consiste le principal honneur d'un Grand personnage, qui n'est point abattu pour quelque fortune que ce soit, & monstré combien il y a de force en cette vertu, qui gaigne la victoire sur le victorieux mesme. Ainsi le Roy *Porus Indien* vaincu & prisonnier d'*Alexandre*, demanda avec une contenance brave & asseurée, qu'il fust traité en Roy; Cela luy valut plus que toutes les harangues du plus grand Orateur n'eussent pû faire; Et quand bien il faudroit souffrir la mort après de semblables changemens, si est-ce que tout ce qui peut arriver à un homme courageux, soit que l'on parle des dangers, des inquietudes, des souffrances, & de sa fin derniere, tout cela garde encore neantmoins quelque chose d'agreable, qui survit & demeure empreint en la memoire de la posterité; Comme au contraire les plaintes & les regrets d'un efféminé, ses offres, ses prieres, & tout ce qu'il a fait & dit indignement, déplaist non seulement à ceux qui le voyent, mais encor plusieurs

plusieurs siecles aprés, nous offense quand nous venons à le lire dans les Histoires. Le dernier Roy de *Macedoine Perseus*, est décrit en la vie de *Paul Æmile* si perdu de cœur & de resolution, que si une fois l'on a leu cét endroit, l'on passe apres volontiers par dessus, & en destourne-t'on les yeux, ainsi que d'un laid & difforme tableau de la vie humaine; Et quand l'on oyt raconter la mort de *Neron* ou de *Vitellius* l'on a encor plus en detestation leur vie passée. Il en advient autrement au recit de la fin de l'Empereur *Othon*, qui fit tuër *Galba* : car cette maniere dont il usa lors à conseiller froidement ses amis de prendre party aprés la perte de la bataille, d'admonester son neveu, de n'oublier & ne se souvenir trop d'avoir eu un oncle Empereur, puis de s'endormir là-dessus profondement, pour à son réveil delivrer & soy & le peuple Romain des maux d'une guerre civile, Cela, dis-je, fait oublier tout ce qu'il avoit fait auparavant, & le met au rang des hommes magnanimes autant qu'un Payen le pouvoit estre. Mais pour venir aux actes des Chrestiens, qui est celuy qui ne prenne plaisir en l'asseurance du Prince de *Salerne* fils de *Charles d'Anjou*, dont j'ay desia parlé, lors qu'ayant esté desfait en mer par *Roger Doria* Admiral d'*Arragon*, pris & mené en *Sicile*, & livré entre les mains de la Reyne *Constance* mere de *Conradin* que *Charles* avoit fait mourir; & oyant prononcer un Vendredy matin l'arrest de vengeance donné contre luy, il se resolut soudain à patience, & d'un visage asseuré respondit. *Qu'il prendroit la mort en gré, se ressouvenant que nostre Seigneur* Jesus-Christ *l'avoit soufferte pour luy en pareil jour*; Ce qu'estant rapporté à la Reyne, elle en fut tellement

ment touchée de compassion qu'elle dit sur l'heure ces mots: *Puisque ce Prince avec un cœur si constant se dispose à la mort, je veux aussi pour le respect de celuy au nom duquel il me conjure, luy user de misericorde & avoir soin de sa vie.* Or cette grace & naïve fermeté ne se trouve pas aux dernieres paroles de cét autre Prince *Conradin*: car comme *par l'advis du Pape Clement quatriesme*, *Charles* eut resolu de s'en desfaire par forme de Justice, & que le Greffier luy eut prononcé ce cruel jugement: Ce jeune Seigneur, yssu d'une des plus illustres maisons de l'Europe, fut lors outré de douleur, & ne se pût garder de s'escrier, *Traistre, paillard, meschant: tu as condamné le fils d'un Roy; ne sçais-tu pas qu'un pareil sur son pareil n'a point de commandement?* Monstrant par là que sa delicate jeunesse avoit bien esté capable de luy donner de l'ambition, & de luy faire disputer un Royaume; mais n'avoit pû encores luy apprendre à mourir; puisqu'à la verité il y faut non seulement du naturel; mais aussi de l'accoustumance, lors que les hommes par une espreuve frequente des perils se rendent une telle resolution familiere. Pour continuer les exemples pris dans nostre *France*, je croy que ce grand *Admiral* qui n'a point eu de successeur fut aidé en ses plus fascheuses & cuisantes extremitez de ces deux secours que nous avons remarquez icy; Car comme vous sçavez lors qu'il fut blessé prés du *Louvre*, il se tourna doucement & sans s'effrayer monstra d'où venoit le coup; Puis le lendemain au soir comme *Besmes* fut entré dans sa chambre avec les autres massacreurs, luy criant qu'il falloit mourir; cét honorable vieillard voyant que l'on avoit desia tué ses valets de chambre, & que

que l'on venoit à luy de furie, se leva sans effroy ny tremblement, & dit seulement, *Jeunes Soldats, respectez un vieil Capitaine*, & comme il reconnût aussi-tost qu'il n'y avoit aucune grace à demander, il ne chercha point à prolonger sa vie, mais ayant eslevé son ame à Dieu pour obtenir la remission de ses fautes, il tendit le sein à celuy qui le vouloit tuer & luy dit, *Frappe hardiment, jeune homme*. Aucuns adjoustent qu'auparavant il demanda si le Roy se portoit bien, craignant que la rage que l'on tesmoignoit à se jetter sur luy, ne fust en consequence de ce qu'il y eust quelqu'un de son party qui eust attenté à la personne du Roy, & que ce fut le dernier tesmoignage qu'il rendit que l'âge n'avoit en rien affoibly sa generosité, & qu'en mourant il n'avoit aucune des choses de ce Monde tant à cœur, que la vie & le salut de son Roy, bien que ses ennemis ne luy pouvans oster la loüange d'un grand & valeureux Capitaine, luy ayent au moins voulu faire perdre la reputation d'un bon & fidelle sujet. Il est certain qu'il pût tenir de semblables discours assez brefs, non pas de plus longs, tels que les *Huguenots* en ont voulu publier pour l'exalter d'avantage; l'on ne luy laissa pas tant de loisir, & toutefois l'on doit avoüer qu'une courte sentence à pû tesmoigner aussi bien la ferme resolution du cœur, qu'une longue oraison. Mais afin que les *Huguenots* ne bastissent point leurs trophées sur cecy, ils doivent croire que les Catholiques ont aussi leurs Heros. S'ils se plaignent que l'on a esté tuer *l'Admiral* jusques dans sa chambre, je leur diray que le Duc de *Guise* fut tué en trahison devant *Orleans*. *Poltrot* qui luy donna un coup de pistolet dans les reins, ayant esté induit à cela

par

par *Beze* & autres Ministres, croyoit immoler une victime agreable à Dieu; mais ce Prince souffrit la mort avec une constance qui faisoit bien paroistre qu'il estoit dans le bon chemin, & qu'il meritoit le Ciel par ses souffrances. Ce n'estoit pas de ce jour-là seulement que sa vertu estoit à l'espreuve. Durant le siege de *Rouen* l'on prit un Gentilhomme *Manceau* qui s'estoit rangé dans l'armée du Roy pour l'assassiner, & comme il l'eut interrogé luy-mesme, pour sçavoir s'il avoit reçeu quelque desplaisir de luy, il respondit que non. Surquoy le Duc de *Guise*, luy dit. *Qui t'a donc porté à attenter sur ma vie.* C'*est le seul zele que j'ay pour ma religion*, respondit l'assassin, *d'autant que j'ay creu que vostre mort luy serviroit d'un grand avancement. Si ta Religion*, repartit le Duc de Guise, *t'apprend à assassiner ceux qui ne t'ont jamais offencé, la mienne m'apprend à pardonner à mes ennemis; c'est pourquoy va-t'en en toute liberté, afin que tu ayes le loisir d'apprendre desormais une meilleure leçon.* Ce malheureux en fut quitte pour cela, le Duc de *Guise* luy voulant donner des tesmoignages de generosité & de clemence. L'on a dit qu'il le devoit plustost faire punir, & que cela eust tenu en crainte d'autres assassins; Mais quelquefois de telles actions gaignent aussi les cœurs les plus rebelles; Tant y a que ce valeureux Prince estoit entierement resigné à la volonté de Dieu, & que lorsqu'il se sentit frappé à mort au siege d'*Orleans*, il tint des discours si remplis de consolation & de pieté, à sa femme & à son fils, * que l'on le peut bien mettre au nombre de ceux qui ont souffert la mort patiemment pour la bonne Religion. Que si nous voulons remonter plus haut, nous trouverons beaucoup d'autres

* *Voyez les Remarques sur la Satyre Menippée. T. 2. p. 229.*

tres exemples pour opposer à un petit nombre que les *Huguenots* alleguent pour eux. L'on parle assez de la constance de nos anciens martyrs, qui triomphoit de la cruauté des Empereurs Payens; Mais maintenant il faut faire mention des Chrestiens & Catholiques les plus zelez, qui ont souffert la mort genereusement, plustost que de consentir aux fausses opinions des heretiques ; C'est là qu'ils souffroient leurs tourmens pour une juste cause, & que leur supplice estoit meritoire. Entre les autres, je parleray de *Thomas Morus Chancellier d'Angleterre*, lequel sçavoit bien que son Roy le feroit mourir, s'il n'approuvoit le divorce qu'il avoit signifié à la Reyne, & son second mariage avec *Anne de Boulen*, outre qu'il desiroit se declarer Chef de l'Eglise *Anglicane* ; & neantmoins il ne vouloit point changer ses sages advis, quelque remonstrance que sa femme & sa fille, luy pussent faire. Sa femme luy disoit qu'il ne l'abandonnast point, pouvant encore demeurer longtemps avec elle & avec ses enfans, & en recevoir de la consolation. *Combien d'années, pense-tu que je puisse encore vivre?* luy dit-il, *Plus de vingt années, s'il plaist à Dieu*, luy respondit elle. *Veux tu donc que je change l'éternité avec vingt ans?* luy repliqua-t'il, *Ce troc est desavantageux ; Veritablement ma femme, tu es une marchande trop injuste ; Car si tu disois mille ans, encore seroit-ce quelque chose, & neantmoins que seroit-ce au regard d'un jamais?* Là-dessus quelqu'un dit à Morus ; *Veux tu estre estimé plus sage que tant de Prelats Anglois qui se sont accordez au desir du Roy?* Au lieu de quelques Evesques qui sont de cette opinion, dit Morus, *J'en ay une infinité pour moy, voire de ceux qui sont canonisez:*

j'ay

j'ay tous les anciens Peres de l'Eglise pour ma defense, & au lieu de vostre concile j'ay tous ceux qui ont esté tenus depuis mille ans; & au lieu d'un seul Royaume, j'ay contre vous la France, l'Espagne, l'Italie, & la meilleure partie de l'Allemagne & du reste de l'Europe. Ainsi *Thomas Morus* confirmoit sa constance, & lors que l'on luy eut declaré qu'il falloit mourir, il s'y prepara avec une allegresse conforme aux discours qu'il avoit tenus auparavant: Voila quelle fut la mort d'un bon Ministre d'Estat, qui avoit esprouvé ce que c'estoit que l'inconstance de la Cour. L'on peut recueillir de tout cecy, qu'entre les qualitez qui sont necessaires à ceux qui veullent acquerir de la reputation dans le monde, & recevoir le loyer qui est reservé à ceux qui sont veritablement vertueux, il faut avoir de la fermeté contre les attaques de la fortune, & ne point ployer à ses secousses. Quelquefois cela est cause que l'on n'est point abattu de l'orage, & que l'on demeure en sa premiere place, & en tout cas, s'il faut succomber l'on ne le fait point avec des-honneur, mais avec une asseurance de gloire perpetuelle. C'est en cela que consiste la vraye magnanimité, qui non seulement honore le cours de nostre vie, mais aussi nostre fin, & qui par une grace particuliere nous delivre des apprehensions & des chagrins que l'horreur de la mort apporte ordinairement à la plus part des hommes, ce qui en un mot est pour nous affranchir du plus grand de tous nos malheurs.

Il reste à parler maintenant de la Temperance, ou moderation, qui est une vertu qui consiste en l'ordre & la mesure de nos actions, & qui en les bornant selon les temps, les lieux & les personnes, les rend bonnes, belles &

agreables, ce qui se peut bien dire aussi en general des trois autres dont j'ay parlé : Neantmoins cela doit estre plus proprement attribué à celle-cy; Car encore qu'il ne soit rien de mieux seant à l'homme que la Prudence, la Justice, & la Magnanimité; toutesfois nous sçavons que plusieurs sont reputez sages, justes, & courageux, lesquels pour ne sçavoir pas regler ce qu'ils font & ce qu'ils disent, se rendent fascheux à tout le monde. Il y a donc en cecy une maniere d'assaisonnement qu'il n'est pas possible d'exprimer, & qui neantmoins doit donner du goust tant à nos paroles qu'à nos actions, autrement elles demeurent fades & mal plaisantes; Et tout ainsi que la beauté d'un corps bien formé & bien proportionné arreste nos yeux, & qu'il y a quelque chose dans l'assortiment & la convenance de toutes les parties qui nous esmeut & nous donne plaisir; Aussi l'homme bien né a des attraits invincibles qui le font soudain aimer de plusieurs, & font mesme que ceux qui s'exemptent d'estre touchez d'aucune passion, ne laissent pas de le regarder plus librement qu'aucun autre, à cause de cette grace naïve & de cette bien seance parfaite qui se trouve en tous ses déportemens ordinaires; ce que les Historiens tesmoignent avoir esté en *Pompée le Grand*, & luy avoir servy beaucoup pour se rendre agreable au peuple Romain dés qu'il commença de paroistre; Encore a-t'on remarqué de luy, que sa compagnie estoit si douce, & tous ses propos estoient si bien suivis, que les Dames ne le pouvoient laisser qu'à regret. L'on a faict aussi grand cas de la bonté de *Titus* fils de *Vespasien*, qui se gardoit soigneusement de desplaire à aucun, & ne vouloit que personne s'en allast mal-contant

d'aupres

d'auprés de luy : tellement qu'il fut appellé, *Les delices du genre humain*, ayant si bien compassé ses actions, ses paroles & sa contenance, que tout y avoit du rapport, & de la sympathie ensemble, & s'il ne satisfaisoit un jour par ses liberalitez, l'on demeuroit content neantmoins par ses promesses tres-certaines. Je dy cecy pour monstrer combien il importe d'en user ainsi envers ceux qui nous sont égaux ou inferieurs ; Et que si estre aimé est chose fort souhaitable, sans doute cette regle de nostre vie a beaucoup de pouvoir de nous rendre heureux. Sans aller plus loin que les exemples de nostre temps, j'ay fort cogneu Monsieur le Cardinal de *Chastillon*, & toutes les fois que je me le represente devant les yeux, il me semble qu'il n'y avoit point en *France* un Seigneur plus discret, plus courtois, ou de meilleure grace que luy ; aussi ay-je oüy dire à ceux qui l'avoient veu à la Cour du temps du Roy *François premier*, & du Roy *Henry second*, que jamais sa faveur ne changea pour la disgrace des siens, & que ceux qui estoient ennemis de ses plus proches, ne laissoient point pourtant de l'aimer ; Ce qui advenoit pource qu'il avoit tousiours un visage ouvert & gracieux, & n'estoit ny rude, ny fascheux à personne ; & qu'il ressembloit au cours d'un fleuve qui coule tousiours de mesme & sans bruit, aportant à son entremise aux affaires une si grande douceur que l'on ne pouvoit attribuer ce qu'il disoit ou faisoit à aucune passion ou aigreur. Cette belle façon de negocier, n'estoit pas en son frere, dit le Sieur de *Bussy*, & de ma part, je croy que cét entendement retiré en soy-mesme, & cét esprit severe qui estoit en luy, n'a de rien aidé à la prosperité de sa maison : car sans doute ce la

Mort en 1571.

luy

luy a faict perdre beaucoup des amis & serviteurs que ses autres excellentes qualitez luy avoient acquis. Il est certain, repartis-je, que ses mœurs avoient besoin d'estre aucunement adoucies pour plaire à la Cour; Et neantmoins ce n'estoit ny arrogance, ny orgueil qui fust en luy, mais une simple accoustumance à laquelle son naturel contribuoit. Au reste chacun sçait bien que ceux-là sont blasmez, qui pour se priser trop & mépriser autruy, ne daignent en rien se contraindre; Là où la crainte que l'on a de fascher ses amis, monstre que l'on en fait estime; ce qui est un des principaux points de la bienveillance : enquoy nous connoissons beaucoup d'autres qui tiennent rang au conseil du Prince, & ont toute leur vie fait profession des lettres qui ne sont point pourtant plus moderez, lors que les boutades de quelque chagrin, ou de quelque colere les saisissent & emportent : car alors ils ne sont pas seulement rudes & fascheux à ceux qui leur viennent parler d'affaires & les prier de quelque chose; mais qui pis est ils sortent hors des gonds & deviennent presque furieux.

Monluc. Que dirons nous de l'Evesque de *Valence*, qui est coustumier, lors que l'humeur le prend de renverser tout ce qu'il trouve devant luy, tout ainsi que s'il avoit affaire à quelque ennemy; Toutesfois chacun sçait combien de belles charges il a euës, & comme il a esté eslevé soudain aux dignitez depuis qu'il eut quitté l'habit de Moyne à *Thoulouze*. Nous avons pareillement un Mareschal de *France* qui n'en faict gueres moins, combien qu'au reste il soit fort recommandable pour son experience au fait de la guerre & autres belles parties qui sont en luy. Il messied à tous d'en user de cette sorte, & plus encore à ceux qui pour avoir longue-

longuement manié les livres & avoir acquis de la doctrine devroient estre plus propres à dompter telles passions, & à pollir la rudesse de leur naturel, ce qui est encore plus à reprendre lors qu'ils exercent quelque charge de Justice, quoy qu'ils fussent les plus gens de bien du monde : Car pour ne point aller chercher des Histoires esloignées, de quoy sert au Conseiller la *Roche-Thomas* d'estre estimé bon Juge, exempt de toute corruption, si d'autre costé pour ne vouloir escouter les parties, il leur oste le moyen de l'instruire du merite de leur cause ; & si lors qu'il se sent pressé de l'expedition & rapport de leur procez, c'est lors qu'il en faict moins de conte ; comme s'il vouloit punir leur importunité par les frais d'une longue poursuite ; ce qui est une injustice toute formée. Or je vous donne icy des exemples de toutes conditions selon qu'ils me viennent en la memoire, pource que je croy que la liberté de l'entretien le permet ainsi : Mais quoy que nous puissions dire, nous voyons par tout que cette espece de Vertu que nous considerons la derniere, est le temperament de toutes les autres, & ne permet point que l'on lasche la bride à son naturel, principalement lors que l'on est obligé de vivre dans la Cour des Princes, & entre la multitude des affaires. Car comme disoit un des anciens, la rudesse & la severité sont compagnes de la solitude, & enfin les personnes bigearres deviennent non seulement desagreables à tous, mais aussi tombent souvent en des passions indignes & insupportables. Toute l'antiquité à loüé infiniment la constance de *Caton d'Utique*; Neantmoins l'on a trouvé à reprendre en ses actions depuis que l'on les a bien considerées, & ce siecle-cy n'a pû estre entierement de l'avis du sien. Non seulement nos hommes d'Estat les plus critiques, mais les esprits les plus moderez ont blasmé beaucoup cette opiniastreté, par laquelle ce personnage devint moins agreable à ses Citoyens, & moins utile à sa Republique, lors que se rendant contentieux & hagard, il se priva du moyen d'obtenir les plus grandes dignitez; où estant parvenu, il eust pû avec l'authorité de son Magistrat restablir les bonnes ordonnances de son pays, & se fust opposé aux desseins des plus ambitieux; là où n'estant la plus part de sa vie que personne privée, ses remonstrances demeuroient sans effet; il ne servoit qu'à aigrir d'avantage ses adversaires, & en descouvrant pour neant leurs desseins, il les rendoit plus hardis à les poursuivre: de sorte que pour trop vouloir exercer un corps malade, tel qu'estoit celuy de la republique Romaine, il en avançoit la cheute; & enfin il se reduisit aux termes de ne pouvoir souffrir la veuë de son ennemy victorieux, & d'aimer mieux mourir que de luy estre redevable de sa vie. Ce qui est une maniere de desespoir, qui a esté attribuée à foiblesse & impatience, plustost qu'à aucune fermeté de courage, selon qu'il en a esté parlé dans quelques livres, comme nous avons desia remarqué. En effet il est bon d'avoir une generosité qui soit preste à toute sorte de rencontres, mais c'est une chose honteuse de ne pouvoir supporter un malheur; Je ne pense pas que l'on doive beaucoup estimer ceux qui pour revivre dans la posterité, taschent de ne plus vivre icy; Ceux qui peuvent acquerir un beau renom sans mourir, & voir naistre leur gloire telle qu'elle demeurera à jamais, sont bien plus advisez & plus heureux. Nous lisons dans les Histoires

res de *Naples* un effet remarquable de ces natures qui ne peuvent ployer au changement de leurs conditions, ny porter un évenement contraire à leur esperance; Cét exemple s'est trouvé en la personne d'un Comte, lequel estant appellé par la Reyne *Jeanne de Naples* contre les *Allemans* qui luy faisoient la guerre, fut d'abord si heureux que de faire quitter la campagne à son ennemy, & l'ayant reduit à se retirer dans une place, où il l'assiegea, il le contraignit de luy demander la paix & de luy faire des offres tres-advantageuses: Mais le Comte pensant le tenir desia entre ses mains n'en fit point de cas; de sorte que cét *Alleman* se voyant en une telle extremité, osa bien faire une sortie sur luy, laquelle fut si vivement & si à propos executée, qu'il mit en route la pluspart de ses gens, & le surprit luy-mesme au despourveu jusques dans sa tente; & bien que le victorieux fust en volonté de traitter doucement le vaincu; toutesfois le cœur dépit & presque enragé de ce Comte, ne put supporter son desastre, & rejettant la faveur de son ennemy deschira furieusement les bandes & les emplastres que l'on avoit appliquez sur quelques playes qu'il avoit, aymant mieux mettre une soudaine fin à sa vie, que de la prolonger tant soit peu par la grace de celuy qu'il avoit auparavant mesprisé. Le Roy *Alphonse d'Arragon* troisiéme du nom en usa bien autrement: car ayant esté défait sur mer par la flotte de *Gennes*, & estant mené prisonnier avec deux de ses fils, & grand nombre des plus signalez de son Royaume, vers le Duc de *Milan* qui estoit son ennemy capital, sous la protection duquel la ville de *Gennes* estoit alors; il ne fut point pourtant saisi de frayeur, pour se voir tombé en une telle extremité,

tremité, & ne s'imagina point de recevoir bientost la honte d'estre mené comme en triomphe, ou de sentir les ennuis d'une longue prison, ou encor de voir la desolation entiere de son estat qui estoit laissé à l'abandon; mais comme il se fortifioit en soy-mesme par l'espoir de quelque heureux évenement, il ne laissa point de garder sa Majesté envers ceux qui le tenoient; Et estant arrivé pres du Duc, il luy persuada par vives raisons, qu'il luy seroit non seulement plus honorable, mais aussi plus profitable de le conserver, que de le ruïner: si bien qu'au lieu d'un Prince ennemy, il acquit un fidelle amy & confederé, & affoiblit d'autant plus le party de *France* & de la maison *d'Anjou*, prenant un tel pied dans le Royaume de *Naples* & de *Sicile*, que deslors il en asseura le titre & les pretentions à ses successeurs qui regnent encore aujourd'huy. Certainement la vie de ce Prince est pleine d'exemples, de vertus rares & accomplies; & j'estime que s'il n'a point esté le plus puissant de tous les Roys des *Espagnes*, il a esté le plus sage & le plus vertueux, & que sa generosité, sa moderation, & sa bonté furent le sujet du bonheur qui l'accompagna toute sa vie. Vous me direz que chacun ne peut pas luy ressembler & atteindre à une telle excellence, pour la grande diversité des naturels qui se trouvent entre les hommes; Et de ma part je vous advoüe que cela est vray. Mais je vous asseure aussi qu'il est permis voire necessaire de se proposer pour exemple les plus parfaits, afin d'en approcher au moins quelque peu & au reste se bien cognoistre, afin d'apporter à une mauvaise inclination le remede d'une contraire habitude; Ce que je dy pour le regard des choses vicieuses: car en celles qui

font

sont indifferentes, comme d'estre Courtisan ou ne l'estre point, prendre ou rejetter une delegation, & ainsi des autres, Si nostre naturel est tel que nous ne le puissions aisément ployer à cela, il vaut encor mieux le laisser comme il est, que de perdre la grace que chacun a en ce qui luy est propre, & a quoy il est né. Les uns sont bons à des propos graves, & ne paroissent qu'en des choses d'importance, mais s'ils sont si mal advisez que de vouloir bouffonner & faire les bons compagnons, comme pour se rendre plus agreables, il leur reüssira tousiours tres-mal & se feront mocquer d'eux. Le mesme se peut dire des autres inclinations : car il y en a qui ayans beaucoup de jugement, ne se peuvent bien expliquer ; c'est pourquoy ceux-là doivent éviter de s'engager en un trop long discours. Il y en a aussi qui sont nez pour le conseil, & ne se lassent jamais d'y assister, mais ne peuvent durer en la campagne, & sont impatiens des fatigues de la guerre. D'autres dés leurs jeunesse sont fort bien à cheval, & sont comme moulez & façonnez à cette sorte de milice, qui toutefois reüssissent tres-mal en l'autre ; Comme au contraire plusieurs bons Capitaines ont acquis de l'honneur au mestier de gens de pied, qui apres l'ont perdu entre la cavallerie. Il est donc raisonnable que chacun se taste & mesure sans se laisser aveugler de l'esperance de quelque plus grand advancement, se souvenant sur tout qu'il n'y a rien de si convenable à un honneste homme, que d'estre constant & semblable à soy, autant que les diverses rencontres de la vie le peuvent permettre, & mesme en ce qui porte le titre de la vertu : Car celuy qui a tousiours fait profession de parler franchement à tous, s'il vient à relascher de cette franchise, il ne pourra

estre

estre exempt de blasme: là où plusieurs que l'on a veu ployer & gauchir ordinairement n'en ont pas esté repris, mais en ont esté reputez sages. Le Chancelier *Olivier* qui estoit parvenu à cette dignité par la voye de l'honneur & de la preud'hommie, & en faisant tousiours bien, fut renvoyé en sa maison pour n'avoir pas voulu complaire à Madame de *Valentinois* en une chose injuste; Puis au commencement du regne du petit Roy *François* estant remis en son Estat par le moyen de Messieurs de *Guyse*, il luy advint pour l'obligation qu'il leur avoit, de seconder la violence du Cardinal de *Lorraine*, contre la maison de *Bourbon*: mais en estant un jour repris par un de ses amis, familiers, & comme de chose qui tiroit aprés soy un terrible inconvenient, & un entier changement d'Estat, il revint ainsi que d'une longue resverie, & en conçeut un tel desplaisir qu'il en tomba malade, & mourut en peu de jours, accusant le Cardinal d'avoir esté cause de sa mort, & detestant la faveur qui en le rappellant luy avoit fait rompre le cours de ses actions entieres & incorruptibles: Toutesfois cette façon dont il avoit usé à s'accommoder au train d'un nouveau regne, au prejudice des Princes du sang, ne fut pas reprise au Chancelier de *l'Hospital*, lors qu'il presta la main au *Gouvernement tres-absolu d'une femme*, & au ravallement du Roy de *Navarre* & des siens, pource qu'il avoit esté nourry en Courtisan plus que son predecesseur, & avoit auparavant esté homme de party; De maniere qu'en cette occasion d'estat qui se presenta alors, l'on attribua ce qu'il faisoit à une prudence politique, & à une honneste ambition & desir de gouverner puissamment les affaires soubs l'ombre de la Reyne Mere,

En 1560.

Mere, laquelle il pensoit tenir en toutes choses aux termes de la raison, enquoy il fut trompé neantmoins. Or tout ainsi qu'il ne fut pas accusé pour ce sujet, mais fut loué plustost d'avoir continué le cours de son entreprise politique; Aussi au contraire fut-il blasmé de ce qu'estant de son naturel fort severe aux expeditions de justice, & revesche à ceux qui luy venoient parler; toutefois il n'estoit pas tel à l'endroit de ses domestiques, & principalement de son Secretaire *Bouvaut*, qui le surprenoit aussi souvent qu'il vouloit, ce qu'il continua jusques à ce que la plainte en estant venuë au Conseil, sur l'occasion d'une lettre fort incivile; ce Chancellier eut la honte d'avoir esté surpris, & fut contraint de chasser avec mille injures & reproches un serviteur qu'il avoit beaucoup aimé auparavant. Il fut pareillement fort gourmandé par feu Monsieur de *Monpensier* en plein Conseil, de ce que se rendant presque inexorable à passer les dons que le Roy faisoit d'une somme un peu notable, neantmoins il avoit quelques jours auparavant reçeu du Tresorier de *l'Espagne* cinquante mil livres comptant, & luy en faisoit-on de grands reproches, bien qu'il fust certain que le Roy mesmes de son propre mouvement l'avoit pressé de les prendre : Mais il faut croire que c'est que cela choquoit l'esprit de plusieurs, à cause que l'on n'attendoit point cela de luy; tant c'est une belle chose de ne se dementir & déguiser jamais par quelque soudaine & remarquable diversité; Et toutefois ceux qui luy ont succedé en ont eu deux & trois fois autant sans qu'on en ait rien dit, ou qu'on l'ait trouvé si mauvais, pource que la constance de leurs actions ne les avoit pas obligez à refuser un don & à estre si soigneux

gneux du bon mesnage de leur maistre. Or si pour netenir quelquefois une mesme voye de justice & de severité l'on est si fort remarqué; nous pouvons dire qu'il messied infiniment à certaines personnes de changer comme elles font presque tous les jours d'advis & de dessein, sans se pouvoir mesmes arrester à ce qu'elles auront une fois bien & sainement deliberé; Veu qu'au contraire il nous faut accoustumer, quand ce ne seroit que pour l'honneur & pour la reputation, de nous tenir fermes à ce que nous avons fait ou dit, encore que ce soit chose moins bonne & moins utile, que ce que l'on pourroit penser apres, pource qu'autrement nostre jugement s'égare apres toutes sortes d'imaginations & tombe dans ce defaut qui est le plus indigne de l'homme, à sçavoir dans l'inconstance: Car comment ceux qui en usent ainsi pourront-ils se roidir contre l'effort des évenemens, & comment pourra leur esprit garder la place de leur moderation premiere, si sans autre grande occasion, ils ont esté coustumiers de changer de propos, de visage & de contenance. Il ne faut pas douter que de telles gens ne deviennent insupportables en leur prosperité, & du tout abatus en leur adversité; & qu'en l'accroissement de leur pouvoir ils ne se rendent injustes, & que pour un sujet de neant ils ne se fassent mesconnoistre à leurs amis & a leurs serviteurs: Tellement qu'il me semble que l'on ne peut prendre d'assez bonne heure l'habitude de fermeté aux choses mesmes qui sont indifferentes, comme pour fixer & retenir cette humide vapeur de legereté qui coulle incessamment dans le champ de la vie humaine: mais tout ainsi que nos faits qui procedent de l'interieur de nostre ame doivent estre mesu-

rez,

rez, il faut auſſi rendre noſtre apparence agreable & aſſeurée, ſoit que nous ſoyons debout ou aſſis, & que nous parlions ou eſcoutions un autre; & en un mot il eſt beſoin de gaigner ce point, que noſtre regard & noſtre viſage avec le reſte de l'aſſiette du corps ſoient tousjours accompagnez de cette bienſeance, qui eſt le vray indice d'un eſprit doux, remis & moderé: mais en tout cela il ne doit point y avoir rien de ruſtique ny d'affecté; Il faut que nos geſtes ſoient pluſtoſt bruſques & virils que mols & effeminez. L'on ne me ſçauroit faire croire que les delicateſſes que je voy aujourd'huy à la Cour, & cette façon de s'habiller auſſi curieuſement que les femmes, puiſſent jamais faire naiſtre ou façonner un homme de ſervice: mais bien au contraire je me perſuade que cela eſt capable d'abatre la vigueur & le courage. Ce n'eſt pas tout de prendre librement une querelle pour une Dame, & au partir de là s'aller couper la gorge avecques ſon rival; L'honneur requiert bien d'autres actions; mais j'entens l'honneur dont les vrais ſages font cas, qui conſiſte à la culture des vertus en general & en particulier, pour ce qui regarde la Temperance accompagnée de la Force d'eſprit, c'eſt ce qui fait que l'on n'eſt pas moins vaillant contre la rigueur du temps, contre le froid, contre le chaud, ou contre la faim & la ſoif, que contre ſon amy qui eſt devenu ennemy en une heure; & à cela toute moleſſe & ſuperfluité eſt contraire. C'eſt pourquoy il fait bon voir un Gentil-homme qui employe toute ſa valeur au ſervice de ſon Roy & de ſa patrie, non point à des querelles particulieres faites ſur la pointe d'une eſguille, & qui au reſte n'apporte aucune delicateſſe en ſes veſtemens & en ſon vivre; car cela eſt un

preſage

presage de quelque chose de plus excellent que le commun ; Et avec cela si l'on surmonte toute sorte de voluptez l'on possede entierement ce qui appartient à la temperance. Lors que ces bonnes parties se rencontrent en un Chef d'armée, il en est beaucoup plus aimé de ses soldats, desquels par une complaisance honneste il se rend compagnon ; aussi les histoires n'ont pas oublié de telles remarques. *Alexandre* est loüé d'avoir refusé de l'eau à boire, lors qu'il n'en pouvoit quasi plus, afin de tenir en haleine ses soldats, qui en avoient autant besoin que luy ; Comme encores il est beaucoup prisé d'avoir refusé les Paticiers & autres ingenieux ouvriers de friandise, que la Reyne de *Carie* luy envoyoit, luy mandant que son Gouverneur *Leonidas* l'avoit suffisamment fourny de tels officiers, en luy enseignant à se lever matin, & endurcir sa personne à toutes sortes d'exercices lesquels luy servoient de sauce & d'aiguillon d'apetit pour toutes viandes. Mais quant on vient à lire dans le reste de ses faits, le changement que les prosperitez apporterent à ses mœurs luy faisant prendre au lieu de sa douceur premiere, l'orgueil & la cruauté pour compagnes, & en la place de sa continence, logeant les dissolutions & les yvrogneries ; il n'y a personne qui ne se fasche de voir un si grand Roy se démentir & méconnoistre si soudain, ou qui n'ait pitié & ne déplore là-dessus l'inconstance de nostre nature humaine. *Jules Cesar* le surpassa de beaucoup en cecy, comme en toute autre chose, puisque sa sobrieté, sa vigilance & son humanité qui eurent tousiours en luy une mesme apparence & mesmes effets, le rendirent recommandables à ses ennemis mesmes, desquels il estoit hay pour son ambition

bition. Cela fait que je m'estonne qu'entre les faits de *Paulus Æmilius*, qui adjousta la *Macedoine à l'Empire Romain*, quelques-uns ayent remarqué pour preuve de son esprit universel, cette adresse & curiosité qu'il apportoit à bien ordonner un banquet : Cela me semble avoir esté indigne d'un grand personnage ; & plus encor ce qu'il souloit dire, qu'il n'y avoit pas moins d'affaire à bien ordonner un festin, qu'à ranger une bataille : Il a pourtant trouvé assez de gens qui l'ont defendu, remonstrant qu'il aimoit à voir ses amis dans la familiarité, comme l'on fait dans les banquets, & qu'à cause de cela il les recherchoit sans estre neantmoins fort adonné à la friandise. L'on trouve aussi que *Lucullus* apres plusieurs victoires & actes relevez se retira entierement des charges publiques, pour vivre chez luy le reste de ses jours en repos, faisant ordinairement monstre de ses richesses, par la dépence de sa table, bien qu'au reste il fust d'un esprit moderé & retenu, & qu'il aimast beaucoup la compagnie des Philosophes les plus temperans ; mais cette excessive despence n'a peu estre exempte de reproches. *Marc Anthoine* le suivit bien-tost apres, qui estant au reste fort bon Capitaine, se rendit pourtant odieux par cette dissoluë façon de vivre à laquelle il s'adonnoit tout aussi-tost qu'il estoit delivré des grandes affaires, tellement qu'il se peut dire que si *Auguste* s'est exempté de cela, il a gagné autant de victoires par sa temperance, que par ses armes. Pour ce qui advint à tout ces Empereurs dissolus tels que furent *Caligula*, *Neron*, *Vitellius*, *Domitian*, *Commodus*, & *Eliogaballe*, leur fin malheureuse monstre que les hommes vitieux n'ont point un plus grand ennemy qu'eux-mesmes; qu'entre

tre les excez qu'ils commettent, il n'y en a point qui les rendent plus contemptibles, ny qui trouble plus leur jugement & la lumiere de leur raison que les salles voluptez, comme sont la gourmandise, l'yvrognerie & la paillardise. Les deux premieres ne se trouvent point avoir eu aucune vogue entre nos Princes: mais bien y avoir eu quelques Courtisans qui en ont esté blasmez; Comme du temps du Roy *Henry second*, le Mareschal de *Sainct André* emporta le prix de toutes sortes de friandises; Et depuis nous avons veu un autre Mareschal de *France* qui a eu pour magnifique surnom, celuy du Mareschal des *Bouteilles*: Quant au dernier excez qui regarde la dissolution pour les femmes, le mal a esté long-temps retenu de la honte dans ce Royaume jusques à ce que *François premier*, s'apprivoisant avec les Dames, les fit devenir plus hardies, & par son exemple rendit la Cour premierement desbordée: puis par une maniere de contagion faisant couler ce venin dans les villes, & le respandant jusques dans les maisons particulieres, gasta & corrompit les mœurs publiques; Car encore que d'entre nos Roys il y en ait eu en divers temps qui ayent aimé les femmes, & que l'on puisse dire que *Charles septiesme* estoit merveilleusement touché de l'amour de la belle *Agnes* & de quelques autres: toutesfois la verité est que luy & ses predecesseurs ont tousiours esloigné de la veüe de la Cour le sujet de leurs passions, & par un honneste & honteux respect ayant condamné leur faute, ont tasché de faire qu'elle ne pust avoir aucune suitte: A la verité (dit le Sieur de *Bussy* en m'interrompant) les amours de *Charles septiesme* estoient fort dissimulées; Les marques en demeurent encore

core au Chasteau de Beauté prés du bois de *Vincennes*, lequel il avoit donné à sa belle Maistresse, afin de couvrir en ce lieu les visites qu'il luy rendoit; Cela estoit fort caché prés de la ville capitale de son Royaume. Il luy avoit aussi donné le *Mesnil* à un quart de lieuë de *Jumieges* où il se logeoit quand il alloit en *Normandie*, & dedans *Loches* la plus considerable partie du Chasteau s'appelle le Palais d'*Agnes*, & le reste est le logement du Roy. Où peut-on trouver des amours plus divulguées? Quant au bon Roy *Louis unziesme* son fils, quoy qu'il semblast estre ennemy de toute galanterie & politesse, je croy que l'amour ne laissa pas de brusler dessous sa jacquette de bure, puisque l'on sçait qu'ayant passé à *Lyon* apres la deffaite du Duc de *Bourgogne*, il emmena la *Gigonne* & la *Passefillon*, deux bourgeoises de la ville qui depuis suivirent la Cour. * *Charles VIII.* voulut aussi ressembler en quelque chose à son grand pere; car comme *Charles septiesme* avoit aimé la belle *Agnes Sorel*, son petit fils par une certaine fatalité devint amoureux d'une fille presque de mesme nom qui estoit *Agnes Soler*, laquelle il vit à *Thurin* & ailleurs encore, lorsqu'il fit le voyage d'*Italie*. Quand il n'y auroit rien à dire de *Loüis XII.* il suffit d'avoir monstré que *François premier* a eu assez d'exemples de ses predecesseurs en ce qui est de ses amours, qui ne se sont pas seulement voüées à *Anne de Pisseleu*, mais à plusieurs autres; *Henry second* pour ne point degenerer a aimé *Diane d'Estrée*. Vous sçavez envers qui *Charles neufiesme* a adressé ses premieres affections, & quant au Roy d'à present, j'ay apris qu'il à porté quelques jours un habit dont les éguillettes & toute la garniture estoient

* Voyez la Chronique de Louis XI. ensuitte des memoires de Commines pag. 217. edition de 1706.

A a

estoient couvertes de larmes, de testes de mort & de brandons esteints, pour tesmoigner le regret qu'il avoit de la mort d'une de ses Maistresses. * L'amour a toûjours voulu regner icy dessus les Roys; & les Roys l'ont permis pource qu'en recompense il leur faisoit part de ses delices; Et pour commencer aux premiers, nous voyons dans l'Histoire combien ceux de la race de *Merovée* s'en sont donné au cœur joye. La pluspart ont eu plusieurs concubines, & *Dagobert* qui desbaucha mesme une Religieuse, eut un tel haraz de femmes, qu'avec un peu de sagesse que l'on a trouvé moyen de luy attribuer, cecy a pû suffire envers quelques-uns pour le comparer à *Salomon*. Pour la seconde race, *Charlemagne* que l'on met au nombre des plus grands Princes, & qui mesme a esté mis au catalogue de nos Saincts, n'a point laissé perdre la vigueur de son âge sans l'employer autant à l'amour comme aux armes. En effet il a fait l'amour comme un autre homme; & pour une preuve irreprochable de cela, il est certain qu'il a eu des bastards; L'on en a nommé un dans l'Histoire qui avoit attenté à sa personne. L'on dit bien que la force de sa passion a esté telle qu'il a gardé plusieurs jours dans son cabinet, le corps mort d'une de ses Maistresses qu'il ne pouvoit abandonner; mais il est vray que l'on a attribué cela à la puissance d'un charme qui estoit dans un anneau. Sans cela l'on monstre assez combien il aimoit les femmes, puisque l'on escrit que l'une des premieres & plus importantes occupations de son fils *Loüis le Debonnaire* apres sa mort, fut de chasser le grand nombre de femmes qui se trouverent dans son Palais, & de punir les galands de ses sœurs qui s'estoient fort mal gouvernées, à cause

*Ce fut en 1574. à l'occasion de la mort de Marie de Cleves Princesse de Condé. *Mezeray.*

des

des mauvais exemples qu'elles avoient eus dans un lieu, qui la pluspart du temps estoit remply de concubines. L'on raconte aussi une plaisante Histoire de l'une d'entre elles, qui voulant une nuict qu'un Chevalier la vinst trouver dans son appartement, en un temps que la cour estoit toute couverte de nege, prit bien la peine d'aller jusqu'à luy, & de le porter sur ses espaules, afin qu'on ne vist point la trace de ses pas; & le bon est que l'on dit que le Pere qui avoit accoustumé de se relever les nuicts pour dire son Psautier, vit de sa fenestre une si risible action. Si nous avions bien recherché la vie de tous nos autres Monarques, nous trouverions possible qu'il n'y en a guere qui n'ayent permis que l'Amour ait eu une libre entrée dans la maison Royalle, & que ce n'est rien de nouveau si les derniers veulent aussi gouster les passe-temps qui ne sont pas interdits aus moindres de leurs sujets. Le Sieur de *Bussy* dit ces choses fort brusquement sans que je pusse jamais l'arrester jusqu'à la fin: Aussi avois-je de la peine à me resoudre de l'entreprendre, puis qu'il parloit alors avec la grace & la gayeté qui luy estoient naturelles, de telle façon que m'ayant fait prendre aussi un visage riant, je luy dy; Il faut avoüer que vous autres, jeunesse de la Cour, vous vous servez de nos Histoires d'une estrange sorte; Je croy bien que vous y remarmarquez assez les faits d'armes les plus memorables; mais si vous y trouvez avec cela quelques exemples qui flattent vos voluptez, vous ne manquez pas de les recueillir principalement, & d'encherir mesme sur ce que vous en avez apris; enquoy veritablement, vous devriez ce me semble estre plus moderez specialement en ce qui concerne l'honneur que nous devons à nos Roys. Comment voulez-vous que nous faſſions, mon Pere, me dit-il alors, avec la familiarité dont il uſoit, quand il me vouloit témoigner de l'affection; Penſez vous que nous nous puiſſions empeſcher de conſentir quelquefois à des penſées qui ſont conformes à noſtre âge, & d'avantage croyez vous que ce ſoit par un deſſein de calomnie, que nous diſions que nos premiers Princes ont pris plaiſir à faire l'amour; Tant s'en faut que cela ſoit, qu'au contraire, plus nous trouvons en eux de témoignages de cette humeur, plus nous les eſtimons d'avoir bien ſçeu trouver où conſiſtoit l'un des plus grands plaiſirs de la vie. Vous ſçavez pourtant, dy-je, que la pratique de ces voluptez eſt condamnable, quand elle n'eſt pas legitime, ou qu'elle eſt immoderée. C'eſt l'opinion de ceux qui ſont les plus ſages, me repartit-il, & je veux bien la ſuivre deſormais. Pour achever de vaincre vos autres erreurs, repris-je alors, je pretens vous monſtrer meſme que vous ne devez pas croire tout ce que vous dites de l'impudicité des Roys de *France*. Je ne m'arreſteray point à defendre ceux de la premiere race, dont pluſieurs gardoient encore la licence du *Paganiſme*. Je parleray premierement de *Charlemagne*, duquel je diray que s'il a eu quelques amourettes, il en a pû obtenir le pardon par la rude penitence qu'il en a faite depuis, en jeuſnant, veillant, & priant, faiſant des aumoſnes aux pauvres, & baſtiſſant pluſieurs Egliſes, de ſorte qu'il eſt certain qu'il a bien merité les honneurs que l'on luy a rendus, & qu'il n'a pas eſté canoniſé ſans beaucoup de juſtes conſiderations; Le baſtard qu'il avoit s'eſtant deſia trouvé aſſez âgé pour conſpirer contre luy, cela donne à connoiſtre

qu'il

qu'il ne l'avoit eu qu'en sa jeunesse : Toutefois il n'a point fait cette follie de garder un corps mort, de quoy l'enchantement pretendu ne le purgeroit point ; *Petrarque* qui la escrit, confesse que c'est sur un rapport qui luy en avoit esté fait par quelques Prestres d'*Aix la Chapelle*, qui disoient que l'Archevesque *Turpin* ayant trouvé un anneau dans la bouche du cadavre, le retint pardevers luy, se doutant qu'il fust enchanté, & qu'aussi-tost l'Empereur *Charles* rentrant dans sa chambre, eut horreur du corps mort, & commanda qu'on l'enterrast, mais qu'il tourna toutes ses affections vers l'Archevesque, le voulant tousiours avoir prés de soy, & que le bon Prelat reconnoissant que ses faveurs extraordinaires estoient un effect du charme, ne s'en voulut point servir, & jetta l'anneau dans un lac proche de la Ville, surquoy l'Empereur commença d'aimer de telle sorte le séjour d'*Aix*, qu'il y fit bastir un Chasteau où il se logeat le plus long-temps qu'il pouvoit, & une Eglise où il voulut estre enterré, & ordonna que tous les Empereurs de Rome se fissent sacrer en ce lieu. Quelque esprit oysif à inventé cela pour satisfaire ceux qui s'informoient du sujet que *Charles le Grand* avoit eu d'aimer une telle Ville, en rendant une raison pleine de merveille selon le stile de ce temps-là ; Mais cette tradition n'estoit pas fort recevable. Au reste s'il se trouva des femmes mal vivantes dans le Palais de *Charlemagne*, lesquelles avoient corrompu ses filles, il ne faut pas croire qu'elles fussent reservées pour ses plaisirs, puis qu'il avoit quitté le peché de bonne heure. Bien qu'il y ait eu mesme quelqu'une de ses filles qui se soit un peu escartée de l'honnesteté, comme si cela devoit luy estre commun avec l'Empereur *Auguste*, il ne faut pas croire pourtant tout ce que l'on en dit. C'est un conte mal inventé de dire qu'il y en eut une qui porta un de ses Amans sur ses espaules, afin que les traces de ses pas ne se vissent point dans la neige: Quoy qu'il y eust de la neige ou du sablon dans l'espace qu'il devoit traverser, n'avoit-il pas l'invention de broüiller ses pas, & croid on que les Princesses d'alors fussent si badines, que de porter ainsi un homme à la vache morte? Cela n'est tiré que des Croniqueurs mensongers, en quoy nostre *France* abonde autant qu'aucun autre Royaume. Pour passer plus loin, vous ne trouvez guere de marques de luxure dans la posterité de *Charlemagne*; Et pour la troisiesme race il s'y trouve tant de chasteté que jusqu'à *Charles VII.* l'on remarque fort peu que les Roys ayent eu quelque Maistresse. Pour *Charles VII.* je vous ay declaré qu'il avoit aimé la belle *Agnes*, mais je n'enten pas neantmoins que ce fust une passion si condemnable que plusieurs pretendent; Au contraire elle estoit excellente en sa cause & en sa suite, puis qu'il l'aimoit autant pour son rare esprit que pour la beauté de son visage, & que mesme cette Dame fit ce bien à la *France* de persuader à ce Roy de s'employer vigoureusement à chasser l'Anglois de ses terres, ce que nostre amy *Baif* a bien representé au *Poëme* qu'il a fait pour elle, où il rapporte entr'autres choses quelle luy dit ces paroles si agreables, & si genereuses.

Si l'homme ne vous peut de l'amour divertir,
Vous puisse au moins l'amour de l'honneur divertir.

Ses

Ses remonstrances eurent tant d'efficace, avec ce qu'elle luy declaroit ouvertement qu'elle ne pourroit jamais l'avoir en si grande estime s'il demeuroit dans un humeur cazaniere, que son courage se renflamma, & dans peu de temps il reconquit toute la *Normandie* & plusieurs autres pays, tellement qu'il faut approuver les conseils & la resolution de cette Heroyne, & loüer *Charles VII.* de l'avoir aimée si utilement plustost que de l'en blasmer. Quant à *Louis XI.* il n'emmena les deux femmes de *Lyon* qu'à cause qu'elles estoient d'une conversation plaisante; & pour *Charles VIII.* l'on ne dit point qu'il se soit rien ensuivy de ses amours avec *Agnes Soler*, laquelle il n'eut pas le loisir de gouverner long-temps, ny en allant, ny en revenant de son voyage d'*Italie*. Je ne vous parleray point de ce qu'ont fait les Roys suivans, puisque vous le sçavez assez; Mais j'en reviens tousiours là que veritablement les galanteries de l'amour ont commencé d'estre d'avantage en credit sous *François I.* qu'auparavant elles n'estoient; C'est luy qui a demasqué *Venus*, & qui a fait aller l'Amour tout nud; surquoy j'ay une jolye remarque à vous faire; c'est que mesme nos Peres avoient tant de pudeur qu'ils ne dépeignoient pas *Cupidon* en sa nudité. Quelques vieux Poëtes parlans de luy, luy ont donné une robbe comme l'on peut voir dans le *Roman de la Roze*, non seulement dans les vers, mais dans les figures que l'on y a jointes. Depuis l'on s'est accommodé aux lubricitez des anciens Grecs & des autres Payens, non seulement en cecy, mais pour l'effect que cela represente mystiquement, tellement que l'on void que les lettres Grecques, & les Latines que le grand Roy *François* a presque desterrées, avec l'applaudiſſement de tant d'hommes doctes n'ont pas tant ſervy pour conſerver l'honneſteté publique, que la rudeſſe & l'ignorance des ſiecles precedens. Je me ſouviens icy de l'Empereur *Federic ſecond* qui eſtant au reſte doüé de grandes vertus avec la connoiſſance des langues, neantmoins faillit lourdement en cét endroit: Car on raconte qu'il ſouloit tousjours mener apres luy un grand nombre de concubines, leſquelles il alloit choiſiſſant d'entre les plus honneſtes familles des villes où il eſtoit le maiſtre; Comme ſi Dieu permetroit un aveuglement en ces grands perſonnages, afin d'accuſer & convaincre l'imperfection & la foibleſſe de tout ce qui eſt né de l'homme. Cependant ceux qui ſont ſous leur conduite ne manquent pas apres cela de ſe conformer à eux, tellement qu'il y a ſouvent pluſieurs Cours de Princes qui ſont fort corrompuës, & ce mal nuit au general & au particulier; Tant y a que pour finir ce propos, il faut croire qu'il n'y a point de peſte plus dommageable dans une contrée que ſont les paſſions que la volupté engendre, leſquelles aſſoupiſſent le jugement & faiſant plonger les hommes dans l'ordure de toutes ſortes de deſirs, les rendent compagnons des beſtes: Et qu'au contraire les effets de la modeſtie & de la temperance ſont excellens de quelque coſté que nous les apperçevions, noſtre eſprit en eſtant infiniment eſpuré pour concevoir toutes choſes grandes, & ne pouvant y avoir condition ou âge qui ne reçoivent de l'ornement & de la melioration d'une telle vertu, ainſi que des fleurs d'un beau & agreable printemps meſlées aux fruits ſavoureux & nourriſſans de l'Automne. Si quelques Courtiſans des Princes, & ſur tout leurs favoris, ſe plaiſent naturellement tellement à cette honnesteté de vie, ils auront un grand merite à s'y conserver, & s'ils n'adherent point aux mauvais desirs de leurs Maistres, taschant plustost de les en destourner, & les confirmant dans le bon chemin s'ils les y trouvent. Ce Capitaine est loüable, lequel trouvant *Charles VII.* qui s'occupoit à mille folastres exercices avec les Dames pendant que ses ennemis se fortifioient tous les jours, luy dit, que l'on n'avoit jamais veu de Roy perdre son Royaume plus joyeusement que luy. Ce fut une genereuse parole pour l'avertir de son devoir; mais il fut besoin encore qu'il fust touché d'une force plus vehemente, & qu'une amour haute & relevée comme celle dont j'ay parlé, l'incitast à se trouver aux lieux dont les amours volages le retiroient.

J'ay dit ce qui me sembloit à propos touchant chaque vertu en particulier; il me reste maintenant de les representer toutes unies ensemble en un corps, ainsi qu'elles le sont sous un mesme nom & en leurs effets. Mais puis que le but de nos discours est de faire voir que de leur sein, comme d'une vive source découlent les ruisseaux de toute felicité; & pource que toutes choses se reconnoissent beaucoup mieux en leur opposant leurs contraires, je monstreray encore icy combien le vice peut rendre l'homme malheureux. Si de toutes les conditions de la vie, celle qui est serville est à bon droit reputée la plus chetive d'un commun consentement; & si entre les serfs ceux qui sont tousiours attachez sont estimez les plus miserables; Sans doute l'on peut dire que la fortune des vicieux & des meschans est la pire de toutes, en ce qu'ils sont continuellement assujettis à leurs passions desreglées, & qui plus est ne se peuvent presque

que un seul moment separer d'elles, mais y sont plus estroitement liez que n'est l'esclave ou le forçat à sa chaisne. Quand je dy cecy, je ne parle point de ceux qui ont seulement quelque petit défaut en eux, ou quelque inclination vicieuse, de laquelle on les voit par fois se destourner à cause d'une remonstrance qui leur a esté faite, ou par la force de quelque changement, que l'âge & le temps produisent : Mais j'entends parler de ceux-là, qui pour estre ou ennemis de la pitié, ou adonnez à tout excez sont hays & méprisez de tous. Ce qui arrive tout ainsi que pour dépeindre cét homme heureux que nous cherchons, je ne parleray point tantost de ceux qui ont seulement quelque belle & agreable partie, & se font signaler par deux ou trois actions vertueuses : mais de ceux qui marchans d'un pas ferme & égal dans la poursuite des choses bonnes, ne se lassent jamais de bien faire, & de bien penser en toutes occasions ; encore qu'ils se reconnoissent foibles & tardifs de leur nature, pour parvenir au plus haut point d'un si beau & si genereux dessein. Or si les exemples des bons sont fort rares ceux des meschans sont tres-frequens en ce malheureux siecle; & s'il falloit les nommer tous, je craindrois que beaucoup de personnes qui tiennent le haut bout, & que vous ne connoissez que trop n'en demeurassent offensées. Il vaut donc mieux parler des estrangers; car aussi bien ce sont eux qui ont apporté en *France* la plus part des vices que nous avons. Il me semble que l'on peut commencer par ceux du premier ordre qui sont les Ecclesiastiques, dont la vie est quelquefois aussi corrompuë que celle des seculiers, parce qu'en toute condition il se trouve tousiours de l'homme. Le Pape *Alexandre sixiesme*

sixiesme, & son fils *Cesar Borgia* suffiront à ce qui se peut imaginer sur ce sujet. Je me souvien d'eux aussi, pource qu'ils sont desia entrez en nostre discours ; Mais pour commencer à les considerer, voyons un peu si l'on pourra estimer le pere autre que malheureux, sçachant les moyens qu'il tint pour estre Cardinal, & se rendre agreable à celuy qui tenoit le siege, puis pour parvenir à cette principauté spirituelle, laquelle en toutes choses il exerça fort temporellement, sous couleur de recouvrer le domaine de ce Sainct, qui depuis son Apostolat ne pensa jamais qu'à l'acquisition des biens Eternels. Je ne craindray point en cét endroit que vous m'estimiez peu respectueux envers la dignité des Papes, puis que les *Italiens* n'ont pas fait difficulté de nous apprendre ce que nous en sçavons, & que leurs livres se vendent publiquement dans *Rome* & dans *Venise*. Aussi tous crimes sont personnels, & si l'on blasme l'homme, c'est sans toucher à sa dignité qui demeure tousiours au rang des choses incorruptibles. L'on ne peut donc point celer qu'*Alexandre VI*. n'oublia rien pour tromper tout le monde ; Que de son temps tout fut à vendre en l'Eglise : Qu'il dépendoit aussi salement ses tresors, comme il les aqueroit deshonnestement ; Que jamais homme ne fut plus desireux de mettre en conbustion toute la Chrestienté, ou si esloigné de compassion & de charité ; & en un mot si empesché & si travaillé à mal faire. Je sçay bien que les faux Politiques ne l'estiment pas miserable pour ce regard. Mais seulement de ce qu'au lieu de se despescher tout à la fois de plusieurs de ses Cardinaux qu'il avoit en hayne, il s'empoisonna luy-mesme, & rendit son fils instrument d'une si piteuse fin. Pour moy je je repute sa vie avoir esté plustost le sujet de sa misere que sa mort ; Car en mourant il rasseura beaucoup de gens qui devoient estre mis en pieces par sa cruauté, ou abismez en ses entreprises desreglées : Et en vivant il fut cause de la mort d'une infinité de personnes, & engendra non seulement des enfans qui devoient estre des sujets d'inceste & de plusieurs crimes horribles, ainsi que l'on parle d'une fille * qu'il a euë ; Mais sur tout il esleva ce monstre qui a servy depuis de patron aux plus cruels & aux plus insupportables tyrans : Lequel pour son premier chef-d'œuvre fit assassiner son frere aisné afin de posseder seul les bonnes graces de leur pere, & qui depuis produisit tant de maux dans l'*Italie*, estant si porté à l'iniquité que les calamitez qui luy arriverent, ny sa prison, & sa ruine derniere ne le pouvoient destourner de recueillir pour succession principale l'imitation des vices paternels. Or n'y a il pas apparence de dire que ces deux-cy ayent jamais eu aucune sorte de vray contentement ; Car ce qu'ils avoient d'honneur & de dignité estoit avilly & abaissé par l'indignité de leurs actions, & par la mauvaise opinion que toute l'Europe avoit d'eux & de leur gouvernement. Leurs richesses aquises par des forfaicts ne pouvoient suffire à leur furieuse dépence, & moins encores à leurs ambitieux desseins ; leurs plaisirs estoient si horribles qu'ils ne leur servoient point de quelque soulagement ou aneantissement de leurs ennuis & déplaisirs, mais bien de renouvellement de gehennes & de tourmens : & en effet ce qui eust pû adoucir le malheur de leur vie fut si violent, si douloureux & si inopiné, que leur mort sera donnée de main en main aux siecles advenir pour un tres-bel exemple du juste jugement

*Lucrece Borgia. Voyez les lettres de Rabelais pag. 229. & les reponses aux questions d'un Provincial par Mr. Bayle. T. 5. Ch. 8.

gement de Dieu. Ils estoient *Espagnols*, & devant eux *l'Espagne* avoit produit & assis dans le throne un aussi meschant Roy, comme ceux-là estoient mauvais Prelats : Celuy-là, fut *Pierre de Castille* surnommé le *Cruel* qui avoit épousé la fille du Duc de *Bourbon*, laquelle il traitta indignement, & depuis empoisonna, pour complaire à une paillarde qu'il entretenoit : Il usa aussi de quantité de cruautez & d'exactions sur son peuple, & ayant esté chassé du trône n'y rentra que pour le perdre encore malheureusement. Ce fut luy qui fit alliance avec les Sarrazins, & renonça à la foy Chrestienne : & enfin servit de trophée à la valeur de nostre *Bertrand de Guesclin* ; de buttin à un simple Chevalier, & de spectacle public à la vengeance de ses ennemis, & à la haine de ses sujets. Mais il me déplaist fort de parler des Tyrans ; Je les estime plustost dignes d'estre ensevelis dans l'oubly, que marquez par les Histoires ou dans quelque bon discours ; Pource qu'il advient d'eux comme de certains petits animaux, qui soüillent ceux qui les veulent escacher, l'on est contraint aussi en les blasmant de toucher à des salletez qui sont fascheuses à raconter & à ouyr. D'ailleurs je croy qu'il ne faut employer gueres de langage pour prouver que des meschans les évenemens peuvent estre divers, mais la condition toute pareille : tellement que ce que nous disons des Princes peut encore estre entendu de leurs sujets & de leurs Courtisans. S'ils s'abandonnent au vice, il ne faut point qu'ils pretendent faire une belle fortune : car jamais les vicieux n'ont un veritable bonheur. Vous sçavez les exemples d'*Aman* ; de *Sejanus*, d'*Alvare de Lune*, & d'autres qui ont pery malheureusement ; & mesme

mesme pour parler en general des hommes vicieux qui se trouvent en toute sorte de conditions, nous dirons que le repos & la felicité s'essoignent tousiours fort loin d'eux. Soit qu'ils viennent à souffrir par l'effort de leurs ennemis la juste punition de leurs forfaits ; ou que leur propre conscience leur demeure comme un fleau attaché à leur teste ; & qu'entre mille frayeurs, épouvantemens & deffiances ils ayent à passer le cours de leur malheureuse vie ; Aux uns l'inconstance & la legereté est une maniere de fouët qui les chasse partout, & leur fait quitter toute bonne maniere de vivre, jusques à ce qu'ils s'arrestent à quelque une ; non pour la haine du changement, mais bien pour la foiblesse de leur personne, ou la froideur de l'âge qui les engourdit, & les attache mesme à ce qu'ils n'aiment point ; Les autres appesantis de mollesse ne vivent pas tousiours comme ils voudroient, mais ont un continuel dégoust de toutes choses ; tellement que comme s'ils avoient faute d'ennemis, ils se déplaisent aussi d'eux-mesmes. Il y en a qui continuellement aspirent à ce qui est de plus malaisé, ou qui leur est impossible ; & estans ainsi sans cesse agitez des vents de l'ambition sont quelquefois eslevez, puis jettez contre bas, & souïllez dans la poussiere de leur vanité, avec un regret infiny, non point d'avoir visé à un but trop haut & trop égaré, mais bien de n'y avoir peu atteindre. C'est lors qu'on les voit avec un visage morne, remaschans ce qu'ils n'osent & ont honte de descouvrir : Tellement que leurs importuns & déreglez desirs ne pouvans avoir issuë, leur donnent des inquietudes estranges, & ne les souffrent, ny vivre, ny mourir. De là sortent, ainsi que d'un embusche, les bourreaux
de

de l'envie & de la jalousie, qui les prennent comme à la gorge; puis se coulans dans leur sein les travaillent continuellement de la hayne du bien d'autruy; & sans qu'ils bougent de leur place les rendent ennemis de tout ce qui se remuë, & qui a quelque action de corps ou d'esprit. Quelquesfois ces pauvres gens ne sçachans à qui s'en prendre, détestent la fortune, accusent le siecle, & ne font cas que de la solitude, ennuyez non tant du monde que d'eux mesmes: Et pource qu'ils ont esté enclos quelque temps dans un petit lieu, cela mesme leur vient bien-tost à déplaire, comme leur estant une occasion, de faire qu'ils se rencontrent, & se voyent plus souvent qu'ils ne voudroient: Tellement qu'ils se jettent d'une extremité en l'autre, & cherchent pour se fuyr de changer d'habitation: Mais soit qu'ils frequentent les plus belles Isles de nos costes, ou qu'ils se perdent dans les plus lointains voyages, ils se retrouvent tousiours aussi mal plaisans que de coustume. J'en ay veu qui pour guerir leur inconstance chagrine, ont pris la routte du *Pays-Bas*, & ont choisi *Anvers* pour leur séjour; mais en moins de rien ce grand abord de trafic que l'on y fait, & cette vie avarement negociante, leur vint à contre-cœur. Plusieurs de nostre temps loüans la tranquilité de *Venise* y sont allez à pleines voilles, ainsi que dans un gracieux port; qui toutesfois au bout de cinq ou six mois, se voyans compagnons de toute sorte de petites gens, ont dit que la liberté privée, estoit privée de beaucoup d'autres biens, qui ne sont pas moins à souhaitter. J'en connois aussi qui sont partis de leur maison où ils estoient fort à leur aise, pour venir gouster de la varieté de nostre Cour de *France*; & j'ay veu ceux-là ne

pou-

pouvoir pas supporter trois mois entiers la grandeur des mignons, ny mesme leur hautain regard, puis ayans ouy parler des magnificences de la Cour de *Rome*, y estre allez comme pour se desennuyer, & en estre revenus plus que saoullez, voire pleins de desdain & de mescontentemens. Bref j'ay observé que ceux qui ont ignoré ce que c'est que la felicité, ont tousiours trouvé que l'action & le repos, la Justice & l'injustice, le sçavoir & l'ignorance, la terre & la mer, leur estoient également ennemis; pource qu'ils n'avoient jamais sçeu apprendre ce qui est veritablement aimable.

C'est avoir assez parlé des malheurs de l'homme vicieux : Ce discours nous attriste, pource que bien souvent nous y appercevons les humeurs de nos amis, ainsi que des traits de leur visage ; & quelquesfois aussi nous y reconnoissons quelque ressemblance, qui nous fait souvenir de nous mesmes, si nous ne sommes fort aveuglez. Venons donc à cette heureuse condition, qu'il est plus facile d'admirer que de remarquer en quelqu'un, & plus aisée à imaginer qu'à trouver en effet. C'est un grand plaisir de voir un pourtrait où le Peintre a fait monstre de son art & de son imagination, quoy qu'il surpasse les beautez que nous avons le plus communement devant nos yeux, aussi a-t'on de la satisfaction en descrivant une vertu parfaite, quand mesme l'on n'en verroit point de telle : Mais vous pouvez croire neantmoins qu'il s'en peut trouver. Je pense que je ne sçaurois mieux finir ce long discours que par de telles similitudes, & d'autant que j'approche de sa conclusion, je diray que de mesme que l'on void les grands Maistres de la peinture marquer & borner tellement

ment leurs figures au dedans d'elles-mesmes, que les derniers traits de l'une n'empeschent point de voir le reste de l'ouvrage, mais representent encore ce qui est caché au derriere, & ce que le tableau n'a pû comprendre; Ainsi je ne vous representeray qu'une partie de ce qu'il faut que vous sçachiez, en quoy vous pourrez neantmoins apprendre le reste, vous laissant desormais plus à penser qu'à escouter. Or pour accomplir mon dessein sur le bonheur des hommes, & principalement sur celuy qu'ils peuvent recevoir à la Cour, il est raisonnable de commencer par les grands, puis que j'ay desia suivy cét ordre, & que toute grandeur a principalement besoin d'estre estayée contre la violence des affaires. Si nous avons trouvé quelques deffauts en des Ecclesiastiques, il y en a quantité d'autres qui vivent sans reproche, & c'est de leur ordre principalement qu'ont esté pris les Martyrs & les Saincts. Quant aux Roys dont plusieurs sont sujets à de grandes passions, il y en a eu qui ont esprouvé toutes choses pour se rendre heureux; Ayans voulu eslever leur teste jusques dans les nuës, & estans devenus amoureux d'une mensongere apparence, ils ont engendré comme *Ixion*, des enfans monstrueux, ou estans frappez du Soleil ils sont tombez dans la mer de leurs vanitez, à la façon *d'Icare*; Ils ont recherché les attraits de la volupté, qui souvent comme une *Cyrcé*, les a charmez & a changé leur figure en celle des animaux les plus salles & les plus farouches : Enfin ils ont pris plaisir à faire sentir leur puissance, en ruïnant leurs ennemis, ou terrassant les foibles; & le plus souvent ils ont éprouvé les armes du desespoir, & ont fait naistre le sujet de mille craintes en se rendant redoutables. Mais les sages & ceux que Dieu a aimez, ont dés le commencement pris toute une autre voye, ou s'en estant détournez y sont heureusement rentrez. Ils se sont reconnus hommes, & ne se sont point laissé éblouyr du lustre de leur Majesté: tellement que se soumettans humblement au premier, au plus grand, & au plus ancien Roy, ils luy ont rendu une obeïssance encore plus assujettie & plus naturelle que celle qu'ils recevoient de leurs peuples. Que l'on recherche tous les Princes orgueilleux, il ne s'en trouvera presque un seul, qui n'ait esté humilié & rabaissé. Comme au contraire les religieux & les modestes ont esté portez plus haut qu'ils n'ont desiré; ou relevez quand il leur est advenu de choir; Ce qui se voit assez en la vie de nos Roys *Louis deuxiesme & neuviesme, Charles cinquiesme & septiesme*; Et il n'y a rien aux actions de celuy qui fut appellé bon Roy & meschant homme*, tant à priser, & qui luy ait tant servy que cette facilité qui estoit en luy de s'approcher des petits, de reconnoistre ses fautes & s'habiller simplement. Des voluptueux, il n'y en a eu que trop en ce Royaume, & la premiere lignée de nos Roys sert d'enseignement combien la volupté a de pouvoir pour aneantir les hommes, & combien aisément elle fait d'un sceptre une quenoüille, & d'un Palais une Academie d'amour: mais en recompense nous ne manquons point d'exemples de Princes, qui ont esté fort retenus & fort reservez, fort actifs & fort laborieux, & qui suivans ce bon chemin se sont vrayement agrandis, & ont fait croistre leur bon-heur, avec l'asseurance & la fermeté de leur courage. Toute la race de *Saint Louis* est semée de telles marques, sans se restreindre à ceux qui sont parvenus au thrône

* C'est le Roy Louis XI.

François, mais aussi pour le regard des Princes des autres branches. Entre les autres je me souviens tres-volontiers de ce *Charles-d'Anjou* qui fut Roy de *Naples*: car les premiers & derniers siecles n'ont rien veu de plus vigoureux contre toute sorte de molesse; Et n'y en a point qui de si loin, & contre de si puissans ennemis, ayant par leur vertu estably en leur maison la succession d'un si beau Royaume; si ce n'est qu'on vueille mettre en jeu *Godefroy de Bouillon* pour paragon d'une zelée & entiere magnanimité, & sans doute tous ceux-là ont faict connoistre qu'il ne leur estoit pas malaisé de vaincre leurs ennemis, puis qu'ils avoient pû se surmonter eux-mesmes. Quant aux Princes sanguinaires & vindicatifs, il semble que la douceur de nostre air ne les ait pû nourrir & eslever; tant il est naturel aux *François* d'estre debonnaires: sinon lors que par l'aigreur & la longue suitte des guerres civiles, ils ont esté effarouchez & comme desnaturez. Aussi ny a-t'il point de Royaume dans l'Europe où les Roys ayent plus rarement éprouvé la trahison & le desespoir des assassins, que les nostres; & où les peuples ayent plus aimé, soustenu & défendu librement & obstinément leur Prince. Nulle autre nation n'a veu aussi si souvent ses Roys rendre justice à leurs sujets, ou si franchement la recevoir d'eux en leurs differens, ou encores se mesler si privément dans la compagnie de leurs serviteurs, que ceux-cy ont faict; C'est pourquoy si l'on veut faire entrer leurs voisins en comparaison de leur façon de bien regner; Il semblera que les *Espagnols*, les *Italiens*, les *Anglois* & les *Escossois*, ayent le plus souvent vescu sous des Tyrans, & que les *François* ont tousiours esté commandez par

Bb 2 de

de vrays Roys. Il ne faut point dire qu'aux uns a defailly quelque chose, & aux autres une autre, & qu'il est malaisé de trouver entr'eux cét homme parfait, & ce bien heureux que nous cherchons; Il y en a eu où l'on ne pouvoit que souhaiter, & qui possedoient les graces corporelles & les spirituelles. Tels ont esté *Clovis*, *Charlemagne* & *S. Louis*, dont l'Histoire vous est connuë. Au reste il m'est avis que comme la fortune n'a point de part à nous donner nos Roys qui regnent par le droict de leur naissance, il faudroit s'estendre icy d'avantage sur la procedure de ceux qui sont parvenus à quelque trône par leur adresse & vertu, ce qui semblera plus propre au sujet que nous avons choisi. En cecy, je vous prie donc de me permettre d'avoir recours à un estranger, & à celuy dont le doux regne fut honoré de la naissance de nostre Sauveur, & rendu participant à sa venuë de cette bonté qui s'alloit deslors espandant, & qui devoit estre preschée par tout le monde. Vous entendez bien que je veux parler de l'Empereur *Auguste*, lequel encore qu'il eust esté boüillant en sa jeunesse: qu'il eust mené les mains, ou pour venger la mort de son pere, ou pour s'establir sous ce pretexte; Quoy qu'il eust ruiné ses compagnons, couvert la terre & la mer de sang humain; & qu'avec cela il eust esté un peu sujet à l'amour: Toutesfois je n'en voy point un autre qui soit à comparer à luy, & qui sans l'entiere connoissance du vray Dieu, ait sçeu si bien enfin recueillir & savourer le fruit d'une juste & moderée principauté. Il avoit reconnu combien ces braves Romains avoient à contre-cœur de recevoir un Maistre: & apres avoir voulu deux fois se dépoüiller de sa puissance, il jugea que les mœurs de son temps

temps rendoient ce changement advenu, necessaire & profitable à sa Republique ; Et sur cette resolution nous trouvons qu'il fit un vœu solemnel, de se porter par apres envers tous si dignement & si vertueusement, qu'il n'y auroit aucun de ses Citoyens qui ne se loüast de l'estat des affaires, & ne confessast avoir beaucoup gagné en une telle mutation. Or jamais Roy ne garda un vœu si religieusement : Car jusques à la fin de ses jours, il affermit & asseura prés & loin la raison & la justice, & assujettit à ses pieds le tort & la violence ; destournant les hommes de mal faire, plustost par son exemple, que par la crainte des loix. Lors mesme qu'il estoit question de sa douleur & des offenses qu'il avoit receuës, il pardonnoit tout aussi-tost, & souvent il y adjoustoit encore quelque bienfait, pour comble d'une telle grace : comme il fit à *Lucius Cinnée*, qui avoit conspiré de le tuer ; & à ceux qui avoient abusé de sa fille ; ausquels il ne donna pas seulement la vie, mais aussi la voulut asseurer en leur envoyant des sauvegardes contre ceux qui pensant luy faire plaisir, eussent entrepris d'en faire la vengeance. Si un crime commis tiroit apres soy quelque pernicieuse consequence, il venoit à la punition avec tant de douceur, que chacun connoissoit combien il le faisoit à regret, de sorte que s'il se trouvoit à quelque jugement, le peuple ne presumoit pas que ce fust pour accabler l'innocence par son authorité : Mais chacun estimoit que le condamné avoit griefvement forfait, s'il n'avoit pû estre sauvé sous un si doux & si équitable juge. Quant aux dignitez particulieres il les regla de telle sorte, que la faveur n'y avoit aucun advantage, mais seulement le merite de celuy qui les poursuivoit.

Sa liberalité fut aussi tres-grande, & neantmoins fort reservée: car il ne laissa jamais les gens de bien & de vertu s'en aller les mains vuides, ou mal contens; & toutefois il ne permit pas à ceux qu'il aimoit d'espuiser tellement le fonds de ses bienfaits, qu'il fust apres contraint de mal faire. Toute son ambition fut deslors à faire sentir à tous le fruict de ses bonnes intentions, & à jouyr d'une si belle renommée, rejettant tout pretexte & toute maniere d'accroistre son Empire, duquel il estimoit la grandeur, & le bien, consister au bon-heur de la paix; ainsi que feroit un bon Medecin, qui auroit à remettre un corps affoibly par de frequentes & violentes seignées. Sa prudence n'estoit point une ostentation de langage, ny une finesse de Cour, comme celle qui a trompé plusieurs de nos Princes: Mais une vraye & solide prevoyance de tout ce qui pouvoit aider ou nuire à son estat; de sorte qu'il recevoit luy-mesme les plaintes de ses sujets, & tenoit le registre & le contrerolle de ses finances, menageant le bien du public, aussi soigneusement que les meilleurs peres de famille mesnagent le leur en particulier. Quant à sa moderation & à sa familiarité elles furent admirables; Car en son vivre ordinaire, en ses habits, en ses meubles & en sa suitte, il n'y avoit rien de superflu, & mesmes il n'attaignoit pas de beaucoup prés à la magnificence de ceux qui s'estoient enrichis sous son regne; Sa privauté estoit nayve & digne d'estre loüée; il se mesloit quelquefois des moindres affaires de ses amis & ne dédaignoit pas d'aller jusques chez eux sans gardes & au dépourveu; ou pour les conseiller, & apaiser quelque different domestique; ou pour les honorer de ses visites seulement, meslant avec sa gravité tant de douces paroles, que chacun l'honoroit comme son Prince, & l'aimoit comme son meilleur & plus asseuré amy. Une si grande bonté ne devoit point aussi rencontrer un siecle ingrat, & ce qu'il avoit tant souhaitté de se faire aimer de tous, luy escheut heureusement en partage: car ses plus grands ennemis luy devindrent affectionnez, & il y en eut la plus part qui le firent leur heritier. Chacun avoit les yeux ouverts pour sa conservation; les cris de joye que l'on faisoit lors qu'il paroissoit estoient ordinaires entre le peuple, & le seul doute de sa santé estoit un dueil & silence public; S'il estoit absent, on le r'appelloit à force de prieres, & quand il revenoit on luy alloit au devant à grande foule, comme s'il fust venu du Ciel pour estre adoré en Terre; l'on n'oyoit que retentir la voix de ceux qui pleins de zele & de contentement, protestoient ne vivre bien-heureux que par luy; puis le Senat, d'où luy estoient sortis auparavant tant d'envieux & de malveillans, le recevoit alors avec infinies paroles d'honneur toutes pleines de franchise & de liberté: Les Historiens racontent qu'une fois entr'autres, comme à son retour à *Rome*, il se fut mis sur le *Tibre*, pour éviter la foule du peuple, qui de tous costez estoit venu pour le voir, & fut descendu droit au Senat, apres les acclamations & les salutations de tous les Senateurs, il demeura comme saisi du contentement qu'il en avoit receu & se mit à les remercier, & leur dire, ayant la larme à l'œil de joye: J'ay atteint, Messieurs, le comble de mes souhaits, & puis que cela est, il ne me reste plus sinon, de prier les Dieux qu'ils me fassent la grace d'entretenir dans vos cœurs jusqu'au dernier soûpir de ma vie, cette bienveillance, & cette union de volontez, que j'apperçois en vous. Ayant vescu soixante & dix ans encore plus heureux en soy-mesme qu'il ne l'estoit au dehors ; il fut atteint d'une maladie lente, mais qui se rengregeant luy fit sentir la fin de ses jours, & lors estant arrivé justement au point où les hommes, ainsi que des Marchands & passagers viennent à déployer, & faire monstre de leur bonne ou mauvaise charge, il fit venir son successeur pour luy donner ses dernieres instructions necessaires à gouverner un si grand Empire, & se tournant vers ses familiers un peu devant que de rendre l'esprit, il leur demanda s'il n'avoit pas assez bien joüé son personnage sur le theatre du Monde. Ce qu'il profera avec tant d'asseurance, & avec un visage si gay, qu'il sembloit avoir apris cela, non de quelque Philosophe, mais de la doctrine des Apostres, qui l'eussent instruit au mépris du monde, & à l'esperance de la vie eternelle. Or je vous asseure que de vivre comme ce Prince a faict, apres qu'il fut venu au dessus de ses affaires, c'est sçavoir naviger sur les flots inconstans ainsi que dans une parfaite tranquillité, & au milieu de l'Hyver trouver un continuel Printemps ; C'est entre des escueils & des bancs perilleux, sçavoir trouver une coste plaisante à merveilles, sans jamais perdre la veuë de cét heureux port, où les gens de bien doivent de tout loin dresser leurs voilles, pour enfin avec une joye & felicité nompareille, apres avoir couru les tempestueuses mers de cette vie, entrer dans le havre du tombeau. Mais ce ne sont pas seulement les Roys qui doivent prendre patron sur *Auguste* ; Sa vie peut servir d'instruction à tous ceux qui ont quelque commandement. Si vous voulez avec cela vous entretenir particuliereculierement de tous ceux qui ont esté bien-heureux dans la Cour des Princes, premierement vous considererez ce qu'estoit *Joseph* dans la Cour de *Pharaon*, ce qu'estoit le Cardinal *Ximenes* auprez d'un Roy d'*Espagne* ; & enfin vous reduisant à vos exemples domestiques, vous pourrez contempler le grand Cardinal *d'Amboise* aupres de *Louis douziesme*. Entre les gens d'espée nous avons des Connestables, des Admiraux, & d'autres dont les actions vous sont connuës mieux qu'à moy ; & je vous avertis aussi que ce ne sont pas seulement les grands Seigneurs qui ont ce privilege de parvenir à la vraye felicité ; le lieu du repos est public, & les hommes de toutes conditions y sont les bien-venus ; voire l'entrée en est plus facile aux mediocres, qu'à ceux qui portent la teste haute eslevée. Tout ainsi que les petits vaisseaux peuvent gagner le Port à toute marée & les grands & hauts de bord, qui contiennent plusieurs brasses, sont contraints de tenir long-temps le large, ou ancrer à la rade au peril de la tempeste, s'il n'ont le vent & la mer à souhait ; De mesme il est certain que les Princes & les Seigneurs, voulans tousiours voguer avec leur grandeur s'eschoüent dans les vases & les falaises à faute d'eau ; Là où les hommes mediocres se glissent & se degagent, lors qu'ils voyent venir le mauvais temps. Ce qui est de plus notable sur ce propos, c'est que comme à la conduite d'une dignité relevée, il faut apporter des qualitez rares & excellentes : Aussi les hommes dont la fortune est petite, quoy qu'ils ayent besoin d'un pareil appuy, se peuvent servir neantmoins d'une prudence moyenne : Ce n'est point vice de n'atteindre pas au plus haut, mais bien de ramper à terre, & se veautrer

trer dans la fange. Ce n'est pas aussi estre foible que de ne presumer rien de ses forces, mais bien une grande vertu de reconnoistre ce qui nous defaut. Ainsi donc personne ne se doit rebutter, en estimant que le bon-heur & le repos soient logez sur le sommet de quelque haute montagne, ou que ce soit une science penible, obscure & envelopée de toute sorte de difficultez. Nous l'avons à la main si nous voulons ; c'est à dire, si nos vices ne l'ont estrangée de nous ; & si nous n'avons fait banqueroute à ce bon instinct qui doit inciter chacun d'y aspirer. La felicité est une Dame de si douce humeur, que jamais elle ne s'offense, & tousiours est preste à recevoir ceux qui auparavant l'avoient mesprisée & rejettée ; Elle ne demande, ny la soigneuse magnificence des richesses, ny le credit de la Cour, & l'importune suitte des favoris, ny la monstre des beaux meubles, que le Maistre ne voit point, & des bastimens où il s'esgare, non plus qu'elle ne desire pas l'orgueil des grands commandemens, & des armées ; ny ne se repaist de la trompeuse apparence des doctrines curieuses, ou de l'ostentation d'un vain langage, Mais bien elle se plaist à voir un front tousiours uny & égal, qui couvre une ame tranquille & contente, une dignité dignement suivie de l'honneur que l'on n'a point recherché ; une severité adoucie de bienveillance, une compassion née d'une vraye amitié : un ornement remply de bien-seance, & de commoditez accommodées pour le besoin ; Elle fait cas aussi de ceux qui commandent pour profiter, qui font la guerre pour avoir la paix ; qui apprennent & sçavent pour en estre meilleurs, & qui sont éloquens pour persuader ce qui est bon, faisans que les paroles

les suivent & obeïssent à l'intelligence, & non les beaux mots à la tromperie & à la vanité. Je dy cecy pour monstrer briefvement que tous les hommes doivent cherir la mediocrité, & qu'en elle ils trouvent dequoy se rendre heureux: En effet il n'y a gueres de personnes si chetives, pourveu qu'elles ayent l'esprit bien fait, à qui leur condition ne puisse estre non seulement supportable, mais aussi tres-douce; D'autant que ce que la nature desire est de facile acquest, & qu'il n'y à que les choses superfluës qui nous facent suër & travailler; C'est ce qui interrompt le sommeil, qui ravit la liberté des hommes, & qui les fait vieillir devant le temps; mais le peu qui suffit, est affranchy du soin & de la crainte des embusches, & se defend de luy-mesme. Si nous avons égard à la folle opinion du commun & à ce qui plaist & est admiré le plus ordinairement, il nous est impossible d'estre jamais assez grands ou assez riches: Car l'erreur & l'abus sont infinis, bien que la verité & la certitude de ce qui sert au besoin, doivent tousjours demeurer en nostre sentiment, & en la nature de chacun, pourveu que l'on les y vueille trouver. Je ne me fascheray donc point si je n'ay pas autant de richesses que tous mes voisins ensemble, non plus qu'il ne m'ennuyera pas de n'avoir point dans mon fonds les mines du *Perou*; Sans tout cela je vivray trescontent, avec cette resolution qu'a un cœur bien rassis, qui attendant doucement ce qui luy est necessaire, trouve que bien peu de chose luy peut défaillir, mais que tout manque à ces incensez, qui desirent tout devant le temps, & sans fin & sans mesure. Ce que l'on dit des richesses s'entend aussi des offices,

&

& de tout ce qui à bon droit est designé du nom de charge, pource que jamais l'homme ne se laisse tant aveugler du lustre des dignitez, & ne s'est tellement pleu en ce qu'elles ont de beau & de souhaitable, qu'il ne se soit au mesme temps aperçeu d'en estre chargé ainsi que d'un fardeau. C'est pourquoy celuy qui demeure caché dans l'obscurité d'une vie privée, se peut dire soulagé d'autant, & avoir ses actions beaucoup plus libres, & neantmoins avoir assez de sujet pour monstrer sa vertu, non seulement envers ses domestiques, ses parens & ses amis les plus familiers, mais aussi envers tous les autres, ausquels il est comme attaché & conjoint par les liens de la societé humaine. Jamais un homme de bien n'a faute d'occupation, & sa vertu n'est jamais inutile. Car tout ce qui vient de luy profite au public, & ne fusse que son regard, sa démarche & sa contenance, avec le reste de sa plus muette façon de vivre: D'ailleurs ses bons déportemens, ses mœurs & sa vie innocente preschent, admonestent, & esmeuvent, & tous ces bons effects ainsi que des rayons, se reflechissent devant ses yeux, encores qu'il n'y vueille pas consentir, & luy representent l'image de son heureuse condition. Que s'il luy advient d'avoir eu part au maniment des affaires, & d'estre contraint apres de s'en retirer, on ne luy verra point tourner le dos & s'enfuir honteusement dans quelque cachette de volupté ou d'oisiveté endormie: mais en cela mesme, il monstrera combien il a de pouvoir sur la fortune. Comme un bon homme de guerre il fera sa retraite doucement sans s'estonner & avec honneur, monstrant qu'il faut plus de courage à quitter & perdre de semblables

blables choses, qu'il n'y en a à les acquerir & les conserver. Ainsi donc soit que la vertu ait la saison favorable, & vogue à pleines voiles; ou qu'elle soit combatuë & mal menée des vents, elle tient toûjours sa routte, & ne dédaigne point quelquefois de mettre la main à des ouvrages bas, pour parvenir où elle veut. Les prosperitez ne la peuvent changer, & les changemens ne la sçauroient rendre malheureuse. Quelque part qu'elle se rencontre elle apporte la santé : Elle surpasse la nature unissante des meilleurs baumes, qui ne peuvent pas tousiours rejoindre les bords d'une grande playe; au lieu que sans y manquer jamais, elle r'approche & rejoint les parties de l'Ame entr'ouvertes par un fascheux accident; Et en y versant le baume de la raison, du discours & de la moderation, elle les consolide si parfaictement, que la cicatrice mesme n'y demeure pas. C'est elle qui fait que le Pere de famille par une severe douceur, & une severité amiable regne veritablement entre les siens, & en leur departant la mesme bienveillance qu'il reçoit d'eux, establit un commerce le plus riche & le plus precieux qui puisse estre entre les hommes; Par elle le Seigneur possede l'amour de ses sujets, & fait trouver en la sujettion quelque chose de doux & de naturel; C'est elle qui apprend aux Magistrats & aux Gouverneurs à bien ordonner, & qui leur oste le sentiment des importunitez & des chagrins que les charges traisnent apres elles; C'est elle qui adoucit les tourmens, & modere les plaisirs, qui réveille la souvenance des choses bonnes, & par l'oubly assoupit les mauvaises; Bref c'est par elle que les hommes levans à toute heure les yeux au Ciel, & y adressans

aussi-

aussitost leurs cris d'allegresse que leurs souspirs, & leurs remercimens en suitte de leurs prieres, apprenent à vivre pour bien mourir, & à bien mourir pour un jour revivre. Vous voyez enfin que la vertu toute entiere & considerée en particulier, est ce qui produit tout le vray contentement, & toute la gloire & l'asseurance que nous pouvons souhaitter en cette vie, & que ce n'est point des richesses, des voluptez & des grandeurs que nous les devons attendre; Que les plus petits sont à leur aise lors qu'ils peuvent gouster le doux fruit d'une bonne vie, & qu'ils se rendent traitables, & paisibles; Que ceux qui ont leur fortune plus eslevée, ne goustent un veritable bon-heur, & ne sont aimez, advancez & honorez, que lors qu'ils se tiennent dans les termes d'un juste desir, & qu'ils accompagnent leurs actions de verité, de prudence, & de fermeté, & que mesme les Roys & les grands Princes ne se peuvent dire heureux, que lors que regnans justement, ils se voyent soustenus de la bienveillance de leurs peuples; Quand au milieu des tesmoignages de l'affection & de l'honneur qu'on leur porte à l'envy, ils abaissent leur sceptre & leur couronne, & se souviennent qu'ils sont hommes; Quand ils punissent à regret & pardonnent volontiers, exerçans la punition des crimes pour l'amour du public, & non par haine particuliere: Quand leurs convoitises sont d'autant plus retenuës, que plus ils ont de puissance, aimans mieux dompter leurs vices, que subjuguer beaucoup de nations estrangeres: bref lors qu'ils font toutes ces choses, non pour aspirer à quelque vaine gloire, & en estre plus recommandables envers les hommes,

mais

mais bien pour s'humilier devant le Roy des Roys, & parvenir un jour à ce Royaume, où sans troubles, sans deffiances & sans soupçons, ils joüiront d'une felicité éternelle, estant faits compagnons des Anges; Ce que je dy des Potentats, je le dy de leurs favoris & de leurs Ministres, qui sont esclairez des rayons de leur Majesté, & qui leur servant de conseil, ou exerçant pour eux plusieurs actions attachées à la souveraineté, ont besoin d'une semblable vertu, s'ils veulent parvenir au vray sejour des bien-heureux. En attendant je ne vous exclus pas entierement de la felicité, ainsi que vous pouvez voir; puisqu'il y a une felicité terrestre comme une celeste, & que nous recevons icy des graces telles que nous les meritons. Or cette felicité inferieure consiste à mon avis en une tranquillité que nous possedons par le moyen des bons raisonnemens, soit qu'ils naissent de nous-mesme, ou que nous les apprenions dans les livres des bons Philosophes, surquoy je trouve trés à propos ces vers de nostre *Ronsard* en parlant du Sage.

Il n'a jamais soucy du change des saisons,
Et tout envelopé d'immobiles raisons,
S'enferme d'un rampart clos de Philosophie,
Qui méprise le temps & fortune deffie.

Je vous dirois bien tout le reste qui est de mesme valeur, & qui represente fort bien le vray contentement de l'esprit. Si vous me voulez reciter des vers, dit alors le Sieur de *Bussi*; Je vous prie que ce soit plustost des vostres; Car il y a long-temps que je sçay que vous en avez fait quelquefois, & que j'ay grand desir de les oüyr. Toutes choses auront
leur

leur lieu, luy repartis-je, Pour maintenant, si je ne vous en recite pas des miens, c'est que je ne trouve pas qu'ils ayent assez de credit pour authoriser mes opinions. Quoy que je pûsse dire, il vouloit neantmoins que je luy en recitasse alors, n'eust esté que je le fis souvenir que nous nous estions proposé des entretiens plus importans, lesquels de verité j'avois amenez à leur fin, mais que pour en conserver le profit, il n'y en falloit pas joindre qui ne fussent de mesme nature; Je croy qu'il le trouvoit à propos, à cause qu'il ne luy sembloit pas que j'eusse encore assez parlé suivant sa vraye intention.

LA FORTUNE DE LA COUR.

LIVRE TROISIESME.

Omme nous estions fort attachez à nos discours, sans penser à autre chose, nous n'avions autre dessein que de les mener à leur but, & ne songions pas à l'heure qu'il pouvoit estre, & si quelqu'un ne nous cherchoit point pour quelque affaire. Le lieu où nous estions alors estoit un cabinet de repos où il y avoit quelques livres, situé au bout d'une longue galerie qui tenoit au logement du Sieur de *Bussy*. Pource que pas un de nos gens ne nous y avoit veu entrer, je croy qu'à peine sçavoit-on où nous estions, & de fait le Sieur du *Fargis* estant venu là, & ayant poussé la porte qui n'estoit fermée qu'à demy, s'estonna de nous avoir trouvez en ce lieu, aprés nous avoir cherchez dans tous les jardins où l'on luy avoit dit que l'on nous avoit veu entrer, & où de verité nous estions demeurez quelque temps, mais l'incommodité d'un vent soudain estoit ce qui nous en avoit fait retirer. Ce Gentilhomme qui avoit beaucoup de credit auprez de Monsieur, estoit aussi fort aimé du Sieur de *Bussy*, tellement qu'il le voyoit à toute heure, & sçavoit tous ses rendez-vous & ses passetemps, afin d'y avoir part & de luy complaire : ainsi que l'on fait dans la Cour pour se maintenir auprés des favoris. Nous trouvant donc alors ensemble, & s'imaginant bien que nous y avions passé toute la journée, il s'estonna de ce qu'il n'en avoit point esté averty, & commença de dire qu'il nous auroit cherchez par tout, plustost qu'au lieu où il nous trouvoit, où nous semblions estre retirez comme des estudians & des contemplatifs. Pensez que vous dites cecy à cause de moy, repartit le Sieur de *Bussy*, vous ne vous figuriez pas que je me pusse plaire aucunement à l'estude, & par cette opinion vous m'offensiez. Comme je sçay bien que j'ay beaucoup de besoin d'apprendre, aussi ne veux-je pas haïr les instructions, & croyez que je fay tout ce qui m'est possible pour en recevoir d'assez bonnes par les livres ou de vive voix, afin de me rendre capable d'une bonne conduitte, & d'estre utile à tous mes amis. C'est de cela que je m'entretiens icy avec le Pere *La Neuville*, qui veritablement peut donner de la satisfaction sur ce sujet à quique ce soit. Il disoit cecy en usant encore de son

terme

terme de paternité, pour tesmoigner mesme devant un autre l'affection qu'il me portoit; Mais afin que l'on ne creust pas que je m'imaginasse de meriter les honneurs qu'il me faisoit, me donnant avec cela tant de loüanges, j'y voulois faire une tres-humble response, si le Sieur du *Fargis* m'en eust laissé le loisir, & s'il n'eust pas repris incontinent la parole, comme ayant des choses à dire qui ne permettoient pas que l'on s'amusast ailleurs inutilement; Il retrancha plusieurs civilitez qui eussent esté longues, ayant declaré en bref qu'il croyoit que le Sieur de *Bussy* ne tenoit avec moy que des discours tres-utiles, & qu'au reste s'il s'estonnoit de le voir en un lieu propre pour l'estude, ce n'estoit qu'à cause qu'il sçavoit qu'il n'avoit plus besoin d'estudier, & que les seuls exemples de sa vie estoient capables de fournir d'instruction aux autres; Il dit ensuite que ce qui l'avoit fait avancer jusqu'au lieu le plus secret de la maison, avec la hardiesse d'interrompre les occupations de celuy à qui il devoit tant de respect, c'estoit qu'il venoit luy annoncer une bonne nouvelle, qui estoit qu'un courrier venoit d'arriver, qui avoit apporté des lettres de *Monsieur*, & pource que ce courrier se trouvoit mal d'une cheute qui l'avoit obligé de se mettre incontinent au lict, il avoit receu les lettres & s'en estoit fait le porteur; Qu'il y en avoit une qui s'addressoit en general à tous les Officiers de la maison, & une en particulier au Sieur de *Bussy*. Il en eust une joye nompareille, & dés que sa lettre luy fut presentée, il s'en alloit la despaqueter: mais alors les Sieurs de *Simié*, *Desbordes*, *Dampmartin*, de *Romainville*, & quelques autres arriverent avec une grande curiosité, de sçavoir ce que leur bon Maistre leur mandoit, & le Sieur de *Bussy* voyant que le lieu où nous estions, estoit trop petit & trop mal commode pour recevoir tant de personnes de consideration, les pria de passer dans la grande salle du logis, & ce fut là qu'il en arriva encore plusieurs. Il y avoit quatre jours que Monsieur estoit party, tellement que l'on avoit eu sujet de s'ennuyer de son absence: Mais il n'avoit point voulu r'escrire qu'il ne commençast de voir avec certitude comment ses affaires seroient disposées à la Cour. Les lettres qu'il nous escrivoit en general, nous asseuroient d'une bonne reconciliation avec le Roy & la Reyne Mere, dequoy il nous exhortoit à nous resiouyr; Il mandoit au reste, qu'il s'en retourneroit bientost devers nous, si les desseins ne changeoient, & qu'en attendant cela quelques-uns des plus necessaires qu'il nommoit le viendroient trouver. Cecy fut leu en pleine assemblée, afin que chacun y participast comme cela s'adressoit à tous : Mais quand à la lettre du Sieur de *Bussy*, pource qu'elle estoit pleine de tesmoignages d'affection tres-particuliers, avec des paroles tres-familieres, il la leut premierement luy seul, & ne la monstra apres qu'au Sieur du *Fargis* & à moy. Là-dessus le Sieur du *Fargis* ouvrit une lettre que luy escrivoit un amy qu'il avoit en Cour, laquelle fut leuë hautement, parce qu'il n'y avoit rien à cacher, & qu'elle estoit capable de donner du divertissement à toute la compagnie. Elle descrivoit fort naïvement la surprise que l'on avoit euë de l'arrivée de Monsieur, qui n'avoit fait amener aucun équipage, à cause d'un depart si prompt & si secret, & estant arrivé à la chambre du Roy, avoit soupé & couché avec luy, & le lendemain le Roy avoit eu soin de luy

faire

faire donner des habits, tellement que comme peu de personnes l'avoient veu entrer, plusieurs estoient encore en doute s'il estoit venu ou non, & l'on en avoit fait plusieurs gageures. L'on ne rioit de cecy qu'assez froidement, pource que toute la joye estoit devers ceux qui possedoient nostre Prince, non point devers nous qui recevions à la verité beaucoup de satisfaction de ce qu'il nous mandoit, mais qui n'avions pourtant qu'une réjouïssance imparfaite pendant son absence. Le Sieur de *Bussy* se mit à réver quelque temps, & comme la tristesse succede soudain à la joye quand nos affaires sont encore dans l'incertitude, il prit un visage plus serieux & commença de nous dire ; Voicy de beaux preparatifs, mais je ne sçay en quoy ils se pourront terminer, & si ce bon accueil que le Roy a faict à nostre Prince, est quelque indice qu'il vueille desormais luy accorder plusieurs pretentions tres-justes & tres-meurement deliberées ; qu'il a euës jusques à cette heure ; Si est-ce que l'ayant attiré à la Cour en secret & presque furtivement, il semble que ce soit pour luy faire arrester des choses qui ne soient pas dans l'ordre commun Il ne se faut pas cacher pour faire le bien, & si l'on avoit voulu luy donner le loisir de considerer tout ce que l'on luy propose, il me semble que l'on auroit permis qu'il s'avançast avec ses plus fidelles Conseillers & serviteurs. En conscience, Messieurs, que pensez vous que l'on vueille faire de luy desormais ? N'espere-t'on point le tenir captif dans le *Louvre*, pour espier de prés ses actions, & ses desseins ? Que deviendront ses belles esperances du mariage d'*Angleterre*, & de la conqueste du *Pays-Bas* ? Faut-il laisser languir une grande Reyne apres le bien, &

l'honl'honneur qu'elle peut recevoir d'une telle alliance; & tant de peuples opprimez qui reclament noſtre ſecours, demeureront-ils à la mercy de Tyrans uſurpateurs? Qu'eſt-ce que vous en peuvent faire juger les apparences? Il n'eſt pas facile de vous reſpondre, dit alors le Sieur du *Fargis*; Les reſolutions des hommes, & principalement celles des Roys ſont ſi cachées que l'on n'y ſçauroit penetrer; & meſme il ſemble qu'auparavant que de juger de ce qui ſe pourra faire, il ſeroit fort à propos de rechercher ce qui ſe devroit faire plus legitimement & plus glorieuſement. Pour moy je vous aſſeure que j'y ay penſé maintefois, eſſayant d'y trouver quelque lumiere naturelle & facile, ſelon la portée de mon eſprit, & ſouvent cela m'a mis en des irreſolutions eſtranges; mais enfin j'ay conclu à ce qui m'a ſemblé de meilleur, ainſi que je m'en vay vous repreſenter maintenant, ſi vous me voulez faire l'honneur de m'eſcouter. Pource que l'on ne pouvoit attendre que de tres-bons diſcours d'un perſonnage ſi diſcret & ſi judicieux comme eſtoit le Sieur du *Fargis*, non ſeulement le Sieur de *Buſſy*, mais tout le reſte de la compagnie, le pria de deſcouvrir les penſées qu'il avoit euës ſur le ſujet qui s'offroit, & ceux meſme qui n'eurent pas le temps d'en parler, témoignerent par leur contenance la ſatisfaction qu'ils en eſperoient, tellement qu'il reprit ainſi ſon diſcours.

Quand l'on conſidere que la pluralité de freres entre Princes leur eſt ſouvent une occaſion de diſcorde, pluſtoſt qu'une augmentation de leur pouvoir, l'on ne ſçait ce que l'on y devroit ſouhaiter pour remede. Les plus ſçavans Politiques & les plus adroits
Cour-

Courtisans, espuisent là dessus leurs finesses & leurs precautions; Bien souvent leur art les trompe, & les reduit à confesser que les choses humaines sont gouvernées par des ressorts, ausquels ils ne peuvent oster ny retarder le mouvement, ny le precipiter mesme quand ils veulent. Il s'est trouvé peu de familles Royalles où il n'y ait eu quelquefois de la division, & souvent lors que l'on a creu que les parties separées estoient le mieux rejointes, c'est lors qu'elles se sont divisées derechef, & que l'interest des unes & des autres estant partagé entre les peuples, a pensé mettre tout en combastion. Il semble que ce soit une chose fort glorieuse pour un Estat d'y voir quantité de Princes, sur tout s'ils viennent d'une mesme souche, mais s'ils prennent des querelles les uns contre les autres, leur nombre ne paroistra plus apres si estimable. J'ay ouy dire a quelqu'un que le Lyon, qui est appellé le Roy des animaux, n'a jamais nombre de petits à la fois, ou n'en a jamais qu'un en toute sa vie; Bref la fecondité ne luy est point si commune qu'à plusieurs animaux de moindre espece, comme pour augmenter son prix par sa rareté. Ne semble-t'il point que nous deussions desirer que la mesme chose fust des personnes Royalles, ou mesmes qu'elles eussent une parfaite ressemblance avec le Phœnix, qui estant seul en produit aussi un autre tout seul. Vous me direz que la multitude d'enfans ne nuit jamais, s'ils sont tous en bon accord, & que par ce moyen ils executent ensemble de tres-bonnes actions, ainsi que les doigts de la main travaillent puissamment estans joincts. Je sçay aussi ce vieil conte d'un pere qui rompoit des flesches une à une, & les ayant reserrées en un faisceau, monſtroit qu'elles reſiſtoient à toute violence. Ces comparaiſons ſont bonnes pour des perſonnes particulieres que l'eſgalité peut joindre facilement, non pas pour des Princes que l'ambition des-unit, & dont il y en a touſiours un qui eſt eſlevé au deſſus des autres. C'eſt cettuy-là que les autres eſtiment le bien-heureux, mais quoy qu'ils ſe plaignent à la Nature de ce qu'elle ne les a pas fait naiſtre les premiers, l'on dit qu'ils ont tort de ne ſe pas contenter de l'honneur qu'elle leur a octroyé, les faiſant naiſtre freres de ſouverains, puis qu'ils pouvoient eſtre moindres que cela, & que leurs inferieurs ſe pourroient plaindre auſſi de n'eſtre pas ce qu'ils ſont. Cela eſt bien aiſé à imaginer aux perſonnes deſintereſſées, mais celles qui ſe trouvent dans une telle condition, ont beaucoup de peine à ſe deſgager des ſentimens relevez que leur donne leur naiſſance, & à ne point deſirer de joüir entierement de la ſplendeur qui les environne. L'on n'en ſçauroit voir une plus manifeſte preuve que dans la maniere de gouvernement, qui eſtoit obſervée par la premiere race des Roys de *France*. L'aiſné ne tenoit pas ſeul le Royaume; il le partageoit eſgalement avec ſes autres freres: Les enfans de *Clovis* & ceux de *Clotaire premier*, & quelques autres en ont uſé ainſi, non ſeulement à cauſe qu'ils ſe trouvoient eſgalement puiſſans pour diſputer la Royauté, mais parce qu'ils croyoient que cela eſtoit fort raiſonnable, & que pluſieurs Princes *Allemans* qui avoient gardé cét ordre, deſquels ils tiroient leur origine, l'avoient fait avec une meure conſideration; Ils ne ſe contentoient donc pas de partager le domaine; Ils diviſoient encore la ſouveraineté à laquelle ils avoient une eſgalle part, ſe diſans tous

Roys

Roys de *France*, avec la distinction seulement du nom des Provinces & des principales Villes où ils commandoient: Ils s'imaginoient que par ce moyen ils abolissoient toute haïne; ils retranchoient les plus pernicieux germes de l'ambition, qui pouvoient se glisser entr'eux s'il y eust eu de l'inegalité, & faisoient qu'ils n'estoient pas si susceptibles de mescontentement; Mais il faut reconnoistre qu'ils n'y operoient pas beaucoup, & qu'ils ne laissoient pas d'avoir de continuelles guerres; pource qu'il y en avoit tousjours quelqu'un qui eust voulu posseder ce qu'avoient les autres, de sorte qu'il eust bien mieux valu qu'il n'y en eust eu qu'un qui eust esté souverain, afin qu'ayant toute la puissance pardevers luy, les autres ne fussent pas assez forts pour le quereller, & commencer des guerres plus que civiles. Cette coustume de partager esgallement un Royaume entre freres, tenoit encore quelque chose de la rudesse du Septentrion, & cela ne doit estre observé que parmy les personnes roturieres, lors mesme qu'elles n'ont que du bien en roture, car s'il se trouve des fiefs en leur succession, leur nature ne souffre point qu'ils soient divisez. Que sera-ce donc d'un Royaume qui viendroit enfin à neant si de telles divisions estoient receuës, car trois ou quatre enfans de Roy estans tous Roys, peuvent avoir chacun autant d'enfans qui seront aussi Roys, & les enfans de ceux-là de mesme; tellement qu'au lieu d'un grand Estat, il n'y auroit plus enfin que de petites Royautez ou Seigneuries, qui descendroient des Provinces aux Villes, & des Villes aux bourgades & aux hameaux. Tous ces Roytelets auroient peine à se tenir en bonne intelligence, & se ruinans les uns les autres, seroient

en

en proye aux Potentats estrangers. Il n'y auroit en cela honneur ny seureté, & les premiers Princes qui auroient entendu de fonder une Monarchie, qui est la principauté d'un seul, seroient frustrez de leur intention. Nos Roys de la seconde race, & principalement ceux de la troisiesme, ont bien fait de se maintenir dans leurs droicts de souverains & de Roys uniques; ce qui est maintenant une loy fondamentale de l'Estat, de laquelle il ne faut point disputer, n'estant rien reservé aux puisnez que l'amitié du Roy leur frere, & leur apannage pour leur entretenement, lequel ils tiennent à hommage de luy. Mais comme je vous ay desja remarqué, les Princes ont de la peine à dompter leurs inclinations, & venans de personnes assises sur le trosne, ils ont du regret de n'estre que sur les marches, quelque lien d'affection que le sang leur puisse donner, veu que mesme la pluspart du temps ces liens sont fort foibles, ou bien sont seulement contrefaicts. Les *Turcs* trouvent un cruel remede à cecy, lors que leur Empereur fait massacrer, estrangler, ou empoisonner tous ses freres, & autres personnes qui pourroient aspirer à la dignité qu'il tient. C'est une coustume si brutale & si horrible, que je ne sçay comment elle a pû estre exercée par des hommes. Les Roys des *Abyssins* se procurent le repos par une maniere plus douce, envoyant enfermer dans un lieu fort escarté tous les Princes de leur sang, & les laissant jouïr là de toute sorte de delices, sans qu'il leur manque autre chose que la liberté, & les peuples ayans le soin d'y aller querir celuy à qui la Couronne doit appartenir incontinent que leur Monarque est decedé. Par ce moyen ceux qui auroient la volonté d'esmouvoir des guerres civiles, sont

retenus

DE LA COUR. Liv. III.

retenus seurement : Mais ces peuples ne suivent pas entierement les Coustumes du Christianisme ; leur Foy est meslée de quelque heresie, & toutes leurs mœurs s'en ressentent pareillement. Il faut se rapporter de nos differens aux vrays Chrestiens & aux Europeans sur tous les autres, qui sont instruicts à des maximes meilleures & plus civiles. L'on laisse icy la liberté à tous nos Princes ; & nos Roys ne les en privent guere, s'il ne croyent qu'ils leur soient fort prejudiciables, ou par quelque caprice auquel l'on ne sçauroit remedier. C'est aussi une façon tres-glorieuse de tesmoigner l'asseurance que l'on a en la bonté de nos Princes qui ne doivent estre portez qu'à maintenir le pouvoir de ceux qui leur touchent de si prés, estant leur principal honneur de deffendre le Monarque, avec lequel ils sont liez de parenté, & qui les exalte assez par le rang qu'il tient. Ils luy peuvent beaucoup servir en se tenans prés de sa personne, & ce seroit un dommage extréme de les tenir en captivité, lorsqu'ils sont capables de resister aux ennemys domestiques & aux estrangers. Voilà ce qui fait que l'on se peut resiouïr de voir beaucoup de Princes d'un mesme sang dedans nos contrées, specialement s'ils sont bien reunis ; mais avec cela il y a des occasions de s'y plaire davantage ; comme lors qu'ils sont au poinct de s'eslever en un degré tres-éminent & d'estre tous souverains. C'est la plus excellente fortune qui puisse arriver dans une maison Royalle où il y a plusieurs freres. Or il faut avoüer que les enfans de *Henry II.* ont joüy de ce bon-heur plus que tous autres. Lorsque *Charles IX.* regnoit, le Roy d'à present fut esleu Roy de *Pologne* par son merite, & Monsieur pensa deslors à son

mariage

mariage avec la Reyne *d'Angleterre*, par le moyen duquel il peut avoir l'honneur d'estre Roy. C'est à quoy il me semble qu'il doit pretendre desormais, & pource que les *Flamens* qui souhaitent d'avoir sa protection contre les *Espagnols*, l'ont encore choisi pour leur Duc, tout bien consideré, je ne croy point qu'il doive refuser une si belle souveraineté : Voilà le seul secret pour satisfaire sa generosité naturelle, & mesme comme ceux qui le suivent seront ravis d'obeïr à un Prince qui sera absolu dans ses Estats, ils doivent souhaiter cela plus que toute autre chose ; En ce qui est du Roy & de la Reyne Mere, dont il me semble que vous mettez la volonté en doute ; Quand j'y pense bien, je ne croy pas qu'ils puissent demeurer plus long temps dans leurs premieres resolutions. Pourquoy mettroient ils de l'empeschement à ce qui ne peut apporter que de la gloire & du profit à la *France* ? Sera-ce pas un avantage d'avoir tant de peuples pour alliez, lesquels auront fraternité avec nous, lors que nos souverains en auront ensemble ? Je sçay bien que le Roy a tousjours craint que Monsieur ne troublast la tranquilité de son Estat, comme de verité il a commencé de le faire plus d'une fois, lors qu'il s'y est veu obligé par les mécontentemens que l'on luy a donnez ; mais alors il n'y aura plus de sujet de soupçon, puisqu'il sera esloigné ; qu'il aura assez dequoy entretenir le rang que sa naissance luy donne, & que les occupations qu'il aura aussi ailleurs, luy osteront le loisir & la commodité de rien entreprendre icy ; La crainte mesme que l'on a que les *Huguenats* ne cessent d'émouvoir plusieurs Provinces doit estre moderée en cecy, puisque la pluspart des gens de guerre qui se mettent dans leur

leur party seront alors attirez à la guerre de *Flandres*, & qu'il ne restera plus en ce lieu que des gens paisibles. Voila en bref les raisons que l'on peut considerer à la Cour, pour donner à Monsieur la satisfaction qu'il souhaite. J'espere que cela viendra dans l'esprit du Roy, de mesme que cela se trouve maintenant dans la pensée de plusieurs d'entre nous qui en jugent assez raisonnablement.

Comme l'on adjouste foy fort librement à ce que l'on souhaite, le Sieur de *Buſſy* estoit tout prest de souscrire à cette opinion, car il ne desiroit rien tant que de voir son Maistre esslevé au plus haut point de la grandeur où il pourroit monter ; Mais lors qu'il en eust dit quelques mots, le Sieur *Dampmartin* témoigna qu'il avoit desir de parler : & d'autant qu'il estoit President à *Cambray* & Procureur general de Monsieur, & à cause de cela avoit acquis beaucoup d'estime dans la maison, joint qu'il estoit des sçavans & des éloquens du siecle, la parole luy fut incontinent laissée par une curiosité que l'on pouvoit avoir d'entendre quel seroit son avis. Il commença donc son discours en cette sorte. Les divers remedes que l'on a trouvez aux contentions des enfans des Roys sont assez connûs par tout, & ce que l'on a fait en diverses regions sur ce sujet, a esté pire que le premier mal : de maniere qu'il faut avoüer qu'il n'est rien de plus à propos que de tascher d'adoucir les choses & maintenir les cœurs dans l'union. Si chaque frere pouvoit estre souverain en quelque pays, il semble de verité que cela seroit fort glorieux, mais les conquestes & les autres occasions de s'agrandir ne sont pas tousjours presentes, & mesmes il pourroit bien arriver, que soit que l'estat des uns fust égal, ou plus ou moins

moins puiſſant que celuy des autres, la haïne & la jalouſie ou quelque autre paſſion, leur feroit touſiours avoir guerre enſemble, auſſitoſt que s'ils eſtoient moins diviſez d'habitation & de Seigneurie. Pource qui eſt de l'affaire que nous traitons, de dire que le Roy ſera aſſeuré que ſon frere ne portera jamais les armes contre luy, lors qu'il ſera en *Flandre* ou en *Angleterre*, c'eſt ce qui eſt bien caſuel, & je ne doute point que cela ne ſoit d'avantage à apprehender, & que le Roy n'y penſe, puiſqu'il s'eſt oppoſé ſi ſouvent à de telles entrepriſes. Il s'imagine que ſi ſon frere à bien pris les armes n'eſtant que dans une mediocre puiſſance, il le fera encore plus hardiment lors qu'il ſera abſolu en quelque pays, & qu'il y levera des Soldats de ſa ſeule authorité, non point par ſouffrance; Que jouïſſant alors d'une petite ſouveraineté, il y prendra gouſt pour en deſirer une plus grande, comme eſt celle de la *France*; Que de telles penſées pouvans naiſtre dans l'eſprit du Roy, il taſchera pluſtoſt de le retenir prés de luy, que luy donner de l'aſſiſtance pour parvenir à de ſemblables deſſeins; De dire que Monſieur ſe puiſſe paſſer de ſon ſecours en cela, c'eſt une imagination frivole, puiſque nous ſçavons que le revenu de ſon appannage n'y ſçauroit ſuffire, & qu'il ne trouvera pas grand nombre de gens de guerre contre la volonté du Roy: Mais poſons le cas que le Roy le favoriſe, je ne penſe pas même qu'il doive beaucoup rechercher ce que l'on luy propoſe pour le tirer d'auprés de luy. Je tien qu'il eſt auſſi conſiderable icy par ſa qualité de premier Prince du Sang & de Frere du Roy, que s'il alloit eſtre le mary de la Reyne *d'Angleterre*, où il ne ſeroit Roy qu'à cauſe d'elle, qui eſt une dignité ou elle

pour-

pourroit mesme eslever un simple Gentilhomme. Pour le Duché de *Brabant* que l'on luy fait esperer, je le tiens aussi honoré d'en tenir un au cœur de la *France*; car tousjours ne doit il tenir l'autre qu'à hommage du Roy, puisque la *Flandre* est de l'ancien Patrimoine de nos Roys, dont le Domaine est inalienable. L'on me repartira que cela seroit fort glorieux pour la *France*, de voir qu'un de ses Princes reconquist l'ancien heritage de ses Peres, & que la domination de nostre Roy en seroit plus estenduë, de sorte qu'il doit consentir librement à cette belle entreprise; Cela seroit bien si nous avions une esperance tres-certaine d'y reüssir, mais nous avons desia esprouvé l'inconstance de ces peuples à qui nous avons affaire: La pluspart voudroient bien que l'on les eust aidez à se delivrer entierement de la tyrannie des *Espagnols*, & apres cela ils ne voudroient plus du tout avoir de Maistre, croyant que l'on doit prendre pour eux cette peine sans recompense. Vous avez veu comme d'abord ceux de *Landrecy* & de *Quesnoy*, ont refusé de recevoir Monsieur, & que les villes où il est entré, sont tousjours demeurées dans la deffiance. Le tiers party qui s'est formé en *Flandre* soubs la conduite des Sieurs de *Hez* & de *Capres*, a aussi beaucoup ruiné nos affaires, d'autant que ceux qui s'y sont rangez, ne sont pas pour les *François*, & cependant ils n'ont pas laissé d'affoiblir nos troupes, dont quelques-unes se sont rangées vers eux par l'espoir d'une meilleure & plus certaine solde. Dans les negociations que j'ay faites par le commandement de nostre Maistre, j'ay reconnu qu'il y avoit peu d'esprits qui fussent entierement portez pour nous, & le Sieur *Despruneaux* qui continuë sa lega-
tion

tion vers les Provinces unies, a encore mandé depuis peu qu'il ne trouvoit là que des irresolutions; Que fera-t'on à cela d'avantage? Ne seroit il pas honteux que Monsieur passast tant de fois dans ce pays inutilement? Ces gens-là ne sont pas dignes d'un tel Maistre, puisqu'ils sçavent si mal le recevoir. Qu'ils demeurent à l'abandon ou qu'ils se rendent plus esclaves qu'ils ne furent jamais de la domination *Espagnolle*, ils n'auront que ce qu'ils meritent; Quant à nostre Prince, il n'a pas besoin d'eux pour augmenter sa gloire; Il a plus d'esclat en *France* qu'il n'auroit dans leur contrée. Il est icy comme un astre qui reçoit l'entiere reflexion de son Soleil, qui est nostre Roy, lequel le fait participer à ses clartez & à ses honneurs. Mesme pour trancher le mot entre personnes discrettes & fidelles, il peut avoir quelque attente de luy succeder quelque jour, puisque le Roy n'a point d'enfans, & que des gens qui sçavent fort bien sa complexion, asseurent qu'il n'en aura jamais, & qu'estant aussi fort delicat, il faut peu de chose pour le tirer de cette vie. Si cela arrivoit, nostre Maistre seroit alors au plus haut degré des honneurs du monde, & il se moqueroit bien des autres moindres dignitez qu'il auroit recherchées; Que s'il les avoit obtenuës, ou s'il s'estoit esloigné d'icy pour les disputer, je craindrois mesme que cela ne luy fust dommageable, & que cependant Messieurs de *Guise* ne prissent leur temps pour faire valoir leur credit. Chacun a sçeu les peines où le Roy d'à present se trouva, lors qu'estant en *Poiogne Charles IX.* son frere vint à mourir, auquel il devoit succeder; C'est ce qui nous apprend que des personnes qui ont une telle proximité avec les Roys, ne doivent point s'esloigner

du

du Royaume, pour crainte des troubles qui en pourroient arriver, & comme entre les choses que j'ay dites, il y en a quelques-unes, ausquelles le Roy & la Reyne sa Mere doivent prendre garde, Monsieur en peut considerer quelques autres, & cela fera que le Roy ne desirera point sa separation, & que Monsieur n'y pensera point aussi d'avantage.

Le Sieur *Dampmartin* disoit ces choses avec une grande sincerité de cœur, & une veritable affection de ne rien proposer qui ne fust à l'avantage de nostre Maistre: Toutefois comme il retranchoit tout d'un coup les esperances les plus promptes que le Sieur de *Bussy* pouvoit avoir dans les conquestes de *Flandres*, & dans les Royaumes qui à son avis estoient preparez à son Prince, cela n'avoit pas esté escouté paisiblement, & le Sieur *Desbordes* luy ayant dit que chacun ne suivroit pas une telle opinion, il se tourna devers moy, & me demanda ce qui m'en sembloit pour m'inviter à parler. Je crû alors que l'on pouvoit tenir une opinion moderée entre deux extrémes que l'on venoit de proposer; Je parlay donc ainsi.

Je ne voudrois pas prendre la parole apres des hommes de tant de merite, si je croyois qu'il me falust combattre entierement l'une ou l'autre de leurs opinions; car je ne voudrois pas me procurer de si puissans adversaires qui semblent avoir dit chacun, tout ce qui se pouvoit sur l'affaire qui se presente; Aussi j'entreprend seulement de concilier leurs advis autant comme je le puis faire selon ma capacité! Il est certain que plusieurs Princes Freres, ayans chacun un estat à gouverner en rendent leur maison plus illustre, & se peuvent mesme garantir des desseins ambitieux

D d qu'ils

qu'ils auroient l'un contre l'autre, s'ils estoient d'avantage dans l'inefgalité: Mais cela leur peut aussi quelquefois donner plus de moyens de s'entrenuire, & lors que les Princes qui sont du Sang de leur Roy, vivent dans sa Cour avec une entiere déference & une vraye affection à son service, la tranquilité du Royaume en demeure plus asseurée, tellement que je m'imagine que nostre Roy peut bien souhaiter maintenant que Monsieur vive avec luy de cette sorte, & que l'ayant attiré prés de soy, c'est à quoy il a dessein de le porter desormais; Je ne pense point pourtant qu'il le veüille entierement priver des belles esperances que l'on luy a données, & qu'il a autorisées quelquefois, mais il ne voudra pas qu'il s'y precipite inconsiderément: Estant son frere unique & son presomptif heritier, il a soin de luy comme s'il estoit son fils; Il ne souffrira pas qu'il s'aille exposer desormais aux hazards de la guerre, sans quelque asseurance de les voir bien-tost terminer heureusement. Monsieur ne peut pas faire beaucoup de chose sans son assistance & son approbation; c'est pourquoy il faut qu'il attende qu'il les puisse obtenir; Il ne seroit pas à propos que dés demain il s'en allast dans la *Flandre* la teste baissée pour choquer toute resistance: Quand il aura esté quelque temps à la Cour pour y disposer ses affaires avec plus de seureté, lorsqu'il aura amassé les troupes qui luy sont necessaires, & qu'il aura recouvré de l'argent pour les entretenir, alors il sera bon qu'il parte. Les *Flamens* se voyans aussi fort pressez par les *Espagnols*, le r'appelleront quelque jour avec une libre volonté de se donner à luy, & alors il fera sans peine ce qui maintenant luy seroit presque impossible. Quant à son

mariage,

mariage, je ne croy pas qu'il le doive demander avec tant d'inſtance qu'on ne faſſe bien ſentir à la Reyne d'Angleterre, qu'elle recevra autant d'honneur de ſon alliance que luy de la ſienne; & enfin je croy que toutes ces choſes ſe pourront beaucoup mieux accommoder avec le temps que par la precipitation. Pour ce qui eſt du danger que l'on ſe figure à eſloigner le premier Prince du Sang de ce Pays-cy, cela n'eſt pas ſi conſiderable, comme cela fut au Roy d'à preſent; lors qu'il alla en Pologne, car il y a toute une autre diſtance de chemin, & quiconque eſt en Flandre ou en Angleterre peut venir en deux ou trois jours à la Cour de France. D'ailleurs Monſieur n'a point d'autre frere dont il puiſſe apprehender les pretentions, & toutes les pratiques ſecretes des Princes eſtrangers ne ſçauroient nuire à un Prince, qui ſera touſiours reconnû pour celuy qui approche le plus prés de la couronne. En cecy j'approuve & deſapprouve quelque choſe des deux opinions, & vous donnant la mienne fondée en quelque ſorte ſur les deux autres, je dy que je croy que le Roy retiendra Monſieur à la Cour le plus qu'il pourra, & qu'il doit s'eſtudier à luy complaire, ſans que cela empeſche pourtant qu'il ne faſſe touſiours ſes preparatifs pour ſes entrepriſes glorieuſes.

Je fus ſi heureux en diſant cecy, que je ne faſchay, ny le Sieur du Fargis, ny le Sieur Dampmartin, qui avoüerent qu'ils ſe rangeroient tous deux à mon avis, & que ſi l'on expliquoit bien ce qu'ils avoient dit, l'on le pouvoit interpreter ſelon mon ſens, d'autant que ſi l'un avoit conſeillé la guerre & les deſſeins de conqueſte, il entendoit que l'on s'y adonnaſt lors que l'on en auroit la commodité, & ſi l'autre en avoit voulu dissuader, il pretendoit que ce fust au cas que les affaires ne changeassent point: mais que si l'occasion se monstroit favorable, il la falloit embrasser courageusement. Ils disoient cela afin que de quelque costé que ce fust ils s'accordassent aux sentimens du Sieur de *Bussy*; car il sembloit alors qu'il fust difficile de sçavoir à quoy il s'arresteroit, jusques à ce qu'il se fut declaré entierement pour moy, d'autant qu'encore que son ambition l'eust excité à suivre les seules propositions des conquestes nouvelles, & des agrandissemens des favoris aussi bien que du Maistre, neantmoins si-tost qu'il eust ouy que je ne le voulois pas priver entierement de ses belles esperances; que j'en differois seulement l'accomplissement, & qu'en attendant je croyois qu'il seroit bon de demeurer à la Cour, il ne fut pas fasché d'aller encore gouster de telles delices auparavant que d'aller souffrir les fatigues de la guerre. Il descouvrit librement ce qu'il en pensoit, & chacun applaudit incontinent à son opinion, ainsi que l'on a coustume de faire envers les personnes qui sont en faveur, desquelles on attend l'avis apres avoir parlé, comme un Arrest dont il n'y a point d'appel, & sur lequel il faut corriger ses premiers discours.

Il estoit si tard quand l'on se mit sur cét entretien, que l'on apporta bien-tost les flambeaux, & l'on couvrit pour le soupé. Le Sieur de *Bussy* avoit retenu tous ceux qui estoient là pour souper avec luy, & comme il estoit magnifique, pour un seul mot qu'il avoit dit à son Maistre d'Hostel afin qu'il mist ordre que l'on fust bien servy, il nous fit un festin assez splendide pour le temps & le lieu, & l'on s'y resioüit assez pour les bonnes esperances que l'on l'on se donnoit de la prosperité des affaires, desquelles l'on ne se pouvoit empescher de dire tousiours quelque mot en passant, quoy que la bonne chere ait accoustumé d'esloigner l'esprit de tels soins. Apres le souper la pluspart se mirent au jeu, & comme ceux qui ne joüoient point s'occupoient à regarder joüer les autres, le Sieur de *Bussy* qui ne voulut point alors estre de la partie, me tira à quartier & me témoigna qu'il eust bien desiré encore d'avoir ma conference. Pour m'obliger d'avantage à parler, il m'asseura que les discours que je luy avois tenus, luy avoient fait passer l'aprédisnée si doucement que jamais le temps ne luy avoit moins duré; Qu'il avoit appris beaucoup de choses dans mon entretien, mais qu'il n'estoit pas neantmoins entierement satisfait, si je ne l'instruisois en particulier comme je l'avois instruit en general, & qu'ayant presque tousiours parlé universellement, il estoit bien aise alors que mes discours ne s'adressassent qu'à sa personne. Je luy dy qu'il se pouvoit souvenir que j'avois quelquefois esté assez hardy pour commancer de parler de luy, mais qu'il en avoit destourné le coup, & que cela avoit esté cause, que je m'estois arresté à des considerations generales; Qu'il falloit aussi avoüer que j'avois trouvé en cela beaucoup plus de facilité, à cause que j'avois esté guidé par la suitte des sujets, & que j'avois rapporté tout ce qui me venoit dans l'esprit là-dessus; Au lieu que si j'eusse entrepris de luy donner des preceptes particuliers, il eust fallu agir par le seul raisonnement que je n'avois pas assez fort pour cette matiere. Il me repartit que c'estoit en vain que je me voulois servir des termes de l'humilité; Que je monstrois bien par là que cette vertu m'estoit fort familiere, mais que cela n'empeschoit pas que l'on ne sçeust que je possedois des bonnes qualitez que je voulois cacher par quelques paroles modestes, & que je descouvrois assez par les autres, lors que je venois à descrire les effets des vertus; & que s'il m'avoit fait cesser de parler de luy quelquefois, c'estoit de peur que cela ne fist perdre la suitte des autres entretiens. Je luy dy que la bonne opinion qu'il avoit de moy, estoit une marque de sa courtoisie plustost que de mon merite: Mais qu'encore que je n'eusse pas le bon-heur d'estre tel qu'il me dépeignoit, je l'entretiendrois encore tant qu'il voudroit sur les sujets que nous avions traitez, afin qu'il n'eut point d'occasion de se plaindre de moy, & qu'il ne creust pas que je me voulusse taire par negligence; Que nous avions eu dessein de voir quelles vertus estoient necessaires à rendre l'homme accomply, nous arrestant specialement aux dépendances & circonstances qui conviennent à l'homme de Cour; Que pour en parler à cette heure là plus particulierement, & s'adresser à luy puis qu'il le desiroit, afin de considerer d'abord la Justice dont le premier effect est la pieté, j'essayerois de le confirmer autant qu'il m'estoit possible dans la ferme croyance qu'il avoit en Dieu, le conjurant de ne point adherer aux opinions des heretiques, qui se faisoient rechercher par leur nouveauté, & par la complaisance que leur donnoient les mal-contens, lors qu'ils se joignoient avec eux pour faire des remuëmens dans l'Estat; Que l'autre branche de pieté, estoit d'honnorer son Roy, son Maistre, & ses autres Superieurs, & apres cela de ne rien retenir du bien d'autruy & d'empescher qu'aucun n'en retinst quelque chose.

Qu'avec

Qu'avec cela il conserveroit une force d'esprit contre toute sorte d'accidens qui le voudroient destourner de bien faire, & qu'afin d'y avoir plus d'inclination il ne se laisseroit point charmer par les voluptez de quelque nature qu'elles pûssent estre, acquerant par ce moyen le titre de Temperant ; & que sa prudence agissant sur toutes les autres habitudes serviroit incessamment à leur conduite, & que j'avois une si bonne esperance de la sincerité de ses intentions, que je croyois qu'il les regleroit toutes au compas de la droite Raison.

Je disois ces choses pour gagner le temps, me doutant bien que ce n'estoit pas principalement ce qu'il me demandoit, & que ce n'estoit là proprement que des repetitions de ce que j'avois dit, au lieu qu'il me faisoit assez entendre qu'il vouloit quelque chose de nouveau, qui non seulement ne se trouvast point dans les livres de Morale que les Philosophes nous ont donnez, mais qui ne fust propre qu'à luy : Toutefois comme j'apprehendois de pouvoir rien dire qui luy pleust en cette matiere, je ne m'y voulois point engager. Pour luy croyant alors que je ne pouvois pas deviner par quel endroit il desiroit que je m'y attachasse, il m'en voulut soudainement ouvrir le chemin. Ce que je vous demande maintenant, dit-il, n'est plus la definition des vertus & des vices, ny les exemples de leurs effets, ausquels vous avez parfaitement satisfait ; Je ne doute point que celuy qui sera vertueux à vostre mode, & selon que vous me l'avez figuré, ne soit tousiours heureux dans le Monde, & aussi bien dans la Cour que dans la Solitude ; car mesme si les affaires ne s'accommodent pas entierement à ses desirs, vous avez pourveu à cela en l'armant de constance

Dd 4 &

& de generosité pour terminer sa felicité en soy mesme. Je souhaiterois bien de pouvoir estre ce Sage & ce bien heureux dont vous nous faites esperer tant de choses, mais puis qu'il n'est pas permis à chacun de garder sa tranquilité parmy le trouble, & de sentir de la joye parmy les afflictions, cherchons tous les moyens qu'il est possible de trouver, pour joüir parfaitement des honneurs & des richesses, avant que de nous reduire à cette necessité de chercher des consolations lors que nous serons privez de ces sortes de biens. Vous sçavez combien Monsieur me témoigne de bien-veillance, & que d'un autre costé le Roy monstre une assez visible aversion qu'il a pour moy; Comment feray-je pour me conserver les faveurs de l'un, & ne point craindre la disgrace de l'autre? J'ay autrefois esté assez bien auprez du Roy; mais j'avoüe que les grandes esperances que l'on a euës de Monsieur, m'ont fait courir à luy comme à un Soleil levant, avec quelque inclination particuliere que j'ay euë pour ce Prince; & je croy que de là vient le premier sujet que le Roy a eu de me vouloir du mal. Je vous prie, dites-moy ce qu'il vous en semble, car les discours que vous avez tantost tenus avec ces Messieurs vous rendent inexcusable, ayant assez fait connoistre combien vous estes expert en matiere d'Estat. Je luy repartis alors en riant qu'il faisoit bien de me descouvrir qu'il ne vouloit pas s'arrester à la recherche d'une vertu de Stoyque, & n'estre heureux que lors qu'il demeureroit content de tout ce que la fortune luy pourroit envoyer; mais qu'il entendoit de joüir des felicitez sensibles du monde; Que je n'entreprenois pas de l'en destourner, pource qu'en effet il prendroit cela pour un discours de Pedant,

&

& que je sçavois bien que l'on ne demeuroit pas à la Cour sans avoir l'intention de s'y avancer, & que sans cela l'on se confineroit pluſtost dans un Cloiſtre ; Qu'il est permis aussi de desirer des thresors & des honneurs, & de tascher de les acquerir, & de les conserver, pourveu que l'on les vueille employer à faire du bien à chacun, & que je m'attendois qu'il n'en useroit jamais autrement, ayant tousjours fait paroiſtre une generosité qui s'accordoit à ce dessein, & qui ne sembloit point devoir changer, mais s'augmenter pluſtost en luy avec l'accroissement de sa fortune.

Apres avoir dit cela, je fus quelque temps sans parler pour penser en moy-meſme, si j'eſtois capable de le satisfaire sur ce qu'il desiroit, & si je pourrois trouver des conseils qui fussent propres à le guider dans une voye assez difficile & assez incertaine qu'il pretendoit tenir, & où il s'eſtoit proposé de cheminer tousjours plus en avant. Je ne sçay si mon silence ne luy estoit point ennuyeux dans la vehemence de ses desirs; Toutefois il n'en fit rien connoiſtre par ses discours, pour faire croire qu'il ne me vouloit pas contraindre, & pour me faire entendre que les bons offices que l'on rend librement, sont d'autant plus agreables qu'ils ont moins fait de peine à obtenir, & que l'on ne sçait aucun gré des autres, d'autant que l'on pense les avoir assez bien acheptez par les longues prieres & les sollicitations. Il attendoit pour lors quelle seroit ma resolution, & de bonne fortune j'eus l'esprit assez present, pour me figurer ce que je luy pourrois dire, tellement que je repris la parole en cette sorte.

Puisque Monsieur est maintenant à la Cour en assez bonne intelligence avec le Roy son frere,

frere, il y à apparence qu'encore qu'il obtienne ce qu'il defire de luy, il demeurera auprez de luy quelque temps, comme pour eftreindre d'avantage les nouveaux liens de leur affection; Chacun eft icy dans cette croyance; & cela arrivant, vous fans qui noftre Maiftre trouve tous fes divertiffemens fades & hors de faifon, & qui femblez faire la meilleure partie de fon bonheur, fans doute vous ferez obligé d'eftre quelque temps avec luy à la Cour; & c'eft-là que vous avez fujet de croire, que vous aurez befoin d'excellens preparatifs contre toutes fortes d'evenemens, & d'une ferme refolution, femblable à celle d'un rocher, qui refifte fans s'efmouvoir au choc des ondes; & qu'il vous faudra encore une adreffe nompareille, qui aux endroits où il ne fera pas befoin de tant de fermeté, mais de fçavoir accortement changer de lieu, vous puiffe retirer de plufieurs hafards, de mefme qu'un vaiffeau bien conduit évite les efcueils & les bancs de fable qui fe trouvent dans la Mer. Vos premiers hommages s'eftans tournez vers noftre Roy, ainfi que la raifon fembloit le confeiller, il ne faut point douter qu'ayant veu depuis que vous avez entierement voüé vos fervices à fon frere, il n'en ait eu beaucoup de jaloufie. Si vous eftiez demeuré prés de luy vous auriez efté capable de le fervir plus avantageufement que tous fes autres favoris enfemble. Il fçait les agreémens que vous avez dans la converfation, & de quel charme vous pourriez manier les efprits en traitant quelque affaire, & voftre valeur fi fouvent efprouvée a donné de la crainte à tous vos ennemis: Mais pource que vos bonnes qualitez ont ceffé d'eftre employées à fa confideration, il a quelquefois efté en colere

de

de ce que vous en possediez de telles, & au moins il a eu regret de vous voir attaché prés d'un autre. Les Roys s'estiment nos premiers Maistres; Ils tiennent ce rang sur nous par nostre naissance, & à qui que ce soit que nous rendions nos vœux, ils y veulent estre preferez, lors qu'il leur en prend envie; enfin la pluspart du temps ils demandent l'homme tout entier. Que ferez vous à cela si le Roy se trouve maintenant d'une telle humeur? Vous avez cru que vostre fortune seroit meilleure auprés de son frere, d'autant que vous seriez là l'unique Favory: car à vray dire, ceux qui apres vous approchent le plus de sa personne, sont seulement les favoris du favory, & ne subsistent plus que par vous; Et pour ce qui est du Roy, vous auriez son affection à partager avec quantité de jeunes mignons, qui vous estans fort inferieurs en toutes choses, vous rendroient mal content de ce que vous auriez des concurrens inesgaux. Quoy que vous vous donniez au Roy, il ne faut donc pas que ce soit en renonçant à toutes les autres affections de vostre cœur, & specialement à celle que vous avez commencé de porter à son frere; Aussi bien seriez vous blasmé d'inconstance, si vous l'alliez quitter apres vous estre donné à luy si solemnellement, & l'avoir suivy dans ses voyages & ses sorties de la Cour; Mais cependant la haine que l'on veut imprimer pour vous dans l'esprit du Roy, ne laissera pas d'y demeurer & peut estre de s'y fortifier: Il y a cecy de mal pour ceux qui sont au service des Princes, qu'encore que leurs Maistres fassent leur accord ensemble, l'on ne quite point le desir de vengeance que l'on à contr'eux, & l'on tasche mesme de les perdre apres les plus grandes reconciliations, à cause

que

que l'on craint qu'ils ne broüillent les affaires de nouveau, & d'autant que l'on ne pense pas se pouvoir mieux asseurer d'eux que par leur entiere perte. Toutefois l'on feint de leur avoir pardonné le passé; mais il ne faut pas se fier à ces belles apparences, principalement si l'on reconnoist en soy mesme que l'on ait esté le sujet de quelque trouble, ou que l'on en ait donné le conseil, & qu'il y en ait seulement quelque soupçon: C'est pourquoy je pense bien que lors que vous serez à la Cour, l'on vous fera fort bon visage, afin de ne point mescontenter Monsieur; & neantmoins à cause que l'on a veu que vous l'avez tousiours assisté dans sa retraicte, l'on accomplira les mauvais desseins que l'on a pris contre vous à cette occasion, si vous ne trouvez le moyen d'esquiver cela adroictement. Comme je vous ay dit, je ne vous conseille pas de quitter son service, puisque vous estes trop attaché à ses affections; mais d'autant que l'on essayera de vous tromper, lors que l'on vous tesmoignera de n'avoir plus d'aversion pour vous, je suis d'avis que vous usiez d'une semblable methode, & que vous donniez feinte pour feinte, ce que vous ferez assez utilement, si vous faites semblant de vouloir vous retirer du service de Monsieur pour n'estre qu'au Roy. Peut estre qu'alors l'on fera tout ce que l'on pourra pour vous obliger à ne point laisser de demeurer auprés de Monsieur, encore que vous addressiez vos principales soumissions au Roy son frere, ce qui sera à dessein que vous entreteniez Monsieur dans une parfaite obeïssance, & dans une entiere resignation aux volontez de celuy à qui la Nature a donné le droict de luy commander. Il est vray que l'on n'en viendra pas à ce poinct de confidence,

qu'auqu'auparavant vous n'ayez fait voir de grandes marques de voſtre fidelité. Or pour y parvenir, s'il arrivoit que la Reyne de *Navarre* qui eſt maintenant en *Bearn*,*revint à la Cour, il faudroit premierement oſter tout ſoupçon que vous euſſiez doreſnavant aucune intelligence avec elle; car l'on a cru que c'eſtoit à ſa conſideration que vous vous eſtiez rangé prés de ſon frere *d'Alençon*, dont elle a touſiours porté les intereſts contre ceux du Roy. Il eſt vray que cela ſeroit peut eſtre fort difficile, & que Monſieur ſeroit auſſi fort ſurpris de voſtre procedure, ſi vous ceſſiez de luy rendre vos devoirs ordinaires; mais s'il vous aime autant comme il dit, il ſouffrira bien cette feinte qui ſera à ſon profit, comme au voſtre, & la Reyne de *Navarre* s'y pourroit encore accorder par la meſme raiſon. Avec cela il n'y auroit aucun ſoin & aucune aſſiduité, que vous ne monſtraſſiez pour le ſervice du Roy, tant qu'il croiroit de verité, que vous ſeriez entierement deſtaché de l'affection de ſon frere; & pour vous maintenir dans la bonne opinion qu'il auroit de vous, il faudroit ſurſeoir pour un temps l'humeur que vous avez eüe par cy-devant, de dreſſer des querelles à ſes favoris, leur faiſant au contraire beaucoup de civilitez, comme pour leur témoigner qu'eſtans aimez du Roy, comme ils ſont, c'eſt ce qui doit donner une tres-avantageuſe opinion de leur merite, & que leur faveur vous ſeroit meſme neceſſaire en quelque ſorte, pour conſerver la bonne grace du Roy ou pour l'acquerir. S'il y a quelque gouvernement qui vaque, ou quelque grande charge de ſa maiſon à laquelle ils aſpirent, gardez-vous bien de les demander lors qu'ils y penſeront pour eux, & ſi le Roy meſme vous en faiſoit don,

* *Voyez cy-devant p. 184.*

dites-

dites-luy que vous croyez que l'un ou l'autre de ceux ausquels il fait meilleur visage, les meritent mieux que vous. Delà il se formera une haute opinion de vostre generosité, & si pour ce coup vous ne retenez point la dignité qu'il vous avoit offerte, l'occasion differée ne sera pas neantmoins perduë; Cela sera cause qu'ils vous donnera apres quelque chose de meilleur. Un homme remply de convoitise, & destitué de prudence, croiroit qu'il ne faudroit faire autre chose que demander à celuy qui a tant de pouvoir de nous donner, & qu'en ce qui est du reffus il n'en faudroit jamais user, pource que l'occasion se monstre chauve assez souvent, & ne peut plus estre prise par derriere: Mais il faut considerer que quand mesme l'on diroit que l'on doit faire son profit de tout ce qui s'offre à la Cour, cela ne se peut pas entendre d'une personne, comme vous qui à des pretentions essoignées de celles du vulgaire, & qui n'aspire pas a de petites choses; car je croy bien pour ne rien dissimuler, que vous esperez que Monsieur vous peut un jour faire plus grand que vous ne serez jamais auprés du Roy, & l'on l'entendra comme l'on voudra; Il suffit pour un argument tres-fort que nous monstrions que vous avez plus de credit en un lieu où les faveurs sont moins divisées. C'est assez pour le present sans l'espoir des grandeurs futures. Vous pouvez donc vous passer par maxime des bienfaits qui sortiront des mains du Roy, les cedant à quelque autre pour le respect de sa bienveillance: Mais comme l'on tient que c'est un orgueil de refuser quelque chose d'un plus grand que soy, il faut prendre garde que si le Roy contestoit le moins du Monde, pour vous faire accepter un don, ce seroit une marque d'affection &

d'obeïsd'obeïssance de ne le point rejetter, & de le recevoir avec des remerciemens les plus humbles que l'éloquence de la Cour vous puisse fournir. Tous ces devoirs que vous rendrez pourront faire croire au Roy que vous serez à luy veritablement, & il s'asseurera en vous de telle sorte, qu'au lieu de chercher à vous faire punir de quelques fautes imaginaires que l'on vous a imputées, il en pourra venir aux caresses & aux recompenses. Vous me direz que cela ne pourra continuer, que tant que vous garderez de l'assiduité à la Cour, & que vous n'y pourrez demeurer, que tant que Monsieur y sera, si ce n'est que vous abandonniez entierement son service? Je vous respondray là-dessus, que si Monsieur peut gouster vos intentions, qui seront tousiours portées à son avantage & à sa gloire, il vous souffrira en un lieu où vous luy pourrez servir à descouvrir les pratiques qui se feront à son dommage, lors qu'il en sera esloigné, & à faire que ses plus grands ennemis quittent l'animosité qu'ils ont contre luy & deviennent ses admirateurs. Que si vous ne vous pouvez captiver, tellement de demeurer icy en son absence, & que vous desiriez avoir part aux honneurs de la guerre, s'il va faire les conquestes qu'il s'est proposées, il faudra que par vostre adresse vous fassiez connoistre au Roy que vous estes necessaire pour son service auprez de Monsieur son frere, & qu'il vous commande luy-mesme d'y aller, afin que si vous l'accompagnez il n'y trouve rien à dire. Voila ce me semble les moyens de vous conserver une part avantageuse dans sa bonne volonté. Quelque scrupuleux qui n'entendroit pas mon intention, diroit que j'ay parlé de donner fraude pour fraude, ou dissimulation pour dissimula-

simulation, & qu'il n'est pas permis de faire le mal pour se deffendre du mal. Cela est trescertain, mais la fraude ou plustost la feinte que j'entens, n'est pas de celles qui sont injustes. Je sçay que c'est un grand crime de tromper son Roy; Aussi je ne vous conseilleray jamais de le faire. Je preten que les offres de service que vous luy ferez soient effectuées veritablement; Que vous ayez pour luy une parfaite affection, & que vous ne trahissiez point son party: Cela n'empeschera pas que vous ne conserviez en vostre cœur l'affection que vous avez pour nostre Maistre; Ils sont freres, & se doivent aimer reciproquement; Seroit-il defendu de les aimer tous deux? Il est vray que de faire des rapports de l'un à l'autre, & descouvrir les secrets de chacun, c'est une lascheté & une perfidie manifeste. Je n'entens pas que vous en usiez ainsi, & je suis asseuré que vostre naturel en est fort esloigné. Il suffit quelquefois de témoigner une simple complaisance à des Princes sans se vouloir engager à ce qui préjudicie aux loix de l'honneur; & si nous leur rapportons quelque chose, prenons garde que nous ne disions rien qui soit de fort grande consequence. Ce seroit les offencer tous deux de dire à l'un ou à l'autre quelque chose qui fust capable de les broüiller, puisque nous devons tous coöperer à leur reünion; & par ce moyen nous avons dequoy respondre à ceux qui se persuaderoient que nous fussions obligez de faire une trahison si le Roy l'ordonnoit. Son pouvoir est estably pour nous obliger à suivre la vertu & non le vice, & nous devons moins trahir son frere que qui que ce soit. Toute la feinte que je vous ay proposée, n'est que de ne plus faire paroistre l'affection que vous avez pour
Mon-

Monsieur, à cause que c'est le sujet de la haine que l'on vous porte. En ce qui est de cela je ne pense pas que vostre conscience vous reprenne d'une mauvaise action, puisque les témoignages de l'affection doivent estre volontaires, & que vous ne desserez pas de l'aimer dans vostre cœur aussi ardemment, le faisant paroistre par des preuves qui ne seront connuës qu'à celuy qui en sera le sujet, & desquelles tous les autres n'ont point affaire, & ne vous peuvent point faire appeller en jugement pour vous faire descouvrir si vostre premiere affection dure encore. En ce qui est de cette adresse dont j'ay parlé, par laquelle vous vous gouvernerez avec les autres favoris du Roy, comme elle sera fort innocente & remplie seulement de discretion, elle ne vous pourra acquerir que des loüanges, avec ce qu'elle vous servira à vous mettre en credit & à vous y conserver. L'on ne sçauroit trouver mauvais, que venant à la Cour, où comme j'ay dit le hazard est si grand pour vous, vous taschiez à empescher que l'on ne vous perde, & que l'on ne vous oste la vie ou l'esperance de vostre fortune; je pense donc que vous ferez bien de vivre en ces lieux là, comme je vous ay declaré, & si cela vous est impossible, veu les embusches que l'on vous y a desja dressez, & craignant que l'on ne les redouble, je n'ay plus rien à vous dire, sinon qu'en ce cas là il faut fuïr le plus que vous pourrez un endroict si dangereux, & sous quelque pretexte qui semble estre d'importance, obtenir souvent congé pour aller en quelque autre contrée: Mais il est vray que nous serons icy dans une autre difficulté: car vostre courage vous persuadera qu'il y aura peu de gloire pour vous à quitter un lieu pour quelque apprehen-

E e sion

sion que ce soit, tellement qu'apres cela il faut laisser choisir à vostre bon jugement ce qu'il trouvera le plus à propos.

Je pûs dire tout cela sans estre interrompu, tant le Sieur de *Bussy* me prestoit d'attention, & comme j'eus cessé de parler, il me confessa, que je luy avois appris des artifices de Cour, qui n'estoient pas indignes d'un honneste homme, & dont il ne refuseroit pas de se servir dans les occasions, si *l'arrogance insupportables des mignons du Roy* n'en destournoit sa resolution. Il me donna aussi beaucoup de loüanges de ce qu'il luy sembloit que je témoignois avoir grande connoissance de la Politique, & venant mesme a des paroles qu'il estimoit estre fort obligeantes, mais que neantmoins il faut que j'appelle des cageolleries de Cour, il m'alla dire qu'il avoit regret de ce que l'on n'avoit point encore reconnû ce que je valois, & que pour luy il eust souhaité que j'eusse été choisi pour celui qui prononce les arrests irrevocables de la volonté du Prince, & qui en imprime les marques aux Actes publics, sur toutes les affaires qui peuvent arriver entre les sujets & dans l'Estat; Pour le recompenser tout sur l'heure en mesme monnoye, je luy dis que je n'aurois jamais une entiere satisfaction, jusques à ce que je luy visse porter en sa main l'espée de son Roy telle que l'on la demande aux combats; & qu'il n'y avoit rien d'extraordinaire de luy souhaiter une telle dignité, puisqu'elle s'accordoit à sa naissance & à son merite, & qu'elle pourroit estre un jour convenable à sa Fortune. Que pour l'honneur qu'il eust voulu que j'eusse possedé, à ce qu'il disoit, je ne pouvois m'empescher de luy declarer qu'il n'en parloit, que pour se joüer d'une personne

DE LA COUR. Liv. III. 435

ne qui en estoit fort esloignée en toutes façons. Il crût alors que j'avois envie de me fascher, c'est pourquoy il me fit des excuses de m'avoir dit si franchement ce qui luy estoit venu en la pensée, & m'asseura qu'il n'avoit eu aucun dessein de railler, & que je remarquerois tousjours en luy, qu'il feroit tout ce qui luy seroit possible pour contribuer à mon avancement, d'autant qu'il sçavoit bien que ce n'estoit pas assez de le desirer, mais qu'il y falloit servir. Je luy repartis que je n'estois pas de si mauvaise humeur de me fascher pour quelques paroles d'entretien & de divertissement, & qu'il avoit tant d'authorité sur moy qu'il en pouvoit parler de telle sorte qu'il luy plairoit; Qu'au reste je luy avois une extréme obligation de me témoigner tant de bonne volonté, & que je luy estois aussi redevable, que si ce qu'il proposoit de faire pour moy estoit desia arrivé, quoy que l'ambition ne troublast pas beaucoup mon repos; & que j'avois cru qu'à l'âge où j'estois, n'ayant point fait encore de fortune considerable selon l'opinion du Monde, il n'y en avoit plus pour moy; Mais qu'il seroit cause que je ferois reverdir mes esperances, & que si ce n'estoit pour la possession des dignitez & des richesses, ce seroit pour les occasions que j'attendois qu'il me feroit naistre de luy estre utile à quelque chose. Il me remercia fort apres cecy, & ayant renouvellé ses promesses, me conjura de luy estre tousiours amy, & de luy donner hardiment les conseils qui me sembleroient luy estre salutaires. Là-dessus il me fit encore quelques demandes, ausquelles je respondis assez bien à son gré, & comme il se faisoit tard les joüeurs craignant d'incommoder le maistre de la maison quitterent les cartes, & s'esloignant de la table firent paroistre

E e 2

le deſſein qu'ils avoient de prendre congé de luy. Alors noſtre entretien s'eſtant rompu il reçeut leurs complimens avec beaucoup de civilité, ayant eſgard neantmoins à les traiter chacun ſelon le rang qu'ils tenoient à la Cour. Il permit que je m'en allaſſe avec les autres; mais ce fut apres m'avoir reïteré les prieres qu'il m'avoit deſia faites de luy vouloir tous-jours du bien, & de venir quelquefois confe-rer avec luy dans la meſme franchiſe que j'a-vois commencé de luy teſmoigner, à quoy je luy promis de ſatisfaire tout auſſi ſouvent comme il me feroit l'honneur de me faire avertir de ſes volontez; & que je taſcherois de ne laiſſer jamais eſcouler inutilement aucune occaſion de luy rendre ſervice.

Lors que je me fus retiré dans mon loge-ment, bien que je me couchaſſe auſſi-toſt il ne me prit aucune envie de dormir, tant j'avois l'imagination remplie des choſes qu'il m'a-voit dites, & de celles que j'avois eſté con-traint de luy dire. Je les repaſſay toutes dans ma memoire afin de les y confirmer; & c'eſt ce qui a fait que je m'en ſuis aſſez bien ſouve-nu quelques années apres pour les mettre par eſcrit. Toutes les fois que je me repreſente les longs diſcours que j'avois tenus ſur les vertus neceſſaires à la Cour & les vices con-traires, je m'eſtonne comment j'y pus fournir ſi heureuſement, veu que je n'avois aucune preparation pour cela; Mais ce qui m'y aida fut que je ne me ſouſtins pas de mes propres forcés, & que je me ſervis d'exemples, que la lecture ou la pratique du Monde avoit placez dans mon eſprit. Ce que je trouve encore plus à admirer, fut que celuy que j'entrete-nois, eſtant homme aſſez adonné à la varieté des plaiſirs du Monde, fort eſloignez de l'aſſi-

duité

duité que l'on donne à l'estude, eut neantmoins la patience de m'escouter. Il faut considerer en cecy que la fascherie qu'il avoit euë de ce que nostre Maistre estoit party sans qu'il en eust advis, luy avoit rendu l'humeur moins portée à la gayeté de ses divertissemens ordinaires, & plus propre à se mettre sur des considerations serieuses, d'autant qu'il ne faisoit que penser aux moyens de se conserver en credit, & attendoit tousiours d'un discours à l'autre, que je luy donnasse des instructions politiques capables de l'assister dans les occasions qui se presentoient. Nos discours de l'apresdisnée pouvoient bien servir à cela s'ils estoient pris d'un bon biais, mais la prudence des Philosophes ne luy estoit pas tant agreable que celle des mondains, tellement que je fus contraint d'en toucher quelque chose sur le soir; en quoy je pense neantmoins que je ne dy rien qui pust faire tort à la raison & à la vertu. Je sçay bien que depuis il fit tous ses efforts pour user de quelque adresse semblable à celle que je luy avois proposée; mais ce ne fut pas sans quelque repugnance de son naturel imperieux qui l'empeschoit de ceder aux *mignons de la Cour*. Quelques jours apres nos entretiens nous receusmes de nouvelles lettres, par lesquelles Monsieur mandoit que tous ses Officiers & tous ceux qui avoient accoustumé de le suivre le vinssent trouver à *Paris*, d'autant que l'on l'y avoit retenu pour quelque temps. Lors que nous y fusmes, le Sieur de *Bussy* reconnut qu'il n'y avoit pas beaucoup de changement aux affaires pour son regard, & que l'on luy portoit tousiours une haïne secrette. Il dissimula autant comme il pût; mais il n'avoit pas esperance de vaincre tant de mauvaises inclinations. Monsieur qui craignoit que ses querelles passées ne se renouvellassent plus que jamais contre les favoris du Roy, & ne fussent capables d'alterer leur reconciliation, l'envoya alors au pays d'*Anjou*, dont il l'avoit fait Gouverneur, & ce fut là qu'il se trouva dans une fascheuse oysiveté, estant esloigné des occupations de la Cour ou les affaires, les intrigues, & les divers entretiens arrestent l'esprit, & n'estant point aussi attaché aux entreprises de guerre qui n'excitent le courage qu'à de hautes actions. Ce n'est pas la premiere fois que les grands hommes se sont perdus par trop de repos; Il falloit craindre la perte de celuy cy qui n'estoit pas un insensible, & n'avoit pas entierement despouillé l'homme; Quand il estoit dans la Cour, il faisoit servir ses amours à son ambition; mais en ce lieu là, toute passion pouvoit estre assoupie en luy pour l'abandonner entierement à l'amour; Il s'amusa au bal, aux collations & aux visites des Dames les plus belles de la Province, parmy lesquelles sa qualité de Gouverneur le faisoit respecter, & luy donnoit peut estre des libertez plus grandes que dans *Paris* & ailleurs où il n'estoit pas le Maistre. Entre les autres, l'on tient qu'il en aima une qui fut cause de sa ruine. Je voudrois bien n'estre pas obligé de venir jusques là, ou m'abstenir d'en rien dire, pource que cela est si regrettable, qu'il n'y a cœur si dur qui n'en puisse estre touché. Il faudroit terminer icy mon discours, & entreprendre quelque autre narration; Aussi n'auray-je garde d'y passer fort avant, & de raconter toutes les circonstances du plus tragique accident qui fut jamais. L'on ne sçauroit prendre plaisir à descrire la funeste mort de ceux que l'on a aimez. Assez d'autres en diront

ront des nouvelles, aufquels je pourrois laisser entierement la charge d'en parler ; Toutefois craignant que la verité ne soit falsifiée dans les escrits de plusieurs, de mesme que je voy desia que les opinions sont corrompuës, c'est ce qui fera que je parleray quelque peu sur ce sujet, pour monstrer que la mort de cét homme si rare, luy arriva plustost par son malheur que par sa faute, afin que la posterité ne croye point qu'il y eust tant à blasmer en ses dernieres actions. La familiarité qu'il avoit avec son Maistre, faisoit qu'il luy escrivoit fort souvent, & en termes pleins de gayeté, parmy lesquels d'ordinaire l'on invente des choses pour trouver matiere de risée. L'on tient qu'il luy avoit escrit une fois ; *Qu'il s'estoit rendu des plus experts à la chasse de l'amour ; Qu'il avoit tendu ses filets dans l'une des plus belles forests de France, & qu'il estoit sur le poinct de prendre une proye qu'un tres-excellent veneur s'estoit reservée.* Pouvoit on pas juger de là qu'il esperoit de gagner l'esprit d'une femme qu'un autre recherchoit aussi bien que luy, & le Veneur dont il parloit, devoit il pas estre plustost un Amant & un Rival qu'un mary ? car qui dit Veneur, dit un homme qui poursuit la proye non pas celuy qui la possede. S'il eust voulu parler d'un mary, il eust parlé en autres termes ; Cependant l'on l'expliqua ainsi, & quoy que les personnes ne fussent point autrement designées, l'on ne laissa pas de se les imaginer selon quelques apparences, sans se representer l'humeur dont il estoit, qui luy faisoit adresser ses vœux en plusieurs endroicts differens, de sorte que qui pensoit le tenir en un lieu, incontinent il s'en eschapoit. Monsieur avoit monstré sa lettre au Roy par une maniere de divertissement, &

sans songer que cela tirast à consequence, comme en effet il n'y paroissoit pas beaucoup de mal: Toutefois ceux qui en eurent connoissance en donnerent d'autres pensées, & là dessus l'on tient que l'on imprima la jalousie & la fureur dans le cœur d'un homme, qui jusques alors l'avoit aimé & honoré: Mais ce n'estoit pas de ce jour là que l'on pouvoit sçavoir l'entrée qu'il avoit chez luy, & pour en parler franchement plusieurs s'exemptent de jalousie, lors qu'ils s'accoustument au desordre de la Cour, sans se fascher beaucoup d'un tort qu'ils tiennent pour imaginaire, & dont en tout cas ils peuvent souvent rendre le change, dequoy nous avons des exemples assez revelez, & mesme entre des personnes qui commandent aux autres: c'est pourquoy que ne feront donc point ceux qui trouvent de l'avantage dans leur souffrance, & qui reçoivent des faveurs de la part de ceux, qui avec d'autres manieres de gens pourroient estre cause de scandale & d'extremes preuves d'inimitié, & de desir de vengeance. J'ay ouy dire aussi quelquefois à de jeunes Courtisans, que ce seroit un estrange effet du destin, s'il falloit que l'Amour qui est une si douce chose, causast de si cruels effects, comme sont les trahisons & les homicides, puisque ceux qui en voudroient venir à ces extremitez, s'en doivent retirer par la crainte qu'il ne leur arrive le semblable; & de tels discours quoy que pleins de raillerie, font assez voir la grande indulgence que plusieurs mondains ont pour de tels pechez, tellement que j'ay tousiours creu que la mort du Sieur du *Bussy* arriva pour des causes de plus grande importance que ne croid le vulgaire. Les favoris du Roy qui l'avoient desia voulu perdre plusieurs fois,

avoient

avoient gardé leur mécontentement qu'il n'avoit sçeu éviter ; car parmy toutes ses precautions estant à la Cour il ne laissa pas de tenir une fois des discours qui témoignoient la grandeur de son courage & de ses esperances. Ils craignoient encore qu'il ne fist changer la face des affaires, & aucun n'osoit plus l'appeller en duel, sa valeur extraordinaire s'étant monstrée en diverses occasions. Ils avoient bien voulu autrefois le faire assassiner *, devant le *Louvre* par des Soldats des gardes, & d'autres fois plusieurs qui tenoient rang de Gentilshommes s'estoient mis de la partie ; Ils pouvoient donc avoir pris dessein alors de le faire assassiner dans un Chasteau esloigné de la Cour. où l'action seroit tenuë plus secrette. Il est vray que l'on se servit d'une lettre d'Amour pour l'y faire venir, mais cela ne prouve pas neantmoins qu'il eust desja joüy des plus grandes faveurs que les amans recherchent, ou qu'il esperast de les obtenir à ce coup ; & quoy qu'il y eust de la fragilité dans l'esprit de la personne qui luy écrivoit ; Il se pouvoit faire qu'elle n'avoit pas encore violé entierement les loix de l'honneur, & que la lettre que l'on l'avoit forcée d'escrire, estoit d'un autre style qu'elle ne l'eust faite de sa propre volonté, & que ce n'estoit que pour attirer plus finement ce brave Seigneur, & le faire tomber en des embusches inévitables dans un tel âge que le sien, qui ne luy permettoit pas de resister aux semonces d'une femme. Quand il seroit vray que de chaque costé l'effet eust accompagné le desir, il faut croire que la hayne que plusieurs portoient à ce favory, fut la principale cause de cét attentat. Estant attaqué dans une chambre par des hommes bien armez, il se defendit tant qu'il eut

* *Voyez cy-devant p. 95. & 213.*

un

un bout d'espée dans la main, & se servit apres des escabeaux & des chaises; mais enfin se voulant lancer par la fenestre dans le fossé, il fut accablé de plusieurs coups. Jamais aucune vie ne fut si bien deffenduë, & jamais une plus grande valeur ne fut exposée à la trahison. Les poursuites que l'on fit de sa mort, & les querelles qui en arriverent apres, monstroient combien elle meritoit que l'on en tirast de vengeance. Il devoit vivre plus longtemps pour rendre plus de service à son Maistre & à sa Patrie.

<small>Il fut tué le 19. Aoust 1579. Journal de Henry III.</small>

Quelques-uns ont pensé que Monsieur n'en avoit pas tesmoigné beaucoup de regret, & pretendent nous persuader par là qu'il avoit cessé de l'aimer; mais il faut qu'ils sçachent que ce Prince ne voulut pas faire paroistre ce qu'il en pensoit, afin de ne point irriter plusieurs qui s'en resiouïssoient à la Cour. L'on a passé plus avant, disant que *Bussy* commençoit à se mesconnoistre, & que le Duc d'*Alençon* estoit las de ses insolences, qui estoient venuës jusqu'à ce poinct qu'il mesprisoit son Maistre. L'on en raporte pour exemple, que joüant un jour avec Monsieur à de petits jeux de conversation dont la mode nous est venuë d'*Italie*, chacun disoit d'un autre la plus grande verité qu'il pouvoit, ce qui estoit un jeu fort dangereux pour la Cour, où l'on ne veut point que la verité paroisse; & que Monsieur ayant dit à *Bussy*, *Qu'il avoit plus de bruit que d'effect, & plus de vanité que de bonne fortune*, tout cecy estant entendu de l'Amour, *Bussy* luy dit apres pour sa verité, *Si Bussy estoit tel que Monsieur, l'on le baniroit de plusieurs lieux où il a une libre entrée*. Quelques-uns asseurent qu'il n'y mist pas seulement cette clause, d'estre tel que Monsieur, mais qu'il dit, *Que s'il s'il eust eu aussi mauvaise mine que luy, il n'eust esté bien receu en aucune part.* Il n'y a point d'apparence qu'ayant l'esprit bon comme il l'avoit, il se servist de paroles si desobligeantes envers son Maistre, dont il n'estoit pas aimé avec un charme si fort qu'il n'en pust apprehender la disgrace. Il faut croire qu'il parla plus doucement, & d'une maniere que l'on peut expliquer comme l'on veut. Quoy que l'on en dise je ne doute point que le dessein de Monsieur ne fust de le garder tousiours prés de sa personne, & de le faire participer à ses grandeurs; Mais les esperances de l'un & de l'autre furent ruinées sur le point qu'ils en attendoient l'accomplissement : La fortune du brave *Bussy* se termina par une mort avancée, & quand il eust vescu d'avantage, il ne fust pas parvenu auprés de son Maistre à ces grands honneurs dont il m'avoit entretenu, lors qu'il me faisoit entendre qu'il pretendoit d'esgaler un jour, & mesme de surpasser les *Gonsalves* & les autres grands Chefs de guerre, & les premiers Ministres d'Estat, & que la dignité de *Connestable* estoit la moindre chose où il aspiroit. Ainsi les choses humaines sont dans une inconstance perpetuelle, pour nous faire connoistre que la felicité que nous voudrions establir sur les richesses ou sur le credit & les honneurs du Monde, est fausse & imaginaire. Nous avons pû remarquer dans tout le cours de ce Traicté que les simples Courtisans ou les favoris, ne sont pas seulement sujets à de semblables accidens, mais que les Princes mesmes en ont leur part ; & cela se void aussi dans la vie du Duc *d'Alençon* qui fut assez traversée, & qui fut trop courte pour luy permettre d'executer les grands desseins qu'il avoit pris ; J'en raporteray icy quelque chose pour

pour rendre mon ouvrage plus complet, & pour donner à ce Prince l'honneur qu'il merite en plusieurs de ses actions.

Le Roy s'estant accordé à tout ce qu'il dessiroit, avoit premierement envoyé des Ambassadeurs vers la Reyne d'*Angleterre* pour traiter de leur mariage, & comme les affaires y estoient assez bien disposées, l'on tenoit cela pour resolu. L'on levoit aussi par tout des Soldats pour renouveller les entreprises de *Flandres*, afin de les faire partir quand il en seroit temps, car nostre Prince n'en pouvoit perdre le desir qu'il accompagnoit d'un ferme espoir. La Reyne de *Navarre* qui luy avoit tousjours rendu des devoirs d'une bonne sœur, avoit esté la premiere qui avoit jetté dans les cœurs des *Flamens*, les semences de l'affection que plusieurs conservoient pour luy. Le Comte de *Lalain* qui avoit beaucoup de pouvoir dans son party avoit esté gagné assez fortement, & plusieurs autres encore de moindre condition. Ils ne pouvoient oublier l'affection qu'ils avoient pour la nation *Françoise*; Mais la domination *Espagnolle* en retenoit quantité d'autres en bride soit de gré ou de force. Ceux qui avoient receu parmy eux les nouvelles opinions sur la Religion, estoient ceux principalement qui se vouloient retirer du joug d'*Espagne*, craignant l'Inquisition & les autres violentes formes du gouvernement. Des Provinces entieres s'estoient revoltées pour ce sujet, & ne cherchoient autre chose que leur protection: Mais comme la Religion nouvelle de plusieurs de ces peuples estoit cause de leur revolte, le zele qu'ils avoient aussi à la conserver, fit qu'il y en eut quelques-uns d'entre eux qui apprehenderent souvent d'y estre troublez, s'ils recevoient un

Voyez ses Memoires pa. 128. 129. 134. & 150.

Prince

Prince d'une croyance contraire à la leur, comme estoit le Duc *d'Alençon*; De la vint qu'ils se voulurent donner à la Reyne *d'Angleterre*; mais elle refusa leurs offres ne se tenant point assez forte pour soustenir la guerre contre les *Espagnols*; Les confederez jetterent apres les yeux sur le Roy de *Navarre* qu'ils eussent bien voulu avoir pour leur Duc, à cause qu'il suivoit leur secte, mais jugeant qu'il ne voudroit pas prendre cette qualité qui avoit desja esté promise au Duc *d'Alençon*, & que le Duc *d'Alençon* estoit aussi plus capable de les secourir, enfin ils ne songerent plus qu'à luy & le voulurent recevoir pour Seigneur. Afin que l'on ne leur reprochast point qu'ils donnoient ce qui n'estoit pas à eux, ils firent *une assemblée à la Haye* où ils se declarerent absous de toute fidelité & obeïssance envers le Roy *d'Espagne*, pour les cruautez & les tyrannies qu'il avoit exercées sur eux; Firent abattre ses armes & rompre ses sceaux, osterent le cours à la monnoye qui estoit de sa marque, dégraderent ses Officiers, & firent jurer tous les Deputez des Provinces de ne le recognoistre plus pour Prince. Apres cela le Sieur de *Saincte Aldegonde* homme d'esprit & de conduite, fut deputé vers Monsieur pour le supplier de les recevoir comme siens, & d'accepter le titre de leur Souverain. Il sembloit alors que l'affaire estoit en meilleurs termes que jamais elle n'avoit esté: Mais comme *Saincte Aldegonde* estoit encore accompagné d'autres personnes notables avec un train assez splendide, le Roy eut quelque jalousie de cette ambassade, quoy que son frere fust au *Plessis lez Tours* lors qu'il la receut: Il pensoit que cela diminuast de sa gloire, de le voir Souverain comme luy, tellement qu'il eust

voulu

voulu revoquer la permiſſion qu'il luy avoit donnée de lever des troupes dans ſon Eſtat ; Mais la Reyne Mere qui avoit alors de la haïne pour le Roy *d'Eſpagne* luy oſta cette mauvaiſe humeur. Les gens de guerre qui avoient eſté amaſſez pour le ſervice du Duc marcherent donc vers la *Flandre* ; Les Sieurs de la *Chaſtre* & de la *Rochepot*, furent l'un Colonel de la Gendarmerie, & l'autre de l'Infanterie. Le Prince de *Parme* Gouverneur des *Pays-Bas*, avoit aſſiegé la ville de *Cambray* qui tenoit pour les *François* ; Ils firent lever le ſiege & contraignirent les aſſiegeans de ſe retirer à *Valentiennes*. Le Duc *d'Alençon* eſtant entré dans *Cambray* y laiſſa pour Gouverneur *Jean de Monluc Seigneur de Balagny*. Le progrés euſt deſlors eſté plus grand, n'euſt eſté que le Duc avoit ſouvent des nouvelles que la Reyne *d'Angleterre* agreoit fort ſon alliance, ce qui le picquoit non ſeulement d'amour, mais d'un deſir genereux de monſtrer ſa civilité en allant viſiter celle qui meritoit cela par ſon affection, puiſqu'il eſtoit aſſez proche du lieu où elle faiſoit ſon ſéjour. Il delibera donc de paſſer en cette Iſle avec peu de ſuite, afin de voir celle qui luy eſtoit deſtinée pour femme. Les articles du mariage avoient deſia eſté dreſſez par les Ambaſſadeurs fondez ſur leur procuration ; Entre autre choſes il eſtoit accordé que le Duc *d'Alençon* porteroit le titre de Roy *d'Angleterre* tant que ſon mariage ſubſiſteroit, & que ſi la Reyne mouroit devant luy, & laiſſoit des enfans mineurs, il porteroit le meſme titre pendant ſa Regence ; Que tant que la Reyne vivroit avec luy, elle ſeule diſpoſeroit des benefices & des charges du Royaume, & les confereroit ſeulement aux *Anglois* naturels ; Qu'elle ſeule diſpoſeroit

du

du Domaine & des revenus du Royaume, & le Roy ne joüiroit que d'une pension qui luy seroit ordonnée par le Parlement; Que tous les actes publics seroient dressez au nom de Dieu, & de la Reyne, & que le Roy ne pourroit rien changer dans l'Estat, spetialement en ce qui estoit de la Religion, qu'il luy seroit libre pourtant, & à tous ses Officiers de suivre leur croyance, leur estant reservé un lieu pour en faire l'exercice; Que si de ce mariage naissoient plusieurs enfans masles, *l'aisné seroit Roy d'Angleterre*; Et s'il avenoit que le Duc d'Alençon succedast à la Couronne de *France* par le deceds du Roy son frere, *l'aisné de ses fils seroit Roy de France* apres luy, & le *puisné Roy d'Angleterre*; Que s'il n'y en avoit qu'un sans fille, il succederoit à tous les deux Royaumes, à la charge de venir demeurer à tout le moins sept ou huit mois en deux ans en *Angleterre*; Et s'il y avoit encore une fille ou plusieurs avec un seul fils, *le fils succederoit à la Couronne de France, & la fille aisnée à celle d'Angleterre.* Ce furent là les principaux poincts de l'accord, ausquels l'on trouvoit de verité, que pource qui estoit de la possession du Royaume *d'Angleterre*, elle estoit reservée aux enfans du Duc *d'Alençon* plustost qu'à luy, & qu'il ne devoit pas estre Roy veritablement, mais seulement le mary d'une Reyne. Ce qu'il en avoit arresté n'estoit qu'à cause qu'il ne pouvoit rien faire de mieux à cette heure là, & qu'il esperoit que ce degré luy serviroit pour monter plus haut à l'avenir. La Reyne avoit beaucoup d'inclination pour luy de sa part & le reçeut magnifiquement, mais d'autant que ses desseins de la guerre de *Flandres* l'empeschoient de gouster aucun plaisir ny repos, leur mariage fut differé encore, &

ayans

ayans pris congé d'elle, il passa la Mer sur les vaisseaux qu'elle luy donna, & s'en alla aborder à *Flessinghe*. Quelques mesdisans publierent des libelles contre luy en haïne de sa Religion; mais il eut ce bon-heur qu'il fut mesme defendu de la Reyne, qui fit publier des responces à de telles calomnies, & loüa hautement ses vertus. Estant allé à *Anvers* pour y estre declaré Duc de *Brabant*, il jura d'estre bon & juste Prince envers son peuple, & receut le serment de tous les Deputez des Provinces, estant monté sur un theatre dans une place publique. L'on luy donna apres les ornemens de Duc qui estoient la Couronne, & le manteau Ducal: Le Prince *d'Orange* qui luy mit le manteau, luy dit tout bas en l'attachant; *Serrons si bien ce bouton qu'on ne puisse arracher ce manteau*; Si ces paroles n'estoient pas de la ceremonie, au moins elles estoient des marques de son affection, ou feinte, ou veritable. Tous les autres Seigneurs *Flamens* ne monstrerent pas moins d'allegresse, & l'on fit apres tant de sortes de festins dans la Ville, & l'on s'adonna à tant de recreations, qu'il sembloit bien que le menu peuple estoit alors du sentiment des Nobles. Quelques jours apres le Duc alla à *Gand* où l'on luy avoit preparé une entrée la plus superbe, & la plus agreable à la jeunesse que l'on vid jamais. Dixsept cens jeunes filles belles & richement parées, vindrent au devant de luy, & se mirent en haye pour le laisser passer avec sa compagnie. La raison que l'on en donnoit, estoit que ceux de *Gand* se vantent que jamais leur Ville n'a esté forcée ny prise par les ennemis, & vouloient representer sa virginité par ces jeunes filles. Quand le Duc fut dans la Ville, il y fut couronné Comte de *Flandres*,

fit

fit le serment d'estre bon Prince, & le reçeut apres de ses sujets. Toute la Ville estoit ornée de tapisseries & de peintures, & la joye paroissoit aussi dans le visage des habitans. Aux entrées que le Duc fit à *l'Escluse*, à *Bruges*, & en d'autres Villes, il y eut encore beaucoup de magnificences; mais il devoit croire que tout cela n'estoit que pour s'acommoder au temps, & que les peuples sont comme des animaux apprivoisez, qui vont où l'on les chasse tant qu'ils sont gouvernez dans la douceur; mais qui s'effarouchent aussi-tost qu'ils trouvent quelque obstacle, ou bien que l'on les rudoye, ou qu'ils prennent quelque fausse apprehension. Pour un commencement de malheur l'on trouva que l'on avoit conjuré contre sa vie. De trois traistres qui furent pris à *Bruges*, il y en eut un qui mourut en prison, un autre se sauva, & le dernier appellé *Salcede* estant envoyé en *France* à la priere de Monsieur, fut oüy par les Sieurs de *Bellievre* & *Pinard* ausquels il declara d'estranges conjurations, & apres estant mené à *Paris*, afin que son procez luy fust fait, il accusa encore des plus grands de la Cour; comme complices de son crime, mais ayant esté mené au supplice, il desavoüa tout ce qu'il avoit dit, tellement que l'inimitié que l'on avoit pû concevoir contre de telles personnes devoit cesser alors, n'ayant eu pour fondement que la calomnie d'un homme si pernicieux. L'on crût plustost que la conspiration venoit du costé *d'Espagne* que de *France*, joint que mesme les conjurez avoient aussi eu dessein sur la vie du Prince *d'Orange*. Mais quelque temps apres les *Espagnols* monstrerent que si les trahisons manquoient, ils s'attendoient d'avancer leurs affaires à guerre ouverte. Ils prirent le *Catteau*

Il fut executé le 26. Octobre 1582. Journal de Henry III.

F f   Cam-

Cambresis, & plusieurs autres places, qui estans voisines de celles qui tenoient pour les confederez, les incommodoient grandement. Monsieur eut alors nouvelle qu'il devoit bien tost venir du secours de *France* sous la conduite du Duc de *Montpensier*, & du Mareschal de *Biron*, dont il eut une satisfaction extreme; car son courage luy faisoit esperer, qu'il pourroit avec cela ranger à la raison, les Villes qui tiendroient pour l'*Espagnol* & refuseroient de le reconnoistre. Mais au mesme temps ses joyes furent encore troublées, sur ce qu'estant

Le 18. Mars 1582.

à *Anvers*, avec le Prince *d'Orange*, ce Prince fut blessé d'un coup de pistollet à la joüe par un homme qui fut incontinent tué par ses gardes, & qui fut pris pour *François*, à cause qu'il avoit un habit à la *Françoise*. Tout le peuple *d'Anvers* fut alors en rumeur. La pluspart des gens de Monsieur estans Catholiques, ceux de la nouvelle Religion avoient une secrette aversion pour eux, & s'allerent imaginer soudain que c'estoit à eux que l'on en vouloit; Ils disoient tout haut, *Que c'estoit là une suite des nopces de Paris, & qu'il falloit massacrer ceux qui vouloient massacrer les autres*; Des paroles ils en vouloient venir aux effets, & ayant couru aux armes, ils allerent investir la maison de leur Duc, qui estoit bien en peine comment il pourroit appaiser cette populasse irritée. Mais le Prince *d'Orange* qui avoit trop bonne estime de luy, pour croire qu'aucun attentat eust esté formé par son instigation, envoya ses Capitaines faire cesser le tumulte, & mesme l'on reconnut que celuy qui avoit fait le coup estoit *Espagnol*, & avoit pris un habit *François* pour se mieux desguiser. Quand le Prince *d'Orange* fut guery de sa blesseure, il renouvella les promesses d'affection qu'il avoit faites
tes

tes au Duc, mais c'estoit une chose fort douteuse, à sçavoir si l'on s'y devoit arrester, car encore qu'il ne soupçonnast point Monsieur d'aucun mauvais dessein, si est-ce que plusieurs asseurent qu'il n'avoit point deliberé de luy laisser prendre une trop grande authorité dans le pays, & que s'accordant à l'humeur des peuples, il ne l'avoit appellé que pour en tirer du secours & l'abandonner aprés. Pour luy il reconnût bien que l'on ne luy avoit donné que le nom de Duc, & qu'il n'en avoit pas l'authorité; Que les principaux des Estats unis vouloient que leurs opinions eussent beaucoup de poids, & tousjours plus que les siennes; Qu'il n'estoit pas libre aussi dans sa Religion, & que vivant parmy des peuples heretiques pour la pluspart, ils faisoient tous les jours des risées devant luy des ceremonies de la Religion Catholique. Ce qui le faschoit beaucoup en cela, c'est que l'argent luy manquoit; La Reyne *d'Angleterre* luy en avoit desia assez presté; Il en avoit receu de *France* & en attendoit encore, mais tout d'un coup l'esperance luy en fut ostée par les lettres que la Reyne Mere luy escrivit, où elle luy representoit les necessitez du Royaume, & luy disoit aussi que le Roy son fils ne s'engageroit plus à luy envoyer du secours, s'il ne faisoit d'autres progrez que par le passé; Qu'il ne falloit pas hasarder les principales forces de l'Estat dans un pays où l'on n'avoit aucune retraicte asseurée; Qu'encore s'il eust tenu sept ou huict bonnes Villes, cela eust esté capable de resister aux ennemis, & que lors qu'il les auroit l'on aviseroit à ce que l'on auroit à faire, & l'on essayeroit de le contenter. Cela luy donna un tel ressentiment, qu'il delibera de se porter à toute sorte d'extremitez pour rendre sa puissance plus grande qu'elle n'estoit. Il se proposa de faire en un seul jour de remarquables entreprises sur six ou sept des meilleures Villes du *Pays-Bas*. La principale estoit *Anvers*, dont il fit approcher quelques troupes qui luy estoient venuës de secours ; Il sortit de la Ville comme pour aller voir faire monstre, & un des siens s'estant laissé cheoir exprez devant le corps de garde, & feignant d'avoir la jambe rompuë, les Bourgeois qui estoient en garde s'amuserent à luy ; Cependant la Gendarmerie des *François* qui estoit dans les Fauxbourgs s'avança, & entrant d'impetuosité, quelques habitans leur voulurent resister, mais ceux qui gardoient la porte furent bien tost mis bas, & toute l'armée fust entrée victorieuse dans la Ville, n'eust esté que l'allarme estant soudain espanduë parmy ce peuple qui estoit tous les jours aux aguets, les *François* furent repoussez si vivement qu'il y en eut beaucoup de tuez ; Le nombre des morts fut si grand à la porte où ils estoient entrez, que ceux qui les suivoient ne purent entrer, & ceux qui vouloient resortir pour se sauver, y furent fort empeschez ; Il y en eut mesme qui sauterent dans les fossez de la Ville & la pluspart des autres furent massacrez ou pris prisonniers. Parmy les morts furent trouvez le Comte de *S. Agnan*, les Sieurs de *Chasteauroux*, de *Sainct Blancard*, de *Mirembeau*, *Sesseval*, & *Thiange*, & quelques autres qui avoient conseillé de s'y comporter ainsi, entre lesquels il n'y avoit guere que de jeunes gens, car l'entreprise avoit esté tenuë fort secrette aux plus vieux, & aux personnes de lettres & de conseil plus meur ; d'autant qu'encore qu'elle fust estimée tres-raisonnable, l'on craignoit

qu'ils

qu'ils ne la retardassent par leurs trop grandes precautions ; mais elle ne fut pas si heureuse ; comme elle fut hardie. Le Duc qui estoit aux Fauxbourgs fut extrémement affligé de ce mauvais succez, & n'osant plus r'entrer, ny ne le pouvant pas faire mesme, il fut contraint d'en venir aux excuses, & aux supplications, ce qui fut fort fascheux à une personne de sa qualité. Le Prince *d'Orange* qui luy tenoit tousiours parole, pource qu'il croyoit peut-estre que cela estoit encore necessaire au bien de son party, taschoit d'appaiser la fureur des habitans, mais elle estoit trop animée ; Ils disoient qu'ils n'avoient rien gagné de quitter la domination des *Espagnols*, pour entrer sous celle des *François* qui leur estoit aussi fascheuse : mais ils ne prenoient pas garde que s'il estoit arrivé quelque malheur en cela tout estoit tombé sur le Duc, & sur ses gens dont plusieurs avoient esté deffaits, au lieu que fort peu d'entre eux estoient demeurez dans la meslée ; Que s'ils se plaignoient de ce qu'il avoit voulu faire entrer des gens de guerre par surprise dedans leur Ville, il avoit à repartir hardiment, qu'il l'avoit fait pource qu'ils ne les eussent pas voulu laisser entrer de bon gré ; Qu'il n'estoit point à propos qu'estant leur Duc comme ils l'avoient reçeu pour tel, il eust si peu de puissance qu'il en avoit, de telle sorte qu'il se voyoit tous les jours exposé au caprice d'une populasse mutine ; Que l'ayant accepté pour Seigneur, ce n'estoit point des jeux d'enfant, & qu'il luy falloit obeïr, sans se vouloir reserver toute l'authorité, & le tenir comme captif dans leur Ville. Le Prince *d'Orange* representa fort bien cecy au Senat *d'Anvers*, & dit enfin qu'il falloit choisir de trois choses l'une, ou de se remettre sous la puissance du Roy d'Espagne, sans se donner aucune peine pour conserver ses privileges, ou se defendre de ses seules forces, ou se reconcilier avec le Duc d'Alençon, & luy donner un peu plus de puissance dans le pays qu'il n'en avoit. Quant au premier poinct, les Flamens avoient tousjours monstré qu'ils estoient fort loin de s'y accorder, & qu'en effect s'ils rentroient sous leur ancienne sujettion, ils se pouvoient asseurer qu'ils seroient traitez comme des esclaves que leur Maistre punit apres leur fuite ; Que pour se defendre de leurs seules forces, le desir d'une entiere liberté les y faisoit bien aspirer, & que cela estoit fort glorieux & fort delicieux à s'imaginer à des peuples, mais qu'il n'y avoit aucune apparence qu'ils en vinssent à bout, de sorte que le secours des François leur sembloit aussi necessaire qu'auparavant, & leur avoit desja beaucoup servy en effect pour contrepoincter les forces d'Espagne; Que s'ils se faschoient de ce que leur nouveau Duc avoit usé envers eux de violence, ils se devoient ressouvenir qu'ils avoient aussi irrité sa patience par leurs frequentes seditions, specialement lors que sur un faux soupçon d'un attentat commis, ils avoient investy sa maison, & que s'il leur avoit fait du mal, il y avoit assez de compensation pour l'injure qu'il avoit soufferte de leur part, de sorte qu'il les porta à faire quelque accommodement : Certainement leur Duc n'avoit pas eu dessein aussi de se porter aux violences qu'ils s'estoient imaginées, & n'avoit point permis à ses gens de faire aucun pillage dans les Villes où ils entreroient. Il vouloit mesme qu'ils s'abstinssent de tuer ny de blesser, si ce n'estoit dans une grande resistance; car il avoit l'ame bonne & juste, & vouloit

vouloit espargner les *Flamens* comme estans ses subjets. Les entreprises qu'il avoit faites sur quelques Villes avoient mieux reussi que celle *d'Anvers*, par divers stratagemes que l'on y employa, principalement sur * *Dermonde* & *Villevorde*, ou il ne se fit aucun acte d'hostilité ; ce qui devoit estre capable de le justifier, neantmoins il ne crût pas estre alors assez puissant dans le pays pour y demeurer, joint qu'il pensoit que la colere ne pouvoit pas estre assoupie en si peu de temps parmy le peuple. Il se retira donc en *France* pour passer sa melancolie, & voir si ses affaires se rendroient plus prosperes par le secours du temps ; mais comme il estoit à *Chasteau Thierry* ou il s'adonnoit à toutes sortes de loüables exercices, specialement à monter à cheval selon sa coustume, s'estant un peu travaillé un jour il se trouva tout esmeu ; Il luy sortit beaucoup de sang par la bouche, & la fievre luy ayant pris, il commença a deschoir petit a petit. La Reyne Mere le vint voir avec de grands témoignages d'affliction. Pour luy il s'arma de constance, & au commencement croyant r'eschaper, il faisoit des propositions de vivre si sagement & si justement, que comme les *Flamens* l'avoient reçeu pour leur Prince, il leur tiendroit aussi lieu de Pere ; Mais depuis sentant sa foiblesse, il dit à ceux qui luy vouloient encore donner quelque espoir de guerison ; *Vous vous trompez, mes amys, & me voulez tromper aussi, ne voyant pas que je me meurs*. Il songea alors à sa conscience aussi devotement que jamais fit aucun Prince, & eut grand regret de toutes ses offences passées, & sur tout d'avoir offencé le Roy son frere par les troubles qu'il avoit excitez,

* Ou Tenremonde.

tez, dont il luy demandoit pardon. L'acte de sa derniere volonté qu'il fit escrire, faisoit mention de cela, & portoit que s'il eust eu des Royaumes il les eust tous laissez au Roy son frere, non seulement à cause du droict de sa naissance, mais pour l'effect de son affection; Que tout ce qu'il avoit en *France* luy estoit acquis; Qu'il ne luy restoit presque rien de ses penibles entreprises qui pust estre pris pour don & liberalité; mais que si l'on en faisoit quelque cas, tout estoit encore à luy; Que les *Pays Bas* luy avoient fait achepter bien cherement le nom de Duc & de Comte, qu'ils luy donnoient encore; Que s'il avoit quelque pouvoir envers eux, il les prioit de transferer tout à la personne de son cher frere, auquel il laissoit & donnoit tous les droicts qu'il y pouvoit avoir, en vertu du traicté solemnel qu'il avoit fait avec eux; Et d'autant que les habitans de *Cambray* s'estoient jettez entre ses bras avec tant d'affection & de fidelité, il le supplioit au nom de Dieu d'empescher l'oppression d'un si bon peuple; Qu'au reste il emporteroit en son tombeau la substance de plusieurs avec leurs pleurs & gemissemens, sans qu'il eust le moyen de s'en descharger envers Dieu & les hommes, si le Roy estant touché de compassion ne luy daignoit faire tant d'honneur que d'y pourvoir, & de songer à l'acquitter de ses debtes, & à recompenser ses serviteurs. Il y avoit dans ce testament beaucoup d'autres paroles que l'on ne pouvoit lire sans douleur; Il mourut quelque temps apres l'avoir fait, qui fut le quarantiesme jour de sa maladie & *dixiesme de Juin, l'an mil cinq cens quatre vingt quatre, & le trentiesme de son âge.* Son corps fut porté à *Paris*

&

& mis dans l'Eglise *Sainct Magloire* aux Fauxbourgs *Sainct Jacques*, où le Roy, & les Reynes luy vindrent jetter de l'eau beniste en habit de deüil. L'on le porta apres dans l'Eglise de *Nostre Dame*, où l'on luy fit un service solemnel, & de là il fut conduit à *Sainct Denys*, avec la ceremonie requise à un fils de *France*, sans se servir des ornemens, armoiries, & blasons des Ducs de *Brabant*, quoy qu'il l'eust desiré, d'autant que le conseil du Roy ne le trouva pas bon, & qu'il sembla qu'il ne falloit pas faire vanité d'une Principauté qu'il avoit si peu tenuë, & que d'ailleurs les marques d'estre le premier Prince du sang des Roys de *France* estoient d'avantage à respecter. Pour luy lors qu'il s'attachoit le plus à la poursuite de ses pretentions, il faut avoüer qu'il avoit affecté la parade ambitieuse de plusieurs titres, se faisant appeller; *François fils de France, frere unique du Roy, par la grace de Dieu, Duc de Brabant, de Luxembourg, de Gueldres, d'Alençon, d'Anjou, de Touraine, de Berry, d'Eureux & de Chasteau Thierry; Comte de Flandres, de Hollande, de Zelande, de Zutfen, du Mayne, du Perche, de Mante, de Meulan, & de Beaufort; Marquis du S. Empire, Seigneur de Frise, & de Malines, & defenseur de la liberté Belgique.* Cependant apres son retour de *Flandres*, il disoit que son plus grand regret estoit qu'ayant esté proclamé Duc de *Brabant*, il n'avoit jamais esté dans *Bruxelles* où estoit le Palais, & le siege principal des anciens Ducs de *Brabant*. Ainsi les hommes trouvent tousiours quelque chose à dire à leur felicité; mais il est vray que celle de ce Prince ne fut pas mesme fort grande pour parler selon le Monde, & qu'il n'eut que

que de faux espoirs & de trompeuses apparences ; Neantmoins il faut croire qu'il eut tousjours l'intention bonne, comme j'en ay trouvé des marques dans tous les conseils que je luy ay veu prendre, & nous avons beaucoup perdu en luy. Il estoit courageux & entreprenant ; il aimoit les honnestes gens & les bons esprits, & faisoit cas de chacun selon ce qu'il valoit. Comme il gardoit plusieurs de ses pensées secrettes, il a pû avoir en soy-mesme la satisfaction qui se trouve en l'homme vertueux malgré ses malheurs ordinaires. Pour moy qui l'ay touliours suivy, & qui n'en eusse pas pû suivre d'autres apres sa mort, quand la foiblesse de mon âge ne m'en eust point empesché, j'ay touliours tasché depuis de faire mon profit de la consideration de tant de diversitez, que j'avois veuës & experimentées estant auprés de luy. Que si je ne suis plus en estat de mettre en pratique plusieurs de ces choses, leur connoissance me sert neantmoins pour me consoler dans mes diverses fortunes, & m'attacher desormais à la Science contemplative. Je n'ay jamais eu dessein de divertir aucun entierement d'un genre de vie que j'ay si long temps gardé mais de moderer seulement les affections desordonnées qui nous y arrestent quelquefois, pour en tout cas se resoudre à chercher le port de bonne heure, & lors que l'on le peut trouver, craignant que lors que l'on en aura quelque jour une plus ferme volonté l'on n'en ait pas le pouvoir, & qu'au lieu de rencontrer la bonne fortune de la Cour, ou tout au moins la fortune seule qui est indifferente, & n'a autre vice que sa diversité, l'on ne trouve en eschange l'infortune & la misere. J'ay donné des exemples assez signalez

lez pour estre instruit sur ce sujet, mais il ne me seroit pas malaisé d'en fournir plusieurs autres comme j'en ay recité assez amplement dans la continuation de mes memoires sur les propos que j'ay tenus encore avec quelque-uns de mes amis ; mais je ne doute point que tout homme curieux & accoustumé à tirer du profit de la lecture des bons livres, n'y en puisse rencontrer de plus propres sur toute sorte de sujets & ne se puisse passer des miens, si ce n'est qu'il les y vueille joindre pour connoistre la difference des uns & des autres.

FIN.

AUTHORI.
EPIGRAMMA.

Humano Virtus cerni si lumine posset,
  Rapta forent hominum pectora amore sui;
At si eadem hocce tua Virtus depicta libello,
  Jam sibi, ut in speculo conspicienda foret,
Protinùs illa sui, formosa, arderet amore,
  Et (Narcisse in aquis,) par foret illa tibi:
Mira tibi manus est, orbi tu mirus Apelles,
  Per te Virtutis picta tabella patet,
Fœlix, qui curas circùm laqueata volantes
  Tecta fugit, Virtus mentibus una quies.

G. D. P. L.

TABLE

Des Matieres & des Noms contenus en ce Recueil.

A.

Abbaye de S. Pierre a Lyon. 86
Abbé de Chanoinesses. 133
Abyssins. 410
Acigné. 210
Admiral de France. 30. 72. 80. 320. 322. 342. 346. 349. 350.
Afrique. 336
Agen. 37. 53
S. Agnan. 452
Agnes Soler. 369. 375
Agnes Sorel ou la belle. 268. 369. 374.
Aigues-Caudes. 198
Aix la Chapelle. 373
Albanie. 280
Albe [le Duc d']. 275
S. Aldegonde. 445
Alegre. 206
Alençon [le Duc d'] 56. 80. 86. 107. 131. 182. 221. 224. 233. 429. 442. 443. 445. 447. 454. 457.
Alexandre 54. 297. 306. 336. 340. 347. 366.
Alexandre VI. Pape. 307. 315. 378. 379.
Allard le Vieux. 295
Allemagne, Allemans. 21. 26. 127. 139. 295. 308. 359. 408.
Alphonse Roy de Naples. 46. 313. 359.
Alvare de Lune. 381
Amadis. 6
Aman. 381
Amboise [la ville ou le Cardinal d'] 56. 276. 393
Ambrun [l'Archevesque d'] 118.
Amoncourt. 86
Amour du peuple. 391
l'Amour regne sur les Roys. 370.
Amville. 69
Amurat. 280. 281
S. André [le Maréchal de] 257. 368.
Angers. 67. 83. 156. 178
Angleterre [la Reyne d'] ou Anglois. 22. 294. 374. 387. 405. 414. 419. 445. 447. 451.

Anjou

TABLE

Anjou [le Duc, Duché ou Maison d'] 55. 60. 83. 360. 438.
Anne de Boulen. 352
Anne de Bretagne. 22. 45
Anneau enchanté. 373
Annebaut. 37. 56. 257
Antoine de Bourbon Roy de Navarre 19. 29
Anvers. 155. 207. 383. 448. 450. 452. 453.
Aquaviva. 124
l'Archant. 167. 168. 224
Ardres [Charles d'] 86
Aremberg. 140. 141
Ariens. 24
Aristides. 318
Armagnac. 78
Arragon [le Roy d'] 345
Arramont. 07. 208
Arras [le Cardinal d'] 21. 24.
Arscot [le Duc d'] 134. 136. 145.
Artois. 22. 157. 341
Athenes, Atheniens. 52. 318.
Atrie. 124
Avantigny. 107
Avarice. 337
Auguste, patron des Roys. 392.
Augustes. 26. 49. 279. 345. 367. 374. 388.
Avignon. 91. 93
Avranches [l'Evesque d'] 23.
Autriche [Maison d'] 130. Voyez Jean d'Autriche.
Auvergne. 15. 28. 38. 39. 41.

B.

Acha Caly. 280
Bajazet. 307
Baïf. 374
Bains. 5
Balagny. 194. 446
Balançon. 135. 141
Bar. 57. 187
Barillon. 86
Barlemont. 125. 151. 153
Baronies en France. 22
Bartholomé [le Capitaine]. 207. 209.
Bastard de Charlemagne. 372.
La Bastille. 168
Batory. 312
Bavieres. 198. 199
Bayle. 382
Bayonne. 57
Bearn. 30. 184. 198. 429
Beatrix de Provence. 22
Beaumont. 79
de Beaune. 83
Beaupreau [le Marquis de] 54. 120.
Beauté [le Château de]. 369
Beauvais [Mr. de] 115
Beauvais-Nangis. 21
Believre. 195. 449
Du Bellay. 52
Bellegarde. 159
Bellisaire. 279
Bergeres. 57
Berry

DES MATIERES.

Berry [le Duc de]. 294. 295
Bertrand de Balſe. 338
Bertrand du Gueſclin. 381
Beſme. 75. 349
Beſne. 40
Beze. 351
Bidé. 87
du Biez. 249. 253
Bigoteries. 55
Binch. 219
Biron. 17. 44. 53. 183. 189. 191. 193. 195. 342. 450.
S. Blancart. 452
Blanche de Bourgogne. 29
Blanche [la Reyne]. 26. 27
Blois. 11. 12. 19. 117. 309. 346.
la Boeſſiere ou la Buſſiere. 143.
du Bois. 151. 153
Bonivet. 257
Bon Roy mechant homme. 386.
Borgia. 315. 359. 380
Bouches d'or. 17
Bouillon. 212
Bourbon. 22. 24. 27. 54. 59. 70. 71. 120. 122. 326. 362. 381.
Bourdeaux. 16. 345
Bourges. 255
Bourgogne. 22. 24. 29. 93. 135. 141.
Bourgueuil. 266
Bourſe. 78
Bouteilles [le Marechal des]. 368
Bouvaut. 363
Brabant. 415. 448. 457
Brancas. 183
Brantome ou Bourdeille. 1. 21. 32. 44. 78. 86. 94. 205. 275. 278.
Bretagne. 22. 326
Breton [le Chevalier]. 206. 210.
Brion. 254
Briſſac. 159. 161. 209. 257.
Brouage. 124. 146
Bruges. 341. 449
Brunſwick. 143
Brutus. 85. 284. 345
Bruxelles. 133
Burrus. 67
Buſſi. 93. 95. 97. 98. 101. 116. 146. 156. 159. 167. 170. 172. 173. 178. 205. 213. 221. 224. 233. 236. 246. 265. 269. 270. 282. 285. 298. 329. 342. 371. 399. 401. 403. 405. 413. 417. 421. 434. 437. 442.

C.

Cable porté au Louvre. 175. 178.
Cahors. 190
Caligula. 244. 367
Caly. 280
Cambray, Cambreſis. 125. 127. 133. 155. 157. 193. 195. 446. 456.
Camille. 86. 89
Cange. 163. 177. 178.
Canillac. 38. 53
Capres [le Sr. de]. 41
Carie [la Reyne de]. 366

Car

TABLE

Carlat. 38
Casimir [le Duc]. 114
Cassius. 345
Casteau-Cambresis. 449
Castelan. 67. 84
Castelnau. 13. 56. 124. 257
Castelnaudary. 183
Castille. 277. 381
Catherine de France. 24
Catherine de Medicis. 308.
  Voyez la Reyne Mere.
Caton d'Utique. 318. 345. 357.
la Celestine. 91
Cerberes. 109
Cercamp. 21
Ceval [Jean Evesque d'Avranches]. 23
Cezar. 318
Chabot. 250. 253. 255
Chaligny. 124
Champagne, Champenoises. 58. 93. 114.
Chamvallon. 233
Changy. 99
Chanoinesses. 133
Chapelain. 67
Charlemagne. 370. 372. 374. 388.
Charles V. Empereur. 37. 49. 281. 307.
Charles Roys de France. 25
Charles le bel Roy de France. 29
Charles V. [le Roy]. 24. 25. 294. 386.
Charles VI. [le Roy]. 8. 24. 27.
Charles VII. [le Roy]. 326. 333. 368. 369. 374. 375. 377. 386.
Charles VIII. [le Roy]. 27. 313. 325. 369.
Charles IX. [le Roy]. 3. 27. 30. 53. 57. 67. 72. 79. 81. 119. 141. 308. 311. 322. 346. 369. 411. 416.
Charles d'Anjou Roy de Naples. 295. 338. 345. 348. 387.
Charles de Valois. 327. 328
Charles Duc de Bourgogne. 344. 369.
Charolois [le Comte de] 344.
Chary. 73
Chastelas. 100. 106. 108
le Chastelet. 125. 155
Chastillon. 257. 320. 322. 346. 355.
Chateau-roux. 452
Château-Thiery. 455
Château-Vilain. 124
Chatelier-Portault. 73
la Chatre. 78. 161. 162. 168. 172. 446.
Chaumont-d'Amboise. 275
Chemerault. 215
Chenonceaux. 46
Chevreuse. 295
Chilperic. 24
Ciceron. 18
Cinna. 389
Cipre. 333
Circé. 93. 110. 385
Claude de France. 27. 78

Cle-

DES MATIERES.

Clemence. 46
Clement IV. Pape. 295. 349
Cleopatre. 345
Clermont. 56
de Clermont. 86. 341
Cleves. 69. 70. 370
Clodion. 26
Clotaire. 26. 408
Clotilde. 24
Clovis. 24. 26. 388. 408
Coconas. 82
Cœur [Jaques]. 333
Coignac. 8
Combaut. 169
Comines [Philippe de]. 344. 369.
Commode [l'Empereur]. 367.
Comtez en France. 22
Concubines. 371. 376
Condé. 30. 70. 74. 84. 342. 370.
le Connétable. 250. 253. 255. 318. 341. 443.
Conradin. 295. 348
Conseil de jeunes gens. 163. 169. 174.
Conseil d'un Pape. 349
Constance Reyne de Naples. 348.
Constantinople. 13. 207. 280.
Contay. 344
Cornusson. 191
Corsaires. 321
Cossé. 82. 161. 216. 346
Coucy. 253
Cour de France. 8. 15. 229. 300. 324. 363. 376. 383.
Cour de Rome. 338
Couronne d'Angleterre. 447
Couronne de France. 447
Cracovie. 16
Crainte de Dieu. 305
Craterus. 297
Crocodille. 244
Croy. 69
Cupidon. 375
Curton. 55. 86

D.

Dagobert. 26. 370
Dames attirées à la Cour de France. 368
Dampierre [Mad. de]. 32. 34. 56. 95.
Dampmartin. 226. 403. 413. 417. 419.
Danses. 39. 58
Darius. 336
Dauphin. Dauphiné. 25. 95. 111.
Dayelle. 183. 186
Dementy donné. 327
Demons. 116
S. Denys [bataille de] 256
Des bordes. 403. 417
Des pruneaux. 415
Deudon. 28
Diane d'Estrées. 369
Diepois. 321
Dinant. 149
Diocletien. 279
Dissimulation. 35
Divan. 281
Doctrine étrange. 310
Dolinville. 182

G g   Do-

Domitian. 367
Dom Quixotte. 28
Dons doivent être receus avec prudence. 430
Doria. 348
Drap d'or. 13
Dreux [bataille de]. 56
Drou. 214
Duchez en France. 22
Duras. 15. 37. 38. 116
Dui estal. 86

E.

Eause. 186
Ecclesiastiques sont quelquefois corrompus. 378.
Echarpe Colombine. 96. 97. 251.
Ecrivains Bavards. 22
Eglise Anglicane. 352
Eglise Gallicane. 24
Egmondt. 128. 130. 152. 276.
Elegie. 7
Eleonor de Guyenne. 22
Elisabeth de France Reyne d'Espagne. 4. 27. 57. 100. 140.
Empereurs Romains. 12
Empire Romain. 367
Enchantement. 373
Enfant allaité. 130
Ephestion. 297
Epicure. 250
Eresipelle. 121
Escars. 147
l'Ecluse. 449
Escosse, Escossois. 22. 33. 165. 168. 387.
Espagne, Espagnols. 22. 57. 68. 120. 122. 125. 128. 131. 193. 277. 278. 293. 321. 339. 360. 381. 387. 393. 412. 415. 416. 418. 444. 446. 449. 453.
Espernon. 34
Espinay. 86
les Essars. 6
Estats de Blois. 309
Estrées. 369
Eu. 22

F.

Fantosme de Brutus. 83
Fargis. 402. 404. 406. 419.
Favoris. 326
Federic [l'Empereur]. 295. 376.
Federic [Dom]. 277
Feinte necessaire a la Cour. 432.
Felicité de l'homme. 299. 394. 399.
Femme qui porte son amant sur ses epaules. 371
Femmes, leur domination est calamiteuse a la France. 25
Ferdinand d'Arragon. 278
Ferdinand Roy d'Espagne. 275.
Ferdinand Roy de Naples. 313.
la Fere. 147. 148. 155. 156
Ferrare. 207
Ferrarius Montanus. 23
la Fer-

DES MATIERES.

la Ferté. 107
Festin de S. Antoine. 207
Fiefs Masculins. 21
Filles de France. 22. 25. 26. 30. 38. 181.
la Fin. 233
Fizes. 83
Flandre, Flamens. 22. 24. 25. 72. 80. 120. 125. 127. 129. 145. 158. 175. 180. 182. 193. 226. 232. 276. 293. 341. 412. 413. 415. 418. 444. 447. 448. 454.
Flessingue. 277. 448
Fleurines. 153
la Floride. 321
Foix. 295. 339
Fonsecque. 86
Fontaine-bleau. 15
Fontenay. 219
la Force, vertu. 304. 335
Fosseuse. 186. 187. 191. 196. 198. 201. 203.
France, François. 22. 23. 25. 111. 120. 121. 127. 131. 157. 168. 194. 207. 276. 293. 294. 295. 318. 321. 341. 346. 349. 360. 374. 378. 387. 408. 412. 415. 416. 419. 444. 450. 453
France gouvernée par des femmes. 26. 27. 362.
François I. [le Roy]. 17. 26. 27. 29. 33. 36. 49. 249. 253. 257. 340. 355. 368. 369. 375.
François II. [le Roy]. 362
Fredegonde. 26
Fregoze. 307

G.

Galathée, 22
Galba. 348
Galles [le Prince de]. 345
Gand. 448
Gascogne, Gascons. 14. 30. 34. 110. 111. 149. 157. 182.
Gaule, Gaulois. 22. 26
Gavre. 126
Genes. 359
Geneve. 186
Geneviefve [l'Abbé de Se.] 179.
Génissac. 118. 119
S. Germain. 15. 80
Germains. 28
Gié [le Maréchal de] 45
la Gigogne. 369
Givry. 147
Godefroy de Bouillon. 387
Gondrin. 72
Gonzague. 135. 137
Gots. 279
Gourgues. 320. 321. 322
Gouion. 99
Graffon. 28
Grammont. 159. 160
le Grand Capitaine Gonsalve Fernand. 275. 278. 443.
Grandchamp ou grand Rye 13.
le Grand Prieur de France. 39.
Grandvelle [le Cardinal de] 21.

Gg 2   Gra-

TABLE.

Gravelines. 276
Gregoire de Tours. 24
Grillon. 109. 209. 210. 214
Groesbeck. 139
Du Gua. 31. 33. 34. 43. 44. 64. 68. 83. 86. 91. 93. 95. 97. 100. 102. 112. 116. 146. 210. 223. 251. 325.
Gueldres. 276
Du Guesclin. 381
Guillaume Comte de Hainaut. 25
Guisart. 122
Guise [le Duc ou la Duchesse de] 54. 65. 68. 69. 70. 73. 77. 92. 117. 308. 309. 325. 327. 339. 350. 351. 362. 416.
Guyenne. 16. 22. 44. 102. 182. 188. 195. 345.
la Guyonniere. 207. 210

H.

Habit a la Boulonoise. 9
Hainaut. 25. 133. 157
Harcourt. 99. 327
Hardelay. 94
Havré [le Duc ou la Duchesse de] 128. 135. 137. 139. 145.
la Haye. 445
Heliogaballe. 367
Henrys Roys de France. 26
Henry II. [le Roy] 11. 36. 49. 54. 207. 256. 355. 368. 369. 411.
Henry III. [le Roy] 3. 72. 213. 219. 224. 308.
Henry II. Roy d'Angleterre. 22

Henry d'Albret. 29
Hercule. 22. 314
Hez [le Sr. de] 415
Histoire, étrange usage que les jeunes gens en font. 371.
Hongrie. 22. 280
Honneste homme de Cour. 292.
Hornes [le Comte de] 130
l'Hospital [le Chancelier de] 318. 362
Huguenots. 55. 58. 70. 76. 80. 111. 115. 118. 121. 123. 145. 147. 155. 183. 189. 308. 309. 311. 319. 350. 412.
Humilité. 44
Huy. 148

J.

Janissaires. 280
Jarnac [bataille de] 84. 342.
Icare. 385
S. Jean d'Angeli. 64. 67
Jean d'Autriche. 5. 124. 125. 127. 135. 137. 139. 143. 145. 148. 151. 154.
Jean Roy de France. 26
Jeanne d'Albret. 17. 19. 29
Jeanne de Bourgogne. 29
Jeanne Reyne de Naples. 359.
Jerusalem. 208
Impudicité ne doit estre creüe legerement. 372
Inchy. 126. 133. 135. 138. 193.

DES MATIERES.

Joinville [le Prince de] 54
Joseph. 303
Iphigenie. 60
Isabelle Reyne de Castille. 46.
Isabelle de Baviere. 8. 27
Issoire. 124. 131. 146
Italie. Italiens. 321. 369. 375. 379. 380. 387. 442.
Jules Cesar. 366
Jumieges. 369
Ivon. 28
Jupiter. 7. 306
la Justice. 304. 317. 422
Justinien. 279
Ixion. 385

L.

Ladislas Roy de Pologne. 280.
Lallaing. 127. 128. 129. 133. 135. 150. 153. 155. 157. 193. 444.
Landgrave. 141
Landrecies. 415
Langres. 124
Languedoc. 111. 183. 294.
Largebaston. 17
Lasqui. 3
Lavedant. 205
Lavernay. 268
Lenoncourt. 124. 136. 147. 148. 151.
Leonidas. 366
Lerac. 30. 77
Lescar. 146
Le Levant. 207
Liancourt. 86. 89
Liege [la Ville ou l'Evesque de] 4. 124. 137. 139. 147. 149. 155. 157. 344.
Ligne. 128. 129
La Ligue. 37. 42. 49. 117. 118. 309. 312.
Le Lion. 44
Lisieux [l'Evesque de] 147
Lisimaque. 340
Livarot. 146. 160
S. Lo. 219
Locbes. 38. 326. 369
Lombardie. 326. 340
de Lorme. 328
Lorraine [les Duc, Duchesse, Cardinal ou Pays de] 21. 24. 57. 68. 76. 78. 84. 121. 143. 145. 319. 322. 362.
Losses. 85. 163. 165. 168. 169. 179.
La Loue. 342
S. Louis. 22. 25. 26. 313. 386. 388.
Louis, Roy de France. 26. 313.
Louis le debonnaire. 313. 370.
Louis II. [le Roy] 386
Louis Hutin. 29. 327
Louis XI. [le Roy] 38. 344. 369. 375. 386.
Louis XII. [le Roy] 313. 315. 369. 393.
Louis Comte de Provence. 22.
Louise de Lorraine. 15. 42. 124. 157.
Louise de Savoye. 27

Gg 3

TABLE

Louviers. 72
le Louvre. 15. 97. 167. 174. 213. 240. 349. 405. 441.
Loy Salique. 19. 23
S. Luc. 160. 162
Lucius Cinnée. 389
Lucullus. 367
Ludovic [le Comte] 277
Lufignan. 38. 219
Lutheriens. 321
Luxembourg. 457
Lyon [la Ville ou l'Archevesque de 57. 83. 91. 94. 118. 140. 369. 375.

M.

Macedoine [le Roy ou Royaume de] 348. 367.
Machiavelistes. 65
Madelaine de France 33
la Magnanimité. 304. 335
Mahomet, Mahometans. 4. 280. 320.
S. Maigrin. 160
Maniquet. 203
Manteau Ducal. 448
Marc Antoine. 345. 367
Marcellin. 24
le Marechal des Bouteilles. 368.
Marguerite de Bourgogne. 29.
Marguerite de France. 33
Marguerite de Valois. 17. 29.
Marguerite de Valois Reine de France & de Navarre. Son Eloge. 1. Vindicative. 32. 45. Son grand Cœur. 34. point diffimulée. 35. devote. 47. 113. aime la lecture & fait des vers. 47. deffein de la marier au Roy de Portugal. 68. mariée au Roy de Navarre. 71. deffein de la demarier. 79. mal avec le Roy son mary. 109. arreftée dans sa Chambre 108. fait un voyage a Spa. 123. veut aller trouver le Roy son mary. 158. favorable aux amies du Roy son mary. 201. Voyez d'elle. Pages 7. 12. 17. 27. 29. 47. 49. 219. 221. 224. 226. 270. 429. 444.
Mariage projetté du Duc d'Alençon avec la Reyne d'Angleterre. 405. 412. 414. 419. 444.
Maridor. 218
Marigny [Enguerrand de] 327. 328.
S. Mars. 186
Marseille. 42
Martels. Roys de France. 26.
Mas d'Agenois. 200
Massacre de la S. Barthelemy. 29. 72. 75. 115. 308. 450.
Mathieu. 11
Mathilde de Normandie. 22.

Ma-

DES MATIERES.

Mathilde Reyne de France. 26.
Matignon. 37. 99. 176. 178. 195. 203.
Maugiron. 146. 159. 161. 162.
Mauleon. 146
S. Maur. 151. 167
Maurevel. 72. 75
Maximian. 279
Mayenne [le Duc de] 124. 146.
Meaux. 311
la Mecque. 3
Menfroy. 295. 338
Meroué. 370
Meru. 69
le Mesnil. 369
Messe. 184
Mets. 84. 257
Mezieres. 140
Mignons. 146. 384. 434. 437.
Milan. 137. 359
Millaud. 206
Millon. 124
Miossens. 78. 80
Mirembeau. 452
Moines Turcs. 281
la Mole. 82. 207
Mondoucet 120. 122. 147
Mons. 128. 135. 154. 193. 250.
Monsieur, Titre appartenant au premier fils de France. 329. 330. 334. 442.
la Montagne. 13
Montanus. 23
Montauban. 186
Moncontour [bataille de]. 64.
Montespedon. 120
Montfort. 296
Montigny. 86. 89. 127. 130. 157.
Mont le Hery [bataille de] 344.
Montluc. 159. 356. 446
Montmorency. 69. 82. 130. 186. 216 255. 318.
Montpensier. 22. 363. 450
Montsoreau. 218
Morus [Thomas] 352
Moulins [Ville de] 205
Mouy. 72. 124
Moyse. 62

N.

Nabotte. 13
Namur [Ville ou Jean de] 4. 127. 142. 145. 149. 152. 341.
Nancay 78
Naples, Neapolitains. 5. 6. 22. 46. 278. 295. 313. 338. 359. 360.
Narses. 279
Navarre. 22
Navarre [le Roy de] 15. 16. 19. 20. 29. 30. 34. 44. 69. 71. 119. 346. 362.
Navarre [la Reyne ou la Princesse de] 3. 7. 8. 19. 32. 37. 44. 70. 187.
Nemours. 88
Nerac. 15. 35. 44. 187. 191. 193. 195.

TABLE

Neron. 67. 244. 297. 298. 331. 348. 367.
Nesle [Arnoul de] 341
Nevers. 22. 70. 107. 212
la Neuville. 226. 402
de Neuville. 215
Nicqué. 6
Nimphes. 58
Nivelles. 155
Noirmoustier. 83
Nopces de Paris. 450
Normandie. 22. 369. 375
Normandie [le Senechal de] 344.
la Noüe. 72. 294. 342

O.

Mr. d'O. 87. 88
Occupation de l'homme. 396
Ogier. 28
Olivier. 28. 362
Orange [le Prince d'] 128. 145. 147. 277. 293. 443. 449. 450. 453.
Orleans [Ville ou Duc d'] 94. 95. 326. 350. 351.
Othelin Comte de Bourgogne. 29
Othon. 348
Ottomans. 280. 281

P.

Pairs de France. 25
Paladins de France. 28
Palais de Paris. 327
Pamiers. 34
Pardaillan. 72. 73
Pareil sur Pareil n'a pas de droit. 349
Paris. 28. 93. 117. 119. 157. 182. 311. 438.
Parme [le Prince de] 446
Parolle genereuse. 377
Parures. 9. 11
Pasithée. 7
la Passefillon. 369
Pau. 15. 30. 53. 184. 186. 198.
Pavane. 39
Pavie. 340
Paul Emile. 348. 367
Pays-bas. 277. 383. 405. 446.
Pepins Roys de France. 26
Perou. 293. 395
Perse. 207. 340
Perusse d'Escars. 147
Petrarque. 373
S. Phale. 96. 210. 212. 251.
Pharamond. 21. 23. 26
Pharaon. 393
Phare. 41
Philastie. 51
Philippes Roys de France. 26.
Philippe le bel. 327. 341
Philippe le long. 29
Philippe II. Roy d'Espagne. 277. 281.
Philippe de Valois. 24
Philippe Duc de Bourgogne. 24.
Phocion. 318
Pibrac. 29. 186
Picardie. 125
Piedmont. 159
Pien-

DES MATIERES.

Pienne. 268
Pierre de Castille dit le cruel. 381
Pierre Roy d'Arragon. 345
la Pieté. 422
Pin. 30. 184. 185
Pinard. 449
Pisseleu [Anne de] 369
Plessis la Bourgogne. 210
Plessis lez Tours. 59. 143. 445.
Pline. 43
Pluralité de freres est occasion de discorde. 406
Poissy [le Colloque de] 55. 56.
Poitou, Poitiers. 111. 117. 119. 124. 146.
Pologne, Polonois. 3. 4 10. 16 31. 72. 83. 280. 308. 313. 411. 416 419.
Poltrot. 72. 350
Pompée. 354
Porcian [le Prince de] 69
Portugal. 68. 69. 278
Porus. 347
Postel. 23
Poyet. 254
du Prat. 206
Provence, Provençal. 22. 41. 58. 207.
la Prudence. 304. 324
Pruneaux [le Sr. des] 415
Puntas. 42

Q.

Quelus. 87. 159. 160. 162. 171. 173. 217. 223. 225.

S. Quentin. 276
Quesnoy. 415

R.

Rabelais. 380
Raimond Comte de Thoulouse. 22
Rambouillet. 211
Rangon. 307
Ravenne [Bataille de] 339
Rebours. 46. 186. 191. 196. 198.
Regence de France. 26. 27
Reims. 93
Reistres, 114. 116
Renaud. 28
Rendan. 52
la Reole. 183
Reponse ingenue. 79
Respect rendu aux juges en France. 318
Rethel. 22
Rets [le Marechal ou la Duchesse de] 56 59. 86. 212 257. 268. 333.
la Reyne d'Espagne. 4. 11. 57.
la Reyne Mere. 3. 8. 14. 19. 20. 21. 39 60 67. 73. 84. 119. 158. 169. 175. 182. 363. 404.
Rhodes. 41
Riberac. 86
Robert Duc de Bourgogne. 29.
Roboam. 163
Rochebrune. 217
la Rochefoucaut. 72. 191
la Rochepot. 446

TABLE

la Roche-sur-Yon. 54. 120. 122. 124. 125. 140. 145. 147. 148.
la Roche Thomas. 357
Roland. 23
Romainville. 403
Roman de la Rose. 375
Rome, 52. 379. 384. 391
Ronsard. 7. 10
Rostain. 268
Roussillon [le Comte de] 141.
Roy trouvé. 24
Roys Faineans. 26
Ruffé. 87
Rye. 41

S.

Salcede. 449
Salerne [le Prince ou la Princesse de] 5. 348
Salique [la Loy] 23. 25. 28
Salogast. 23
Salomon. 370
Salviaty. 128. 155
Sancere. 326
Satyre Menipée 851
Satyres. 58
Savoye. 33. 57. 121
Sauve [Madame de] 58. 83. 86. 92. 94. 100. 105. 110. 164. 268.
Scipion. 336
Sedan. 212
Sejan. 245. 381
Seissel [Claude de] 23
le Senechal de Thoulouse. 191.

Seneque. 331. 332
Senetaire. 161
Sens. 114. 117
S. Sepulchre. 208
Sepulture de Mahomet. 3
Sesseval. 206. 452
Sevre [le Chevalier de] 174.
Sicile. 22. 345. 348. 360
Simié. 103. 167. 168. 172. 177. 178. 224. 403.
Soler [Agnes] 369. 375
Sorel [Agnes] 369. 374
Sotte Dame. 19
Sourdis. 33
Souveraineté de Flandre & d'Artois. 121. 133
Souvray. 92
Spa. 120. 121. 123. 140
Strozze. 211
Suetone. 43
Surgeres. 86
Suzannes. 124

T.

Tableaux du Massacre de Paris. 308
Tacite. 28
Tancarville. 327
Tauris. 207
Tejan. 30. 77
Teligny. 72
la Temperance. 304. 353. 376.
Templiers. 253
Tenremonde. 455
Termes. 159
Testes de mort attachées a des

DES MATIERES.

des aiguillettes. 370
Themis. 295
Themistocles. 51. 54
Thianges. 452
Thoulouse. 22. 35. 191.
Thuilleries. 10. 217
Tibere. 245. 391.
du Tillet. 24. 25
Titus. 354
Torigny. 86. 99. 100. 106. 108. 109. 112.
Tournois. 272
Tournon [le Cardinal de] 36. 55.
Tournon [Me. ou Melle. de] 124. 125. 138. 141. 142. 144. 147.
Tours. 59
la Tour Turenne. 141
Traittez de Madrid & de Cambray. 121
la Trimouille. 83. 325
Troye. 52
Turcs. 3. 136. 307. 312. 410.
Turenne. 141. 183. 187. 205.
Turin. 369
Turpin. 373
Tyrans, Tyranie. 26. 387. 415.

V.

Valence [l'Evesque de] 356.
Valenciennes. 127. 193. 446.
Valentinois [Madame de] 362.
la Valette. 146
Vandales. 279
Varembon. 135. 141
Vauldray. S. Phale. 96
Vayvode. 280. 323
Vendosme. 22
Vengeance. 326
Venise. 379. 383
Venus. 7. 375
la Vergne. 183
la Vertu. 284. 287. 303. 377. 397. 422. 436.
Vervin. 249. 252
Vespasien. 297. 354
Vezins. 190
Vicez apportez en France par les étrangers. 378
Vienne [l'Archevesque de] 118.
Villars. 183
Villequier. 162. 172
Villeroy. 195. 168
Villesavin. 198
Villevorde. 155
Vincennes. 38. 81. 100. 369.
Vitaux [le Baron de] 116. 206.
Vitellius. 348. 367
Vitry. 268
Vivonne. 19. 32. 55
la Volupté ou Voluptueux. 372. 386.
Voyage de France. 53
Usez [Madame d'] 86
Usson. 28. 38

TABLE DES MATIERES.

X.

Xaintonges. 191
Ximenes [le Cardinal] 393.

Y.

Ypre. 341

Z.

Zelande. 22
Zizim. 307

Fautes à Corriger.

Page 67. ligne 2. au lieu de *Butrus* mettez *Burrus*.
Pag. 114. ligne 33. apres Colonel, mettez *Bouc*.
Pag. 363. ligne 24. au lieu de *l'Espagne* mettez *l'Espargne*.
Pag. 374. ligne 34. au lieu de l'homme, mettez l'honneur.

www.ingramcontent.com/pod-product-compliance
Lightning Source LLC
Chambersburg PA
CBHW050248230426
43664CB00012B/1868